AF120410

Bilder Oberschwabens

Oberschwaben

Forschungen zu Landschaft, Geschichte und Kultur

BAND 8

herausgegeben von

Sigrid Hirbodian
Sabine Holtz
Dietmar Schiersner
Andreas Schwab
Thomas Zotz

Gesellschaft Oberschwaben
für Geschichte und Kultur

Monja Dotzauer

Bilder Oberschwabens

Gestaltung und Wahrnehmung von Herrschaftsräumen in Karten und Texten des 17. und 18. Jahrhunderts

Kohlhammer

Die Veröffentlichung wurde großzügig gefördert durch:

Stiftung Oberschwaben

D 93

Umschlagabbildung:
Geometrischer Grundriß eines Hochlöbl. Reichs Stuft und Gotts-Haußes Schussenriedt sambt der daselbstigen Gemeindt [...], 1758, Dominicus Reiner Can. Sore (HStAS N30 Nr. 24)

Lektorat: Angela Schlenkrich
Gestaltung und Produktion: Verlagsbüro Wais & Partner, Stuttgart
Druck und Bindung: Himmer GmbH, Augsburg

Bibliografische Information der Deutschen Nationalbibliothek:
Die Deutsche Nationalbibliothek verzeichnet diese Publikation in der Deutschen Nationalbibliografie.
Detaillierte bibliografische Angaben sind im Internet abrufbar über http://www.dnb.ddb.de.

Alle Rechte vorbehalten

© 2025 Gesellschaft Oberschwaben für Geschichte und Kultur,
Verlagsbüro Wais & Partner GbR, Stuttgart

Kommission und Vertrieb: W. Kohlhammer, Stuttgart

ISBN 978-3-17-046060-7 (Print)
ISBN 978-3-17-046061-4 (E-book – pdf)

Inhalt

Vorwort ... 9

1 Einleitung ... 11

1.1 Thema ... 11

1.2 Die territoriale Welt ‚Oberschwabens' im 17. und 18. Jahrhundert ... 13

1.3 Quellenlage ... 19

1.4 Forschungsüberblick ... 21

1.5 Methodisches Vorgehen ... 23

1.6 Aufbau ... 28

2 Oberschwaben im (Selbst-)Bild – Repräsentation von Herrschaft im Kartenbild ... 29

2.1 Manuskriptkarten in Oberschwaben ... 29

2.1.1 Kartographische Entwicklung im 17. und 18. Jahrhundert ... 29

2.1.2 Die Territorialkarte – der Inbegriff der Herrschafts(re)präsentation ... 34

2.2 Die Kartographen ... 52

2.3 Herrschaft im Kartenbild ... 56

2.3.1 Die Herrschafts(re)präsentation ... 56

2.3.1.1 Der Herrschaftsraum ... 57

2.3.1.2 Elemente der Selbstwahrnehmung ... 64

2.3.2 Natur-, Verkehrs- und Handelsräume ... 85

2.3.2.1 Land- und Forstwirtschaftsräume ... 85

2.3.2.2 Verkehrs- und Handelsräume ... 93

2.3.3 Architektur und Kunstfertigkeit als Mittel der Repräsentation im Kartenbild ... 102
2.3.3.1 Architektur im Bild ... 102
2.3.3.2 Dekor und Ausarbeitung in Karten und Aufbewahrungsräumen ... 109
2.3.4 Religion im Kartenbild ... 117
2.4 Herrschaftliche Wahrnehmung im (Selbst-)Bild ... 122

3 Oberschwaben in topographischen Texten ... 133
3.1 Die Landesbeschreibung ... 133
3.2 Die Topographen ... 138
3.3 Herrschaftsräume und -bilder in Landesbeschreibungen ... 141
3.3.1 Elemente der topographischen Herrschaftsdarstellung ... 141
3.3.2 Die ökologischen und ökonomischen Ebenen ... 149
3.3.2.1 Land- und Forstwirtschaft ... 149
3.3.2.2 Handel- und Verkehrsräume ... 152
3.3.3 Konfession aus unterschiedlichen Perspektiven ... 157
3.3.4 Kunstgeschichtliche Elemente der Raumwahrnehmung ... 164
Exkurs: Loyalitätsverhältnisse im Titelblatt ... 167
3.4 Herrschaftsräume in Landesbeschreibungen ... 170

4 Oberschwaben ‚von außen' – die Raumwahrnehmung im Reisebericht ... 174
4.1 Die Reisebeschreibung ... 175
4.2 Die Reiseberichtverfasser ... 176
4.3 Wahrnehmung oberschwäbischer Herrschaftsräume im Reisebericht ... 181
4.3.1 Natur- und Agrarwirtschaftsräume ... 183
4.3.2 Elemente der Glaubenspraxis ... 186
4.3.3 Die unterschiedlichen Rechts- und Verkehrsräume ... 191
4.3.4 Räume der Repräsentation, des Kunstschaffens und der Kultur ... 199
4.4 Fremdwahrnehmung im Reisebericht ... 209

5 Ergebnisse: Doing Territory in Oberschwaben ... 213
5.1 Vergleich der Selbst- und Fremdwahrnehmung ... 215
5.2 Herrschaft im Kartenbild und Text ... 219

6 Tafeln ... 227
6.1 Kartenbilder der geistlichen Territorien ... 228
Tafel 1: Reichsabtei Salem (OCist) ... 228
Tafel 2: Hochstift Konstanz ... 229
Tafel 3: Reichsabtei Salem (OCist) ... 230
Tafel 4: Kloster Weingarten (OSB) ... 231
Tafel 5: Kloster Ochsenhausen (OSB) ... 232
Tafel 6: Damenstift Buchau ... 234
Tafel 7: Kloster Schussenried (OPraem) ... 235
Tafel 8: Kloster Schussenried (OPraem) ... 236
Tafel 9: Kloster Rot an der Rot (OPraem) ... 237
Tafel 10: Kloster Wald (OCist) ... 238
6.2 Kartenbilder der weltlichen Territorien ... 240
Tafel 11: Reichsstadt Wangen im Allgäu ... 240
Tafel 12: Reichsstadt Memmingen ... 242
Tafel 13: Grafschaft Königsegg-Aulendorf ... 243
Tafel 14: Grafschaft Friedberg-Scheer ... 244
Tafel 15: Grafschaft Stadion mit der Herrschaft Warthausen ... 245
Tafel 16: Grafschaft Hohenzollern-Sigmaringen ... 246
Tafel 17: Grafschaft Sigmaringen ... 248

7 Anhang ... 249
7.1 Abkürzungsverzeichnis ... 250
7.2 Quellen- und Literaturverzeichnis ... 251
7.3 Abbildungsverzeichnis ... 268
7.4 Orts- und Personenregister ... 270

Vorwort

Die vorliegende Studie wurde im Sommersemester 2021 von der Philosophisch-Historischen Fakultät der Universität Stuttgart als Dissertation angenommen und für die Drucklegung geringfügig überarbeitet.

Die Studie entstand im Rahmen des Kartographie-Projektes ‚Präsentation und Repräsentation von Herrschaft (16.–18. Jh.). Vom historischen Kartenbild zur Datenbank' am Historischen Institut der Universität Stuttgart in der Abteilung Landesgeschichte als Teil des dortigen Langzeitprojektes ‚Raum, Zeit und Maß: Die historische Kartographie des deutschen Südwestens'. Finanziert wurde das Projekt durch Mittel der Abteilung Landesgeschichte, das Digital Humanities Projekt ‚Das Digitale Archiv' (DDA) der Universität Stuttgart und die Gesellschaft Oberschwaben für Geschichte und Kultur e.V., wofür ich mich herzlichen bedanken möchte.

Dank gebührt denjenigen, die mich während der Anfertigung der Arbeit begleitet haben. In erster Linie und ganz besonders herzlich möchte ich meiner Doktormutter Frau Professor Dr. Sabine Holtz für die hervorragende Betreuung danken. Alle Gespräche, Kritik und Begleitung waren sehr wertvoll. Ebenso herzlich möchte ich mich bei Herrn Professor Dr. Dietmar Schiersner, meinem Zweitgutachter, für seine Betreuung, Hilfestellung und für seinen richtungsweisenden Denkanstoß bedanken. Den Gutachtern der Gesellschaft Oberschwaben möchte ich für ihre Anregungen zum Manuskript und vor allem dafür danken, dass die Dissertation in die wissenschaftliche Reihe der Gesellschaft Oberschwaben aufgenommen wurde.

Für die gute Zusammenarbeit in den unterschiedlichen Abteilungen des Landesarchivs Baden-Württemberg, dem Hauptstaatsarchiv Stuttgart, dem Generallandesarchiv Karlsruhe und dem Staatsarchiv Sigmaringen, möchte ich den Mitarbeitenden meinen Dank aussprechen. Derselbe gebührt den Mitarbeiterinnen und Mitarbeitern der nichtstaatlichen, der fürstlichen und ehemaligen reichsstädtischen Archive Oberschwabens, stellvertretend seien Herr Dr. Bernd Mayer im Archiv der Fürsten zu Waldburg-Wolfegg und Frau Sonja Führer in der benediktinischen Stiftsbibliothek St. Peter in Salzburg genannt.

Meinen herzlichen Dank möchte ich auch den Teilnehmerinnen und Teilnehmern des Oberseminars von Frau Professor Dr. Sabine Holtz aussprechen, die meine Arbeit mit viel Interesse und kritischen Rückfragen unterstützten. Herr Professor Dr. Arnd Reitemeier und die Teilnehmenden des Landeshistorischen Kolloquiums der Universität Göttingen gaben wertvolle Impulse für meine Studie.

Ganz besonders möchte ich den Mitarbeiterinnen und Mitarbeitern der Abteilung Landesgeschichte des Historischen Instituts der Universität Stuttgart für die gute Zusammenarbeit und das anregende Arbeitsumfeld danken. Dank an Pascal Willrett, der das Projekt als Hilfskraft mit großem Interesse unterstützt hat. Ein großer Dank gebührt Frau Lea Schneider für ihre Korrektur, Kritik und Unterstützung. Ebenso bin ich Frau Dr. Senta Herkle für ihre Motivation und Ehrlichkeit, ihr offenes Ohr, eben ihre unermüdliche Hilfsbereitschaft trotz eigener Verpflichtungen in ewiger Dankbarkeit verbunden.

Herzlich bedanken möchte ich mich auch bei Frau Angela Schlenkrich für das hervorragende Lektorat und die wunderbare Betreuung hin zur Drucklegung. Großer Dank gebührt Herrn Rainer Maucher vom Verlagsbüro Wais & Partner in Stuttgart für die Gestaltung des Endlayouts sowie die sorgfältige Überarbeitung der Abbildungen.

Zuletzt möchte ich meiner Familie und meinen Freunden danken, die mir helfend zur Seite standen. Hier möchte ich mich ganz besonders bei Herrn Dr. Peter Keck neben Vielem für Motivation und Hilfe sowie technischem Support und bei Marlene und Charlotte für ihre Geduld und ihr Verständnis bedanken.

Herrenberg, im April 2024

Monja Dotzauer

1 Einleitung

„Räume sind nicht,
Räume werden gemacht.“[1]

1.1 Thema

Die vorliegende Studie stellt die Frage, wie sich Repräsentation bzw. Präsentation von Herrschaft in Oberschwaben im ausgehenden 17. Jahrhundert und im Verlauf des 18. Jahrhunderts im Kartenbild sowie in topographischen und literarischen Texten darstellte bzw. wie diese Machtinszenierung und Selbstdarstellung[2] wahrgenommen und reflektiert wurde. Die wechselnde Perspektive von herrschaftlicher Dokumentation in Kartenbildern einerseits und individueller Wahrnehmung in den Reiseberichten andererseits gibt Auskunft über den Erfolg herrschaftlicher Repräsentation und die Konstitution von Herrschaft in Oberschwaben. Die Landesbeschreibungen ergänzen diese Wahrnehmungsräume und runden je nach Sichtweise das entstandene Herrschaftsbild ab. Im Rahmen dieser Studie kommt dabei den Kartenbildern ein besonderer Stellenwert zu. Sie sind der Inbegriff von „doing territory“ nach Andreas Rutz,[3] sie konstruieren und visualisieren Herrschaftsräume und generieren Vorstellungen und Verhältnisse von Herrschaften. Denn eine wesentliche Prämisse dieser Arbeit ist in Hans-Dietrich Schultz' Titel auf den Punkt gebracht: „Räume sind nicht, Räume werden gemacht.“[4] Karten sind dabei ein hervorragendes Beispiel für Raumkonstruktion. Durch die Theorie des Doing Territory von Andreas Rutz, basierend auf dem Konzept der Raumsoziologie von Martina Löw,[5] sollen die einzelnen Elemente der oberschwäbischen Herrschaftsräume erarbeitet werden.[6]

Dabei soll aufgezeigt werden, dass Karten auch für Oberschwaben einen wichtigen Faktor in der historischen Raumforschung darstellen und einen reichen Fundus an Informationen zu unterschiedlichen Aspekten der Geschichtswissenschaft allgemein liefern. Die Studie möchte dazu beitragen, kartographische Erzeugnisse als Quelle und Grundlage einer geschichtswissenschaftlichen Studie zu nutzen. Bisher standen überwiegend großangelegte gedruckte Kartenwerke und Atlanten im Fokus des Interesses,

1 SCHULTZ, Räume sind nicht, Räume werden gemacht.
2 Vgl. BURKE, Ludwig XIV.
3 RUTZ, Doing territory; vgl. DERS., Beschreibung des Raums, S. 18.
4 SCHULTZ, Räume sind nicht, Räume werden gemacht.
5 LÖW, Raumsoziologie.
6 RUTZ, Doing territory, S. 100 f.

handgezeichnete Karten einzelner Territorialherrschaften wurden überwiegend in der Forschung zu Raum und Grenzen herangezogen.[7] Manuskriptkarten beherbergen aber zahlreiche Informationen über die geographischen Angaben, die reine Grenzzeichnung und kunstgeschichtliche Gestaltungspraxis hinaus. Dabei sind besonders topographische Landaufnahmen ein Zeugnis der zeitgenössischen Raumbetrachtung und Raumbeschreibung.

Aufgrund der territorialen Vielgestaltigkeit eignet sich die historische Landschaft Oberschwaben besonders gut für eine vergleichende Betrachtung der verschiedenen Herrschaftsräume. Dazu wurden die Herrschaftsstrukturen Oberschwabens in den drei Quellengattungen auf ihre Herrschaftsdarstellung und die darin enthaltenen raumbildende Elemente unter kulturgeschichtlichen, umweltgeschichtlichen, konfessionellen und kunstgeschichtlichen Aspekten untersucht.

Oberschwaben war von den Ereignissen des Dreißigjährigen Krieges immer wieder stark betroffen, dementsprechend ist im 18. Jahrhundert besonders der Wiederaufbau und das Wiedererstarken dieser Landschaft zu beobachten, welches sich nicht nur in den Kunst- und Baustilen des Barock, Rokoko und Klassizismus widerspiegelt. Gerade in diesem Jahrhundert begegnen besonders in den Bereichen Technik, Naturwissenschaft und Philosophie neue Errungenschaften sowie ein neues Verständnis von Mensch und Natur. Diese Entwicklungen sind auch in den unterschiedlichen Elementen und Quellengattungen für das Konstanzer Viertel des Schwäbischen Kreises nachvollziehbar, in welchem sich über große Teile das Untersuchungsgebiet mit der Landschaft Oberschwaben erstreckt.[8]

Vor diesem Hintergrund ist es sinnvoll, die Herrschaftskonstruktionen Oberschwabens auf ihre unterschiedlichen Herrschaftsräume hin zu untersuchen. Gerade das vielschichtige Interesse am eigenen Territorium führte im Laufe des 18. Jahrhunderts zu einer verstärkten Landvermessung und Kartenproduktion. Zu dieser Quelle der Selbstwahrnehmung werden die verstärkt angefertigten Landesbeschreibungen und die ebenfalls vermehrt auftretenden Reiseberichte mit ihrer Wahrnehmungsebene zu Oberschwaben genommen, um die Wirkung der Herrschaft auf Außenstehende untersuchen zu können. Reisende verfolgten ganz eigene Interessen, ihre Berichte ermöglichen dabei einen erweiterten Einblick in die von ihnen bereisten Regionen. Durch die unterschiedlichen Perspektiven der einzelnen Akteure ergibt sich ein weitgreifendes Bild der Herrschafts(re)präsentation in Oberschwaben.

7 Vgl. die kartenhistorischen Projekte u.a. des Arbeitskreises Geschichte der Geographie, http://historische-geographien.de/; D-A-CH-Arbeitsgruppe für Kartographiegeschichte, http://www.kartengeschichte.ch/dach/index.html; vgl. Tagungsbericht: Grenzen und Grenzüberschreitungen. Stand und Perspektiven der Frühneuzeitforschung. 8. Arbeitstagung der Arbeitsgemeinschaft „Frühe Neuzeit" im Verband der Historiker und Historikerinnen Deutschlands, 24.9.2009–26.9.2009 Aachen, in: H-Soz-Kult, 9.12.2009, www.hsozkult.de/conferencereport/id/tagungsberichte-2899; Tagungsbericht: Geschichtsbilder in Residenzstädten des späten Mittelalters und der frühen Neuzeit. Präsentationen – Räume – Argumente – Praktiken, 11.3.2019–12.3.2019 Münster, Julia A. Schmidt-Funke, in: H-Soz-Kult, 11.6.2020, www.hsozkult.de/conferencereport/id/tagungsberichte-8784 (alle aufgerufen am 7.8.2023).

8 Vgl. Kap. 1.2.

1.2 Die territoriale Welt ‚Oberschwabens' im 17. und 18. Jahrhundert

Mit der Definition von ‚Oberschwaben' haben sich eine Reihe wissenschaftlicher Abhandlungen und Tagungen auseinandergesetzt, in denen die Frage diskutiert wird, was unter Oberschwaben zu verstehen sei, von welchen Zeiträumen die Rede sein müsse, wie sich die räumliche Ausdehnung gestaltet und wo die Grenzen verlaufen. Dabei sind Diskussionen um die räumlichen Ausmaße mit der zeitlichen Einordnung verbunden. Die Studien des ausgehenden 20. Jahrhunderts, wie beispielsweise der Historiker Hans-Georg Wehling, Franz Quarthal, Klaus Schreiner, Peter Blickle und Peter Eitel, spiegeln die Komplexität und Mehrdeutigkeit dieses Begriffs wider.[9]

Oberschwaben meint zunächst keine konkrete Landschaftsbezeichnung,[10] sondern ist als historisches Konstrukt zu begreifen, was umso mehr die unterschiedlichen Raumauffassungen und Bewusstseinszustände unterstreicht, die bei dieser Kulturlandschaft zu berücksichtigen sind.[11] Demnach war und ist Oberschwaben eine historische Landschaft, die keinen politisch fassbaren, klar umgrenzten Raum abdeckt, der sich von seiner Umgebung deutlich abheben würde.[12] Wie das Elsass, der Breisgau oder das Allgäu hatte auch diese historische Landschaft keine scharfen und konstanten Grenzen. Diese Problematik setzt sich bis heute fort. Bis zum Ende des Heiligen Römischen Reiches Deutscher Nation im Jahre 1806 verstand man zeitgenössisch unter der Bezeichnung ‚Oberes Schwaben', der ‚Suevia superior', primär das Gebiet innerhalb der natürlichen Grenzen, wodurch der Schwarzwald im Westen und die Schwäbische Alb im Norden geographische Grenzpunkte bilden.[13] Die Allgäuer Alpen, Lech, Bodensee und Hochrhein grenzen das Gebiet östlich und südlich ab. Als Teile eines ‚Groß-Oberschwabens' können das Allgäu mit dem Fürstbistum Kempten, die Vulkanlandschaft Hegau nördlich von Konstanz und der Linzgau betrachtet werden.[14] Auch heute noch besteht die Problematik rund um die Eingrenzung dieser Landschaft, so gibt es beispielsweise zum Allgäu hin weiterhin keine genau definierte Grenze (Abb. 1).[15]

Auch frühneuzeitliche Kartographen setzten sich mit der Raumdefinition ‚Oberschwaben' und den darin enthaltenen unterschiedlichen Herrschaftsstrukturen, wie den

9 Vgl. hierzu Wehling, Barock; Ders., Oberschwaben; Ders. (Hg.), Die deutschen Länder; Quarthal, Historisches Bewusstsein; Ders., Oberschwaben als Region des kulturellen Gedächtnisses; Schreiner, Geschichtsschreibung und historische Tradition; Blickle, Politische Landschaft; Eitel, Geschichte Oberschwabens, Bd. 1; Gönner, Oberschwaben, S. 7–18.

10 Cramer, Zum Landschaftsbegriff Oberschwaben.

11 Wehling brachte in seinen Veröffentlichungen vor allem den ideellen Raum zur Sprache, das Bewusstsein der Menschen für den Raum Oberschwaben; vgl. Wehling, Barock; Ders., Oberschwaben; Eitel, Geschichte Oberschwabens, Bd. 1, S. 12.

12 Eitel, Geschichte Oberschwabens, Bd. 1, S. 12; Quarthal, Oberschwaben als Region des kulturellen Gedächtnisses, S. 30.

13 Vgl. Eitel, Geschichte Oberschwabens, Bd. 1, S. 12; Huttenlocher, Kulturlandschaft.

14 Eitel, Geschichte Oberschwabens, Bd. 1, S. 12.

15 Ebd.

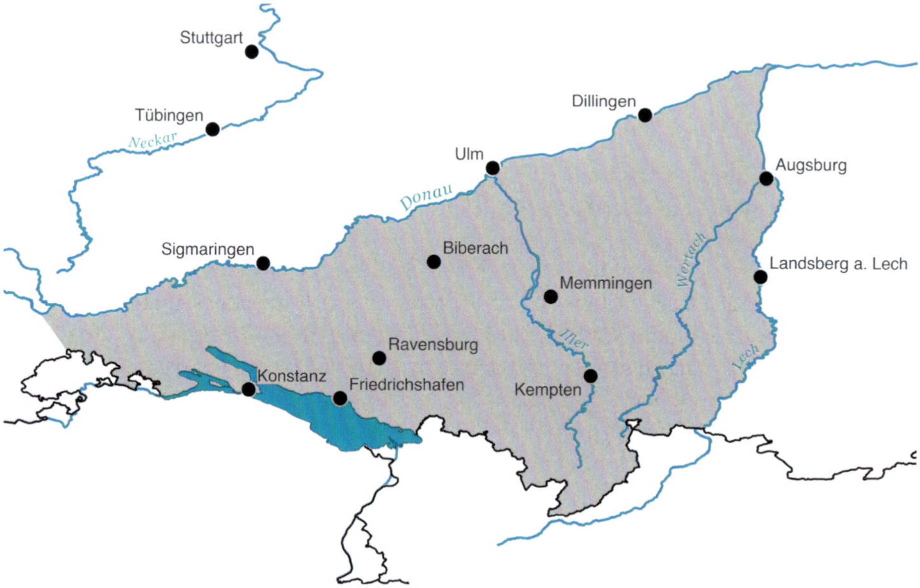

1 **Oberschwaben nach der Definition der Gesellschaft Oberschwaben für Geschichte und Kultur.**

frühneuzeitlichen vorderösterreichischen, reichsklösterlichen, reichsstädtischen und (hoch)adeligen Gebieten auseinander.[16]

Historisch betrachtet bezieht sich der Begriff ‚Suevia superior', das ‚Obere Schwaben', lediglich auf die Landvogtei Schwaben, die nach dem Untergang der Staufer im Jahre 1268 als das Herzogtum Schwaben in eine nieder- und eine oberschwäbische Reichslandvogtei aufgeteilt wurde.[17] Aus dem vormaligen Herzogtum konnte sich in der Folge kein mächtiger Territorialstaat entwickeln, wie beispielsweise in den Herzogtümern Bayern oder Württemberg, somit nutzten die einzelnen Herrschaftsträger und Ministerialen ihre Möglichkeiten, um sich eigene Herrschaftsräume aufzubauen. Dadurch gingen „die vom Reich und den Staufern beschirmten Klöster [...] den Weg in die Reichsstandschaft [...] die Königsstädte wurden zu Reichsstädten und die Ministerialität ging im niederen Adel auf".[18] Auch im Verlauf der Frühen Neuzeit gelang es den einzelnen Herrschaften

16 Karten wie Joannes Georgius Tibians Schwarzwaldkarte (um 1580), Christoph Hurters Alemaniae sive Sveviae svperioris Chorographia nova (1625), Guillaume de l'Isles Carte Méridionale de la Souabe (1704), Jacques Michals Schwäbischer Kreiskarte (Suevia Universa IX. Tabulis Delineata, 1725), Heinrich von Schmitts Karte von Südwestdeutschland (um 1797), Johann Gottlieb Friedrich von Bohnenberger und Ignaz Ambros von Amman Charte von Schwaben (1798); vgl. OEHME, Kartographie.

17 Konradin (1252–1268, Hinrichtung in Neapel); QUARTHAL, Historisches Bewusstsein, S. 52; vgl. HUTTENLOCHER, Kulturlandschaft, S. 181; BRADLER, Landschaftsnamen, S. 96–123.

18 QUARTHAL, Historisches Bewusstsein, S. 52. Vgl. ANDERMANN/JOHANEK (Hg.), Zwischen Nicht-Adel und Adel; ZOTZ, Formierung der Ministerialität.

nicht, größere Territorien zu bilden, wodurch Oberschwaben „eine klassische Adelslandschaft" wurde, welche geprägt war von der politischen Vielfalt kleinerer Herrschaften (Abb. 2).[19] Erst die politischen Ereignisse zu Beginn des 19. Jahrhunderts veränderten dieses Raumverhältnis – der Säkularisation der Klöster folgte die Mediatisierung der weltlichen Territorien. Die Entwicklung mündete schließlich in der Aufteilung Oberschwabens zwischen den mit Napoleon verbündeten Staaten, den Königreichen Bayern und Württemberg, dem badischen Großherzogtum und dem Fürstentum Hohenzollern-Sigmaringen.[20]

Die Bezeichnung Oberschwaben bezieht sich allgemein auf den zwischen 1805 und 1810 württembergisch gewordenen Teil Oberschwabens.[21] Infolgedessen unterlag der Begriff Oberschwaben einem Wandel, der im 19. Jahrhundert einerseits „schärfere räumlichen Konturen"[22] annahm und andererseits mit konfessionellen, historischen und politischen Inhalten aufgeladen wurde.[23] Dadurch erhielt die Bezeichnung Oberschwaben die „Funktion eines Abgrenzungsbegriffs"[24] und sollte den neuen Landesteil vom „altwürttembergischen ‚Unterland' protestantischer und zentralistisch-territorialstaatlicher Prägung"[25] abheben.

Die vorliegende Studie bezieht sich auf das von Peter Eitel benannte „Großoberschwaben", das dem Konstanzer Viertel des Schwäbischen Kreises entspricht. Die Reichskreise fungierten als übergeordnete politische Einheiten,[26] wobei sie „keine territorial geschlossenen Gebiete"[27] bildeten. Davon ausgenommen blieben die habsburgischen Vorlande, die dem Österreichischen Reichskreis zugehörig waren sowie die Herrschaften der reichsunmittelbaren Ritterschaft, die sich ihrerseits in Ritterkreisen, wie dem Ritterkanton Hegau-Allgäu-Bodensee im Südwesten, organisierten. Die Organisation im übergeordneten Schwäbischen Reichskreis gewährleistete besonders den kleineren Herrschaften durch ihre Reichsstandschaft politische Teilhabe.[28] Durch die Aufteilung

19 Quarthal, Historisches Bewusstsein, S. 53.
20 Vgl. Eitel, Geschichte Oberschwabens, Bd. 1, S. 14.
21 Vgl. Ebd., S. 12.
22 Schreiner, Geschichtsschreibung und historische Tradition, S. 47. Es entstanden bspw. Mentalitätsbilder, wonach der Oberschwabe, der Oberländer, als schwerfällig und rückständig und der Unterländer, der Altwürttemberger, als fortschrittlich und aufgeklärt beschreiben wird; Wehling, Oberschwaben, S. 16. Vgl. Eitel, Geschichte Oberschwabens, Bd. 1, S. 12.
23 Schreiner, Geschichtsschreibung und historische Tradition, S. 47. Vgl. Eitel, Geschichte Oberschwabens, Bd. 1, S. 12; Wehling, Barock. Weiterführend sei in Bezug auf die Auswirkungen und Hintergründe der Integration auf das Habilitationsprojekt von Senta Herkle verwiesen; Senta Herkle, Die Implementierung von Herrschaft und der Eigensinn der neuen Untertanen. Die Integration Vorderösterreichs in den deutschen Süden und die Schweiz (1800–1830), Habilitationsprojekt Universität Stuttgart, Historisches Institut, Abt. Landesgeschichte.
24 Schreiner, Geschichtsschreibung und historische Tradition, S. 69.
25 Bradler, Landschaftsnamen, S. 129.
26 Vgl. Dotzauer, Reichskreise, S. 205–234; Wunder, Der Schwäbische Kreis.
27 Eugen Haberkern/Johann Friedrich Wallach, Art. Kreis, in: Hilfswörterbuch für Historiker 1, Tübingen [9]2001, S. 355–357, Zitat S. 355. Vgl. Nüske, Reichskreise und Schwäbische Kreisstände um 1800.
28 Bernd Wunder beschreibt in seinem Aufsatz eine „Besonderheit Schwabens", nämlich „daß die minderen Stände wie Reichsstädte und Prälaten aufgrund ihrer großen Zahl die geistlichen und weltlichen Fürsten jederzeit überstimmen konnten." Wunder, Der Schwäbische Kreis, S. 24.

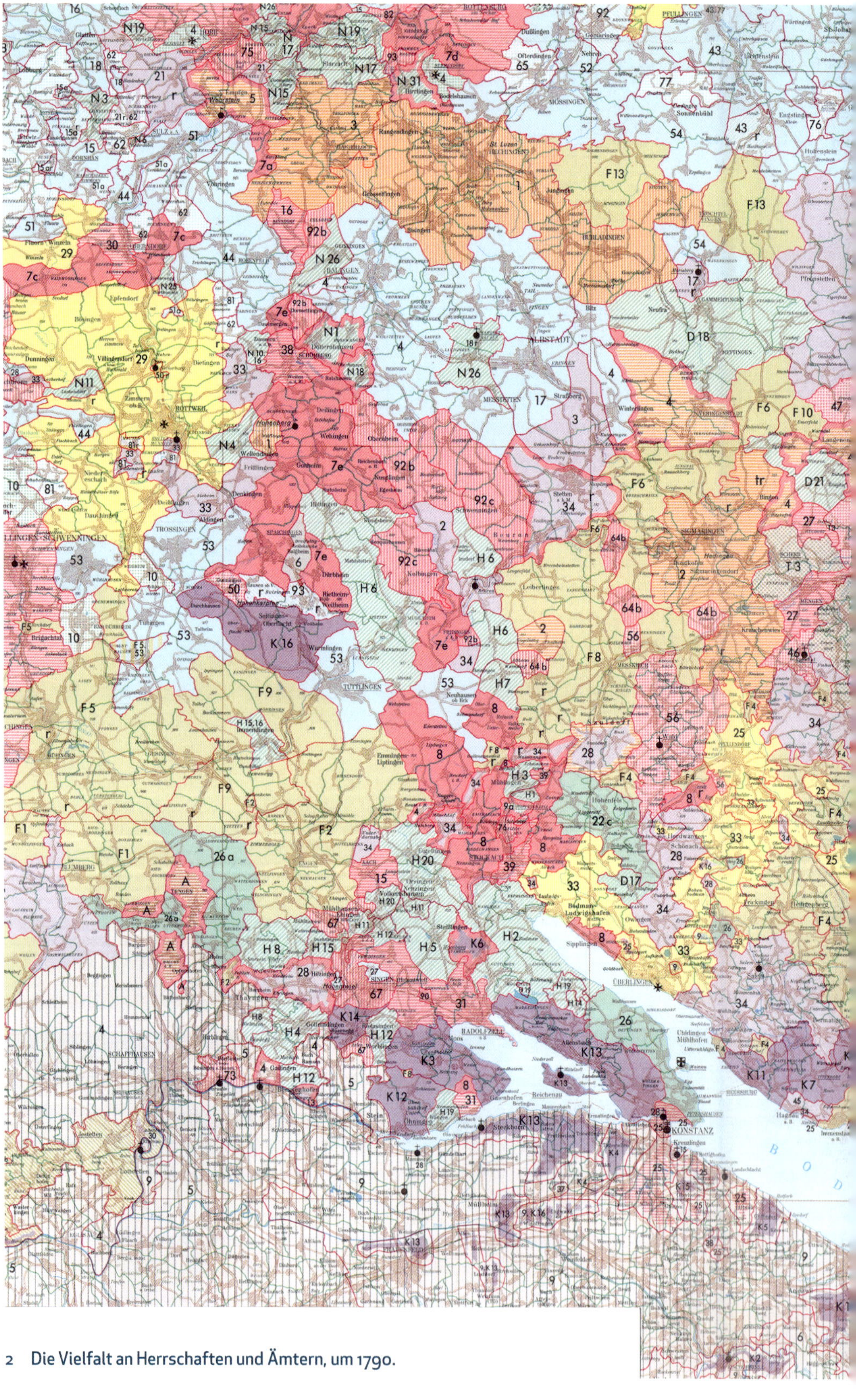

2 Die Vielfalt an Herrschaften und Ämtern, um 1790.

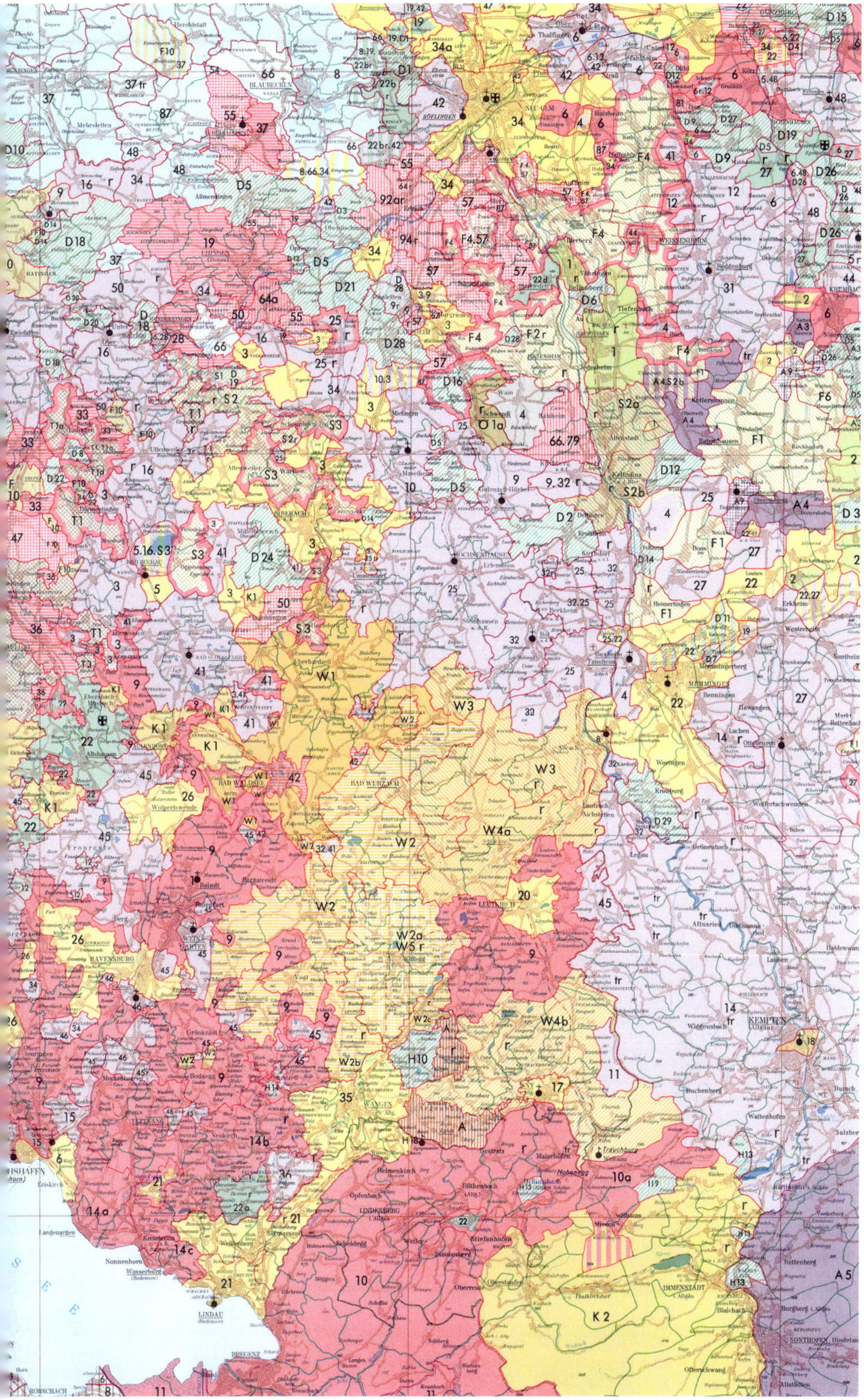

SÖFLINGEN
NEU-ULM
WEISSENHORN
BIBERACH
OCHSENHAUSEN
MEMMINGEN
BAD WURZACH
BAD WALDSEE
LEUTKIRCH
RAVENSBURG
WANGEN
KEMPTEN (Allgäu)
IMMENSTADT
LINDAU
SONTHOFEN
Ottobeuren
Altusried
Isny
Oberstaufen
Lindenberg
Wasserburg
Nonnenhorn
Langenargen
Eriskirch
Oberstdorf
BREGENZ
RORSCHACH

des Schwäbischen Kreisgebietes in vier Verwaltungseinheiten unter den Vierteldirektorien des Herzogtums Württemberg, des Markgrafen von Baden und der Bistümer Augsburg und Konstanz konnten Beschlüsse und Maßnahmen innerhalb dieses Kreises schnell und effektiv umgesetzt werden. Im Wesentlichen bestand die Kreisverfassung bis zum Jahre 1803.

Aufgrund der großen Dichte von Klöstern auf verhältnismäßig kleinem Raum wird Oberschwaben in der Forschungsliteratur bis 1802 auch als Sakrallandschaft oder Klosterlandschaft charakterisiert.[29] Diese Wahrnehmung spiegelten auch die Reiseberichte des 18. Jahrhunderts, beispielweise der des preußischen Schriftstellers Friedrich Nicolai, wider.[30] Besonders augenscheinlich waren für Reisende die vielen Bildstöcke, Feldkreuze und Kapellen sowie ein Dutzend Klosteranlagen, hinzu kamen die Burgen und Schlösser, welche die Landschaft prägten.[31] Die bedeutendsten Klöster dieser Region waren zugleich die territorial umfangreichsten, reichsunmittelbar und reichsständisch. In dieser Studie werden vor allem die Benediktinerabteien Ochsenhausen und Weingarten, die Prämonstratenserabteien Rot, Schussenried und Weißenau, sowie die Abteien des Zisterzienserordens das Mönchskloster Salem und die Nonnenklöster Gutenzell und Wald sowie die beiden freiweltlichen Reichsstifte Buchau und Lindau berücksichtigt.

Dennoch ist Oberschwaben aber nicht nur als Sakral- bzw. Klosterlandschaft zu begreifen, das Charakteristikum Adelslandschaft ist, wie bereits genannt, ebenfalls anwendbar.[32] Nach dem Untergang der Staufer konnte sich hier im Gegensatz zu Bayern und Württemberg „keine mächtige Landesherrschaft" herausbilden, weshalb sich kleinere und größere Adelsherrschaften, unmittelbare Reichsritter sowie Reichsstädte und Reichsklöster bis zum Ende des Alten Reiches nebeneinander behaupteten konnten.[33] Den aus dem Mittelalter hervorgegangen oberschwäbischen Hochadel bildeten zunächst fünf Häuser: die beiden ältesten mit der Grafschaft Hohenzollern-Sigmaringen,[34] am Rand des Konstanzer Viertels im Nordosten gelegen, und den Grafen von Montfort mit den Herrschaften Tengen und Argen, deren Besitz am Bodensee mit ihrem Aussterben 1787 vom Haus Habsburg erworben wurde. Dann die Geschlechter der Grafen von Königsegg-Aulendorf und der Grafen von Waldburg, die auf staufische Ministeriale zurückzuführen sind.[35] Die Waldburger Besitzungen erstreckten sich im Südosten Oberschwabens. Ihre drei Linien Waldburg-Wolfegg-Waldsee, Waldburg-Zeil-Trauburg und Waldburg-Zeil-Wurzach beschreiben ihre Besitzungen. Seit 1705 sind die Grafen von Stadion mit Stammsitz in Oberstadion dazuzurechnen.[36] Hinzu kamen weitere Ange-

29 Vgl. QUARTHAL, Historisches Bewusstsein, S. 16, 67–69; EITEL, Geschichte Oberschwabens, Bd. 1, S. 15.

30 NICOLAI, Reise durch Deutschland und die Schweiz, hier die Bände 8 und 9. Nicolai (1733–1811) war Buchhändler, Verleger, Aufklärungsschriftsteller und Historiker aus Berlin.

31 Eitels Recherchen folgend schmückten 63 Schlösser im Jahre 1819 Oberschwaben; EITEL, Geschichte Oberschwabens, Bd. 1, S. 15.

32 Vgl. QUARTHAL, Historisches Bewusstsein, S. 53.

33 Vgl. EITEL, Geschichte Oberschwabens, Bd. 1, S. 16.

34 Das katholisches Fürstentum Hohenzollern-Sigmaringen wurde nach 1806 im württembergischen Oberschwaben zur politischen Grenze.

35 Vgl. EITEL, Geschichte Oberschwabens, Bd. 1, S. 17.

36 Vgl. ebd.

hörige des Hochadels, die in Oberschwaben Besitz erwarben, wie die Fürsten von Fürstenberg durch die Herrschaft Heiligenberg oder die Fürsten von Thurn und Taxis sowie Angehörige mindermächtiger Adelshäuser. Die Studie beschäftigt sich mit einer Vielzahl dieser Häuser. Im Fokus stehen dabei die Grafschaft Hohenzollern-Sigmaringen, die Grafen von Montfort mit den Herrschaften Tengen und Argen am Bodensee, die Grafen von Königsegg-Aulendorf und die Grafen von Waldburg, die Fürsten von Fürstenberg durch die Herrschaft Heiligenberg sowie die Grafschaft Friedberg-Scheer, die seit 1680 österreichisches Manneslehen und ab 1786 im Besitz der Fürsten von Thurn und Taxis war. Ihnen allen ist eines gemeinsam, sie waren katholisch.

Neben den Kloster- und Adelsterritorien stehen hier noch die Reichsstädte im Fokus. Dabei sind die fünf evangelischen Städte Memmingen und die heute dem Allgäu zugerechneten Städte Lindau, Leutkirch, Isny und Kempten, das paritätische Biberach und Ravensburg sowie die letztlich katholischen Städte Buchau, Buchhorn, Pfullendorf, Überlingen und Wangen im Allgäu zu nennen. Um eine Überprüfbarkeit zu gewährleisten, erfolgte die Auswahl der Herrschaften und Territorien anhand der ausgewählten Quellenlage und der perspektivischen Zugänge. Die untersuchten Territorien wiesen dabei in den drei unterschiedlichen Quellengattungen eine Vergleichbarkeit hinsichtlich ihrer kulturgeschichtlichen, umweltgeschichtlichen, konfessionellen und kunstgeschichtlichen Aspekte auf, die einen Herrschaftsraum als solchen auszeichnen und generieren. Der Untersuchungsraum Oberschwaben orientiert sich am Konstanzer Viertel des Schwäbischen Kreises und wird durch die natürlichen Grenzen der umschließenden Gewässer, mit der Donau im Nordosten, der Iller im Westen und dem Bodensee im Süden, eingegrenzt.

1.3 Quellenlage

Die vorliegende Arbeit setzt sich mit den drei Quellengattungen Karte, Landesbeschreibung und Reisebericht auseinander. Als Hauptquelle wurden Manuskriptkarten der geistlichen und weltlichen Territorien des oberschwäbischen Raumes ausgewertet. Der Großteil der 1083 handgezeichneten Karten ist im Landesarchiv Baden-Württemberg in den unterschiedlichen Sammlungen der Karten, Pläne und Zeichnungen der Abteilungen Hauptstaatsarchiv Stuttgart (HStAS N), Generallandesarchiv Karlsruhe (GLAK H) und Staatsarchiv Sigmaringen (StAS K) überliefert. Hinzugezogen wurden die Kartensammlungen der nichtstaatlichen Archive: das Fürstlich Fürstenbergische Archiv in Donaueschingen, das Waldburg-Zeil'sche Gesamtarchiv in Leutkirch, die Kunstsammlung der Fürsten zu Waldburg-Wolfegg in Wolfegg sowie die Stadtarchive der ehemaligen reichsstädtischen Territorien. Die handgezeichneten Karten der weltlichen Herrschaften Oberschwabens befinden sich in Sammlungen der oben genannten Privatarchive, wie die Fürstenhäuser Fürstenberg und Waldburg, mit der Herrschaft Zeil-Wurzach (ZA-Wu 5177). Die Manuskriptkarten der kleineren Adelshäuser sind teilweise im Landesarchiv unter den Kartenrepertorien HStAS N 11 und N 13 erfasst, wie die Grafschaft Montfort (N 11 IV. 2. l) mit den Herrschaften Argen und Tettnang (HStAS N 11 IV. 2. a), die fürstenbergische Grafschaft Heiligenberg (N 11 IV. 2. h), die Grafschaft Königsegg-Aulendorf (N 11

IV. 2. k), die stadionsche Herrschaft Warthausen (N 11 IV. 2. r) sowie die Grafschaft Waldsee (N 11 IV. 2. p). In der Abteilung Staatsarchiv Sigmaringen befinden sich die Kartenwerke der Grafschaft Sigmaringen unter den Signaturen StAS K I, Amt Ostrach StAS K I O und StAS Dep. 30/15.

Die berücksichtigte historisch-topographische Literatur des 17. und 18. Jahrhunderts zu Oberschwaben beinhaltet sechzehn Landesbeschreibungen von elf Autoren mit variierenden Themenschwerpunkten. Darunter die Darstellungen der städtischen Landschaften, beispielsweise Matthäus Merians und Martin Zeillers Topographia Sueviae von 1643,[37] die Beschreibungen von Land, Begebenheiten, Sitten und Gebräuchen, wie in den Werken des Lindauer Kaufmanns David Hünlin,[38] bis hin zu lexikalisch aufgebauten Gesamtdarstellungen, wie letztlich bei Philipp Ludwig Hermann Röder am Ende des Untersuchungszeitraums.[39]

Die untersuchten zwanzig Reisebeschreibungen von siebzehn Autoren zu Oberschwaben waren durchweg als Tagebücher gestaltet worden und liegen in unterschiedlichen Formaten für den gesamten Untersuchungszeitraum vor, darunter ist besonders das aufschlussreiche Manuskript der Reise des Benediktinerpaters Konstantin Stampfer aus dem Jahre 1784 hervorzuheben, welches in der Stiftsbibliothek der Erzabtei St. Peter in Salzburg aufbewahrt wird.[40] Das Reisetagebuch des Italieners Girolamo Porto aus den Jahren 1709 bis 1715 liegt als wissenschaftliche Edition vor.[41] Der überwiegende Teil der herangezogenen Berichte wurde zeitgenössisch bei unterschiedlichen Verlegern in Druck gegeben, wie beispielweise Friedrich Nicolais Reise durch Deutschland und die Schweiz von 1781.[42] Ein kleiner Teil wurde posthum veröffentlicht, wie die Reisetagebücher des späteren Kardinals Graf Giuseppe Garampi und des St. Galler Stiftsbibliothekars Johann Nepomuk Hauntinger, die Ende des 19. Jahrhunderts im Druck erschienen.[43]

Die drei Quellengattungen beinhalten eine Vielzahl unterschiedlicher Informationen und geben dadurch Einblicke in die Perspektiven und Wahrnehmungsspektren der einzelnen Autoren. Dennoch ist Vorsicht vor Überinterpretation geboten, da auch diesen drei Quellengattungen gewisse Darstellungsabsichten unterstellt werden können, die ein bestimmtes Bild transportieren sollen. In ihren bildlichen und textlichen Beschreibungen geben die drei Quellengattungen einen zeitgenössischen Einblick in die Region Oberschwaben, die kulturellen und konfessionellen Entwicklungen sowie in die Wahrnehmung, Nutzung und Gestaltung der Umwelt im Zeitrahmen der Studie.

37 Merian/Zeiller, Topographia Sueviae.

38 Hünlin, Allgemeine Geschichte von Schwaben; Ders., Reichsstädte; Ders., Erdbeschreibung; Ders., Beschreibung des Bodensees. Vgl. Dobras, Nachwort.

39 Röder, Lexikon.

40 Eine Veröffentlichung der Quellenedition des Reiseberichts in der Reihe Itinera monastica wird derzeit in der Stiftsbibliothek der Salzburger Erzabtei St. Peter vorbereitet.

41 Porto/Seidel, Girolamo Portos Bericht.

42 Nicolai, Reise durch Deutschland und die Schweiz.

43 Garampi/Palmieri (Hg.), Viaggio; Hauntinger/Meier (Hg.), Süddeutsche Klöster.

1.4 Forschungsüberblick

Bisher gibt es noch keine vergleichbare Studie, welche die Herstellung von Herrschaftsräumen in Oberschwaben anhand der Raumbeschreibung und Raumwahrnehmung in Karten, Reiseberichten und Landesbeschreibungen unter kulturgeschichtlichen, umweltgeschichtlichen, konfessionellen und kunstgeschichtlichen Aspekten vergleichend untersucht. In verschiedenen Betrachtungen und Aufsätzen innerhalb übergeordneter Fragestellungen wurde auf die Kartographiegeschichte Oberschwabens, auf Kartenwerke, Produzenten und Auftraggeber ebenso eingegangen wie auf Reiseberichte, Reisende, Landesbeschreibungen und Topographen. Dabei waren vor allem Reiseberichte und Topographien fester Bestandteil der unterschiedlichen Quellenarbeiten. (Re-)Präsentation von Herrschaft war bisher vorwiegend ein Untersuchungsfeld im kunstgeschichtlichen Kontext und damit auf Architektur und Kunstwerke fokussiert, wodurch Oberschwaben im Untersuchungszeitraum als reiche, von Barock bis Klassizismus geprägte Kulturlandschaft erforscht wurde.

In verschiedenen Monographien und Aufsätzen wurde auf die Kartographie Oberschwabens in der Frühen Neuzeit, auf handgezeichnete Kartenwerke, ihre Produzenten und ihre Auftraggeber im Rahmen übergeordneter Fragestellungen eingegangen. Das Standardwerk zur „Geschichte der Kartographie des deutschen Südwestens" stellt noch immer Ruthardt Oehmes gleichnamiges Werk von 1961 dar, wobei es sich um ein Überblickswerk zur Entwicklung und zu Zentren der Kartographie handelt.[44] Da der Fokus auf ganz Südwestdeutschland lag und den Zeitraum von der Antike bis in die Neuzeit umfasste, konnte dementsprechend nur ein kurzer Einblick in die Grundstrukturen der kartographischen Entwicklung Oberschwabens gegeben werden. Dabei standen vor allem Landtafeln und kartographische Druckerzeugnisse, die in Oberschwaben entstanden waren oder auf die historische Landschaft Bezug nahmen, im Fokus. Mit über 50 Veröffentlichungen, vornehmlich in der Fachzeitschrift ‚Cartographica Helvetica' und im Ravensburger Kulturmagazin ‚Im Oberland', erforscht Hanspeter Fischer die unterschiedlichen Felder der Kartographiegeschichte in Schwaben und Oberschwaben, wie beispielsweise unlängst die Feldmesserfamilie Eggler aus Wolfegg.[45] Seine mannigfaltigen Studien zu einzelnen Kartographen, wie dem Landtafelkünstler und Maler Johann Andreas Rauch (1575–1632), und zu den Erzeugnissen der Verlagskartographie, beispielsweise Johann Christoph Hurters ‚Schwabenkarte' von 1679 und die ‚Suevia Universalis' des Jacques Michal von 1725, liefern grundlegende Einsichten zur kartographischen Entwicklung im deutschen Südwesten.[46]

Zu politischen Räumen in der Kartographie der Frühen Neuzeit forscht die Historikerin Martina Stercken, sie untersucht speziell die Umbrüche, die sich in dieser Zeit in der Darstellungstechnik und den Präsentationsformen vollziehen. Sie analysiert Herr-

44 Vgl. OEHME, Kartographie.
45 FISCHER, Die Egglers, S. 29–33. Vgl. u.a.: DERS., Karte des Bodensees; DERS., Schwabenkarte; DERS., Die Altdorfer Feldmesserfamilie Lerchgässner; DERS., Suevia Universa; DERS., Kartografische Gestaltungselemente; DERS., Johann Jacob Heber (1666–1724); DERS., Frühwerke südwestdeutscher Vermessung und Kartographie; DERS., Feldmesser; DERS., Meilensteine.
46 Vgl. FISCHER, Suevia Universa.

schaftsverortung und Stadtrepräsentation in Landtafeln, Kartendruckerzeugnissen und Landesbeschreibungen mit dem Schwerpunkt auf der Zeit um 1500 in Oberschwaben und den eidgenossenschaftlichen Städten. In Zusammenarbeit mit Ingrid Baumgärtner erarbeitete Stercken einen neuen Ansatz zur Erschließung von Karten als kulturgeschichtliche Quelle in der Geschichtswissenschaft.[47] Die neuesten Erkenntnisse auf diesem Gebiet erbrachten die Forschungen von Andreas Rutz, der in der Weiterführung des raumsoziologischen Modells von Martina Löw die Konstitution von Herrschaft in der Frühen Neuzeit anhand von Karten im deutschsprachigen Raum untersuchte.[48] Zur Bedeutung der Kartographie im Feld der Staatswerdung ist noch auf die Studien von Daniel Schlögl und Wolfgang Wüst zu verweisen, die sich mit den politischen Verhältnissen im bayerischen Raum auseinandersetzen.[49]

Aus umweltgeschichtlicher Perspektive heraus wird Oberschwaben vor allem in den jüngsten Veröffentlichungen zur Frühen Neuzeit betrachtet, dabei ist die neueste Publikation Martin Knolls aus dem Jahr 2014 herauszustellen, die Siedlungen und ihre Umwelt in der frühneuzeitlichen historisch-topographischen Literatur an der oberen Donau zum Gegenstand hat.[50] Auf der Basis von Karten und Landesbeschreibungen untersuchte Knoll die Perspektiven der historischen Umweltwahrnehmung und das Zusammenspiel von Mensch und Natur. Bereits in früheren Studien wurde auf die landwirtschaftlichen Reformen Oberschwabens – insbesondere der Vereinödung – unter verschiedenen wirtschafts- und agrargeschichtlichen Fragestellungen in den 1980er und 1990er Jahren eingegangen, in denen ebenfalls kartographische Erzeugnisse die Basis bildeten.[51] Darüber hinaus ist noch auf die wirtschaftlich orientierten Studien zu Steuer- und Landreformen anhand der Flur- und Katasterkarten von Hermann Grees und Daniel Wesely hinzuweisen.[52] Gelegentlich wurden Kartenwerke innerhalb übergeordneter Fragestellungen herangezogen, beispielsweise zu Aspekten der Identitätsstiftung oder der politischen Kultur Oberschwabens.[53]

Im Rahmen der oberschwäbischen Identitätsforschung wurde in den 1990er Jahren wiederholt auf Reiseliteratur sowie auf topographische Literatur zurückgegriffen.[54] Sie

47 Stercken, Repräsentation; Dies., Herrschaft verorten. Vgl. hierzu Dünne, Die Karte als Operations- und Imaginationsmatrix.

48 Rutz, Beschreibung des Raums, S. 18; Ders., Doing territory.

49 Schlögl, Der planvolle Staat, S. 281–304.

50 Vgl. Knoll, Natur der menschlichen Welt. Mit den Landesbeschreibungen als Quellenmedium allgemein setzte sich bislang nur Lioba Keller-Drescher auseinander; vgl. u.a. Keller-Drescher, Landesbeschreibung als Wissensformat; Dies., Das Statistisch-topographische Bureau.

51 Es handelt sich u.a. um kartenbasierte Quellenstudien, die für diese Fragestellung nach Herrschaftsdarstellung und -wahrnehmung jedoch nicht weiterführend sind (vgl. Nowotny, Vereinödung im Allgäu) sowie um neuere Ansätze der Kartographieforschung (vgl. Glauser/Kiening (Hg.), Text – Bild – Karten).

52 Vgl. Grees, Gebiet Ochsenhausen; Wesely, Steuerreform.

53 Vgl. Quarthal, Oberschwaben als Region des kulturellen Gedächtnisses; Ders., Historisches Bewusstsein, S. 18–26; Blickle (Hg.), Politische Kultur; Schreiner, Geschichtsschreibung und historische Tradition, S. 68 f.; Wehling, Barock; Gönner, Oberschwaben; Cramer, Zum Landschaftsbegriff Oberschwaben.

54 Vgl. u.a. Blickle (Hg.), Politische Kultur; Quarthal, Historisches Bewusstsein, S. 18–26; Schreiner, Geschichtsschreibung und historische Tradition, S. 68 f.

wurden als Nachweise der ‚Suevia Superior' in den Studien von Peter Blickle, Franz Quarthal und Peter Eitel zur Identität Oberschwabens angeführt.[55] Die maßgebliche Zusammenstellung von Reiseberichten und Reisebeschreibungen des 16. Bis 18. Jahrhunderts zum oberschwäbischen Raum legte Peter Eitel in seiner Veröffentlichung „Ravensburg und das Schussental" im Jahre 1977 vor.[56]

Im Rahmen dieser Studie wird bei der Herstellung von Herrschaftsräumen methodisch auf die Selbstdarstellung und Fremdwahrnehmung eingegangen, also auf die von den Autoren der Bild- und Textquellen wahrgenommenen und wiedergegebenen Raumbetrachtungen. So steht zunächst die aktuelle kulturwissenschaftliche Raumforschung im Zentrum, wo ausgelöst durch den spatial turn der Kategorie Raum neben den Untersuchungen der historischen Kartographie vor allem „in den jüngeren Kulturwissenschaften" eine „zentrale Bedeutung" zukommt.[57] Dabei geht es vor allem um den Konstruktionscharakter der Räume.[58] Dies folgt dem Leitgedanken „Räume sind nicht, Räume werden gemacht".[59] In Bezug auf die Herrschaftswahrnehmung wurde Oberschwaben bisher noch nicht auf die Konstitution von Herrschaftsräumen allein durch die (Re-)Präsentation und deren Wahrnehmung hin untersucht.

1.5 Methodisches Vorgehen

Die Studie kombiniert kulturgeschichtliche und karthographiegeschichtliche Zugänge. Methodisch orientierte sie sich zunächst an dem Ansatz der Verortung von Herrschaft im Kartenbild von Martina Stercken,[60] indem zunächst danach gefragt wurde, wie sich Herrschaft im Kartenbild abbildete bzw. welche Merkmale und Elemente für die Präsentation respektive Repräsentation von Herrschaft im Kartenbild gewählt wurden. Daraufhin ergab sich die Frage, wie diese herrschaftliche Macht- und Selbstdarstellung gestaltet war, welche Räume wie konstruiert und welche einzelnen Elemente in der Selbst- und Fremdbetrachtung wahrgenommen und in Bild- und Textquellen fixiert wurden. Um diese Frage zu beantworten, wurde die Quellenbasis um Landesbeschreibungen und Reiseberichte erweitert. Durch diese Erweiterung können Wahrnehmung, Deutung und Wirken der Akteure erfasst werden: die Landesbeschreibungen werden dabei u.a. als Perspektive der Herrschaftsträger in den Blick genommen, die Reiseberichte kontrastieren diesen Aspekt, indem sie die Wahrnehmung des Raumes aus dem Blickwinkel des

55 Vgl. u.a. Blickle (Hg.), Politische Kultur; Quarthal, Oberschwaben als Region des kulturellen Gedächtnisses; Eitel, Ravensburg.

56 Eitel, Ravensburg und das Schussental.

57 Vgl. Rutz, Beschreibung des Raums, S. 14. Zur Raum-Forschung in der Kultur- und Geschichtswissenschaft vgl. u.a. Bachmann-Medick, Spatial Turn; Günzel (Hg.), Raumwissenschaften; Ders., Raum; Dünne/Günzel (Hg.), Raumtheorie; Döring/Thielmann (Hg.), Spatial turn; Csáky/Leitgeb (Hg.), Kommunikation, Gedächtnis, Raum; Warf/Arias (Hg.), Spatial Turn. Schlögel, Im Raum lesen; Baumgärtner/Klumbies/Sick (Hg.), Raumkonzepte; Gotthard, In der Ferne.

58 Rutz, Beschreibung des Raums, S. 14 f.

59 Schultz, Räume sind nicht, Räume werden gemacht.

60 Stercken, Repräsentation; Dies., Herrschaft verorten.

Außenstehenden beschreiben. Dadurch erweitert sich das Wahrnehmungsspektrum um die kulturgeschichtlichen Elemente des Nutzens und Gebrauchs, der zeremoniellen Abläufe und des Alltagslebens.[61]

Als methodische Herangehensweise, die alle drei Quellengattungen berücksichtigen kann, wurde dann auf dem Ansatz des Doing Territory, die „Herstellung des Herrschaftsraumes“ von Andreas Rutz, aufgebaut,[62] der das Konzept der Raumsoziologie von Martina Löw weiterentwickelte.[63] Demnach wird in dieser Studie untersucht, wie Herrschaft und Raum in den drei Quellengattungen Karte, Reisebericht und Landesbeschreibung im ausgehenden 17. Jahrhundert und im Verlauf des 18. Jahrhunderts generiert wurden und wie diese Machtdarstellung und Selbstinszenierung in Oberschwaben wahrgenommen werden konnte.[64]

Raum und Herrschaft sind dabei abhängig voneinander zu denken und werden vom Handeln der einzelnen Akteure bestimmt.[65] Dies betrifft sowohl die Herrschaftsausübung im Raum als auch die Konstruktion von Raum durch Herrschaft. Dabei gerät der jeweilige Betrachter ins Blickfeld, also seine sozialen, politischen, mentalen und materiellen Hintergründe.[66] Deshalb ist zu beachten, dass die jeweils unterschiedlichen Betrachter für einen bestimmten Ort verschiedene Raumvorstellungen entwickeln, die als konkurrierende Raumkonzepte politischer Räume nebeneinander bestehen. Demnach sind die unterschiedlichen Raumkonstrukte beispielsweise bei der „Genese der politischen Räume“ als „Auseinandersetzungen um konkurrierende Raumkonzepte“ zu betrachten.[67] In die Studie einbezogen wurden, neben den Herrschaftsträgern als Auftraggeber einer bildlichen oder textlichen Darstellung eines Herrschaftsgebietes und deren Untertanen, diejenigen Personen, die darstellen und gestalten, also die Autoren der Karten, Landesbeschreibungen und Reiseberichte. Sie zeigen in ihrer jeweiligen Position als Initiator und/oder Rezipient, wie Raum und Herrschaft entsteht und welche Grenzen ihnen und den jeweiligen Medien auferlegt sind. Jeder Akteur folgt letztlich seinen In-

61 Es ist die Perspektive von ‚außen‘, die Wahrnehmung und Bewegung ‚Fremder‘ im realen Raum, deren Beschreibungen und Darstellungen, die hier auch weitere Elemente der kulturgeschichtlichen Betrachtung ermöglichen und eben nicht nur die politisch-rechtliche Perspektive der Karten und Landesbeschreibungen wiedergeben. Dadurch kann aufzeigt werden, wie vielschichtig Repräsentation und Herrschaftsraum in Oberschwaben waren und vor Ort wahrgenommen werden konnten.

62 Rutz, Beschreibung des Raums, S. 18; Ders., Doing territory.

63 Löw, Raumsoziologie.

64 Rutz, Doing territory, S. 100 f.

65 Vgl. Rutz, Doing territory, S. 103 f. Es handelt sich dabei um einen „relativistisch-relationalen“ Raumbegriff, indem die relativistische Raumbetrachtung darin besteht, dass Raum und Herrschaft abhängig voneinander zu betrachten sind, sodass bei der Raumanalyse sowohl die Vorstellung und Konstruktion der „territorial-räumlichen Herrschaft“ als auch Handlungen, die auf herrschaftliche Aneignung abzielen, berücksichtigt werden müssen. Eine andere Raumbetrachtung ist das absolutistisch-substantielle Raummodell, bei dem der Raum als Behälter – als Rauminsel oder Raumcontainer – wahrgenommen und betrachtet wird, in dem sich Handlungen ereignen; vgl. hierzu Gotthard, In der Ferne, S. 131–143; Löw, Raumsoziologie, S. 153–161.

66 Vgl. Rutz, Doing territory, S. 104.

67 Vgl. ebd.

tentionen und Raumvorstellungen, wobei seine Wahrnehmung von seiner Sozialisation und Bildung geprägt ist.[68]

Bei der Entstehung bzw. Konstruktion eines Raumes sind gewisse Parameter zu berücksichtigen, welche Martina Löws raumsoziologischem Theorem, der Grundlage des Doing Territory von Andreas Rutz, folgend als Spacings und Syntheseleistung benannt werden. Spacing bezeichnet „das Errichten, Bauen oder Positionieren" eines Raumes durch „das Platzieren von Gütern und Menschen bzw. das Positionieren primär symbolischer Markierungen".[69] Spacing beschreibt all jene materiellen und symbolischen Handlungen, welche die Herrschaftsgestaltung eines Territoriums aufzeigen.[70] Dabei sind das Vermessen eines Landes, das Setzen von Grenzsteinen, das Anbringen von Wappen, der Bau von Residenzen, die Gestaltung von Gartenanlagen, Anbau und Handel ökologischer Erzeugnisse sowie das Aufstellen von Kleindenkmalen zunächst materielle Handlungen, die dann durch symbolische Handlungen, wie die „herrschaftliche Inszenierung des politischen Raumes", überdeckt werden.[71] Dadurch versinnbildlichen Wappen und Grenzsteine die Herrschaftsverhältnisse, Kapellen, Bildstöcke, Feld- und Wegkreuze verweisen auf die gelebte Glaubenspraxis, Anbaugebiete und Handelsstrukturen repräsentieren den Wohlstand eines reichstädtischen Gebietes und verweisen damit „auf die räumliche Dimension von Herrschaft".[72] Hierzu wurden im Rahmen dieser Studie die drei Quellengattungen aus einer kulturgeschichtlichen, umweltgeschichtlichen, kunstgeschichtlichen und konfessionellen Perspektive heraus auf ihre Raumelemente hin betrachtet. Hierunter sind rechtliche Elemente in Form von Grenzzeichen wie Grenzsteinen, ebenso wie Straßen oder Zollstationen als Teile der Infrastruktur, Forst- und Landwirtschaft, Architektur oder konfessionelle Elemente zu verstehen. Sie stellen die einzelnen materiellen und symbolischen Handlungen dar, die quellenspezifisch in Bild und Text wiedergegeben wurden und durch diese Wahrnehmung und Beschreibung Räume konstruieren.

Der kulturgeschichtliche Aspekt[73] beleuchtet in den Karten und Landesbeschreibungen zunächst die unterschiedlichen politisch-rechtlichen Elemente der Herrschaftsdar-

68 Gerade dadurch sei Wahrnehmung nach Löws Ansicht nicht unmittelbar, sondern vorstrukturiert. Hinzu kommt noch der Moment der Sinneswahrnehmung wie „Gerüche, Töne und haptische Eindrücke", welche die „Aktivität der Wahrnehmenden und die Außenwirkung des Wahrgenommenen voraus[setzt]." Löw, Raumsoziologie, S. 197 f.; vgl. Rutz, Beschreibung des Raums, S. 25–28.

69 Vgl. Löw, Raumsoziologie, S. 158–161. Löw wählte hierzu das englische Wort ‚spacing' mit seiner größeren Spannbreite an Raumbedeutung, da das deutsche Ambivalent ‚räumen' allgemein im Sinne von ‚leer machen' verstanden würde und dem eigentlichen Sinn dadurch entgegenliefe; ebd., S. 158, Anm. 1.

70 Vgl. Rutz, Doing territory, S. 105; Ders., Beschreibung des Raums, S. 21–25.

71 Rutz, Doing territory, S. 105.

72 Ebd.

73 Der kulturgeschichtliche Aspekt orientiert sich an der ‚Neueren Kulturgeschichte'. Dadurch wird nicht nur der politisch-rechtlichen Ansatz, der zunächst am augenscheinlichsten in den Karten und Landesbeschreibungen hervortritt, beachtet. Dieser Blickwinkel beinhaltet im Prinzip sämtliche Bereiche des kulturellen Lebens, die in den Karten angedeutet werden. Die Reiseberichte beschreiben gerade diese Bereiche des alltäglichen Lebens, der Mentalitäten, der Abläufe und Zeremonien, wodurch ein umfangreicheres Bild der Macht- und Selbstinszenierung in den einzelnen Territorien ent-

stellung an sich. Hinzu kommen Kennzeichen des Rechtsraumes, die nicht nur in der Grenzbeschreibung, sondern auch in der Darstellung von Privilegien, Rechten, Pfandschaften sowie Gerichtsbarkeiten wie Hochgerichten betrachtet werden. Der Handel und das Verkehrswesen ergeben dabei einen Einblick in die herrschaftlichen Räume und Bedingungen der kulturellen Entwicklungen einer Herrschaft. Daneben werden die Merkmale des geistig-kulturellen Lebens betrachtet, wie die Alltagsgestaltung, die Frömmigkeit, Hofzeremonielle oder Mentalitäten, die besonders in den Reiseberichten ausgeführt wurden. Auch wenn in den Karten und Landesbeschreibungen auf den ersten Blick die politisch-rechtlichen Raumelemente überwiegen, war für weitere Teilbereiche der kulturgeschichtlichen Betrachtung beispielsweise die Außenperspektive durch den Einbezug der Reiseberichte wesentlich. Denn die Reisenden erfassten, was Karten und Landesbeschreibungen nur rudimentär beschrieben: den gelebten Alltag, die Nutzung von Natur und Umwelt, Kommunikation und Rituale, die Wahrnehmung und Deutung von Herrschaft und Staat sowie Identitäten und Alteritäten. All diese Aspekte wurden von den Reisenden erlebt, wahrgenommen und in den verschiedenen Medien unterschiedlich intensiv als Bausteine der ‚Bilder Oberschwabens' wahrgenommen.

Unter dem umweltgeschichtlichen Blickwinkel wird der Einfluss des Menschen auf die Natur analysiert. Dabei spielen die Darstellung der Beschaffenheit der Landschaft, die Entwicklung innerhalb des Untersuchungszeitraumes, die entsprechende landschaftliche Nutzung, die Vereinödung, die Land- und Forstwirtschaft sowie Handels- und Verkehrsräume wichtige Rollen in den Quellengattungen. Die untersuchten Karten weisen auf Naturräume und Umweltnutzungen hin. Sie werden hier durch die Analyse von Landesbeschreibungen und Reiseberichte ergänzt, die Einblicke in die Naturbetrachtung im Zeitalter der Aufklärung erlauben.

Die Betrachtung der Konfession beleuchtet die Konfessionsräume der geistlichen und weltlichen Herrschaften. Dabei werden die Raumelemente der Herrschaftsgestaltung durch religiöse Praktiken und Konfessionsunterschiede in den katholischen, protestantischen und paritätischen Territorien betrachtet. Mit Feld- und Wegkreuzen, Prozessionswegen und den Darstellungen der Klöster, mit rituellen Abläufen in geistlichen und weltlichen Territorien bis hin zur Zählung der einzelnen Religionsmitglieder waren eine Vielzahl von Raumelementen greifbar. Wo Karten und Landesbeschreibungen endeten, konnte der Reisebericht durch die Schilderung der Religiosität Einblicke in die Frömmigkeit und die geistlichen Gemeinschaften geben und weiterführen. Darüber hinaus wird auch der Frage nachgegangen, inwieweit die eigene Konfession der Autoren Einfluss auf das zu beschreibende Herrschaftsobjekt nahm.

Die kunstgeschichtliche Perspektive bezieht sich zunächst auf die Darstellung und Entwicklung der Kartographiegeschichte im oberschwäbischen Raum. Daneben sind die Architektur und Kunstgeschichte, die Garten- und Bibliotheksgestaltung als Räume der (Re-)Präsentation in der Betrachtung von innen wie von außen durch Karten, Landesbeschreibungen und Reiseberichte von Bedeutung in Bezug auf die Schaffung von Kunst und die Kunstschaffenden selbst.

steht; vgl. hierzu Daniel, Kompendium; Landwehr, Kulturgeschichte, 2009; Ders./Stockhorst, Einführung in die Europäische Kulturgeschichte.

Eine feste Zuteilung der einzelnen Merkmale zu nur einem der vier gewählten Blickwinkel ist teilweise schwierig, da sie mehrere Facetten beschreiben. Letztlich beinhalten die vier Aspekte die wesentlichen Ebenen und Elemente, die bei der (Re-)Präsentation von Herrschaft zum Tragen kommen und die von den unterschiedlichen Akteuren wahrgenommen und bildlich wie textlich beschrieben wurden.

Der Theorie von Löw und Rutz folgend, konstituieren die Akteure, in dieser Studie die Autoren und Herrschaftsträger, parallel durch die Syntheseleistung Herrschaftsräume, indem Menschen und Güter „über Wahrnehmungs-, Vorstellungs- oder Erinnerungsprozesse [...] zu Räumen zusammengefaßt" werden.[74] Dadurch wird „eine abstrakte Vorstellung des beherrschten und abzusteckenden bzw. markierten Raums" entworfen.[75] In visuellen und literarischen Medien, den Kartendarstellungen, Reiseberichten und Landesbeschreibungen, wird der „synthetisierte Herrschaftsraum" dargestellt und dadurch die „Vielheit der zu einer Herrschaft gehörigen Güter und Menschen als zusammengehörige Einheit [präsentiert], indem sie sie einem Territorium zu- bzw. unterordnen".[76] Grundlage bildeten hierbei, wie Rutz ausführt, vorangegangene Spacings, beispielsweise „materielle Markierungen".[77] So konstituiert sich der konfessionelle Herrschaftsraum eines Klostergebiets zum Beispiel dadurch, dass Klostergebäude und Kleindenkmale wie Feldkreuze, Bildstöcke und Kapellen die Landschaft als katholisch ausweisen und Felder nach Heiligen benannt werden. Die Reiseberichte ergänzen diese Konstruktion indem sie die Spacings und Syntheseleistung durch die praktischen Prozesse, wie Prozessionen, Gottesdienste und Tagesabläufe durch die Begegnung mit Ordensangehörigen, wiedergeben.

Die Wahrnehmung der Räume in einer Innen- und Außenperspektive, in der Selbst- und Fremdwahrnehmung, ist das essentielle Element dieser Untersuchung. Sie ist nach Martina Löw der „Aspekt des Handelns, der sowohl die Syntheseleistung als auch das Spacing durchzieht."[78] Die Theorie des Doing Territory verknüpft die vielschichtigen Aspekte der Herrschaftsverortung und der Herrschaftswahrnehmung in der Innen- und Außenbetrachtung in Bild und Text und generiert dadurch „Räumlichkeit". Der unterschiedliche Zugang zur Darstellung und Wahrnehmung der Räume in den drei Quellenmedien ist hier von Vorteil. Denn dort, wo die Beschreibung der Karte und der Topographie endet, kann die Beobachtung und Erfahrbarkeit des Raumes durch den Reisenden erweitert werden; somit wird der betrachtete Raum nicht nur konstruiert, sondern auch konstituiert. Wenn in Karten die Residenz einer Herrschaft verzeichnet war und die Landesbeschreibung hierzu zusätzliche topographische Informationen erbrachte, konnte der Reisebericht die Nutzung des Raumes in der Wahrnehmung von außen erfassen. Durch den Reisebericht können weitere Wahrnehmungsebenen hinzutreten, die von

74 Löw, Raumsoziologie, S. 159; vgl. Rutz, Doing territory, S. 105.

75 Rutz, Doing territory, S. 105.

76 Ebd., S. 105 f.

77 Ebd., S. 106. Im Umkehrschluss bestand auch die Möglichkeit, dass sich aus Syntheseleistungen Spacingprozesse ergaben, die wiederum ein Überdenken des Herrschaftsraumes mit sich brachten und zu „einem neuen herrschaftsräumlichen Entwurf" führten, um „einen neuen, vielleicht größeren Herrschaftsraum zu markieren".

78 Löw, Raumsoziologie, S. 195–198, Zitat S. 198.

den beiden anderen Quellengattungen nicht berücksichtigt werden, da in den verschiedenen Medien nicht immer alle Elemente berücksichtig werden konnten. Letztlich ist gerade aus dem Zusammenspiel der drei Quellen der Nutzen der Doing-Territory-Theorie zu ziehen. Dies ist nicht gleichbedeutend damit, dass der zeitgenössische Akteur stets ein solches Gesamtbild Oberschwabens vor Augen hatte.

1.6 Aufbau

Anschließend an diese Einleitung folgt die Quellenanalyse in drei Hauptkapiteln, in denen die Bilder Oberschwabens auf die Wahrnehmung und Gestaltung der Macht- und Selbstdarstellung der Herrschaftsräume in Karten und Texten des 17. und 18. Jahrhunderts untersucht werden.

Im Kapitel ‚Oberschwaben im (Selbst-)Bild – Repräsentation von Herrschaft im Kartenbild' steht mit den kartographischen Erzeugnissen die Hauptquelle dieser Studie im Mittelpunkt. Zunächst werden die Grundlagen der kartographischen Entwicklungen in Oberschwaben im 17. und 18. Jahrhundert vorgestellt, wobei das Augenmerk auf der Besonderheit der Manuskriptkarte sowie den Kartographen des Untersuchungsraumes ruht. Danach folgt die Analyse der geistlichen und weltlichen Territorien Oberschwabens hinsichtlich der gewählten vier Aspekte. Die vorläufigen Entwicklungen und Ergebnisse werden anschließend vorgestellt.

Im Kapitel ‚Oberschwaben in topographischen Texten' begegnet der gleiche Kapitelaufbau. Zunächst werden die Quellengattung und die Autoren eingeführt, bevor die topographischen Texte unter kultur-, umwelt- und kunstgeschichtlicher sowie konfessioneller Perspektive auf die darin enthaltenen Beschreibungen der Herrschaften überprüft werden. Hierbei wird auch die Bedeutung der Topographen für die Textgestaltung berücksichtigt.

Das letzte Quellenkapitel ‚Oberschwaben ‚von außen' – Raumwahrnehmung in Reiseberichten' betrachtet die Wahrnehmung der Herrschafts(re)präsentation und der Herrschaftsräume aus der Perspektive eines Außenstehenden. Nach einer kurzen Beschreibung des Mediums Reiseberichte und der Vorstellung der einzelnen Protagonisten werden auch hier die Raumelemente der Herrschaftsdarstellung und insbesondere die Bedeutung der Wahrnehmung der Autoren vorgestellt und analysiert. Daran schließt sich wieder ein kurzes Fazit an.

Abschließend werden die drei Quellenmedien im Kapitel ‚Ergebnisse: Doing Territory in Oberschwaben' auf ihre Kernaussagen hin überprüft. Es wird der Frage nachgegangen, wie sich die unterschiedlichen Herrschaften Oberschwabens selbst wahrnahmen und welche Herrschaftsbilder entstanden. Dabei stehen die Ergebnisse durch die unterschiedlichen Zugänge der drei Quellengattungen in der Betrachtung von (Re-)Präsentation und Fremdwahrnehmung der geistlichen und weltlichen Herrschaften ebenso im Fokus wie die Intentionen der Akteure selbst.

2 Oberschwaben im (Selbst-)Bild – Repräsentation von Herrschaft im Kartenbild

2.1 Manuskriptkarten in Oberschwaben

2.1.1 Kartographische Entwicklung im 17. und 18. Jahrhundert

Für den Untersuchungszeitraum ist ein wesentliches Merkmal hervorzuheben, das besonders in der Betrachtung der Karten in Erscheinung tritt: Barock prägt die oberschwäbische Landschaft „als Baustil, als Kunst, als Ästhetik".[1] Im 18. Jahrhundert stellte er geradezu einen Herrschaftsstil dar. „Der Absolutismus in Europa ruht auf dem Stehenden Heer, einer neuen Verwaltung durch Bürokratie, einer neuen Staatsfinanzierung durch Steuern, einer Nivellierung der Stände zu Untertanen und er beruht auf Repräsentation am Hof".[2] In Oberschwaben basierte der Absolutismus, wenn man Peter Blickles Ausführungen folgt, besonders auf Repräsentation. Das ist vor allem im sakralen Bereich und hier besonders in der Architektur und Kunst nachvollziehbar.[3] Hier begegnet ein ‚transzendentaler' Absolutismus, der besonders durch die Vielzahl der geistlichen Territorialherren getragen wurde, wobei die Autorität dabei letztlich im Göttlichen lag.[4] Auch wenn die Klöster und Residenzen entsprechend kunstvoll ausgebaut und renoviert waren – von Gartenlandschaften bis hin zu bildgewaltig gestalteten Bibliotheken und Treppenhäusern –, waren besonders die Prälaten und Adeligen, wie Peter Blickle ausführte, aufgrund der Kleinräumigkeit ihrer Territorien auf funktionierende Dorfgemeinschaften angewiesen.[5] Dies kann im Rahmen diese Studie in den Kartenbildern und den zahlreichen Landrenovationen beispielsweise im Fürstentum Fürstenberg und in der Klosterherrschaft Ochsenhausen im 18. Jahrhundert durchaus beobachtet werden, weil dadurch die Anfertigung neuer Kartenbilder notwendig war. Darüber hinaus spiegelt sich das absolutistische Moment auch direkt in den Kartenbildern wider, nämlich in der Art und Weise, wie sich die Herrschaftsräume hier darstellten und präsentierten. Die

1 Blickle, Oberschwaben, S. 22–26, Zitat S. 22.
2 Ebd.
3 Vgl. ebd.; Ders., Politische Landschaft, S. 35–37.
4 BLICKLE, Oberschwaben, S. 22.
5 Vgl. ebd., S. 22–27.

Frage nach (Re-)Präsentation von Herrschaft, also nach visueller Verortung von Herrschaft und politischen Räumen im Kartenbild, ist in Oberschwaben besonders im 18. Jahrhundert fassbar.

Allgemeiner betrachtet, häufen sich im ausgehenden 17. Jahrhundert und im Verlauf des 18. Jahrhunderts die kartographischen Zeugnisse, es ist ein verstärktes Interesse an naturwissenschaftlichen Erkenntnissen und besonders an Kartographie und Vermessung sichtbar. So wurden beispielsweise in den Druckeroffizinen im Nürnberger Homann Verlag oder beim Verlag seines Schülers Matthäus Seutter (1678–1757) und dessen Nachfolgers Tobias Conrad Lotter (1717–1777), den Augsburger Kartographen und Kupferstechern,[6] große überblicksartige Kartenwerke wie Weltkarten, Atlanten, Globen, aber auch Stadtpläne und andere kartographische Druckerzeugnisse in Kupferstichen geschaffen.[7] Daneben erfolgten in den einzelnen Ländern und kleineren Territorien Vermessungsarbeiten und Landaufnahmen mit umfangreichen handgezeichneten Kartenwerken, die dem herrschaftlichen Gebrauch dienten, so auch im oberschwäbischen Raum.[8] Hier waren es, der Quellenlage der Manuskriptkarten folgend, vornehmlich die Klosterherrschaften, fürstliche Territorien und Reichsstädte, die ihre Besitzungen aufgezeichnet zu sehen wünschten. Ziel war es, das Herrschaftsgebiet komplett vermessen zu lassen und in Kartenwerken darzustellen.[9] Dies hatte mehrere Gründe, ein ganz pragmatischer ist in der allgemeinen Steuerpflicht aller Untertanen zu suchen, die sich im 17. Jahrhundert durch den Dreißigjährigen Krieg etabliert hatte. Infolgedessen kam es in den geistlichen und weltlichen Herrschaften Oberschwabens, wie beispielsweise in der Klosterherrschaft Ochsenhausen und dem Fürstentum Fürstenberg zu Reformen in der Verwaltung und der Agrarwirtschaft.[10]

Umweltgeschichtlich betrachtet war Oberschwaben neben einer forstwirtschaftlichen Region zunächst Getreideland, auch in den höher gelegenen Teilen im Südosten wurde Getreideanbau und Forstwirtschaft betrieben.[11] Eine hohe Zahl großer Feuchtgebiete wie Moore, Tümpel und Teiche formten die Landschaft, wobei die Gewässer auch in den Reiseberichten des 18. Jahrhunderts durchweg als sauber beschrieben wurden.[12] Oberschwaben war in der Frühen Neuzeit bis ins 19. Jahrhundert hinein dünn besiedelt. Es gab nur wenige, meist kleinere Städte, im nördlichen Bereich war eher von größeren

6 Ritter, Augsburger Landkartenverlage; Ders., Landkarten.

7 Vgl. u.a. Torge, Geodäsie; Schneider, Macht der Karten; Glauser/Kiening (Hg.), Text – Bild – Karten; Dipper/Schneider (Hg.), Kartenwelten; Black, Geschichte der Landkarte; Mittler/Tappenbeck (Hg.), Weltbild – Kartenbild; Bagrow/Skelton, Meister der Kartographie; Behr/Heyen (Hg.), Geschichte in Karten; Oehme, Kartographie.

8 Vgl. u.a. Dörfler, Herrschaft und Landesgrenze; Schlögl, Der planvolle Staat; Winkler, Landschaft im Bild; Behr/Heyen (Hg.), Geschichte in Karten; Oehme, Kartographie; Ders., Der deutsche Südwesten im Bild alter Karten.

9 Vgl. Merk, Ochsenhausen, S. 26.

10 Vgl. Stein, Kataster- und Matrikelbestände der Grundsteuer; Wesely, Steuerreform; Grees, Sozialstruktur.

11 Vgl. Eitel, Geschichte Oberschwabens, Bd. 1, S. 15.

12 Vgl. ebd.

Dörfern zu sprechen, darüber hinaus war eine Vielzahl kleiner Weiler und Einzelhöfe über die Landschaft verstreut.[13]

Im Laufe des 18. Jahrhunderts waren vor allem im Verwaltungs- und Agrarbereich möglichst präzise Kartenwerke als Arbeitsgrundlage erforderlich, anhand derer Reformen, Neuerungen und Landrenovationen wie die Vereinödung durchgeführt werden konnten.[14] Mit Hilfe genauer Messungen und modernster Technik, zum Teil auch gewonnen aus den Erfahrungen der Militärkartographie, konnte letztlich eine Optimierung der Agrarwirtschaft und der Verwaltungsreform in den einzelnen Territorialherrschaften gewährleistet werden.[15] Viele Manuskriptkartenbilder, die in den staatlichen und nichtstaatlichen Archiven überliefert sind, entstanden in diesem verwaltungs- und agrartechnischen Kontext. Daneben wurden Karten im Zusammenhang mit Rechtsstreitigkeiten um Trieb- und Trattrechte, Zollräume und Grenzverläufe angefertigt, darunter entstanden einige bewusst zur bildlichen Dokumentation von Herrschaftszuständen.

Die Landschaft Oberschwaben bot bezüglich der Überlieferungssituation und der territorialen Vielfalt durch die Vielzahl sowohl geistlicher, adeliger als auch reichsstädtischer Herrschaften bis zum Ende des Alten Reiches eine gute Vergleichsebene. Ein wesentliches Thema der untersuchten Kartenwerke war das Raumelement der Vereinödung. Diese kann als eine Art Frühform der Flurbereinigung angesehen werden, bei der „ein Gut, dessen Äcker überwiegend weit außerhalb des Ortes lagen, aus dem Ort heraus in die Feldmark verlegt [wurde], wodurch eine zweckmäßige Lage zum Nutzland sowie eine freiere Bewirtschaftung des Grund und Boden erreicht wurde."[16] Damit wurde bezweckt, dass „die Gemengelage der Parzellen durch größtmögliche Arrondierung der Wirtschaftsflächen" beseitigt wurde, was oftmals mit „der Aussiedlung eines Teils der Anwesen verbunden" war.[17] Das Modell kam erstmals im 16. Jahrhundert im Fürstbistum Kempten zur Anwendung und verbreitete sich „von dort in mehreren Schüben bis ins nördliche Oberschwaben und den östlichen Hegau hinein".[18] Durch die Vereinödung wurden Dorfgemeinschaften nicht nur aufgelöst und in Weiler und Einzelhöfe umfunktioniert, es kam zur „Aufhebung des dörflichen Zwings und Banns", was eine individuelle Agrarnutzung erlaubte.[19] Diese Entwicklung ist im Zusammenhang mit der Bauernbefreiung im 18. Jahrhundert zu sehen und entsprach einer Art Reaktion auf die notwendig gewordene Umgestaltung der bäuerlichen Verhältnisse.[20] Dabei ist diese Praxis keineswegs nur als produktivitätssteigernde Methode ‚von oben' zu sehen. In der Herrschaft des Klosters Ochsenhausen beispielsweise waren es die Bauern, die eine Umstrukturierung der Besitzverhältnisse und speziell die Vereinödung von den Reichsprälaten forderten.[21] Ein

13 Ebd.; Huttenlocher, Kulturlandschaft, S. 176–178.

14 Vgl. Reichert, Katastervermessung, S. 57 f.; Kahlfuss, Kartographie der Herrschaft Schmalkalden; Wesely, Steuerreform; Pitz, Landeskulturtechnik.

15 Torge, Geodäsie; Kioscha/Stillfried, Vermessungstechnik.

16 Horst, Vereinödung, S. 27.

17 Grees, Sozialstruktur, S. 55.

18 Ebd.

19 Ebd.; vgl. Horst, Vereinödung, S. 28.

20 Horst, Vereinödung, S. 27.

21 Vgl. Grees, Sozialstruktur; Nowotny, Vereinödung im Allgäu; Sick, Vereinödung.

entsprechender Vermerk findet sich auf der Karte von etwa 1727, in der Leutnant Arnold bei seiner Überarbeitung *im Mai, Junio, Julio 1803* notierte: *vereinödet, wies die Bauren verlangt haben.*[22] Für diese Neuerungen mussten Landrenovationen mittels Vermessungen und Bonitierungen durchgeführt werden.[23]

Ein wesentlicher Aspekt der Landaufnahmen ist in der Steuerreform in Südwestdeutschland zu sehen.[24] Bereits im ausgehenden 17. Jahrhundert und zu Beginn des 18. Jahrhunderts wurden von den Landesherren kleinerer und mittelgroßer Territorien Landaufnahmen in Auftrag gegeben, die in der Regel die Vermessungen der Gemarkungen, Gewanne und Flure betraf – wie zuletzt Frank Reichert bei seinen Untersuchungen der preußischen Katastervermessung im Herzogtum Magdeburg für den Zeitraum 1720 bis 1726 herausstellen konnte.[25]

Im Laufe des 18. Jahrhunderts erlebten die Landvermessungen in Europa einen wahren Aufschwung.[26] Da ältere Kartenwerke und Landtafeln häufig als Augenscheinkarten angefertigt worden waren, verlangte die Landrenovation genau vermessene Kartenwerke.[27] Im 17. Jahrhundert basierte üblicherweise das Vermessungsverfahren für Katastervermessungen auf einer „Dreiecksmessung, [und] Dreiecksberechnung mit Hilfe der Sinustafeln", gemessen wurde im Feld mit einer „Meßschnur" und Bussole[28], gelegentlich mit einem „Generali Instrumento practicato", wie die von Oehme ausgewerteten Aufzeichnungen des Kartographen und Landtafelmalers Johann Andreas Rauch (1575–1632) belegen.[29] Dabei wurden die „wichtigsten Orte, Grenzlinien und [der] Verlauf der Hauptflüsse mit dem Quadranten oder der Bussole und mit der Meßkette festgelegt und weitere Einzelheiten mit Hilfe des Schrittmessers, der Marschzeit und der Schätzung bestimmt".[30]

Durch die Erneuerung der kartographischen Techniken – die Verbesserung und Verfeinerung der Messinstrumente – waren für die Landrenovation neu vermessene Kartenwerke schon allein deshalb notwendig, um eine gerechtere Verteilung von Grund und Boden sowie der Abgabenaufteilung zu ermitteln.[31] Dies war durch die Verbesserung der Methoden der Raumerfassung, wie der Triangulation mit Hilfe des Theodoliten, möglich. Sie ermöglichte eine „exakte Standortberechnung einer beliebig großen Fläche".[32]

22 HStAS, N 26 Nr. 8: *Ehrensperg*, http://www.landesarchiv-bw.de/plink/?f=1-117425 (aufgerufen am 7.8.2023). Die Karte war 1727 unter Pater Hermann Hörmann aufgenommen und 1803 von dem Feldmesser und Leutnant Arnold überarbeitet und mit Anmerkungen versehen worden.

23 Schaab, Siedlung, Gesellschaft, Wirtschaft, S. 538.

24 Die Steuerreform beinhaltete die Entwicklung eines Steuerkatasters; vgl. Fischer, Feldmesser, S. 10.

25 Reichert, Katastervermessung, S. 57 f.; vgl. Fischer, Feldmesser, S. 10.

26 Vgl. Reichert, Katastervermessung, S. 57 f.; Fischer, Feldmesser, S. 10. Zum Vergleich: Nach der genauen Kartierung Frankreichs mittels Triangulation und Gradmessung ausgehend vom Pariser Meridian durch den Astronomen und Geodät Jean Picard (1620–1682) soll König Ludwig XIV. (1638–1715) beklagt haben, „dass er durch die Vermessung der genauen Ausdehnung Frankreichs mehr Land verloren hätte als durch alle seine Feinde zusammen." Bitterling, Staat, S. 107 f.

27 Vgl. Oehme, Kartographie, S. 93.

28 Eine Magnetnadelinstrument mit Kompass und Peileinrichtung, ein Messgerät zur Richtungs- und Winkelmessung im Gelände, vgl. TORGE, Geodäsie, S. 35.

29 OEHME, Kartographie, S. 93.

30 Ebd.

31 Vgl. Reichert, Katastervermessung, S. 58; Torge, Geodäsie, S. 32–60.

32 Bitterling, Staat, S. 95–97.

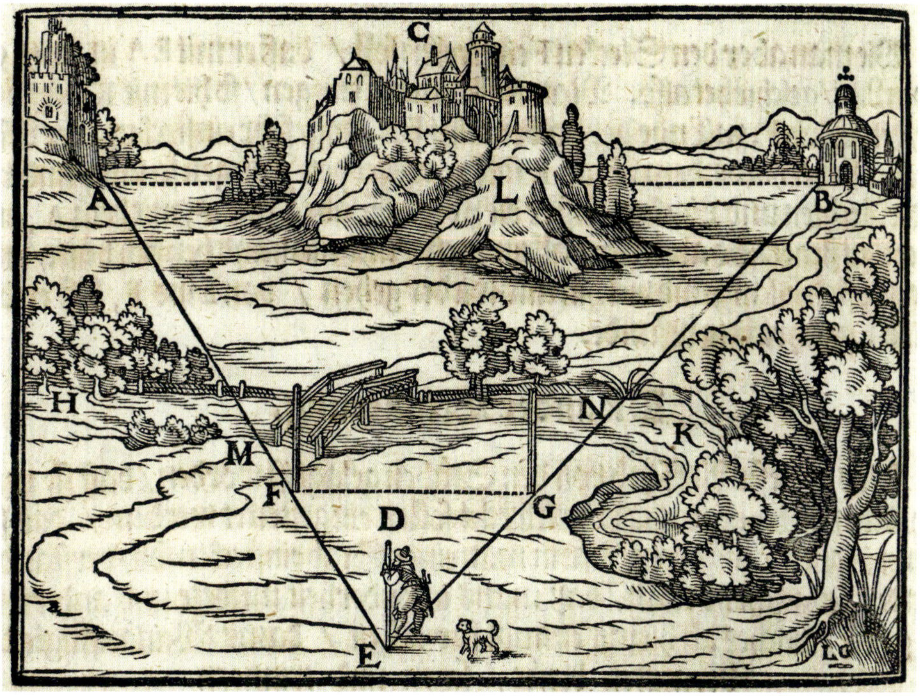

3 Vermessung eines Geländes mit Hilfe eines Dreiecks, 1667.

Die daraus gewonnenen Informationen dienten nicht nur administrativen, sondern auch politischen und sogar repräsentativen Zwecken.[33]

In der zweiten Hälfte des 18. Jahrhunderts folgten „umfangreiche Vermessungsarbeiten".[34] Grundlage für diese Entwicklung war in Vorderösterreich die „Schaffung eines Steuerkatasters und die Durchführung der Vereinödung" in Folge der österreichischen Steuerreform, welche Kaiserin Maria Theresia (1717–1780) im Jahre 1756 veranlasste.[35] Die Neuerungen im Steuerwesen waren auch der Ausgangspunkt in den oberschwäbischen Nachbarterritorien. Gemeinhin sollte durch die Neuvermessungen eine genaue „Registrierung, die Katastierung, der nutzbaren Flächen" mittels neuester Technik vorgenommen und ermittelt werden.[36] Wie Hanspeter Fischer aufzeigen konnte, waren hierzu in Vorderösterreich häufig „einfache Vermessungen – ohne überörtlichen Zusammenhang

33 Vgl. ebd., S. 101.
34 Fischer führt in seinem Aufsatz „Ex geometria practica" aus, wie die Feldmesserprüfungen an der Universität Freiburg vor allem in der zweiten Hälfte des 18. Jahrhunderts „mit den umfangreichen Vermessungsarbeiten" beispielsweise in Vorderösterreich zusammenhängen; Fischer, Feldmesser, S. 10.
35 Ebd. Basis war das Grundsteuerkataster des Herzogtums Mailand (Vermessungen 1720–1723).
36 Vgl. ebd.

und häufig auch ohne kartographische Darstellung – ausgeführt“ worden.[37] Aus kartographischer Sicht gesehen erbrachten die Entwicklungen des 18. Jahrhunderts vor allem zwei wesentliche Etablierungen: zum einen die „Katastervermessung für Steuerzwecke“ und zum anderen den „Aufschwung der Flurvermessung und [damit die] Etablierung des Berufstands der Feldmesser“.[38]

2.1.2 Die Territorialkarte – der Inbegriff der Herrschafts(re)präsentation

Karten sind Konstruktionen von Herrschaftsräumen. Sie zeigen anhand der vom Akteur gewählten Raumelemente die unterschiedlichen Ebenen auf, aus denen sich ein Territorium sowohl real wie auch bildlich zusammensetzte. Ein besonderes Augenmerk ruht dabei auf der sogenannten Territorialkarte, die ein gesamtes Herrschaftsgebiet in Inselkartenmanier darstellt und dadurch Herrschaft, Raum und Wahrnehmung generiert. Neben den kartographischen und kunsthistorischen Entwicklungen kommen dabei der kulturgeschichtlich-politisch-rechtliche,[39] der umweltgeschichtliche und der konfessionelle Aspekt zum Tragen. Je nach Anfertigungskontext belegen die Kartenbilder die einzelnen Elemente der beabsichtigten Machtinszenierung und Selbstdarstellung visuell. Im weitesten Sinne kann hier sogar von einer bildgewordenen Darstellung des Absolutismus gesprochen werden.

Unter der Betrachtung der Gestaltung und Wahrnehmung von Herrschaftsräumen waren es für den Untersuchungszeitraum von der zweiten Hälfte des 17. Jahrhunderts bis zum Ende des 18. Jahrhunderts die kartographischen und kunsthistorischen Neuerungen, die hier zunächst hervorstechen. Gerade Technik und Bildschmuck spielen eine große Rolle für den repräsentativen Charakter einer Karte. Noch zu Beginn des 18. Jahrhunderts orientierten sich die sogenannten Territorialkarten bei der Abbildung eines Herrschaftsgebietes in Gänze an der Komposition der Landtafelmalerei. Ihren Höhepunkt hatte die Landtafelmalerei in Oberschwaben und im Allgäu in der Zeit vor dem Dreißigjährigen Krieg. Hier trat insbesondere der gebürtige Bregenzer und spätere Wangener Kartograph und Landtafelmaler Johann Andreas Rauch (1575–1632) mit seinen Landtafeln oberschwäbischer Gebiete, wie der Reichsstädte Wangen und Lindau oder der waldburgischen Herrschaft Waldburg, in Erscheinung.[40] Seine Arbeit zeichnet sich

37 Ebd.

38 Reichert, Katastervermessung, S. 58.

39 In der Betrachtung der Kartenbilder überwiegen unter kulturgeschichtlicher Perspektive die politisch-rechtlichen Elemente der Raumbeschreibung die nur angedeuteten Ebenen des Alltäglichen. Wie letztes sich gestaltete gibt der Reisebericht wieder.

40 Rauch kartographierte eine Vielzahl oberschwäbischer Herrschaftsgebiete, eine vollständige Liste seiner Arbeiten findet sich bei Oehmes Darstellung der Geschichte der Kartographie Oberschwabens und des Allgäus; in Auswahl: Ansicht der Reichsstadt Wangen (1610/11, Wangen Rathaus), Landtafel Gebiet der Reichsstadt Wangen deren hohe und niedere Gerichtsbarkeit (1616/17, Stadtarchiv Wangen im Allgäu), Karte der Fürstabtei Kempten mit Herrschaft Kemnat (1617/19, verloren), Landtafel des Gebietes des Klosters Weißenau und der Reichsstadt Ravensburg (1622, Museum Stadt Ravensburg), Kartenwerk zur Herrschaft der Freiherrn von Königsegg (1622, Gräflich Königsegg'sche Archiv in Königseggwald), Ansicht von Schloss Waldburg mit Dorf (1626, Schloss Wolfegg), Landtafel Gebiet der Reichsstadt Lindau (1626/29, verloren), Ansicht Schloss Wolfegg (1628, Schloss Wolfegg); Oehme, Karto-

4 Ausschnitt Landtafel der hohen und niederen Gerichtsbarkeit der Freien Reichsstadt Wangen, Johann Andreas Rauch, 1616/17.

vor allem durch eine exakte Grundrisszeichnung aus. Zudem war Rauch „nach der malerisch-bildhaften Gesamtauffassung [...] ein echter Vertreter der alten Landtafelmalerei".[41] Anstelle einer „abstrakten Signatursprache" wählte er beispielsweise für seine Grenzzeichnungen bildhafte Elemente, wie „eine malerische Kette und ein Band aus Glocken" statt einer einfachen Linienführung.[42] Kleine Wappen zeigen die territorialen Rechtsverhältnisse (Abb. 4).

Die Landtafel bediente sich durch ihren bildhaften Charakter einer symbolischen Zeichensprache, die ähnlich den späteren Signaturen auf Landkarten, die Landschaft und Herrschaft aufzeigten. Im Gegensatz zu später gängigen Landkartensignaturen waren

graphie, S. 89 f.; vgl. FISCHER, Kartografische Gestaltungselemente; DERS., Frühwerke südwestdeutscher Vermessung und Kartographie; DERS., Meilensteine.

41 OEHME, Kartographie, S. 90.

42 Ebd. Vgl. Landtafel der hohen und niederen Gerichtsbarkeit der Freien Reichsstadt Wangen, Johann Andreas Rauch, 1616/1617, Stadtarchiv Wangen im Allgäu, Taf. 11 im Anhang Kap. 6.2.

5 Landtafel der Herrschaft des Klosters Ochsenhausen, um 1660.

es hier beschreibende Momente. Durch ihren bildhaften Charakter kommen Landtafeln verschiedene Wahrnehmungsebenen zu, neben dem erzählerischen Moment präsentieren sie sehr augenscheinlich die territorialen Rechtsverhältnisse und repräsentieren Status und Ansehen des Auftraggebers. Besonders charakteristisch an Landtafeln ist, dass man ein Herrschaftsgebiet und dessen Herrschaftsanspruch auf einen Blick erkennen und erfassen kann. Das liegt zum einen an der Art der Bildkomposition mit dem Zielort in Zentralperspektive mittig im Bild sowie zum anderen an den zugehörigen Attributen wie einer klar erkennbaren Grenzdarstellung mit Grenz- oder Marksteinen, mit Kettenmotiv oder Linienführung sowie der Kennzeichnung der jeweiligen Herrschaftsgebiete mittels Wappenschilden. Die übrigen Inhalte wie Gebäude, Landschaft und Wege waren an die Landschaftsmalerei angelehnt. Die Bildkomposition wurde häufig um kleine Illustrationen ergänzt, so waren in den Landtafeln von Johannes Rauch kleine erzählerische Episoden über gängige „Sitte[n] und Unsitte[n] seiner Zeit“[43] eingeflochten (Taf. 11).

Auch für das Herrschaftsgebiet der Benediktiner-Reichsabtei Ochsenhausen wurde eine Landtafel angefertigt (Abb. 5).[44] Die Ausführung fiel in die Amtszeit von Alfons Kleinhans (1606–1671), der von 1658 bis 1671 dem Kloster als Abt vorstand und dessen Wappen

43 Oehme, Kartographie, S. 90.

44 Die Karte der Klosterherrschaft Ochsenhausen, 1660, Christoph Kling, HStAS N 26 Nr. 21, Blatt 1–9, http://www.landesarchiv-bw.de/plink/?f=1-117412 (aufgerufen am 7. 8. 2023). Die Karte wurde zu einem

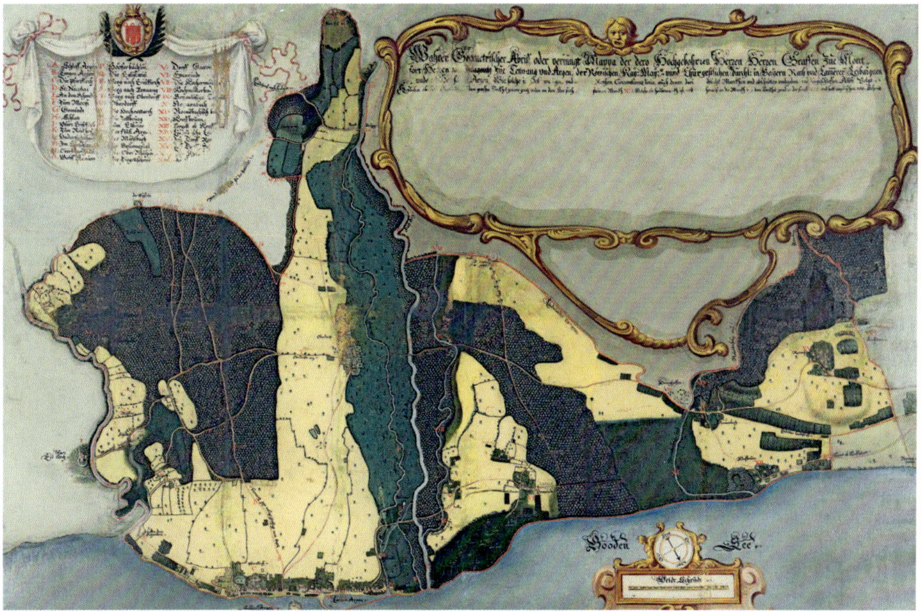

6 Herrschaft Argen der Grafen von Montfort, Ende 17. Jahrhundert.

die Landtafel zierte.[45] Eberhard Merk konnte u.a. mittels der Hauptrechnungen des Klosters Ochsenhausen sowohl den Maler Christoph Kling aus Immenstadt sowie das Entstehungsjahr 1660 nachweisen.[46] Die Karte in Landtafelmanier zeigt repräsentativ die Reichsabtei inmitten ihres Herrschaftsgebietes sowie die daran angrenzenden Territorien, wie beispielsweise das benachbarte Prämonstratenserkloster Rot an der Rot.[47]

In der Umsetzung einer handgezeichneten Territorialkarte ist auf die Darstellung der Herrschaft Argen der Grafen von Montfort Ende des 17. Jahrhunderts [48] zu verweisen, anhand der noch einmal das besondere Gestaltungsmoment eines Herrschaftsbereiches veranschaulicht werden kann. Bei dieser Karte handelt es sich sowohl im technischen als auch im inhaltlichen Sinne um eine Rauminseldarstellung: sie zeigt ausschließlich das Territorium der Herrschaft Argen, jedwedes angrenzende Gebiet außerhalb der Grenzsteinmarkierung wurde in der Darstellung ausgeblendet und nur schriftlich angemerkt (Abb. 6). Inhaltlich wurden die Ortschaften, Straßen und Gewässer, die Ackerflächen,

unbekannten Zeitpunkt in 8 Teile zerschnitten, die Klosteranlage ist auf Blatt 2 abgebildet; vgl. Merk, Ochsenhausen, S. 19–22.

45 Die Karte selbst ist undatiert; vgl. HStAS N 26 Nr. 21.

46 Merk, Ochsenhausen, S. 20.

47 HStAS N 26 Nr. 21, Blatt 4.

48 HStAS N 11 Nr. 34: *Wahrer geometrischer Abriss oder verjüngt Mappa der* [...] *Unteren Herrschaft Argen*, ohne Autor, undatiert (Ende 17. Jh.), http://www.landesarchiv-bw.de/plink/?f=1-512646 (aufgerufen am 7. 8. 2023).

7 Schloss Argen der Grafen von Montfort, Ende 17. Jahrhundert (Ausschnitt).

8 Ausschnitt aus der Salemer Herrschaft Ostrach, 1700.

Wiesen, Weingärten und Wälder aufgezeigt und namentlich genannt. In geradem Fluss durchquert die Argen das Herrschaftsgebiet und mündet im Südwesten in den Bodensee.

Zu sehen sind in Miniaturansichten aus der Vogelperspektive Langenargen mit dem Schloss Argen, Eriskirch und die montfortischen Amtsstädte Oberdorf und Kressbronn. Die Grenze der Herrschaft, unter anderem zur Reichsstadt Lindau hin, wurde mit leuchtend roter Ölfarbe aufgetragen, die aufgetupften, visualisierten Grenzsteine nummeriert wiedergegeben. Die Karte wirkt unfertig, da in der Titelkartusche nach dem Titel die Auflistung der Mark- und Grenzsteine ausgesetzt wurde. In einem mit dem Wappen des gräflichen Hauses Montfort verzierten Baldachin stehen die Anmerkungen zu den einzelnen mit Buchstaben verzeichneten Signaturen wie der Zollbrücke, den Mühlen oder die Fluss- und Wegenamen.

Die Darstellung folgte den Gepflogenheiten der Landtafelmalerei. So finden sich figurative und bildhafte Elemente beispielsweise in den Darstellungen der Kirche in Eriskirch, des Schlosses Argen, der Ortschaften, in der Geländezeichnung und dem Segelboot im Wind. Ferner unterstreichen der barocke Bildschmuck und die Wahl des Materials – Öl auf Leinwand – den repräsentativen Charakter einer Herrschaftsdarstellung im Miniaturformat (Abb. 7). Durch eine prunkvolle Hofhaltung, Brände und verschiedene Bauprojekte gerieten die Grafen von Montfort im Laufe des Jahrhunderts in finanzielle Bedrängnis.[49] Trotz der guten Lage Langenargens für Handel und Schifffahrt konnten die Grafen von Argen weder im 17. noch im 18. Jahrhundert Handel oder Schifffahrt ausbauen. Sie scheiterten am Widerstand der Handelszentren und Reichsstädte Ravensburg und Lindau.[50]

Zu Beginn des 18. Jahrhunderts wurde die Herrschaftspräsentation als visuelles Moment in Karten in Landschaftsmanier festgehalten und in erster Linie durch Hoheitszeichen, wie Wappen, als Kennzeichen der Herrschaftsbereiche und -rechte dargestellt. Entsprechend dieser Vorgehensweise wurde im „Abriss des Salemer (Salmenschweilischen) Distrikts der hohen Regalien“ um 1700 auch das Gebiet der Salemer Amtsstadt Ostrach gestaltet (Abb. 8).[51]

Die Ortschaften und Siedlungen wurden als Häuserkomplexe, die landwirtschaftlichen Nutzflächen sowie Gewässer, Mühlen und Sägewerke entsprechend der zeitgenössischen Kartenzeichnung schematisch dargestellt, Waldgebiete und Ortschaften wurden namentlich angegeben. In intensivem Kolorit ist das Amt Ostrach umgeben von der Grafschaft Sigmaringen (rot), der Herrschaft Heiligenberg (blau), der friedbergischen Herrschaft Scheer (gelb), im Südosten ist die Laupheimer Herrschaft der Reichsfreiherren von Welden (rot) zu sehen. Die Grenze der Klosterherrschaft und die jeweiligen Regalienansprüche der weltlichen Herrschaften und des Klosters Salem wurden zusätzlich mit Hoheitszeichen in Wappenform schematisch gekennzeichnet.

Die Niedergerichtsbarkeit lag beim Kloster Salem, während die Hochgerichtsbarkeit ab dem 18. Jahrhundert für kurze Zeit den Grafen von Sigmaringen zustand, die seit 1611

49 Vgl. Kuhn, Augenmerk; Wiedmann (Hg.), Die Grafen von Montfort.

50 Vgl. Kuhn, Augenmerk; Wiedmann (Hg.), Die Grafen von Montfort.

51 StAS K I O/5, Abriss des Salemer (Salmenschweilischen) Distrikts der hohen Regalien, 1700, Ostrach, http://www.landesarchiv-bw.de/plink/?f=6-196541 (aufgerufen am 7. 8. 2023); Taf. 1 im Anhang Kap. 6.1.

9 Klosterherrschaft Salem, 1706.

die Pfandschaft über das Gebiet besaßen, im Jahre 1708 ging diese dann an die waldburgische Grafschaft Friedberg-Scheer über.[52] Die Karte zeigt eine Einigung der Regalienansprüche, die das Kloster Salem (weiß) der Grafschaft Sigmaringen zuwies. Damit übergab das Zisterzienserkloster die Gerichtsbarkeit des Ortes Salem und die Forst- und Jagdrechte in den noch eigenverwalteten Gebieten an die Sigmaringer Grafen. Dieser Karte lagen keine genauen Vermessungen zugrunde, sie ist vielmehr eine Augenmaßzeichnung. Sie sollte keine tatsächlichen, realökonomischen Raumverhältnisse abbilden, sondern eine klare Aussage formulieren: In erster Linie sollten die Rechtsverhältnisse in der Klosterherrschaft Ostrach visuell dargestellt und dokumentiert werden. Durch den reichen und intensiven Farbgebrauch ist die Herrschaftsdarstellung eindrücklich nachvollziehbar.

Doch nicht nur schematische Karten wurden erstellt, ein Beispiel für eine ordentlich vermessene Territorialkarte bildet der *Grund-Riß über die zu dem Königl. und Befreyten Heyl. Röm. Reichs Stüfft und Münsters Salmansweyller gehörig und hierzu immediate nutzende Veldgüether und Orth alß Forst, Schwandorf und Stephansvelden* […][53] des gebür-

52 Vgl. Knapp, Salem, S. 22–34; Siwek (Hg.), Zisterzienserabtei.
53 GLAK H Salem 2, http://www.landesarchiv-bw.de/plink/?f=4-1742619 (aufgerufen am 7.8.2023), Taf. 3 im Anhang Kap. 6.1.

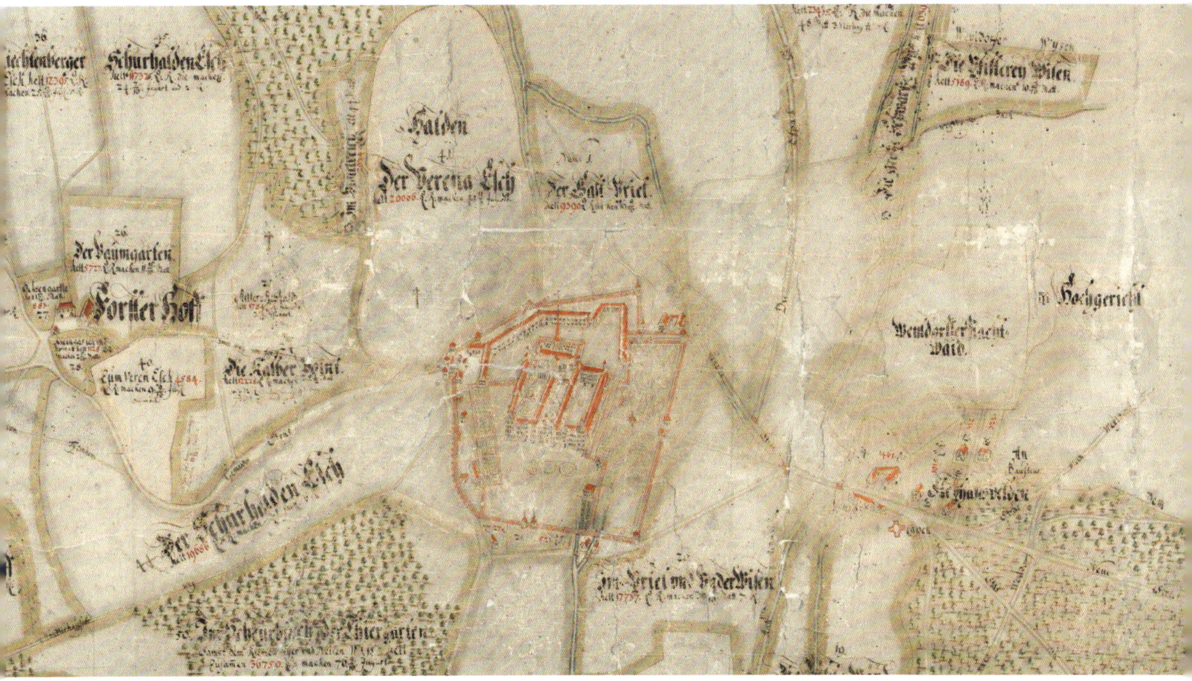

10 Ausschnitt der Klosteranlage mit Abtei- und Konventsgebäude, Münster, Gewässer- und Gartenanlagen, Forstmeisterhof und Stephansfeld im Umland.

tigen Baslers und Geometers Johann Jacob Heber aus dem Jahr 1706 (Abb. 9).[54] Der Gemarkungsplan zeigt neben den Kulturarten wie Wald, Weiden, Wiesen, Gewässer[55] sowie Straßen und Wegen, die Ackerbauflächen, hier Ösch benannt, die mit Namen und ihrem Flächeninhalt angegeben sind. Eine zusätzliche Nummerierung dient im Allgemeinen der Registratur im Lagerbuch, dem Urbar, welches zusätzliche Angaben zu den Wirtschaftsflächen enthielt. Damit entspricht die Karte einer Frühform eines Katasterplanes.

Das Hauptaugenmerk ruht jedoch auf dem Zisterzienserkloster Salem, das sich hier in Vogelperspektive zeigt (Abb. 9 und 10). Überproportional und detailreich wird der Klosterkomplex aufgezeigt. Die Abtei- und Konventsgebäude, das Münster und die verschiedenen Wirtschaftsgebäude sind klar ersichtlich. Ausführlich und detailreich sind auch die Gärten beschrieben. Die Anlage wird von einer überdachten Mauer umgeben mit den Zugängen durch das Obere und das Untere Tor. Darüber hinaus unterstreicht

54 Seit 1691 war Heber als Feldmesser und Kartograph in Bayern tätig, ab 1699 im Bodenseeraum und in Oberschwaben, im Jahre 1706 erwarb er das Bürgerrecht in Lindau, ab 1721 führte er in seinen Kartenwerken die Bezeichnungen ‚Geometer und Ingenieur'; vgl. Fischer, Johann Jacob Heber (1666–1724), S. 189 f.

55 Bäche, Wasser- und Kanalanlagen haben in Zisterzienserklöstern eine besondere Bedeutung. Zu den Einzelheiten der Wasseranlagen innerhalb der Klosteranlage von Salem vgl. Siwek, Zisterzienserabtei, S. 53–55.

der Plan den repräsentativen Charakter, indem die Wirtschaftsorte hervorgehoben sind, die etwa zeitgleich mit der Landvermessung umgebaut bzw. fertiggestellt wurden: so *der Forstmeisterstadel und das Forstmeisterhaus*[56] (Fertigstellung 1706), die Säge (Fertigstellung 1706) und die *Neusiegelhütte*.[57] Neben den Kleindenkmalen wie dem Feldkreuz auf der *Veronika ÖschVeronika Ösch* ist die in Planung befindliche Kapelle im Ort Stephansfeld an der Straße zum Kloster hin hervorzuheben.[58] Im Kartenbild ist sie bereits im Grundriss eingezeichnet, die eigentlichen Bauarbeiten begannen allerding erst vier Jahre später[59].

Direkt nördlich des Ortes stand das Hochgericht, das sowohl bildlich als auch schriftlich vermerkt wurde. Als Zeichen der Hochgerichtsbarkeit und der Reichsunmittelbarkeit, welche den Rechtsstatus der Reichsabtei ausweisen, finden sich als entsprechende Symbole die Insignien der Macht auch im Wappen über der Titelkartusche wieder. Zwei Einhörner halten das dreigeteilte Wappen des Zisterzienser-Abtes Stephan I. (1664–1725). Dahinter befinden sich die dem Abt zustehenden Bischofsinsignien, die Mitra und der Krummstab, gekreuzt mit dem Schwert als Symbol der Blutgerichtsbarkeit. Drei Punkte fallen dem Betrachter sofort ins Auge: Die Kartusche, die Kompassrose und der Klosterkomplex (Abb. 9, Taf. 2). Gerade diese aufwendig prunkvoll gestaltete barocke Titelkartusche mit dem aufgesetzten Wappen sowie darunter die außergewöhnliche Kompassrose mit einem schimmernden Edelstein im Zentrum und die überproportionale, farblich herausgehobene Darstellung des Klosterkomplexes Salem unterstreichen die gewollte Wahrnehmungsintension des Gebietes als herrschaftliche Reichsabtei. Den Hintergrund zu dieser Karte bildet die rasche wirtschaftliche Entwicklung des Zisterzienserklosters in der zweiten Hälfte des 17. Jahrhunderts. Im Dreißigjährigen Krieg war die Reichsabtei mehrmals von kaiserlichen, schwedischen und französischen Truppen geplündert worden, sodass sogar die Mönche gezwungen waren, im Jahre 1641 in anderen Klöstern Zuflucht zu suchen.[60] Finanziell konnte sich das Kloster dann unter Abt Stephan I. Jung (Amtszeit 1698–1725) zu Beginn des 18. Jahrhunderts durch den Verkauf der Saline und von Besitzungen am Neckar sanieren.[61] Nachdem die Klosteranlage im Jahre 1697 einem verheerenden Brand zum Opfer gefallen war, wurden die barocken Abtei- und Konventsgebäude innerhalb eines Jahrzehntes neu aufgebaut.[62] Salem erlebte im 18. Jahrhundert eine Agrarkonjunktur, die der Reichsabtei zu neuem Reichtum verhalf und im Laufe des Jahrhunderts zu reger Bautätigkeit führte. Auch die 1934 von Hermann Baier aufgestellte und vielzitierte These, wonach sich die Salemer Äbte selbst als „ranghöchste Reichsprälaten" betrachteten,[63] kann bis zu einem gewissen Grad auf Grundlage des

56 Vgl. Knapp, Salem, S. 384.
57 Vgl. ebd., S. 386.
58 GLAK H Salem 2.
59 Vgl. Knapp, Salem, S. 385–387.
60 Vgl. Siwek, Zisterzienserabtei, S. 237–247.
61 Vgl. ebd., S. 249–259.
62 Vgl. ebd., S. 257f.; Knapp, Salem, S. 329.
63 Dies begründet sich aus der Bezeichnung als „Reverendissimus" für den Salemer Abt im Reichsprälatenkollegium im Konstanzer Reichskreis, „während alle anderen Äbte nur Admodum reverendi genannt würden"; Baier, Stellung der Abtei Salem, S. 131.

11 **Ausschnitt Gebiet Stadt Meersburg mit Friedhof und Hochgericht (Trielberg).**

Kartenblattes nachvollzogen werden. Letztlich unterstützt auch der Puttenkopf mit dem prallgefüllten Geldsäckchen im Mund diese Wahrnehmung.

Etwa zeitgleich entstand 1705 eine Karte des Territoriums des Bischofssitzes Meersburg.[64] Die Karte zeigt die Stadt und Bischofsresidenz Meersburg mit ihrem zugehörigen Territorium und wurde im Jahre 1705 von *Georg Jakob* [...] angefertigt (Taf. 3).[65] Über der barocken Titelkartusche befindet sich das Wappen des Konstanzer Fürstbischofs Marquard Rudolf von Rodt (1689–1704), dahinter die Bischofsinsignien der geistlichen und weltlichen Herrschaft, der Krummstab und das Schwert. Sie stellen die Rechte als geist-

64 GLAK H Meersburg 1: *Grundris uber das Territorium zur Statt Mörspurg gehörig so Abgemeßen Under der Regierung des hochwürdigsten deß kys. Königl. Reichs Fürsten und herren Herren Marquard Rudolf Bischoffen zu Constantz, Herrens der Reichenau und Mainau, Anno 1705*, http://www.landesarchiv-bw.de/plink/?f=4-1725840 (aufgerufen am 7. 8. 2023).

65 GLAK H Meersburg 1.

liches und weltliches Oberhaupt des Hochstiftes dar. Gegenüber positioniert ist das Wappen der Stadt Meersburg, welches von einem wilden Mann und einer nackten Frau gehalten wird. Auch wenn die Karte nach Angabe der Titelkartusche 1705 fertiggestellt wurde, ist das Wappen des 1704 verstorbenen Fürstbischofs Marquard Rudolf von Rodt zu sehen. Das lässt darauf schließen, dass der Auftrag der Landaufnahme vor seinem Ableben erfolgte. Sein Amtsnachfolger Johann Franz Schenk von Stauffenberg (1658–1740) war während Bischof Marquards Amtszeit sein Koadjutor und wird vermutlich die Vermessungsarbeit begleitet haben.

Die Aufmachung der Karte entsprach dem zeitgenössischen Usus, dabei kam die Darstellung des Territoriums, wie die Karte der Klosterherrschaft Salem, mit drei Farben aus. Rot waren die Jurisdiktionsgrenzen, die Mauern der Stadt Meersburg, die Dächer der Häuser, Kirchen und Kapellen sowie die Flurnamen gezeichnet. Hervorgehoben waren in plastischer Vogelschau die Stadtmauer und -tore, die Friedhofsmauern, Kirchen und Kapellen sowie die Grenzsteine. Die Besonderheiten der Stadt, wie die Bischofsresidenz und die dazugehörigen Gebäude sowie der Hafen, treten deutlich hervor (Abb. 11).[66] Darüber hinaus war der Informationsgehalt der Karte auf das Wesentliche reduziert, das heißt, neben den Infrastrukturen und Gewässern waren Wirtschaftsflächen wie Äcker, Wiesen, Wälder und Flure auf ihre Ausdehnung hin reduziert und namentlich angeführt.

Trotz der Größe und Bedeutung des Bistums Konstanz im Heiligen Römischen Reich, bildete das Hochstift Konstanz nur ein relativ kleines weltliches Herrschaftsgebiet aus, in dem der Fürstbischof als weltlicher Fürst regierte. Die Landeshoheit bzw. das Hochgericht des Fürstbischofs war jedoch begrenzt. Auch wenn der Konstanzer Bischof de jure einer großen Diözese vorstand, konnte er de facto nur um die Bischofsresidenz, in Ittendorf, den Oberämtern Meersburg und Markdorf, auf der unweiten Reichenau sowie in einigem kleineren Streubesitz wie beispielsweise Rosegg, Homburg, Rötteln oder Wurmlingen über weltliche Rechte verfügen.[67] Nach der Einführung der Reformation in Konstanz im Jahre 1526 verlegte der Fürstbischof seine Residenz nach Meersburg. Formal war Konstanz nach der Rekatholisierung durch die Habsburger und der Eingliederung der Stadt nach Vorderösterreich im Jahre 1548 weiterhin Bischofssitz, der Fürstbischof residierte jedoch bis zum Ende des Alten Reiches weiterhin in Meersburg.[68] Das im Kartenbild dargestellte Territorium des Oberamts Meersburg stellt daher den Mittelpunkt des Hochstifts Konstanz dar. Die Bedeutung Meersburgs als Sitz des Fürstbischofs wird durch die auffällig hohe Anzahl von Wegkreuzen im Stadtgebiet deutlich. Die Kartenaufnahme zeigt die Situation vor dem Bau der neuen Bischofresidenz, des Neuen Schlosses (Bauzeit 1710–1712). Zu Beginn des 18. Jahrhunderts residierte der Bischof noch in der umgestalteten Alten Burg.[69] Das Hochstift befand sich in einer finanziellen Notla-

66 Am Rande des Stadtgebietes, östlich auf dem Trielberg in einem ungewöhnlichen ‚Eckstück' gelegen und dadurch gerade noch auf Meersburger Gemarkung, stand nach Zeichnung im Kartenbild der dreischläfrige Galgen des Hochgerichts, weithin sichtbar aufgrund der Höhenlage. Da das Fürstbistum Konstanz auch im östlich angrenzenden Ittendorf die Hochgerichtsbarkeit ausübte, könnte die Lage der Richtstätte mit Absicht so geographisch umständlich gewählt worden sein.

67 Bischof, Fürstbistum Konstanz, S. 19 f.

68 Ebd.; vgl. Hölz, Krummstab und Schwert; Wenger, Neues Schloss Meersburg.

69 Knapp, Das Neue Schloss in Meersburg, S. 27.

12 Detail der Karte von 1705 mit Zollhäuschen nördlich des Friedhofs.

13 Detail Friedhof der Karte von um 1700, Autor: Johann Jakob Heber.

ge, hinzu kamen Auseinandersetzungen mit der Reichsritterschaft sowie der Spanische Erbfolgekrieg, die der Fürstbischof Johann Franz Schenk von Stauffenberg zunächst auszugleichen versuchte. So entwickelte sich Meersburg dann mit dem Neuen Schloss und einer Reihe von Neu- und Umbauten um die Mitte des Jahrhunderts erst zu einer „barocken Residenzstadt".[70]

Noch eine Besonderheit ist auffällig bei dieser Herrschaftsdarstellung. Die Karte von 1705, die im Generallandesarchiv Karlsruhe überliefert ist und deren Autor aufgrund der Verschmutzung und Fehlstellen nur mit seinen Vornamen *Georg Jakob* [...] nicht weiter identifiziert werden kann, steht im Zusammenhang mit einer nahezu identischen Karte in der Städtischen Sammlung Meersburg; sie trägt damit zum Entstehungshintergrund und zu einer Besonderheit bei. In der Städtischen Sammlung Meersburg befindet sich

70 Diese Entwicklung vollzog sich unter den Fürstbischöfen Damian Hugo von Schönborn (1740–1743), Franz Konrad von Rodt (1750–1775) und Maximilian Christoph von Rodt (1775–1800); Knapp, Schlossbauten, S. 677.

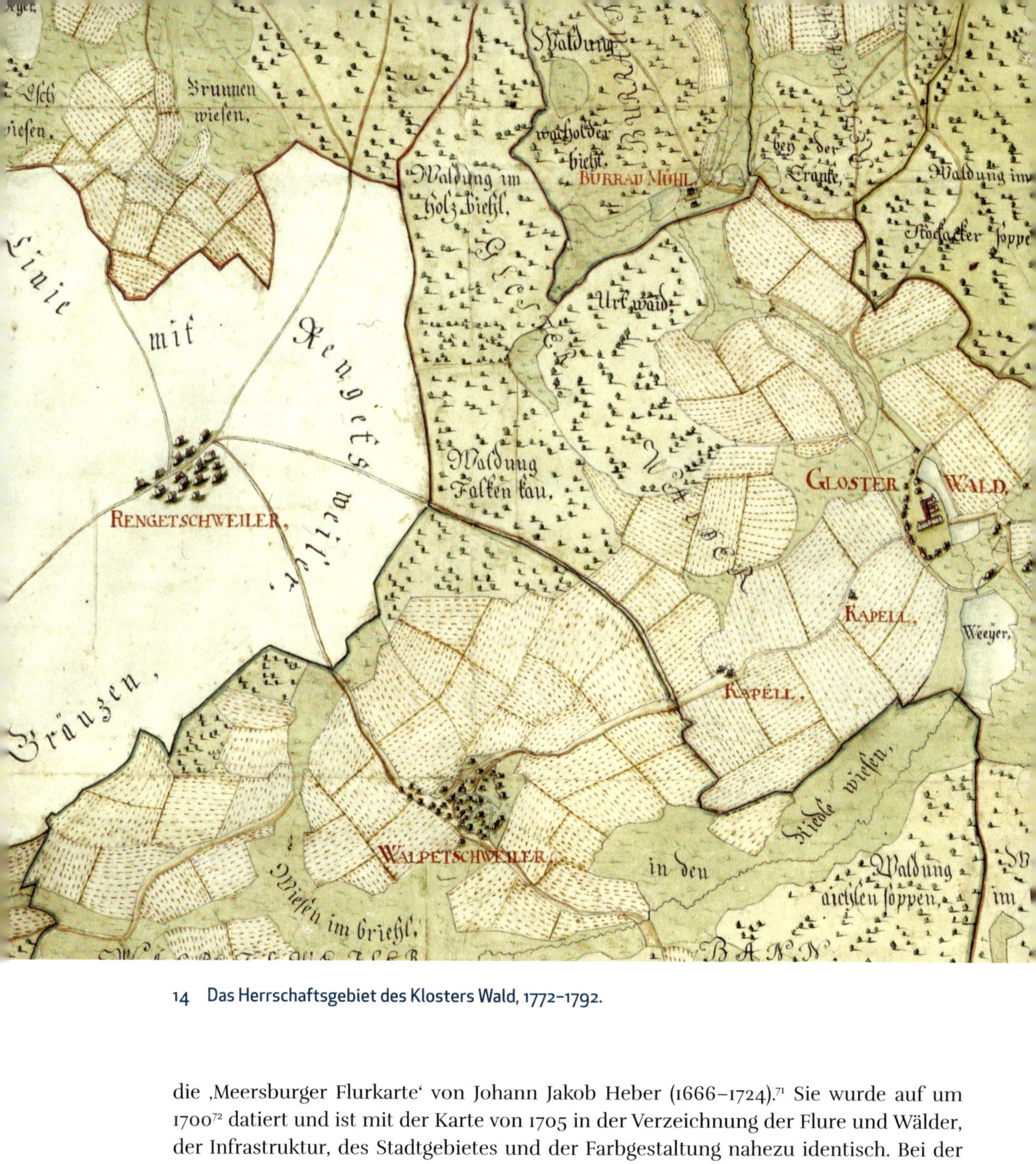

14 Das Herrschaftsgebiet des Klosters Wald, 1772–1792.

die ‚Meersburger Flurkarte' von Johann Jakob Heber (1666–1724).[71] Sie wurde auf um 1700[72] datiert und ist mit der Karte von 1705 in der Verzeichnung der Flure und Wälder, der Infrastruktur, des Stadtgebietes und der Farbgestaltung nahezu identisch. Bei der ‚Meersburger Heber Karte' kommt, wie für eine Flurkarte üblich, die fortlaufende Nummerierung der einzelnen Grundstücke sowie deren Flächeninhalte hinzu, die für weitere

71 Städtische Sammlung Meersburg: Meersburger Flurkarte von Johann Jakob Heber, um 1700.
72 Wann genau Heber die Vermessung und Landaufnahme ausführte und wo genau er sich um 1700–1704 befand, kann nicht nachvollzogen werden. Fischer konnte aufzeigen, dass Heber 1699 im Lindauer Ratsprotokoll geführt wurde, in deren Auftrag verschiedene Gemarkungspläne anfertigte. Er war im gesamten Bodenseeraum und Oberschwaben tätig und ab 1705 fertigte er u.a. auch für die Reichsabtei Salem Landaufnahmen an; vgl. FISCHER, Johann Jacob Heber (1666–1724), S. 189–197.

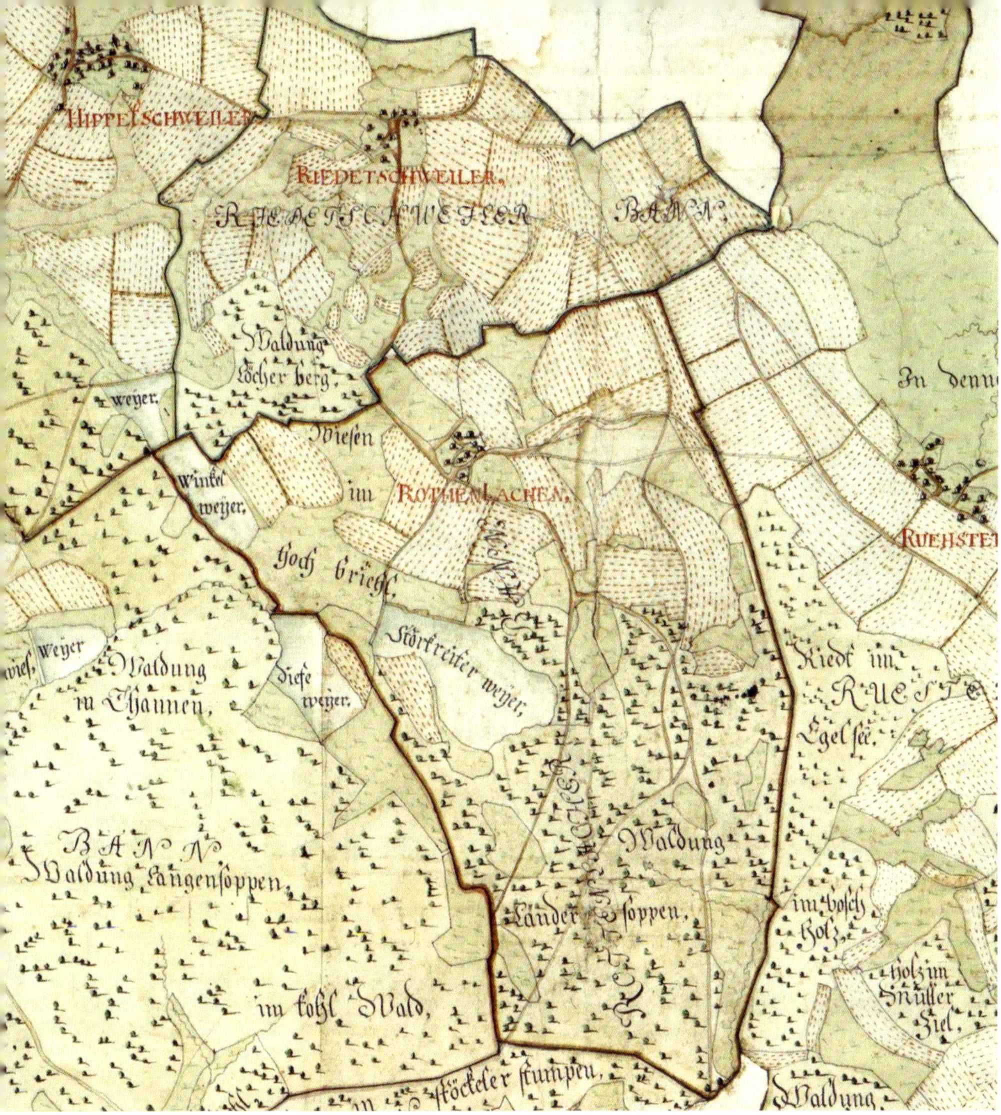

Informationen im zugehörigen Urbar festgehalten waren (Abb. 12 und 13). Die Kartenwerke des gebürtige Basler Feldmessers Johann Jakob Heber beinhalteten, wie Hanspeter Fischer für Hebers Vermessung und Landaufnahme am Beispiel der Besitzungen der Reichsabtei Salem (1705–1716) zeigen konnte, stets eine großflächige, detailreiche und unhandliche Landaufnahme, die alle Informationen über das Herrschaftsgebiet ausführlich darstellten.[73] Daneben wurden kurze Zeit später kleinere und damit handlichere Kartenblätter als Gemarkungspläne angefertigt. Bei der ‚Meersburger Heber Karte' handelt es sich um die großflächige Originalkarte, deren Entstehung anhand der Benennung des Bischofs in der Kartusche vor 1704 zu datieren ist. Somit ist die Karte des Zeichners *Georg Jacob* von 1705 aufgrund einer im Vergleich leicht gröberen Zeichnung, fehlender Details in den Flächen und vor allem durch das wesentlich kleinere Format (62,5 × 84,5 cm)

73 Ebd., S. 189–204.

die handliche Kopie, deren Ausführung zu diesem späteren Zeitpunkt 1705 notwendig war. Bemerkenswert ist hierbei, dass auch die verwendeten Schmuckelemente, wie die der Kartusche, beibehalten wurden.

Ein Beispiel für die Weiterentwicklung in der Gestaltung einer Territorialkarte als visualisiertes Herrschaftsbild ist die ‚Karte der Besitzungen des Klosters Wald mit den zugehörigen Orten' aus der zweiten Hälfte des 18. Jahrhunderts (Abb. 14).[74] Umringt von seinen Besitzungen ist das Zisterzienserinnenkloster Wald zentral im Kartenbild zu sehen. Die zu Lehen vergebenen Höfe und Sölden, die landwirtschaftlichen Nutzflächen, Wiesen, Wälder und Gewässer, die Wirtschaftsanlagen wie Sägewerk, Köhlerei, Mühle und die Glashütten sind innerhalb ihrer jeweiligen Banngrenzen eingezeichnet. Besonders eindrücklich ist die Kunstfertigkeit, die sorgfältige Zeichnung und Handschrift, die den repräsentativen Charakter dieser Landkarte unterstreicht.

Die Karte der Besitzungen des Klosters Wald ist ein anschauliches Beispiel für die Darstellung von Herrschaft im Kartenbild im letzten Drittel des 18. Jahrhunderts. Die Karte ist geostet, aber weder betitelt, noch datiert, noch von einem Autor anderweitig gekennzeichnet. In dieser Karte ist das gesamte Territorium des Zisterzienserinnenklosters dargestellt, einschließlich der weiter entfernten Besitzung Igelswies nördlich der Ablach (Taf. 10).[75] Diese Besitzung ist als Nebenkarte mit Zusatznotiz illustriert und zum Zeichen der Rechtsgültigkeit mit einem kleinen roten Klostersiegel zeichnerisch gesiegelt (Abb. 15). Der Bildschmuck und die Bildkomposition wurden sehr sorgfältig gestaltet. Generell wird bei dieser Karte mit der Wahrnehmung des Betrachters gespielt.[76] Die Nebenkarte von Igelswies ist wie ein aufgelegtes Blatt gestaltet. Dieses Spiel mit den Raumdimensionen wird in der Gestaltung immer wieder aufgenommen, indem der freigehaltene Raum, der für Titel, Legende und Erklärungen vorgesehen war, als ein überlappendes Papier gestaltet wurde. Das zeugt von einigem Kunsthandwerk, das zusammen mit der übrigen sorgfältigen Zeichnung und Handschrift den repräsentativen Charakter dieser Territorialkarte für den Auftraggeber unterstreicht.

Das Kloster Wald war ein Tochterkloster der Zisterzienserabtei Salem, das ab 1768 unter der Paternität des Klosters Kaisheim stand. Die Schutzvogtei als Schirmherrschaft wurde 1701 vertraglich der Grafschaft Sigmaringen gegeben, darüber stand „der österreichische Oberschutz".[77] Im Jahre 1786 wurde Wald der österreichischen Territorialherr-

74 StAS FAS K Nr. 21: Karte der Besitzungen des Klosters Wald mit den zugehörigen Orten, http://www.landesarchiv-bw.de/plink/?f=6-429830 (aufgerufen am 7. 8. 2023).

75 Innerhalb der Territoriengrenzen sind die einzelnen Banngrenzen der zum Kloster gehörenden Ortschaften eingezeichnet. Wiesen, Felder und Wälder sind zwar skizziert, aber nur die Waldungen sind benannt. Ferner werden Straßen und Wege, Flüsse mit Namen und Fließrichtung und Weiher gezeigt; ebenso Wirtschaftsgebäude wie die *Glashütten*, die *Burrau Mühl* und das Sägewerk beim *Seeg Weiher*. Das *Gloster Wald* selbst ist zentral im Kartenbild ausführlich und plastisch in Vogelperspektive dargestellt, ebenso die Siedlungen mit ihren einzelnen Häusern (Abb. 14). An konfessionellen Elementen sind lediglich die beiden Kapellen auf dem Weg vom Kloster Wald nach Walpertsweiler angezeigt.

76 So findet sich eine Windrose, die durch die dreidimensionale Wirkung des Licht- und Schattenspiels so wirkt als wäre sie auf dem Papier einfach nur abgelegt worden. Einen ebenso kunstvollen und naturalistischen Dekor erhielt der Transversalmaßstab in der unteren rechten Ecke des Kartenraums.

77 „Vogtei, hohe Obrigkeit, Forst-und Jagdhoheit Sigmaringens wurden bestätigt, aber sämtliche aus diesen Rechten abgeleiteten Lasten vom Kloster abgelöst. Die sigmaringische Schutzvogtei über Wald

15 Ausschnitt Igelswies der Klosterherrschaft Wald.

schaft und damit dem Oberamt Stockach der Landgrafschaft Nellenburg unterstellt, wodurch die Äbtissin Mitglied des Prälatenstandes von Schwäbisch-Österreich wurde.[78] Im Laufe des 18. Jahrhunderts hatte sich das Kloster von den Strapazen der Kriege erholt und sich wirtschaftlich und finanziell stabilisiert, sodass unterschiedliche Baumaßnahmen im Kloster und im Herrschaftsgebiet unternommen werden konnten. Diese Karte wurde sehr wahrscheinlich mit der Absicht angefertigt, um einerseits das gesamte Territorium der Zisterze Wald aufzunehmen und andererseits die Herrschaft im Kartenbild möglichst augenscheinlich zu repräsentieren. Dabei wurde besonders viel Wert auf die Waldgrundstücke gelegt.

Die Darstellung des Herrschaftsraumes in Form einer Territorialkarte findet sich in ähnlicher oder identischer Gestaltung in den unterschiedlichen Herrschaftsgebieten

erlosch erst 1806 bei der Säkularisation des Klosters durch Hohenzollern-Sigmaringen." Kuhn-Rehfus, Zisterzienserinnenkloster Wald, S. 76.

78 Janine Christina Maegraeth, Art. Zisterzienserinnenabtei Wald – Geschichte, in: Klöster in Baden-Württemberg, https://www.kloester-bw.de/klostertexte.php?nr=715&thema=Geschichte (aufgerufen am 7. 8. 2023).

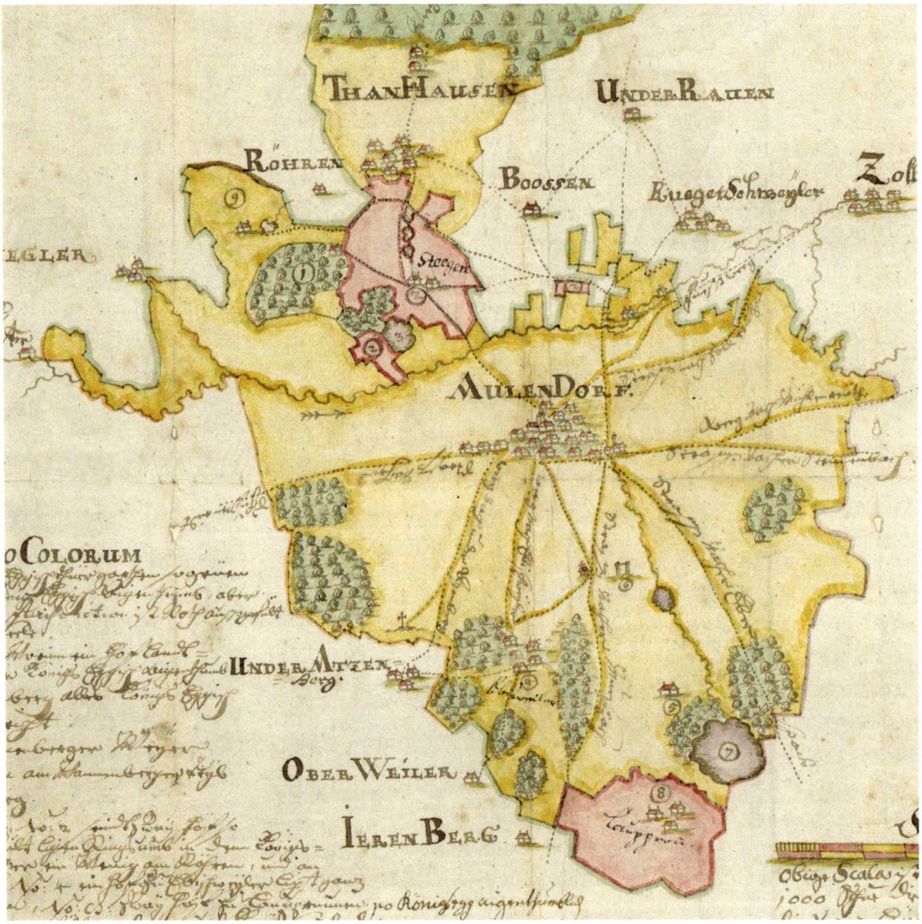

16 Die königseggische Herrschaft Aulendorf und Sitz der Landvogtei.

Oberschwabens[79] und lässt sich auf die gleichen (Re-)Präsentations-Merkmale und Absichten zurückführen. Sie alle zeigen den gleichen Bildaufbau im Kartenraum. Die Territorialkarte war ein wesentliches Element der Raumdarstellung und diente dazu, nicht nur die tatsächlichen Bedingungen und Verhältnisse abzubilden, sondern vor allem, die Raumwahrnehmung einer Herrschaft möglichst augenscheinlich und repräsentativ für den Auftraggeber darzustellen. Die Selbstwahrnehmung und Präsentation eines Herr-

79 Beispielweise die Klostergebiete der Prämonstratenser-Reichsabtei Schussenried, der Benediktiner-Abtei Weingarten oder des freiweltlichen Damenstifts Buchau sowie für die Territorien der Reichsstädte und die Herrschaftsräume der waldburgischen, königseggischen und fürstenbergischen Gebiete.

schaftsgebietes musste aber nicht zwingend auf genauen mathematischen Messungen beruhen. Augenscheinkarten mit der ungefähren Lage der Grenzmarken und Ortschaften versinnbildlichten auf simple Weise ebenso die Ansprüche auf Herrschaft und Raum, wie das Kartenbeispiel der Herrschaft Aulendorf (Abb. 16) belegt.

Das Aulendorfer Beispiel zeigt, wie eine Karte durch wenige Attribute in Rechtsstreitigkeiten herrschaftliche Anliegen präsentieren und verteidigen konnte. Die Inselkarte veranschaulicht die dortigen Herrschaftsverhältnisse. Die Karte ist weder datiert noch ist ihr Verfasser genannt, der Titel wurde nachträglich auf der Rückseite als *Situations-Plan über den Ort Aulendorf* vermerkt. Auf den ersten Blick wird deutlich, was hier ausgesagt werden soll. Zentral im Mittelpunkt des Kartenbildes ist der Ort Aulendorf zu sehen. Das zugehörige Gebiet ist gelb unterlegt, wie auch die Grenzen der Königsegg-Aulendorfer Jurisdiktion. Die Grenzsteine wurden mit feinen Nadeleinstichen gekennzeichnet, rot markiert wurden die Besitzungen Steegen im Osten und Laubbronnen im Westen.[80] Die Ortschaften sind nur schematisch angedeutet und wenig realitätsgetreu. Gut sichtbar ist das Wegenetz nach und von Aulendorf, wie beispielsweise die Straßen nach Zollreuthe und Schussenried, die vom Ort Aulendorf aus wegführten. Zur Orientierung wurden in der *Distinctio Colorum* einige nummerierte Orte, wie der Königsegger Tiergarten oder die Kennzeichnung des Hochgerichts, angeführt. Als einzige Kulturart war nur der Wald eingezeichnet, alle darüber hinausgehenden Kennzeichnungen für Feldflure und andere Landwirtschaftsflächen waren für den Inhalt der Darstellung nicht von Belang und konnten deshalb ausgelassen werden.

Die Grafen von Königsegg-Aulendorf amtierten seit 1629 zunächst regelmäßig als Landvögte, dann seit 1637 als „Erblandvögte" der vorderösterreichischen Landvogtei Schwaben.[81] Trotz des Amtssitzes und der Residenz der Landvogtei Schwaben in Altdorf residierten die Königsegger ab der zweiten Hälfte des 17. Jahrhunderts überwiegend auf ihren Schlössern in Aulendorf und Königsegg.[82] Daraus ergaben sich viele Auseinandersetzungen mit dem Altdorfer Amtspersonal.[83]

Der Kontext dieser Karte erforderte keine genauen Vermessungen, sie waren hier eher nebensächlich, hierbei kam es allein auf die Inhalte und Grenzmarkierungen in einem Rechtsstreit an. Mit dieser nüchternen Konzentration auf das Wesentliche repräsentierte damit die Herrschaft Aulendorf ihre Besitzansprüche, ganz ohne Schmuck und Beiwerk, allein durch die zentrale Position im Kartenbild. Die genaue Beschreibung Aulendorfs erinnert geradezu an ein modernes mindmapartiges Kartenformat. Diese

80 In der Legende, der *Distinctio colorum*, sind die angrenzenden Herrschaften durch unterschiedliche Kolorierung der Grenzen angegeben. Dabei wurde in Karminrot die Landkommende Altshausen des Deutschen Ordens gekennzeichnet, ein Zinnoberrot für das Kloster Schussenried, Hellgrün für die Landvogtei Schwaben, Braun für die Grafschaft Waldsee und Blau für das Kloster Weingarten gewählt.
81 Vgl. Boxler, Königsegg; vgl. u.a. Quarthal/Wieland, Behördenorganisation Vorderösterreichs; Steuer, Altdorf.
82 Vgl. Boxler, Königsegg, S. 233 f. Gründe hierfür waren, wenn man den Ausführungen Boxlers folgt, wohl zum einen in den Spannungen der Grafen mit der „selbstbewussten Reichsstadt" Ravensburg gelegen und bestanden andererseits darin, die eigenen Territorien gegenüber der österreichischen Landvogtei abzuschirmen.
83 Boxler, Königsegg, S. 233 f.

knappe Form der Gestaltung begegnet vor allem im Bereich der Reichskammergerichtsverfahren. Hier wurden die jeweiligen Situationen eines Streitfalls in sogenannten Augenscheinkarten festgehalten. Dabei waren keine kartographischen Kenntnisse nötig, sie stellten schematische Skizzen zu den jeweiligen Raumverhältnissen dar. Diese konnten und wurden häufig von Ortsunkundigen allein anhand der Beschreibung angefertigt.

Karten sind ihrer Natur gemäß ausgestaltete Raumkonstruktionen. Sie bilden nur das zu zeigende Territorium ab und werden dabei ausgestattet mit den vom Autor für den Raum als wichtig erachteten Elementen und Merkmalen. Die Veranschaulichung der Herrschaftsräume kann von detailgetreu bis hin zu knappster Schematisierung alle Gestaltungsmöglichkeiten umfassen. Durch die knappe Darstellung der realen und ideellen Verhältnisse und durch die Wahl der Perspektive werden zudem bestimmte Wahrnehmungen und Absichten den Inhalten beigegeben und so an den Betrachter transportiert. Dadurch wird die Wahrnehmung des Betrachters einerseits auf den entsprechenden Inhalt fokussiert und andererseits eine bestimmte Vorstellung des Raumes konstruiert. So wird aus Raumdarstellung Raumwahrnehmung bzw. werden aus Herrschaftsräumen Herrschaftswahrnehmungen in der Selbst- und Fremdbetrachtung.

2.2 Die Kartographen

Die Nachforschungen zu den Kartographen bzw. Autoren der Karten des 17. und 18. Jahrhunderts unterliegen einigen Schwierigkeiten. Ihre Biographien sind kaum nachweisbar, noch dünner wird die Überlieferungslage, sucht man nach den ‚Werkstätten' bzw. Mitarbeitern.[84] So lassen sich nur einzelne Beispiele herausgreifen, anhand derer ein ungefähres Bild für die Kartographiegeschichte der oberschwäbischen Region aufgezeigt werden kann. Besonders die Forschungen Hanspeter Fischers sind hier hervorzuheben.[85] Seine Studien erhellen einzelne Beispiele, die allerdings für den oberschwäbischen Raum nur bedingt verallgemeinert werden können.

So kann anhand des Untersuchungsraumes Oberschwaben zunächst einmal vorausgesetzt werden, dass der Autor der Karte in der Regel auch die Vermessungen selbst vornahm. Der Beruf des Kartographen gliedert sich in zwei Bezeichnungen auf – den Feldmesser und den Geometer – und damit auch in zwei Ausbildungswege, doch zunächst einmal war er ein Handwerksberuf. Wie das Beispiel des Militärkartographen Johann Lambert Kolleffel (1706–1763) zeigt, war hierzu ein klassisches „Meister-Schüler-Ausbildungsverhältnis", wie es Hanspeter Fischer formulierte, erforderlich, um sich die

84 Es ist davon auszugehen, dass hier von Werkstätten gesprochen werden kann, da es sich um eine handwerkliche Tätigkeit handelt und dadurch etymologisch an die Werkstätten von Künstlern und anderen Handwerksberufen anzulehnen ist. Von den 45 namentlich genannten Kartographen dieser Studie konnten nur wenige nachgewiesen werden.

85 Fischer konnte in seinen Studien – zuletzt zur Bodenseekarte des Jahres 1706 zum Autor Hans Philipp Jacob Mayer – vergleichend feststellen, dass in Konstanz „viele Feldmesser ansässig" waren, ein „Konstanzer Kreis" quasi. Darüber hinaus hielt Fischer erneut fest, dass kaum Informationen über die Autoren in den staatlichen und nichtstaatlichen Archiven, wie hier im Fall Mayer in Konstanz, zu finden sind; Fischer, Karte des Bodensees, S. 61f.

entsprechenden Fertigkeiten der Feldmessung anzueignen.[86] Eine ähnliche Lehrzeit ist für den Wolfegger Feldmesser Franz Anton Eggler (1745–1804) anzunehmen,[87] darüber hinaus ist zu seiner frühen Biographie ebenfalls nur wenig bekannt. Eggler war zunächst als „Hofgärtner und Feldmesser im Dienst des Klosters Salem" tätig und legte im Jahre 1779 an der Universität Freiburg im Breisgau die theoretische und praktische Prüfung zum Feldmesser ab.[88] Der aus einem Ravensburger Patriziergeschlecht stammende Johann Lambert Kolleffel tritt vor allem durch seine Dienstzeit als „Leutnant und Ingenieur"[89] beim Schwäbischen Kreis hervor. In dieser Zeit fertigte er als Militärkartograph eine Schwabenkarte an: *Per Inclyti Circuli Suevici* [...] *Sueviae Universae Descriptionem*.[90] Es handelt sich um eine kartographische Beschreibung des Herrschaftsgebietes des Schwäbischen Kreises mit anschließenden Gebieten, die 1740 im Augsburger Verlag von Johann Andreas Pfeffel gestochen und verlegt wurde.[91] Die Zusatzbezeichnung neben dem Feldmesser als Leutnant, Ingenieur oder Hauptmann tritt häufig dann in Erscheinung, wenn der entsprechende Kartograph in militärischem Dienst stand, wie beispielsweise bei dem ‚Ingenieur' Johann Gottlob Kraft, der 1773 dem Kloster Weingarten verpflichtet war[92] und bei Johann Baptist Arnold, der 1799 im Kloster Ochsenhausen als ‚Leutnant und Feldmesser' Karten verzeichnete.[93]

Neben der Ausbildung zum Feldmesser im zivilen oder militärischen Bereich bestand in Oberschwaben die Möglichkeit auf ein Studium an der Universität Freiburg im Breisgau, sie war Anlaufstelle für Feldmesser und Studenten der vorderösterreichischen Gebiete.[94] Die abschließende Geometrieprüfung mit einem theoretischen und praktischen Teil war dabei auch ohne das universitäre Studium möglich.[95] Es ist anzunehmen, dass die Autoren oberschwäbischer Kartenbilder, die sich speziell ‚Geometer' nannten, sich in Freiburg haben prüfen lassen.[96] Daneben begegnet in den Karten der staatlichen Archive häufig die Bezeichnung ‚geprüfter Feldmesser', die wohl ebenfalls auf ein universitäres Examen verweist. Die Bezeichnung Ingenieur war im 18. Jahrhundert, wie Fischer ausführt, ausschließlich den Militärkartographen im Rang eines Offiziers vorbe-

86 Fischer, Johann Lambert Kolleffel (1706–1763), S. 26.

87 Fischer, Die Egglers, S. 29.

88 Ebd., S. 29f.

89 Fischer, Johann Lambert Kolleffel (1706–1763), S. 26.

90 Zentralbibliothek Zürich, Kartensammlung 4 El, 74: 2: 5: Karte des Schwäbischen Kreises *Per Inclyti Circuli Suevici* [...] auf 9 Kupferstichblättern, 140 × 162 cm, Universalmaßstab ca. 1:240 000.

91 Zu weiteren Hintergründen zur Anfertigung, zu verwendeten Vorlagen, weiteren Verlagsoffizinen und Verbreitung vgl. Fischer, Johann Lambert Kolleffel (1706–1763), S. 27–30.

92 HStAS N 34 Nr. 49: *Beschrieb der Abtausch- oder Vereinödung der Lehengüter von Simon Scheich, Johann Georg Blaser und Anton Senn, von Hinzistobel sämtlich leibeigene Lehen-Huber des löblichen Reichs-Gotteshaus Weingarten Anno 1773*.

93 Vgl. HStAS N 26 Nr. 5: *GrundRiss über Berchtenroth* und N 26 Nr. 34.

94 Fischer, Die Egglers, S. 30; vgl. Ders., Feldmesser, S. 6; Schaub, Matrikel.

95 Fischer, Die Egglers, S. 30f.; Ders., Feldmesser S. 6. Vgl. Ders., Die Altdorfer Feldmesserfamilie Lerchgässner.

96 Vgl. hierzu: unter dem Vermerk *Prüfungen* die Einträge *147 Franc. Ant. Eggler Wolfegg. Suev., monat. Salemitani geometra* sowie seine Söhne *90 Franz Anton Eggler Salamitanuss Suevus med/91 Jo. Bapt. Eggler Wolfegganus Suevus aus der Feldmeßkunst geprüft Acta fph*; Schaub, Martikel, S. 869f., 1025.

halten.[97] Sie besaßen „vermessungs- und bautechnische Kenntnisse im Bau von Befestigungsanlagen", die sie „an einer Militärakademie" in einer „fachwissenschaftliche[n] Ausbildung" erlangt hatten.[98]

In den für die Studie ausgewerteten Karten der Herrschaften Oberschwabens begegnen daneben auch die Selbstbezeichnungen als ‚Leutnant und Feldmesser' oder ‚Hauptmann und Feldmesser' für den ausführenden Kartenzeichner.[99] Darüber hinaus sind noch weitere Varianten anzutreffen, so wird der Basler und Lindauer Bürger Johann Jacob Heber mit seiner Tätigkeit für den Salemer Abt Stephan I. Jung (1664–1725), für den er zu Beginn des 18. Jahrhunderts den Herrschaftsraum der Reichsabtei kartographierte, in den Karten dieser Zeit als ‚Feldmesser' benannt, ab den 1720er Jahren beschrieb er sich als *Ingenieur und Geometer*.[100] Die Benennung als Geometer dürfte wohl allein von einem examinierten Kartographen[101] wie dem Ravensburger Baumeister Friedrich Gradmann geführt worden sein, der u.a. für die Klosterherrschaften Weingarten (1740), Schussenried (1742) und Weißenau (1744) Vermessungen und Kartenwerke zu unterschiedlichen Grenzstreitigkeiten vornahm.[102] Die jeweilige Information findet sich in der Regel in der Titelkartusche, der Legende oder der Signatur im Kartenraum.[103] In den meisten Fällen sind dies die einzigen Hinweise, die sich zu den Autoren finden lassen. Lediglich in Rechnungsbüchern der einzelnen Herrschaften tauchen sie auf, woraus sich auch die Dauer der Anstellung und die Anzahl der Aufträge rekonstruieren lassen.

Fischer konnte auf Grundlage seiner umfangreichen Forschungen nachweisen, dass Feldmesser, vor allem in Vorderösterreich, nicht von der Feldmesserkunst leben konnten und diese als Nebenberuf ausübten.[104] So war beispielsweise Johann Baptist Rindenmoser (nach 1727–nach 1803), wie Hermann Gress in seinen Studien zur Klosterherrschaft Ochsenhausen herausstellen konnte, zunächst in den 1740er Jahren als Landwirt, Mesner und Schullehrer in Mittelbuch, einem Dorf des Klosters, tätig.[105] Dann begegnet Rindenmoser namentlich in den 1770er Jahren wieder, als er als Schulmeister in Ochsenhausen tätig war und sich für ein neues Schulhaus einsetzte.[106] Da er ab 1772 als *Schulmeister*

97 In Weingartener Karten wird der Autor Johann Gottlob Kraft im Jahre 1773 als ‚Ingenieur' benannt; vgl. Fischer, Feldmesser, S. 10.

98 Ebd.

99 In Karten des Reichsklosters Ochsenhausen wird 1799 Johann Baptist Arnold als *Leutnant und Feldmesser* bezeichnet; HStAS N 26 Nr. 5, Nr. 34.

100 Vgl. GLAK Findbuch 98–1: Kloster Salem: Nachträge aus Schloss Salem, http://www.landesarchiv-bw.de/plink/?f=4-4154423 (aufgerufen am 7.8.2023); vgl. Fischer, Johann Jacob Heber (1666–1724), S. 189–197.

101 Vgl. Fischer, Feldmesser, S. 9: „Die theoretische und praktische Prüfung aus der praktischen Geometrie – ‚ex geometria practica'".

102 Vgl. die Karten HStAS N 34 Nr. 77: *Grundriss des unmittelbaren Reichsstift und Gotteshauses Weingarten samt dessen auch außerhalb der Klostermauern aufgesteinten Niedergerichtsbezirk de anno 1740*; N 30 Nr. 53: *Abriß des dem Hochl. Reichs-Gotteshaus Schussenried zugehörigen Forstdistricts,* [...]; N 36 Nr. 13: *Grundriß der vor dem des Wohl löblichen Heiligen Römischen Reichs Stadt Ravenspurg sogenannten Kaestlins-Thor (1) gelegenen Rebhalden* [...] *samt* [...] *dortigen Gaerthen,* [...].

103 Vgl. *Johan[n] Gottlob Krafft. Ingenieur fecit*; HStAS N 34 Nr. 49.

104 Fischer, Feldmesser, S. 9.

105 Grees, Mittelbuch, S. 670.

106 Ebd.

und Feldmesser in den Karten des Klosters Rot in Erscheinung tritt, muss er sich wohl entsprechend kartographisch weitergebildet haben.[107] Dass die Berufe des Schulmeisters und des Feldmessers aber häufig nicht zum Lebensunterhalt ausreichten, weil Verdienste teilweise zeitversetzt beglichen wurden, konnte Grees an Rindenmosers kurzer Biographie beispielhaft aufzeichnen.[108] In den 1780er Jahren verdingte sich Rindenmoser zusätzlich „als Vermögensverwalter für Ausgewanderte [...], als Zunftschreiber [...] und Fleischbeschauer".[109] Dies könnte damit zusammenhängen, dass Rindenmoser als „Autodidakt"[110] keine akademische Ausbildung vorweisen konnte und dementsprechend viele Aufträge an ausgebildete Kartographen und Feldmesser anderweitig vergeben wurden, wie beispielsweise an den *Hauptmann* [Romuald] *Bendel*.[111]

Wie der Kunst- und Architekturhistoriker Ulrich Knapp ausführte, der sich mit der Bau- und Kunstgeschichte Salems und Oberschwabens auseinandersetzt, herrschten in Oberschwaben „komplexe Herrschaftsverhältnisse in den Besitzungen des Klosters mit unterschiedlichen Rechtsbezügen, Rechtssprechungszuständigkeiten sowie unterschiedlicher Territorialzugehörigkeit" vor,[112] weshalb es hier und andernorts immer wieder zu Neuvermessungen der „Besitzungen und Zuständigkeitsgrenzen seit dem 17. Jahrhundert" kam. Wie am Beispiel Salem skizziert, wurde zu Beginn des 18. Jahrhunderts der Feldmesser Johann Jakob Heber von Abt Stefan I. Jung (1698–1725) mit der Herstellung verschiedener Gemarkungspläne des Salemer Gebietes beauftragt.[113] Diese Karten wurden um einige Aufnahmen erweitert, bis im Jahre 1784 Abt Robert Schlecht (1778–1802) eine Neuvermessung des gesamtes Herrschaftsgebietes bei Franz Anton Eggler in Auftrag gab, der bereits 1779 einige Grenzkarten der Klosterbesitzungen aufgenommen hatte.[114] Die Grundlage für Egglers Aufnahmen bildete u. a. die Steuerveranlagungs-Instruktion von 1731.[115]

Die Klöster warten außerdem mit einer weiteren Besonderheit auf. Hier finden sich unter den Konventualen naturwissenschaftliche Gelehrte, die die Vermessungen beaufsichtigten oder selbst Kartenbilder anfertigten. So schuf der Prämonstratenser-Kanoniker Dominicus Reiner 37 Kartenblätter im Zeitraum von 1758 bis etwa 1772, die den Stand

107 Ebd. Vgl. die Zehnt- und Jurisdiktionskarten des Klosters Rot an der Rot zu Edenbach *Reichsgottshauss rothischer Grund-Riss über den Zehent-District bey und zue Ödenbachen* [Edenbachen] *Oedenbacher Zehend-District* 1771 vom Juli desselben Jahres; HStAS N 28 Nr. 15. Die Kartenbestände des Landesarchivs Baden-Württemberg der Klöster Rot an der Rot und Ochsenhausen (HStAS N 28 und N 26) belegen eine umfangreiche Tätigkeit als Feldmesser in den 1770er und 1790er Jahren.

108 Grees, Mittelbuch, S. 670. Grees führt anhand der Klosterunterlagen weiter aus, dass Rindenmoser 1777 seine Landwirtschaft aufgab, in den folgenden Jahren aber kaum von seinem Erwerb als Schulmeister leben konnte und deshalb wohl immer wieder auf seinen ‚Verdienst' als Feldmesser bei den Gemeinden der Pfarrei vehement bestehen musste. So erhielt er seine Entlohnung für die Vermessung von Oberstetten von 1776 erst ein Jahr später, während die von ihm 1774 vermessene Vereinödung der Hirschbronner Gemeinde erst 1782 vom Gemeinderat ausbezahlt wurde.

109 Ebd. 1787 wurde sein ‚Holzquantum' für Schule und Wohnhaus erhöht.

110 Grees, Mittelbuch, S. 671.

111 Vgl. HStAS N 26, Nr. 5: *GrundRiss über Berchtenroth.*

112 Knapp, Die gemessene Landschaft, S. 78.

113 Vgl. Fischer, Die Egglers, S. 30.

114 Ebd.

115 Ebd.

der vermutlich von ihm geleiteten Renovation der Schussenrieder Klostergüter dokumentieren.[116] Die Karten Reiners zeichnen sich durch sorgfältigen Strichführung und Dargestellungsdetails aus, durch die Farbgestaltung, die kunstvolle Gestaltung der Titelkartusche in zeitgenössischer Rocaillemanier sowie letztlich durch seine unverkennbare Handschrift.[117] So können auch die nicht von ihm signierten Karten seiner Hand zugeschrieben werden.

Dennoch sind diese wenigen Beispiele nur Schlaglichter und können nur mit Vorsicht ein Bild der historischen Situation im Untersuchungszeitraum zeichnen. So war der Beruf des Feldmessers und Kartographen wohl in erster Linie ein Handwerksberuf, der in einer Art Meister-Schüler-Verhältnis weitergegeben wurde und umfangreiche praktische und theoretische Kenntnisse der Vermessungsmethoden, Geometrie und Mathematik erforderte. Darüber hinaus bestand die Möglichkeit des Studiums und der Prüfung der Geometrie an der Universität Freiburg. Wie sich am Beispiel des Autodidakten Rindenmoser zeigte, waren die Anstellungsmöglichkeiten für universitär „geprüfte[r] Feldmesser" höchst wahrscheinlich bessergestellt. In Oberschwaben kam es mit der Familie Eggler, die ihre kartographischen Kenntnisse innerhalb der Familie weitergab, geradezu zu einer oberschwäbischen Feldmesser-Dynastie. Dies war jedoch nicht ungewöhnlich, da es in Handwerksfamilien generell üblich war, dass der Sohn dem Beruf des Vaters nachging.[118]

2.3 Herrschaft im Kartenbild

Das Kartenbild verbildlicht die Herstellung von Herrschaft, indem es anhand der von dem Autoren gewählten raumbeschreibenden Elementen die unterschiedlichen Merkmale aufzeigt, aus denen sich ein Territorium sowohl real wie auch symbolisch zusammensetzt. Die einzelnen Raumelemente finden sich innerhalb der Ebenen des Rechts, der Infrastruktur, der Land- und Forstwirtschaft, des Handels, der Architektur und Gestaltung, der Religion und Frömmigkeit. Sie beinhalten die einzelnen materiellen und symbolischen Handlungen, die im Bild wiedergegeben wurden und dadurch Räume konstruieren. Eine Vermischung der vier gewählten Untersuchungsaspekte – aus kultur-, umwelt- und kunstgeschichtlicher sowie konfessioneller Perspektive – ist dabei von Zeit zu Zeit kaum vermeidbar.

2.3.1 Die Herrschafts(re)präsentation

Die Karte ist das Medium der Doing-Territory-Betrachtung. Neben den kartographischen und kunsthistorischen Entwicklungen veranschaulicht sie vor allem die Vorstellung von Herrschaftsräumen und -ansprüchen. Indem sie die Entwicklung der Rechts-

116 Mit 37 Karten bilden seine Werke die Hälfte des im Hauptstaatsarchiv Stuttgart überlieferten Gesamtbestandes; vgl. Bull-Reichenmiller, Schussenried, Einführung.

117 Vgl. HStAS N 30: Karten Nr. 34, 54, 56, 57, 59, 60, 64, 66, 68, 69, 70, 72, 74, 104, 105, 106.

118 Vgl. Herkle, Zunfthandwerk.

verhältnisse, der Agrarwirtschaft, der Umwelt und Kultur sowie der Frömmigkeit visuell belegt, steht sie wie ein Mediator zwischen den unterschiedlichen Darstellungsabsichten und Wahrnehmungsebenen der einzelnen Akteure. Dies kann insbesondere bei den sogenannten Territorialkarten beobachtet werden, die ein Territorium mit all seinen zugehörigen Herrschaften und Besonderheiten abbilden. Durch ihre Visualisierung des Herrschaftsraumes konstruieren die Autoren Raumvorstellungen, welche durch reale wie erstrebte Begebenheiten die Selbstwahrnehmung der Aufraggeber widerspiegeln. Dabei basieren die Karten überwiegend auf fundierten Vermessungen im Gelände, aber auch gerade zu Beginn des Untersuchungszeitraumes auf bloßen augenscheinlichen Beobachtungen.

2.3.1.1 Der Herrschaftsraum

Die kulturgeschichtliche Perspektive betrachtet die unterschiedlichen Merkmale der Karten auf ihre Aussagen bezüglich der Raumdarstellung und Raumwahrnehmung von Herrschaft. Dabei spielte der politisch-rechtliche Aspekt in der Darstellung der Territorialherrschaft, der Beschreibung des Herrschaftsraumes, der Grenzen, Rechte und Privilegien, u. a. in sogenannten Territorialkarten, eine besondere Rolle. Darüber hinaus konnte die Beschreibung eines Herrschaftsgebietes auch in anderen Kartenformaten beobachtet werden. Hier wird das Territorium selbst als Raum der Repräsentation betrachtet.

Die Darstellung eines Herrschaftsgebietes in seiner Gänze unterlag unterschiedlichen Herangehensweisen. So zeigt die Karte aus dem Jahr 1717 das Gebiet der hohen Gerichtsbarkeit der Grafschaft Heiligenberg anhand des Grenzverlaufes des Herrschaftsgebietes (Abb. 17).[119] Auf Hoheitszeichen, erklärende Legenden und sämtlichen Dekor wurde dabei verzichtet. Die Himmelsrichtungen der gesüdeten Karte wurden nach alter Manier am Bildrand mit den gekürzten lateinischen Bezeichnungen Occident, Orient, Septentrio und Meridies angezeigt. Die Darstellung beinhaltet ausschließlich den Grenzverlauf des Herrschaftsgebietes und schließt neben den Orten Billafingen, Heggelbach, Oberndorf und Alberweiler die zwischen den Ortschaften befindlichen Grenzsteine mit ein, welche nach ihren Aufstellungsorten, z. B. *Abentroth, Stigele, Hohenreite, Nachtweid, Winterschlag* und *Frinreite an der Stras* benannt waren.[120] Da es sich um eine Grenzkarte nach Augenmaß handelt, wurde komplett auf die eigentliche Darstellung des Herrschaftsgebietes Heiligenberg, auf die sozialen, wirtschaftlichen, ökonomischen und politischen Strukturen, wie der Infrastruktur, der Land- und Forstwirtschaft oder der Ortschaften, verzichtet. Als einzige Kulturart wurden fünf unterschiedlich große Waldabschnitte verzeichnet, um die herum die jeweiligen Grenzsteine angedeutet wurden. Das angrenzende Herrschaftsgebiet, die vorderösterreichische Landgrafschaft Nellenburg im Südwesten, wurde wiederum vermerkt. Es steht zu vermuten, dass die skizzenhafte Landaufnahme im Zusammenhang mit dem Tod des Fürsten Anton Egon (1656–1716) und dem Erlöschen

119 GLAK H Fürstenberg-Heiligenberg 2, http://www.landesarchiv-bw.de/plink/?f=4-1704359 (aufgerufen am 7. 8. 2023).

120 Auf der gepunkteten Grenzlinie ist eine einzige Kapelle, ein Häuschen mit einem Kirchturm, bei *Oberheggelsbach* eingezeichnet. Die Größe eines Ortes und eines Kirchengebäudes wurde durch unterschiedlich große, einzeln verzeichnete Häuser gekennzeichnet; GLAK H Fürstenberg-Heiligenberg 2.

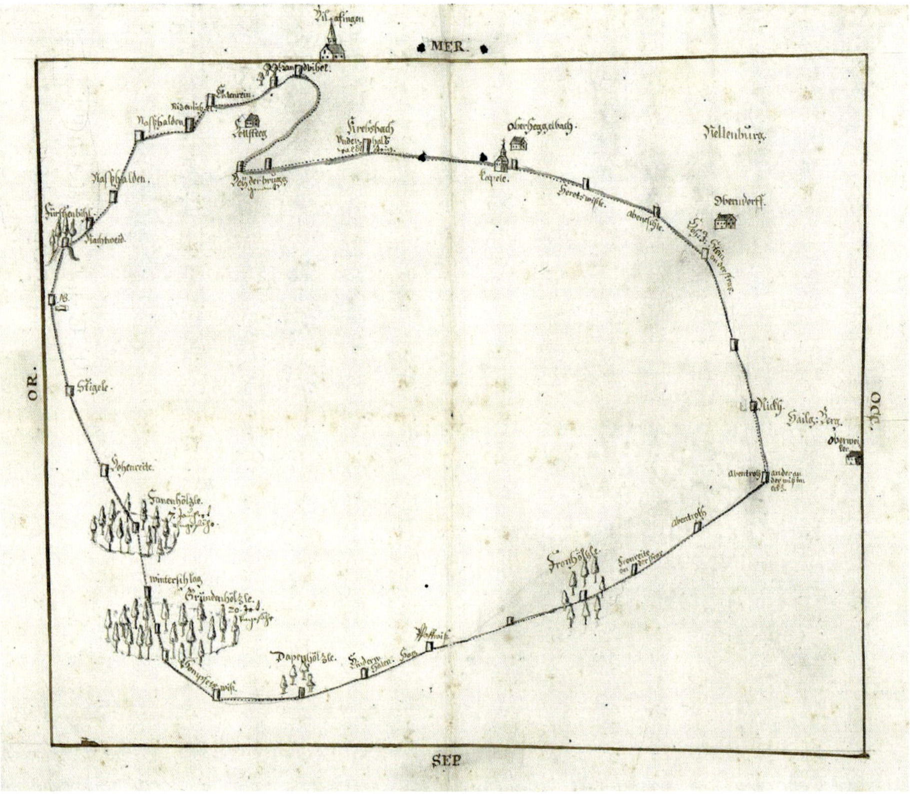

17 **Die fürstenbergische Herrschaft Heiligenberg, 1717.**

der männlichen Linie Fürstenberg-Heiligenberg[121] im Jahr zuvor entstand. Zu dieser Kartenzeichnung in einfacher Federzeichnung gehört noch eine weitere Zeichnung, die ebenfalls 1717 angefertigt wurde.[122] Sie setzt sich etwas detaillierter mit der Grenzsituation um die Heiligenberger Ortschaft Pfrüngen auseinander. Hier wurden noch Bäche und Straßen sowie Mühlen und Riedflächen eingezeichnet. Dennoch ist die Darstellung äußerst knapp und unbemessen und unterstreicht dadurch umso mehr den Charakter einer groben; auf das Wesentliche reduzierten Bestandsaufnahme des Herrschaftsraumes Heiligenberg. Weder über den Autor beider Karten noch über den Auftraggeber, weitere Kartenblätter oder gar zum Motiv der Aufnahme liegen weitere Informationen vor.

Die Territorialherrschaft im Kartenbild konnte unterschiedliche Ausformungen annehmen, eine detailliertere Herrschaftsdarstellung liegt für das Territorium der Graf-

121 Maurer, Haus Fürstenberg, S. 323.
122 GLAK H Fürstenberg-Heiligenberg 1, http://www.landesarchiv-bw.de/plink/?f=4-1704358 (aufgerufen am 7.8.2023).

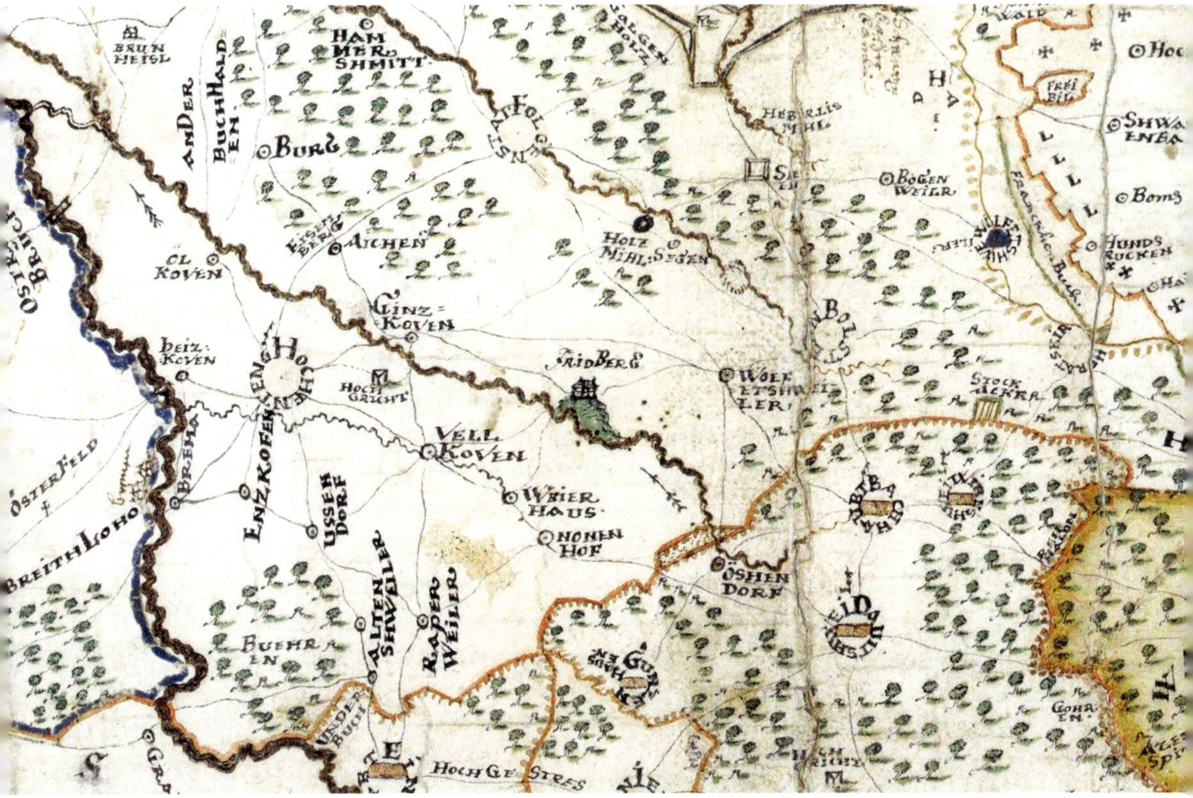

18 Die Grafschaft Friedberg-Scheer, um 1710.

schaft Friedberg vor. Hier wurden mit einem Abstand von etwa 30 Jahren zwei Kartenbilder angefertigt, die die genauen Besitzverhältnisse dieser Territorialherrschaft regelten. Zur Grafschaft Friedberg gehörten die Herrschaften Scheer, Dürmentingen und Bussen, sie waren seit dem 15. Jahrhundert im Besitz des Hauses Waldburg – seit 1680 als österreichisches Mannlehen – und wurden im Jahre 1785 an die Fürsten von Thurn und Taxis veräußert.[123] Das frühere Beispiel entstand etwa um 1710 und zeigt die Herrschaftsverhältnisse der Grafschaft Friedberg einschließlich der *innLigende Frembde Örther* und angrenzenden Territorien (Abb. 18).[124] Die unterschiedlichen Herrschaftsräume sind farblich und teilweise mit kleinen Symbolen oder Buchstaben markiert und in der *Explicatio Colorum*, der Legende, vermerkt.

123 Richter, Niedergang, S. 169–175, 214–218.
124 StAS Dep. 30/15 T 1 Nr. 590, http://www.landesarchiv-bw.de/plink/?f=6-35790 (aufgerufen am 7.8.2023).

Die Größe der Städte, Ortschaften und Dörfer wurde berücksichtigt und entsprechend mit drei unterschiedlich großen Kreisen um einen Zirkelpunkt signiert. Je nach Herrschaftszugehörigkeit wurde das Innere farblich koloriert. Friedberg ist in der Kartenmitte graphisch auf einem grünen Hügel mit einem Herrschaftshaus hervorgehoben. Es handelte sich im 18. Jahrhundert um einen relativ kleinen Ort, dessen der Grafschaft namensgebende Burg seit dem Jahre 1404 nicht mehr existierte. Die Residenz und Verwaltung der Grafschaft war in der Stadt Scheer untergebracht.[125] Inhaltlich setzt sich die Karte mit den Herrschaftsbereichen und deren Umfang innerhalb der Grafschaft auseinander. Ausführlich werden die Landesgrenzen der Grafschaft und der dazugehörigen Herrschaft Scheer sowie die Ausmaße der Pfandschaften von Schussenried (rot), Zimmern (rotbraun) und Altshausen (gelb-weiß gestreift) gezeigt. Die sich innerhalb des waldburgischen Gebietes befindlichen vorderösterreichischen und reichsstädtischen Gebiete wie Saulgau und Buchau wurden ebenfalls, wie die angrenzenden Landesherrschaften – das Herzogtum Württemberg, die Grafschaften Sigmaringen und Königsegg, die Reichsabtei Schussenried, die Deutschordenskommende Altshausen oder die vorderösterreichischen Herrschaftsräume – berücksichtigt. Privilegien wie die niedere und hohe Gerichtsbarkeit wurden ebenso für alle abgebildeten Gebiete versinnbildlicht. Die Hochgerichtsbarkeit symbolisierte der Galgen, auf Bannrechte wurde in Form von Mühlen und Wäldern verwiesen.[126] Daneben sind Flüsse und Verkehrswege eingezeichnet, wobei neben der Fließrichtung nur die Landstraßen eingetragen waren.

Bei dieser Karte handelt es sich um eine Visualisierung der Rechtsverhältnisse innerhalb einer Territorialherrschaft. Die eigentliche Grenze der Grafschaft Friedberg-Scheer wurde vermerkt, darüber hinaus ist innerhalb dieses Gebietes zwischen der oberfriedbergischen und der unterfriedbergischen Herrschaft unterschieden. Jedoch scheint die Differenzierung der beiden Gebiete zu Unstimmigkeiten geführt zu haben, weswegen mit blauer Farbe der *Compromiss*[127] sowohl als Umrandung wie auch als Ortskennzeichnung aufgetragen worden war. Augenscheinlich basiert die Karte weder auf exakten Vermessungen im Gelände noch wurde auf dekorative Momente wie Bildschmuck oder eine Titelkartusche Wert gelegt. Der genaue Entstehungszeitpunkt ist ebenso wie der Entstehungskontext schwer zu greifen. Aufgrund der Technik und Gestaltung ist ein Anfertigungszeitraum um die Jahrhundertwende (1690–1720) anzunehmen. Die Art der Darstellung lässt nur den Schluss zu, dass es sich um eine Jurisdiktionskarte handelt, bei der die verhandelten Elemente der Besitz- und Rechtsgrundlagen bildlich vorgeführt wurden. Die Karte könnte im Vorfeld eines Erbvertrages entstanden sein. Ebenso wahrscheinlich könnten die Unruhen der Jahre 1707/08 in der Grafschaft unter der Regierungszeit des Grafen Christoph Franz von Waldburg-Trauchburg (1696–1717) sowie Streitigkeiten der Waldburger mit dem Haus Habsburg dazu geführt haben,[128] dieses Sinnbild anfertigen zu lassen. In jedem Fall präsentiert die Karte anschaulich die bestehenden Rechtsver-

125 Vgl. Richter, Niedergang, S. 167–169.

126 An der Schwarzach standen der Fließrichtung folgend sieben Mühlen, wobei die ersten drei zum Gebiet der Stadt Saulgau gehörten.

127 StAS Dep. 30/15 T 1 Nr. 590.

128 Vgl. Richter, Niedergang, S. 180 f.

hältnisse und Herrschaftszugehörigkeiten innerhalb der Grafschaft Friedberg und der Herrschaft Scheer.

Die zweite Karte der Grafschaft Friedberg-Scheer (Taf. 14), die nach Einschätzung der Experten um 1740 entstand, ist ebenfalls ohne Titel oder Autor überliefert.[129] Sowohl die Gestaltung als auch die inhaltliche Beschreibung der Grafschaft Friedberg-Scheer gleichen der vorangegangenen Karte bis ins kleinste Detail hinein. Auch hier lagen keine genauen Landvermessungen zugrunde, auch sie zeichnet sich durch einen Augenscheinkarten-Charakter aus. Lediglich die Ausgestaltung wurde sorgfältiger ausgeführt. Zu sehen ist, wie bereits in der oben genannten Karte, die Grafschaft Friedberg-Scheer.[130] Die innerhalb des Territoriums liegenden fremden Herrschaftsräume wie die Städte Saulgau oder die kleineren Ortschaften, die anderen Herrschaften zugehörten, wurden wie alle weiteren Landesherren mit kleinen Wappenschildern markiert. Auch auf die Bedeutung der einzelnen Territorien wurde durch die Wappen und Hochgerichte verwiesen. Im Gegensatz zur Vorläuferkarte wurde in diesem Beispiel eine ausführliche Legende für die gewählten Signaturen hinzugefügt, sie erläutert neben den Herrschaftsverhältnissen die dargestellten Siedlungs-, Wirtschafts- und Infrastrukturen, wobei letzterem wenig Bedeutung zukam.

Die Karte zeigt, wie die Vorgängerkarte, die interne Verwaltungsregelung der Grafschaft Friedberg-Scheer. So sind die unterschiedlichen Ämter in drei Teile aufgeteilt: zunächst die durch die blaue *compromiss*-Linie begrenzte Herrschaft Scheer, dann die Grafschaft Friedberg, die entlang der Schwarzach in die obere und untere Grafschaft gegliedert war.[131] Auch hier wurden die Pfandschaften und strittigen Gebiete gesondert gekennzeichnet, so beispielsweise das südwestlich von Schussenried befindliche Pfand *Streit Zimmern*, um den Ort und das ehemalige Amt Bierstetten gelegen (Abb. 19).[132] Dieses österreichische Lehen kam bereits im Spätmittelalter von den Habsburgern an das Haus Waldburg als Pfandschaft und wurde im Jahre 1588 vom Truchsess von Waldburg an Graf Wilhelm von Zimmern verpfändet, woher auch der Name Pfand Zimmern herrührt.[133] Nach dessen Ableben ging die Pfandschaft durch Erbschaft an den Schwager des Grafen über und somit an das Haus Königsegg.[134] Es folgten langwierige Streitigkeiten zwischen den beiden Häusern, denn Waldburg wünschte das Pfand einzulösen und dem Kloster Schussenried zu überlassen, im Jahre 1746 erfolgte letztlich eine Beilegung des

129 StAS Dep. 30/15 T 1 Nr. 377, http://www.landesarchiv-bw.de/plink/?f=6-35795 (aufgerufen am 7.8.2023); Taf. 14 im Anhang 6.2.

130 Der Herrschaftsraum reicht an die Gebiete der Städte Riedlingen, Buchau, Mengen, Schussenried und Saulgau und die Herrschaft der Klöster Schussenried, Buchau und Salem, die Landkommende Altshausen und an die vorderösterreichischen Gebiete, wie der Landvogtei, heran.

131 Die Grafschaft verfügte über zwei Rentämter mit unterschiedlichen Verwaltungsbereichen, ein Rentamt war zuständig für die Grafschaft Friedberg und die Herrschaft Scheer mit Sitz in Scheer und das andere mit Sitz in Dürmentingen war zuständig für „die gleichnamige Allodialherrschaft und die Mannsinhabung Bussen"; vgl. Richter, Niedergang, S. 187.

132 Zum Amt Bierstetten gehörten in der Frühen Neuzeit die Orte Bierstetten, Bondorf, Steinbronnen und Allmannsweiler; vgl. Memminger, Saulgau, S. 137.

133 Vgl. ebd., S. 138.

134 Ebd.

19 *Pfand Zimmern* der Grafschaft Friedberg-Scheer, um 1740.

Konflikts. Man einigte sich darauf, dass das Amt Bierstetten bei Königsegg verbeiben sollte, dagegen erhielt die waldburgische Grafschaft Friedberg *das Amt Tissen, nämlich Groß- und Klein-Tissen nebst Nonnenweiler.*[135] Das Dorf Allmannsweiler wurde in einem Vertrag vom 18. März 1746 zwischen der Grafschaft Friedberg und dem Kloster Schussenried *gegen die Summe von 15.000 fl. dem genannten Kloster mit hoher und niederer Obrigkeit überlassen.*[136]

135 Ebd.

136 Ebd. *Unter der Bedingung, daß statt Allmannsweiler der Ort Renhardsweiler in das Amt Bierstetten eingeworfen werde, ertheilte endlich Östreich auch i.J. 1750 die lehensherrliche Genehmigung zu dem Geschehenen, und belehnte Schussenried mit Allmannsweiler auf die Dauer des Truchseßischen Mannsstammes, unter Vorbehalt des Besteurungsrechts zur vorderöstr. Landschaftskasse, Königsegg aber mit dem Amte Bierstetten unter den bisherigen Verhältnissen. Im J. 1788 verkaufte Königsegg-Aulendorf das Amt Bierstetten an das Stift Buchau, das nun von Östreich auf die Dauer des Königeggschen Mannsstammes damit belehnt wurde.* Memminger, Saulgau, S. 138 f.

Die umrissenen Besitzverhältnisse und Ortschaften sind in der Karte genau nachzuvollziehen. Es ist sehr wahrscheinlich, dass beide Karten im Zusammenhang mit diesem und weiteren Konflikten entstanden sind, die das Gebiet und die Pfandschaftsverhältnisse der Grafschaft Friedberg-Scheer betrafen und vom Haus Waldburg ausgefochten werden mussten. Denn beide Karten haben den exakt gleichen Inhalt, das jüngere Blatt unterscheidet sich nur dahingehend, dass die Rechts- und Besitzverhältnisse genauer beschrieben waren. Beide Karten zeigen eindrücklich ohne Bildschmuck, Zierwerk oder gar Titel um was es eigentlich geht, dadurch präsentieren respektive repräsentieren die Kartenbilder alleine durch den Inhalt alle Facetten der Territorialherrschaft der Grafschaft Friedberg-Scheer und konstituieren also Raum und Herrschaft.

Anders verhält es sich im Beispiel einer Territorialkarte, die 1750 von den beiden Biberacher Geometern Christian und Martin Friedrich Wechsler angefertigt wurde. Sie zeigt die Herrschaft Warthausen, welche die Reichsgrafen von Stadion im Jahre 1696 mit 13 Dörfern und Weilern erwarben.[137] Das Gebiet der Herrschaft wird in Gänze mit seinen landwirtschaftlichen Nutzflächen und Forstgebieten abgebildet und als Inselkartendarstellung angezeigt (Taf. 15). Städte wie Biberach, Ortschaften wie Warthausen, Dörfer und einzelne Höfe innerhalb und außerhalb des Warthauser Besitzes sind in Vedutenansicht als einzelne Hausansichten in der Vogelperspektive verzeichnet. Weitverzweigt sind Landstraßen und die Riss mit ihren Nebenflüssen zu sehen. Auch konfessionelle Raumelemente wie Wegkreuze, Kapellen und Kirchen sind vermerkt.

Diese Karte ist ein interessantes Beispiel für eine Territorialkarte, die ein nicht zusammenhängendes Herrschaftsgebiet abbildet. Die Darstellung des Geländes ist auf das Wesentliche, eben nur die Herrschaft Warthausen und das interagierende Umland, beschränkt. Als Hoheitszeichen dient das Wappen der Reichsgrafen von Stadion, das standesgemäß gekrönt wurde. Ferner wurde der Bildschmuck in Form der Windrose, der Schriftrolle mit Legende und des Maßstabs mit Zirkel besonders dekorativ gestaltet. Die Karte veranschaulicht durch all diese ausgesuchten Elemente sehr repräsentativ die Herrschaftsverhältnisse innerhalb der Herrschaft Stadion-Warthausen. Der zeitgenössische Amtsinhaber Heinrich Friedrich von Stadion (1691–1768) war zum Zeitpunkt der Kartenausstellung im Jahre 1750 Großhofmeister am Kurfürstenhof in Mainz und an der Aufklärung und den Reformen in Kurmainz beteiligt.[138] Nach seiner Pensionierung zog er sich 1761 auf Schloss Warthausen zurück, das sich nach Hubert Hoschs Beschreibungen zu einem „Warthauser Musenhof" entwickelte.[139]

Auch in den reichsstädtischen Territorien nahm besonders im Laufe des 18. Jahrhunderts die kartographische Tätigkeit in Form von Landesvermessungen und Stadtansichten zu. Sie wurden zumeist aus der Manuskriptkarte auf Kupferplatten radiert und in Form von Kupferstichen vervielfältigt, veräußert und in übergeordnete Kartenwerke wie Atlanten aufgenommen. Handgezeichnete Karten waren dagegen schwerer zugänglich,

137 HStAS N 11 Nr. 17: *Geographische Charte über des hochwohlgebohrnen* [...] *Grafen und Herrn, Herrn Friederici von und zu Stadion* [...] *Herrschaft Warthausen*, 1750, http://www.landesarchiv-bw.de/plink/?f=1-512248 (aufgerufen am 7. 8. 2023), Taf. 15 im Anhang Kap. 6.2. Vgl. Hosch, Adel; Press, Warthausen.

138 Vgl. Hosch, Adel, S. 725.

139 Ebd.

standortgebunden und in der Regel in den reichsstädtischen Archiven und Bibliotheken zugänglich.

Für Biberach liegt eine ganz besondere Federzeichnung vor, die der Günzburger Feldmesser Johann Joseph Veitt im Jahre 1721 gestaltete. Veitt legte auf sechs Kartenblättern in einer geometrischen Aufnahme die gesamte Stadtgemarkung nieder.[140] Für die Darstellung von Stadt und Umland wählte er zwei Darstellungsformen. Während die Reichsstadt selbst sowie die darin befindlichen Gebäude nur „in blockhaften Umrissen“[141] dargestellt wurden, waren die Häuser und Gebäude der einzelnen Höfe im Umland in Ansicht und ausführlich mit ihren benannten und vermessenen Grundstücken verzeichnet. Veitt verzichtete bewusst auf eine ausführliche Beschreibung der Reichsstadt selbst und konzentrierte sich dadurch auf die Beschreibung des gesamten Stadtgebietes. Die Karte präsentiert damit zum einen die Stadt selbst und ihr Herrschaftsgebiet, zum anderen zeigt sie anhand der sorgfältig dokumentierten Land- und Forstwirtschaft, der Infrastruktur sowie der Weiher und Gewässer, welche Ressourcen der Reichsstadt und ihren Bewohnern im In- und Umland zur Selbstversorgung zur Verfügung standen. Die dargestellten Elemente und Merkmale verdeutlichen im Kartenraum eindrücklich den Charakter der Selbständigkeit, der Wehrhaftigkeit und den Bedeutungsstatus Biberachs für die Auftraggeber und Betrachter. Eine ähnliche Interpretation reichsstädtischer Territorialkarten ist auch für die weiteren oberschwäbischen Reichsstädte Ravensburg, Buchau, Lindau, Buchhorn, Pfullendorf, Leutkirch, Wangen, Isny, Kempten und Memmingen sowie Augsburg und Ulm möglich und dabei nicht allein auf das Medium der Manuskriptkarten beschränkt. Die Anfertigung einer möglichst vollständigen Darstellung einer Territorialherrschaft war unterschiedlich dringlich und motiviert, letztlich verfolgte sie aber ein und dieselbe Absicht, es sollten gezielt der Herrschaftsraum und seine Herrschaftsattribute eindrücklich aufgezeigt und (re)präsentiert werden, sodass der Betrachter auf den ersten Blick die Raumverhältnisse und die Herrschaftsstrukturen dieser Machtinszenierung und Selbstdarstellung wahrnehmen konnte.

2.3.1.2 Elemente der Selbstwahrnehmung

Bereits in der Frühen Neuzeit kam der Karte in Rechtsstreitigkeiten eine gewisse Sonderstellung als virtuelles Beweismittel zu.[142] Dabei ging es in der Zeichnung nicht darum, ein möglichst detailliertes Geländegutachten zu erstellen, sondern es wurde einzig und allein der Zweck verfolgt, die Situation des Streitgegenstands mittels Augenscheinkarten zu veranschaulichen. Die Autoren dieser Kartenbilder benötigten hierfür keinerlei kartographische Ausbildung, Feldmesserfertigkeiten oder Geländekenntnisse. Die Kartenbilder wurden überwiegend anhand der Schilderung des Betrachters angefertigt. Dadurch wurden sie zu einem interessanten Mittel der Herrschaftsdarstellung und geben ihrerseits Einblicke in die Wahrnehmungswelt und Selbstdarstellung ihrer Auftraggeber. Kar-

140 Braith-Mali-Museum, *Deß Heiligen Römischen Reichs Freyen Statt Biberach*, 1721, Johann Joseph Veitt; vgl. Schneider, Biberach, S. 156.

141 Schneider, Biberach, S. 162.

142 Vgl. Recker, Prozesskarten.

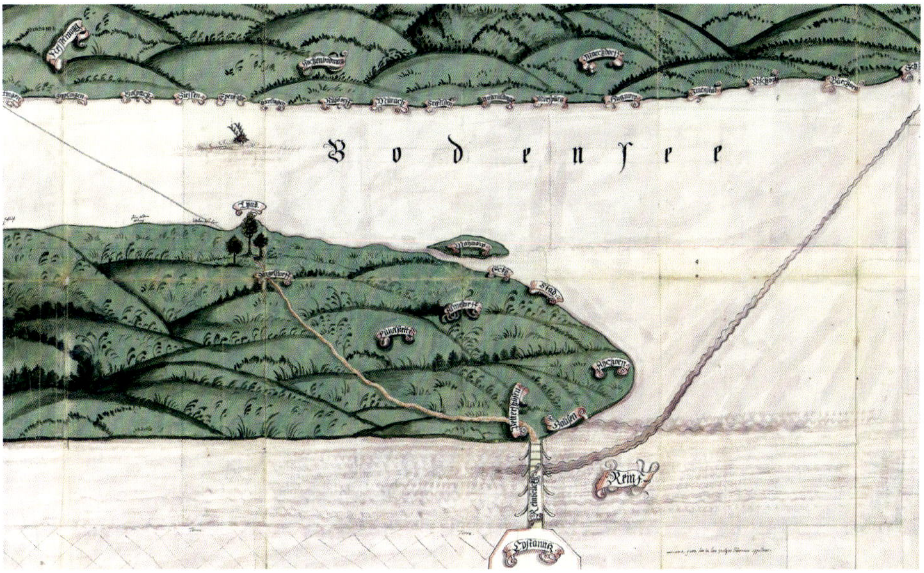

20 Hirsch im Bodensee, Herrschaftsansprüche um 1570.

ten wurden zu „Mittel[n] der Zurschaustellung von Herrschaftswissen und Raumherrschaft".[143]

Dieser Augenschein ist bey dem Rotul, so ex parte Fürstenberg contra Uberlingen [...] *umschlossen, beygebunden geweßen* und stellt im Rahmen dieser Studie ein frühes Beispiel für einen Rechtsstreit vor dem Reichskammergericht dar.[144] Der um 1570 herum angefertigte Situationsplan des Ravensburger Othmar Eckenberger zeigt auf einer Skizze den *Reichskammergerichtsprozeß zwischen Joachim Graf von Fürstenberg und der Stadt Überlingen wegen eines von Überlinger Bürgern 1560 im See erlegten Hirsches.*[145] Räumlich befand sich der Hirsch im Überlinger See schwimmend in Richtung Obersee (Abb. 20).

Stilistisch war die Darstellung auf das Wesentliche reduziert, sowohl die knappe Landschaftszeichnung wie auch die Lage der einzelnen Orte, die auf Schriftbändern angezeigt wurde, sind in zeitgenössischer Manier ausgeführt. Auch die Fließrichtungen des Sees und der Schussen, die Wege und Straßen, die Übersetzwege und die Rheinbrücke bei Konstanz sowie die Grenzverläufe der einzelnen Herrschaftsgebiete zu Wasser und zu Land wurden von Othmar Eckenberger[146] in seiner Karte berücksichtigt. Die schlichte Zeichnung diente dem Zweck, die Situation vor Ort, die Herrschaftsansprüche des Hauses Fürstenberg, der Reichsstadt Überlingen, der Grafen von Bodmann sowie der Herr-

143 Stercken, Herrschaft verorten, S. 15.
144 GLAK H Überlingen FN 9 Bild 1.
145 GLAK H Überlingen FN 9.
146 Ebd. Nach Aktenlage war Othmar Eckenberger Ravensburger.

21 **Ausschnitt Herrschaft Scheer mit Loretokapelle, 1760.**

schaft Konstanz zu veranschaulichen und dann die Intension des Auftraggebers zu belegen. Letztlich war die Karte ein Hilfsmittel, um herauszufinden, welcher Herrschaft dieses wertvolle Rotwild zugehörig war, wer darauf überhaupt einen Rechtsanspruch erheben konnte und welche Konsequenzen sich daraus zu ergeben hatten. Da alle weiteren Kartenelemente und genaue Messungen für den eigentlichen Verwendungsweg bei der Beschreibung einer Rechtsgegebenheit eher nebensächlich, zeitintensiv, gar hinderlich und wenig effizient gewesen wären, waren die knappen und ideellen Aussagen einer Augenscheinkarte für diesen Verwendungszweck ausreichend und zielführend. Sie bilden eine hervorragende Quellenbasis für die Frage nach der Selbst- und Fremdwahrnehmung von Herrschaften und Rechtsräumen in der Frühen Neuzeit allgemein.[147]

Rechtsstreitigkeiten waren ein wesentlicher Anfertigungsgrund für Karten. Die Stadt Scheer hatte im 18. Jahrhundert innerhalb der Grafschaft Friedberg als Oberamt und Residenz mit Sitz des Rentamtes[148] aus der Sicht der Verwaltungsebene eine wichtige, geradezu prestigeträchtige Funktion inne.[149] Die gesüdete Karte zeigt das Territorium der

147 Vgl. das aktuelle Forschungsprojekt von Baumann, Visuelle Evidenz.

148 Die Grafschaft Friedberg hatte zwei herrschaftliche Finanzbehörden. Das zweite Rentamt war in Dürmentingen und „umfaßte die gleichnamige Allodialherrschaft und die Mannsinhabung Bussen"; vgl. Richter, Niedergang, S. 187.

149 Das dort befindliche Schloss musste 1708 „mit hohem Aufwand" renoviert werden, ansonsten hätte Graf Christoph Franz von Waldburg-Trauchburg (1669–1717) bei der Klärung der Aufstände seiner Untertanen dort nicht residieren können, da es „nach damaligen Maßstäben unbewohnbar gewesen" war. Mit dem Tod des Grafen Leopold August von Waldburg-Trauchburg (* 1728) im Jahre 1764 endete

Herrschaft Scheer nach Aussage des baden-württembergischen Landesarchives vermutlich um 1760.[150] Dargestellt sind die Ortschaften, die Forstflächen, Wirtschaftsbetriebe und Infrastrukturen. Die Legende erklärt die angrenzenden Herrschaften Friedberg, Sigmaringen und Mengen. Die Städte Scheer und Mengen sind durch eine besonders detaillierte Stadtansicht, umgeben von einer Stadtmauer, in ihrer Machtstellung gegenüber den kleineren Orten entsprechend in Veduten hervorgehoben. Wegkreuze und Kapellen, wie eine Loretokapelle (1628–1631) unmittelbar nördlich von Scheer, dienen sowohl der Orientierung im Kartenraum und verweisen zugleich auf die katholisch geprägten Alltagstraditionen.[151] Offensichtlich war es bezüglich der Herrschaftsgrenze zu Unstimmigkeiten mit den umliegenden Herrschaftsgebieten, wie der Donaustadt Mengen und den Grafschaften Sigmaringen und Friedberg, gekommen, denn quer durch das Scheer'sche Territorium verläuft im Kartenbild die Aufschrift *compromiss*, der sich an einem vorgeschlagenen Grenzverlauf der Herrschaft orientiert (Abb. 21).[152]

Die zur Stadt Mengen gehörenden Ortschaften, wie *Blochingen* oder *Undersingen*, die sich innerhalb des Scheerer Gebietes befanden, wurden als zur Donaustadt zugehörig markiert.[153] Hinzu kommt der Umstand, dass die numerisch fortlaufenden Grenzsteine an der Außengrenze Scheers teilweise an strittigen Punkten explizit hervorgehoben wurden, wie beispielsweise der Markstein Nr. *266* mit dem zusätzlichen Vermerk *Saul*.[154] Daneben wurden der Verbleib von einigen Waldstücken sowie 14 weitere Konfliktpunkte mit einer schriftlichen und bildlichen Lösung eingezeichnet. Der Verlauf von Straßen und Wegen von und zu den Ortschaften wurde benannt, angemerkt und erklärt.

Für den Kompromiss sind in der Karte optimierte Herrschafts- und Banngrenzen der Herrschaft Scheer festgehalten. Hier präsentiert sich eindrücklich, wie Herrschaft im Kartenbild visuell transportiert werden kann: Einerseits durch die zeichnerische Hervorhebung der beiden Kontrahenten Mengen und Scheer und andererseits durch die Gesamtaufnahme und Geschlossenheit der Herrschaft Scheer – von der Stadt, dem Schloss, der Loretokapelle bis hin zum kleinsten Hof, zu den Mühlen und Feldkreuzen. Für den Entstehungskontext könnte auch der Übergang der Herrschaft an das Haus Thurn und Taxis ausschlaggebend gewesen und die Karte daher auch zu einem späteren Zeitpunkt ausgestellt worden sein.[155] Fest steht, dass die Karte auffallend ausführlich die Infrastruk-

auch die Nutzung des Schlosses Scheer als Residenz. Instandsetzungsarbeiten sowie laufende Unterhaltskosten wurden ausgesetzt; Richter, Niedergang, S. 197 f.

150 StAS Dep. 30/15 T 1 Nr. 600: Scheer: Karte des Herrschaftsgebietes, o. A., um 1760, http://www.landesarchiv-bw.de/plink/?f=6-35802 (aufgerufen am 7. 8. 2023). Der Scheer'schen Chronik folgend gab Truchsess Joseph Wilhelm von Waldburg (1717–1756) 1732 eine Vermessung der Herrschaft in Auftrag. Auf diesen Messungen könnte die vorliegende Karte basieren, die im Bildaufbau im Vergleich zu den beiden oben genannten Karten des Herrschaftsgebietes von ca. 1710 und 1740 ein wenig mehr nach geometrischer Vermessung anmutet; vgl. Bleicher, Chronik, S. 40.

151 Vgl. Thierer, Kulturlandschaft.

152 Dieser vorgeschlagene Grenzverlauf ist mit Rot eingezeichnet und entsprechend in der Legende vermerkt; StAS Dep. 30/15 T 1 Nr. 600.

153 Ebd.

154 Ebd.

155 Martin Zürn kam in seinen Untersuchungen zur Entwicklung des Hauses Waldburg im 18. Jahrhundert zu einem ähnlichen Ergebnis und nimmt für diese Karte eher den Zeitraum Ende des 18. Jahrhunderts an; Zürn, Waldburg, S. 251.

tur und Besitzverhältnisse innerhalb der Herrschaft Scheer und sich abgrenzend zur Grafschaft Friedberg, zur Donaustadt Mengen und zur Grafschaft Sigmaringen zeigt.

Für Grenzstreitigkeiten und ähnlich gelagerte Rechtsproblematiken lassen sich viele Kartenbeispiele anführen, die diese Konflikte beschreiben und angedachte und genommene Lösungswege aufzeigen. So hatte das Haus Waldburg-Waldsee-Wolfegg ebenfalls mit einigen strittigen Grenzverläufen zu kämpfen, wobei es in den 1780er Jahren v. a. um die *Reichsgräflich Erbtruchsessische Oestreichische Mannsinhabung der Gerichte Haisterkirch, Winterstettenstadt, Essendorf und Reute* ging. Zur Abklärung wurde eine große, dreiteilige Grenzkarte erstellt, die ausführlich den Herrschaftsraum konstruiert.[156] Das Haus Waldburg stand bereits über einen längeren Zeitraum im Konflikt mit der Landvogtei Schwaben, wobei es vor allem um Grenzstreitigkeiten zwischen den beiden Herrschaftsgebieten und die Regelung des Straßenbaues ging.[157] Dies führte dazu, dass Österreich eine Kommission einsetzte, die von 1781 bis 1786 die Gerichts- und Landeshoheit der waldburgischen Herrschaften Scheer, Waldsee und Winterstetten überprüfte.[158] Zu diesem Zweck wurden von österreichischer Seite Urbare erstellt sowie eine Gesamtansicht der *Mannesinhabung* der oben genannten Gerichtsbezirke in Auftrag gegeben.[159] Die dreiteilige Grenzkarte wurde *durch eine K*[aiserlich] *K*[öniglich] *v*[order]*oe*[sterreichische] *Lehen-Bereütungskommission vom 12. bis 22. ten Herbstmonath 1785 untergangen* und *durch Franz Joseph Amann, geprüfter und geschwohrnen Feldmesser in Waldtsee* aufgenommen, um die strittigen Fragen der Grenzziehungen zu klären, *welche die Wohlloblich K: K: LandVogtey Schwaben auch das ReichsGraefliche Haus Wolfegg und Waldsee scheidet.*[160]

Die Siegel und Unterschriften auf allen drei Karten stehen für die Rechtsverbindlichkeit der Darstellung:[161] Sie kennzeichnen deren die Rechtsgültigkeit und verleihen dem Inhalt – wie einer Urkunde – Rechtskraft und Vertragsbindung der Vertragspartner, Kontrahenten und Zeugen gegenüber dem Dargestellten. Was in anderen Medien langwierige und umständliche Beschreibung bedeutet, kann im Kartenbild umfassend und im kleinen Maßstab visualisiert werden. Hierzu genügen wenige kurze Anmerkungen im Kartenraum, um die Beilegung einer Grenzstreitigkeit oder ähnlichen Rechtsauseinandersetzung wiederzugeben und zu erklären.

156 HStAS N 11 Nr. 91–93: *Mappa über die Reichsgräflich Erbtruchsessische Oestreichische Mannsinhabung der Gerichte Haisterkirch, Winterstettenstadt, Essendorf und Reute* [...].
157 Vgl. Zürn, Waldburg, S. 247–250.
158 Ebd.
159 Vgl. Titel der *Mappa über die Reichsgräflich Erbtruchsessische Oestreichische Mannsinhabung der Gerichte Haisterkirch, Winterstettenstadt, Essendorf und Reute* [...].
160 HStAS N 11 Nr. 91: *Erklärung.*
161 So enthält die erste Grenzkarte Siegel und Unterschriften vom Reichsrat und Kommissarius des Klosters Ochsenhausen, der Kanzlei der Grafen von Wolfegg, der Kanzlei der Grafen von Stadion in Warthausen, des Pflegamtes des Stiftes St. Georgen in Ingoldingen und der Administrationskanzlei des Erbtruchsessen von Wolfegg-Waldsee; HStAS N 11 Nr. 91. Die zweite Grenzkarte ist gesiegelt und signiert durch den Reichsrat und Kommissarius Edler von Königsfeld, der Kanzlei des Klosters Schussenried sowie der erbtruchsessischen Kanzlei; HStAS N 11 Nr. 92. Die dritte Karte führt die Siegel des Edlen von Königsfeld, der Oberamtskanzleien der Landvogtei Schwaben in Altdorf, von den Grafen von Königsegg-Aulendorf und der Erbtruchsessen von Wolfegg-Waldsee; HStAS N 11 Nr. 93.

Ein Teil der Territorialherrschaft basierte auch auf Pfandschaften. Dahinter standen Finanzbeschaffungsabsichten oder Schutzverhältnisse, wie politische Bündnisse. Als Beispiel hierfür kann die im Landesarchiv Baden-Württemberg überlieferte Karte herangezogen werden, die die Generalmarken der Schussenried'schen Pfandschaftsdistrikte dokumentiert (Abb. 22). Die Karte zeigt das Pfand Schussenried, ein kleines Gebiet des Zisterzienserklosters nordwestlich von Schussenried gelegen, das sich bis zu den Orten Kappel und Marbach erstreckte.[162] Die Herrschafts- und Nutzungsrechte[163] wurden vom Kloster an die Grafschaft Friedberg verpfändet. Die *Generalmarckhen* legen den Verlauf der Rechtsverhältnisse dar, hierzu zeichnet eine gelbe Linie den Rechtsraum.[164] Innerhalb der Pfandschaft sind Güter anderer Herrschaften, wie des Damenstifts Buchau bei dem Dorf Dürnau, gekennzeichnet. Auch weitere Pfandschaften der Grafschaft Friedberg sind angezeigt, so das angrenzende *Pfand Zimmern* bei Bierstetten.[165] Auch die Banngrenzen der unter friedbergischer Herrschaft stehenden Ortschaften sind mit gelber Farbe gekennzeichnet. Jedoch scheint der Verlauf der Pfandschaft an manchen Punkten unklar gewesen zu sein, weswegen hier im Kartenbild die Linie ausblieb und dafür *Streit* in derselben Farbe vermerkt wurde, wie dies im Fall eines Wiesenstücks nahe Bondorf geschah (Taf. 8).[166]

Die Darstellung geht sowohl auf die durchflochtenen Rechtsräume wie auch auf die Geländebedingungen ein (Abb. 22). Mit der Zeichnung der Wälder und landwirtschaftlichen Nutzflächen wird die Topographie entlang der Gemarkungslinien berücksichtigt und beschrieben. Ein genaues Bild der Landschaft wird auch in der Darstellung der Ortschaften, der Pfarreien, Kapellen und Wegkreuze sowie der Lage des Schussenrieder Hochgerichts gezeigt. Jeder Ort, beginnend mit Schussenried, wird mit dem jeweiligen charakteristischen Panorama festgehalten, das zieht sich durch bis hin zur Darstellung der einzelnen Kapellen und Mühlen, so beispielsweise an der Schwarzach. Zusätzliche Orientierung im Herrschaftsraum geben die in der Legende beschriebenen Generalmarken, welche die Herrschaftsgrenzen im Gelände verorten. Das Wappen der Grafen von Waldburg-Friedberg sowie Herz-Jesu-Darstellungen und drei Reichsäpfel als Symbol des Hofamtes als Reichserbtruchsess krönen die Vereinbarung. Die Pfandschaft konnte jederzeit vom Pfandgeber, in diesem Fall Schussenried, ausgelöst werden, bis dahin übte der Pfandnehmer die Herrschaft über das Pfandgebiet aus.[167]

Die Karte dürfte um 1760 entstanden sein und enthält das mit der Abtei bereits früher vereinbarte Forstgebiet von den Truchsessen als Pfand. Im Jahre 1743 hatten sich die

162 StAS Dep. 30/15 T 1 Nr. 597: Generalmarken der Schussenriedschen Pfandschaftsdistrikte, http://www.landesarchiv-bw.de/plink/?f=6-35801 (aufgerufen am 7. 8. 2023), Taf. 8 im Anhang 6.1.

163 Vgl. Franziska Hälg-Steffen, Art. Pfandschaftswesen, in: HLS, https://hls-dhs-dss.ch/de/articles/013708/2010-09-28/ (aufgerufen am 7. 8. 2023).

164 StAS Dep. 30/15 T 1 Nr. 597.

165 Ebd.

166 Ebd.

167 Vgl. Franziska Hälg-Steffen, Art. Pfandschaftswesen, in: HLS, https://hls-dhs-dss.ch/de/articles/013708/2010-09-28/ (aufgerufen am 7. 8. 2023).

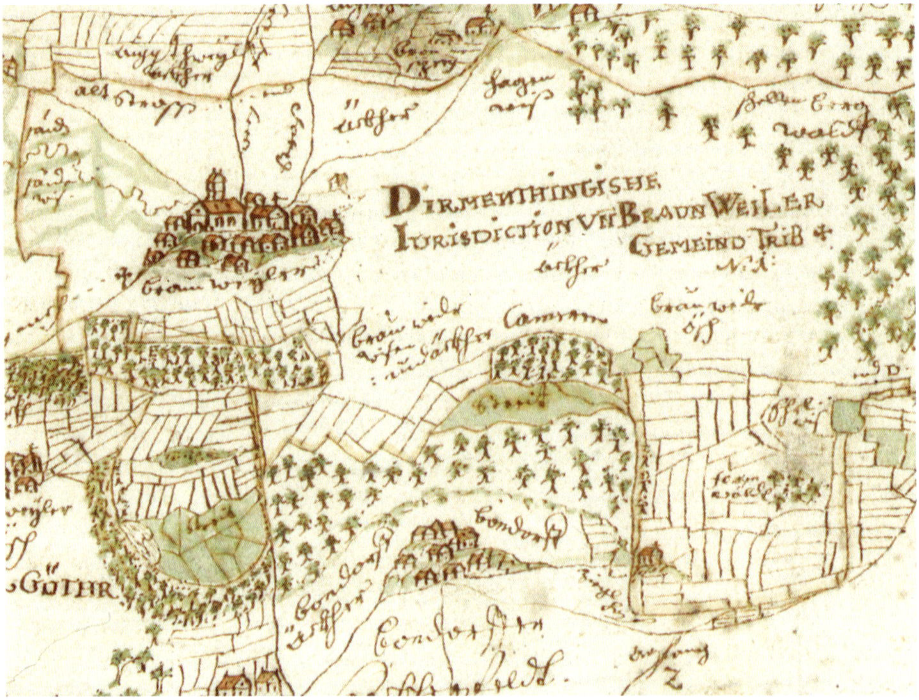

22 *Streit* im Schussenrieder *Pfand Zimmern.*

beiden Parteien auf den genauen Umfang geeinigt.[168] Das Kloster erhielt die Waldung, während die Grafschaft *Höfe in Braunenweiler* (s. Abb. 22), den Ziegelhof (Punkt 11) und die *Höfe in Lampertsweiler* bekam.[169] Darüber hinaus waren noch weitere Pfandschaftsverhältnisse in der Karte angedeutet worden wie Bierstetten, ein *Pfand Zimeren*.[170] Da die Karte die verpfändeten Orte und strittigen Punkte thematisiert, steht zu vermuten, dass die vorliegende Karte im Zusammenhang mit der Finanzpolitik des Hauses Waldburg um 1760 entstand. Hierfür wurden keine genauen Vermessungen, sondern lediglich ein Abbild des Raumes benötigt, das dem Betrachter eine Orientierung ermöglichte. So kam der Karte – damals wie auch heute noch – in einer unübersichtlichen Rechtslage ein klärendes Moment zu.

Eine große Anzahl Karten beinhaltet vor allem Grenzkonflikte zwischen den einzelnen oberschwäbischen Herrschaftsgebieten. Sie sind in den Abteilungen des Landesarchivs

168 Vgl. Richter, Niedergang, S. 185. So waren im Jahre 1760 das Kloster Schussenried mit 10 700 fl., sowie das fürstlichen Stift Buchau mit 8000 fl. oder die Landkommende Altshausen mit 6550 fl. für die Herrschaft Scheer aufgekommen.

169 Vgl. Bleicher, Chronik, S. 41.

170 StAS Dep. 30/15 T 1 Nr. 597.

Baden-Württemberg innerhalb der Bestände in eigenen Unterkategorien unter der Bezeichnung Jurisdiktion abgelegt. Darüber hinaus konnten auch andere Rechtskonflikte in den Karten, wie beispielsweise der Rechtsstatus und die Gerichtsbarkeit, aufgezeigt werden. Als Grundherren übten zudem geistliche Herrschaften die Niedergerichtsbarkeit aus. Diese umfasste neben der Bestrafung von geringen Delikten das Erbrecht, die Registrierung und Überwachung von Verkäufen sowie Grenzstreitigkeiten.[171] Die Karte fungierte dabei als Abbild der getroffenen Vereinbarungen. Man kann anhand der einzelnen Klosterbestände beobachten, dass immer wieder neue Landaufnahmen und Teilvermessungen unternommen wurden, wodurch den Karten ein gewisser Status der visualisierten Rechtsabsicherung zugesprochen werden kann. So nutzte die Reichsabtei Salem zum Beispiel das Medium der Karte, um darin den Anspruch des Klosters auf ein Grundstück am Bodensee und dadurch den Zugang zum See zu verdeutlichen. Im Bild der Herrschaft, in der Legende mit der Auflistung der gesetzten Marksteine und zusätzlich noch in einer kleinen Randnotiz wird *die hoche Jurisdiction von dem Land in den See hinein bis an den roten Strich, wie solches aus alten Marquen beschreib und Mappen* begründet und bildlich transportiert.[172]

Auffällig an diesem Kartenbeispiel ist die sehr aufwendige Bildgestaltung, so wird der eigentliche Karteninhalt, die Darstellung des Klostergebietes Salem in Form einer Inselkarte, durch umfangreiches schmückendes Beiwerk und Illustrationen präsentiert (Abb. 23). Sogar der erste Grenzstein des weltlichen Herrschaftsbereichs der Reichsabtei Salem wurde mit seinen entsprechenden Markierungen aufgezeichnet.[173] Er liegt am Seeufer an der Grenze zu Unteruhldingen und bezeichnet damit die klare Abgrenzung zur Grafschaft Heiligenberg und dem angrenzenden reichsstädtischen Gebiet von Überlingen. Die Karte spiegelt das Selbstverständnis und die Selbstwahrnehmung der Reichsabtei sowie die Absicht dahinter in vielschichtigen Ebenen wider. Diese Karten wurde dazu genutzt, Ansprüche auf ein bestimmtes Gebiet zu veranschaulichen, es wurde quasi die Wahrnehmung des Betrachters manipuliert. Im Salemer Beispiel von 1765 wird die rationale Wahrnehmung des Betrachters direkt auf die Vorstellungen des Auftraggebers rein visuell eingestimmt. Die gewählten Schiffsmotive betonen dabei den Seehandel, den das Kloster für den Transport von Gütern von Schloss Maurach aus über Birnau und den sogenannten *Prälatenweg* mittig verzeichnet zum Kloster hin betrieb. Zudem werden auf Neuerungen in der Infrastruktur verwiesen, wie auf eine *neue Chaussèe de ano 1770* sowie einen neuen Aachkanal *de ano 1771*.[174]

Die Regelung von Grenzstreitigkeiten war ein wesentliches Element der Kartenanfertigung, wobei die ‚Jurisdiktionskarten' dabei in erster Linie der Veranschaulichung von komplexen Rechtslagen dienten. Sie zeigen die Selbstwahrnehmung der eigenen sowie

171 Vgl. Anne-Marie Dubler, Art. Gerichtswesen, in: HLS, http://www.hls-dhs-dss.ch/textes/d/D9634.php (aufgerufen am 7. 8. 2023).

172 GLAK H-f 565: *Geometrische Mappa über den hohen Jurisdictions Bezirk der Herrschaft Salemsweiler da ao 1765*, Grenzmarken der unterbergischen Herrschaft Salem, *Fr*[ater] *H*[umbert] *P*[faundler]: *fec: 1765*.

173 Nowak, Kleindenkmale, S. 96–105. Nowak fand heraus, dass von den ehemals 103 Grenzsteinen noch sechs vorhanden sind, darunter der erste und letzte Markstein, die im Laufe der Jahrhunderte um verschiedene Herrschaftsmarkierungen erweitert wurden; ebd., S. 96 f.

174 GLAK H-f 565.

23 Herrschaftsbereich der Reichsabtei Salem, 1765; Detail: Salemer Grenzstein.

Anselmus II
XXXVIII Abbas in Salem
Almanshausen
Bermatingen
Riederen
Haslach
Vogelsberg
Hallendorf
Anmerkungen
Scala
Fr. H. fec. 1765.

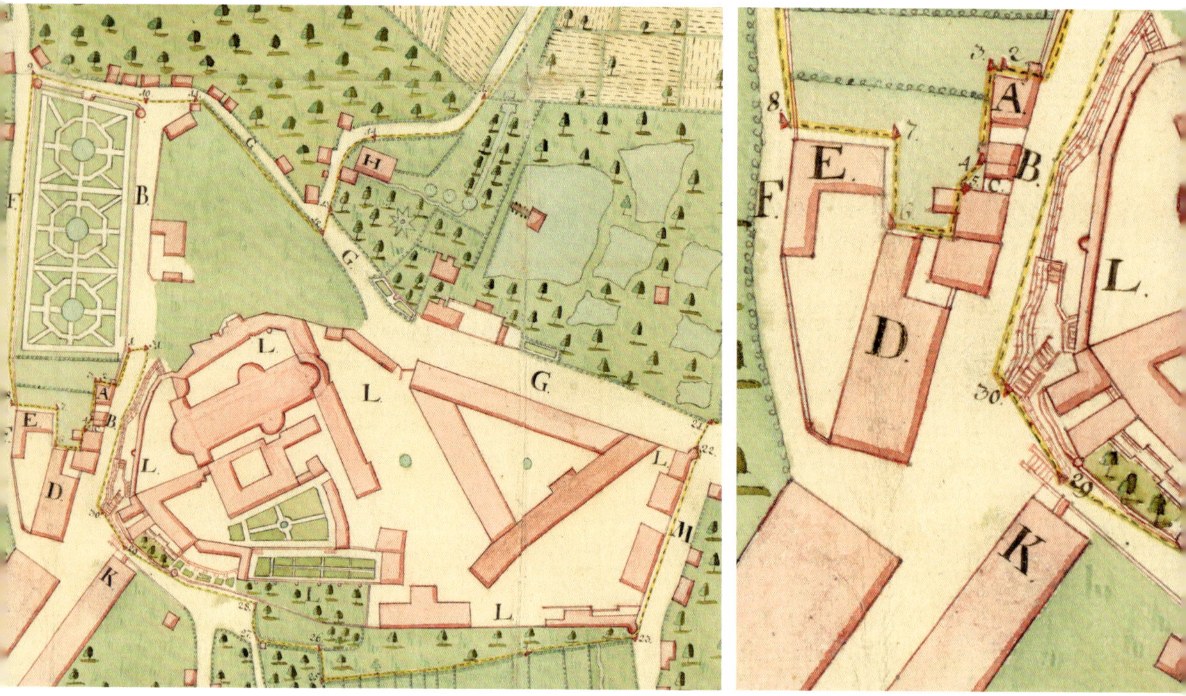

24 Niedergerichtsbarkeit der Reichsabtei Weingarten, 1740.

der angrenzenden Territorien. Die Darstellung an sich erfolgte meist schlicht durch Grenzsteine und Grenzlinien, wodurch erst auf einer zweiten Ebene der Rechts- bzw. Bann- oder Herrschaftsraum konstruiert wurde. Noch zu Beginn des 18. Jahrhunderts war es üblich, wie das oben genannte Beispiel der Salemer Herrschaft Ostrach zeigte,[175] die jeweiligen Herrschaftsdistrikte mit den entsprechenden Hoheitszeichen auszuschmücken. Dabei kamen kleine Wappenschilde zur Anwendung, die als visuelle Momente der Herrschaftsgestaltung den Herrschaftsträger repräsentierten. Auch wenn sich die Darstellungsform im Laufe des fortschreitenden Jahrhunderts änderte und das technische Moment überwog, unterstrich sie dadurch immer noch das repräsentative Element. Die Kartengestaltung wurde ‚nüchterner' und informativer. Der ursprüngliche symbolische, bildhafte Charakter, wie im Beispiel des Hirschs im Bodensee, wurde von einer praxisorientierten informativeren bis hin zu einer topographischen Raumdarstellung am Ende des Untersuchungszeitraumes abgelöst.

Wie das Beispiel des benediktinischen Reichsklosters Weingarten aus dem Jahr 1740 zeigt, war es gelegentlich auch notwendig, den unmittelbar um den Klosterbereich ver-

175 In Landtafelmanier um 1700 in StAS K I O/5: *Abriss des Salemer (Salmenschweilischen) Distrikts der hohen Regalien.*

laufenden Raum der Niedergerichtsbarkeit darzulegen, um die eigenen Rechtsräume gegenüber anderen Herrschaften aufzuzeigen und abzugrenzen (Abb. 24).[176] Die unmittelbare Nähe des Klosters zur Reichsstadt Ravensburg[177] und vor allem die direkte Nachbarschaft zum Sitz der Landvogtei Schwaben in Altdorf machte diese Abgrenzung im Bild auf Seiten des Klosters notwendig.

Es wurden nicht nur die Gebäude des Klosters und der Kanzlei ausgewiesen, Friedrich Gradmann hob in leuchtend gelber Farbe besonders den Verlauf der Grenze der niederen Gerichtsbarkeit anhand der *Markenbeschreibungen von 1690 und 1695* in nummerierten Grenzsteinen hervor.[178] Jedes kleine Detail, jeder noch so kleine Winkel, auch der Straßenverlauf wurde von Gradmann berücksichtigt und mit der daran verlaufenden Grenzlinie punktuell aufgezeichnet und vermerkt (Abb. 24, Taf. 4). Dadurch gelang es dem Betrachter, im Kartenbild auf den ersten Blick die Abgrenzung der Reichsabtei gegenüber der Landvogtei aufzufassen und nachzuvollziehen, ohne auf umständliche Beschreibungen, Dokumente und Urkunden zurückgreifen zu müssen.[179]

Zwei Aspekte spielen bei der Gestaltung und Repräsentation des Rechtsraums eine Rolle, es sind die Perspektiven und Hintergründe der Auftraggeber und Rezipienten. Sowohl im Falle des Salemer Seezugangs als auch in der Darstellung des Weingartener Klosterkomplexes sind die Akteurskreise zunächst dem klösterlichen Umfeld zuzuordnen, die sich weltlichen Kontrahenten gegenüber zu behaupten wünschten. Beide Kartenbilder nehmen jeweils die Perspektive des Auftraggebers ein und beeinflussen durch die Gestaltung die Wahrnehmung des Betrachters. Ohne Vorkenntnisse ist der Betrachter im Salemer Beispiel unwillkürlich beim ersten Blick aufgrund der Bildkomposition auf Seiten des Auftraggebers. Erst im nächsten Schritt und mit Wissen um den Anfertigungshintergrund wird die Überschwänglichkeit in der Bildsprache offenkundig. Der Gestaltung von Herrschaft und Herrschaftsansprüchen ist im Kartenbild nahezu keine Grenze gesetzt.

Generell konnte im Rahmen dieser Studie beobachtet werden, dass die Karte auch im Untersuchungsraum Oberschwaben in erster Linie als Sinnbild diente. Bei strittigen Grenzverläufen oder unklaren Grenzsteinen konnten die jeweiligen problematischen Sachlagen sowie die Einigung der Kontrahenten im Kartenbild festgelegt werden. Wurde die zeichnerisch dokumentierte Situation mittels Signeten und Papiersiegeln besiegelt, enthielt die Karte nicht mehr nur die zeichnerisch-beschreibende Ebene, sondern sie

176 HStAS N 34 Nr. 77: *Grundriss des unmittelbaren Reichsstift und Gotteshauses Weingarten samt dessen auch außerhalb der Klostermauern aufgesteinten Niedergerichtsbezirk de anno 1740, verfertigt durch Friedrich Gradmann von Ravensburg*, http://www.landesarchiv-bw.de/plink/?f=1-1417981 (aufgerufen am 7.8.2023); vgl. Taf. 4 im Anhang Kap. 6.1.

177 Vgl. hierzu HStAS N 34 Nr. 70: *Grundriss des dem hochlöblichen Reichsgotteshaus Weingarten privative zugehörigen Groß- und mit löblicher des heiligen Reichs Stadt Ravensburg teilbaren Novalzehnten laut Vergleichs vom 6. April 1734, worin diese Karte sub Lit. B genannt worden. Und sind die Besitzer aller hierin bezeichneten Güter nach der Nummer folgende* […], http://www.landesarchiv-bw.de/plink/?f=1-1417356 (aufgerufen am 7.8.2023).

178 HStAS N 34 Nr. 77; Taf. 4 im Anhang Kap. 6.1.

179 Für die Überprüfung des Dargestellten, wie auch für die Anfertigung der Darstellung, sind die entsprechenden Rechtsdokumente unerlässlich.

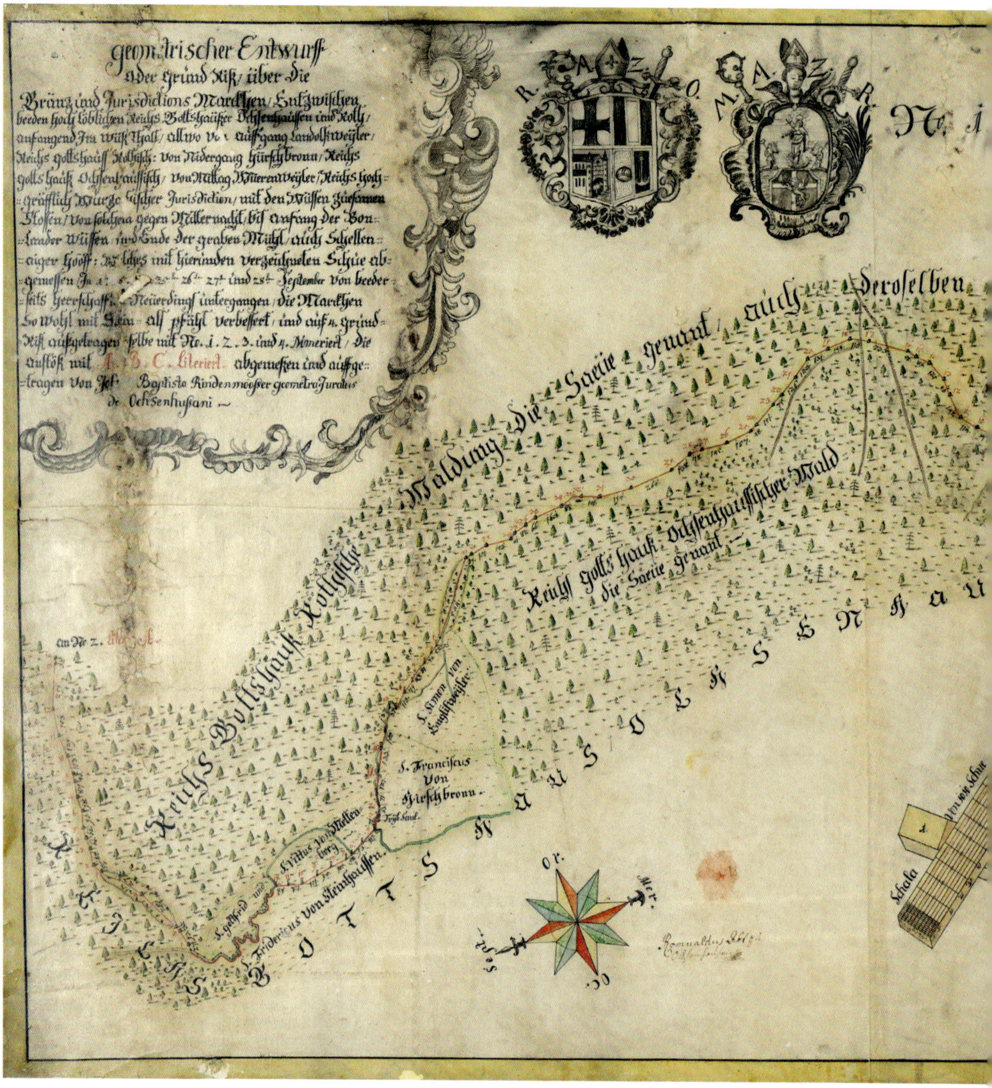

25 Grenze zwischen den Klöstern Rot und Ochsenhausen mit Wappen, Insignien und Papiersiegel (Blatt 1).

wurde durch die Signierung zum Rechtsdokument und die darin enthaltenen Punkte waren somit für rechtsgültig erklärt (Abb. 25). Diese Praxis kam häufig bei Jurisdiktionskarten zum Einsatz, die das Gebiet oder den Grenzverlauf eines Herrschaftsraumes aufzeigten oder Trieb- und Trattwege verbildlichten.

Im Beispiel des *Grundrisses* über die Jurisdiktionsgrenze zwischen den beiden Reichsabteien Rot und Ochsenhausen waren die verhandelten *Gränz- und Jurisdictions-Marck-*

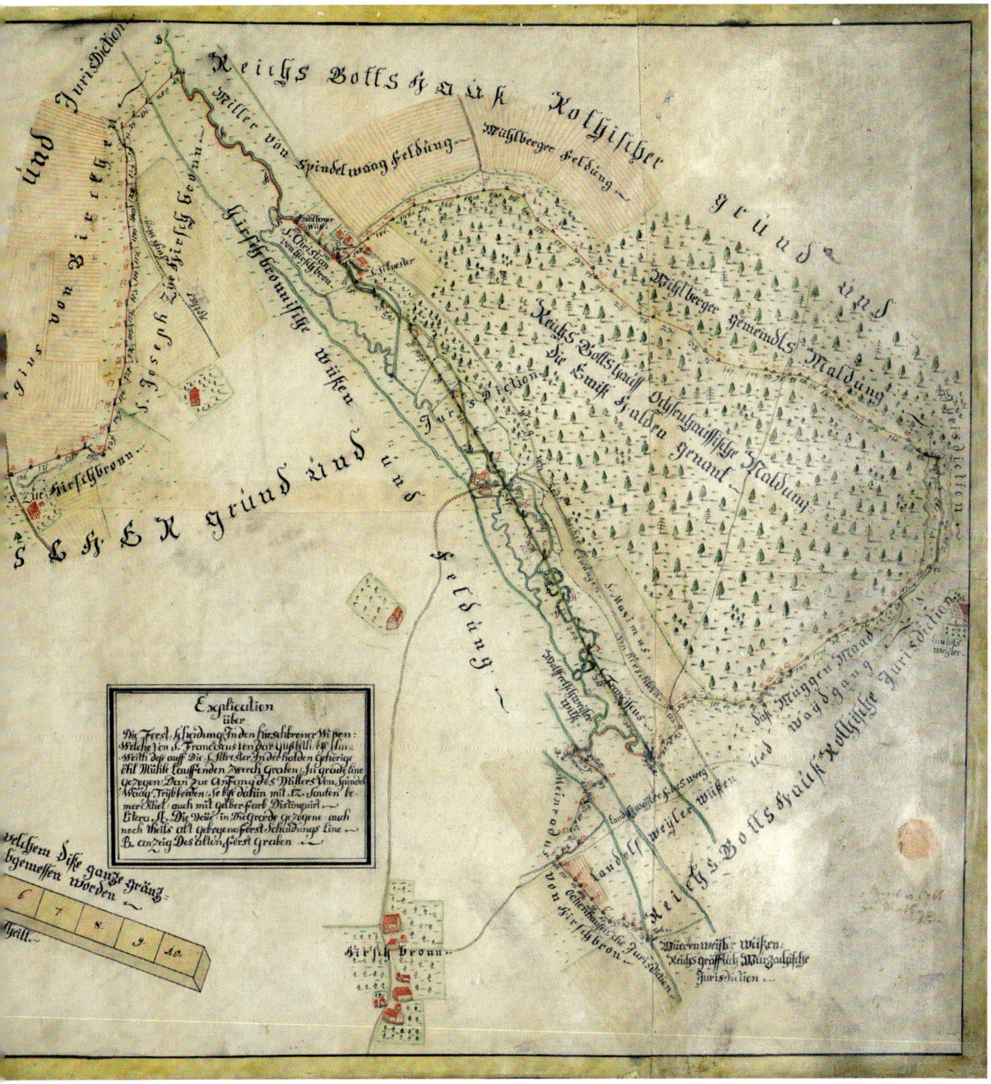

hen der *Zehendgrenze* der Grenzsteine des Dorfes Mettenberg[180] von Johann Baptista Rindenmoser in vier Kartenbildern niedergelegt worden.[181] Durch die Wappen der beiden Äbte, die mittlerweile abgegangenen Siegel mit den Unterschriften der beiden Äbte Romuald Weltin von Ochsenhausen (1723–1805) und Mauritius Moritz von Rot an der Rot

180 Heute ein Stadtteil von Rot an der Rot.

181 HStAS N 26 Nr. 25, Blatt 1–4: *Geometrischer Entwurff oder Grund-Riß über die Gränz- und Jurisdictions-Marckhen entzwischen beeden hochlöblichen Reichs-Gottshäußer Ochsenhaussen und Roth* […], Johann Baptist Rindenmoser, undatiert, http://www.landesarchiv-bw.de/plink/?f=1-117419 (aufgerufen am 7. 8. 2023). Zur Person Johann Baptist Rindenmoser vgl. Grees, Mittelbuch, S. 669–671.

(1717–1782) sowie die Papiersignete wurden die dargelegten Inhalte auf dem ersten Blatt für rechtsgültig erklärt und die daraus entstandenen Bedingungen auch auf den folgenden drei Kartenblättern genannt und abgesichert (Abb. 25). Da die einzelnen Kartenblätter nicht datiert sind, kann für die Ausgestaltung zumindest die Regierungszeit der beiden Äbte angenommen werden: Weltin war von 1767 bis 1803 Abt von Ochsenhausen, während der gebürtige Biberacher Mauritius Moritz von 1760 bis 1782 seinem Kloster vorstand. Demnach war das Kartenwerk in der Zeit zwischen 1767 und 1782 angefertigt worden.[182] Darüber hinaus besteht die Möglichkeit, dass dieses kleine Kartenwerk, welches in der Kartensammlung des Klosters Ochsenhausen überliefert ist, in zweifacher Ausführung für beide Klöster angefertigt wurde. Bisherige Recherchen konnten dies allerdings nicht belegen, was wiederum Raum lässt für Spekulationen bezüglich der Intension des Auftraggebers und seiner Beziehung zur nahe gelegenen Reichsabtei Rot an der Rot.

Das Damenstift Buchau befand sich in einer ähnlichen, allerdings wesentlich eingegrenzteren Situation. Dieser Herrschaftsbereich lag inmitten der Reichsstadt Buchau, wodurch sich einige Konfliktherde ergaben. Die Karte, die in diesem Zusammenhang im Jahre 1787 entstand,[183] regelte zusammen mit einer Urkunde vom 12. Juli 1787[184] die Jurisdiktionsbezirke des Stiftes Buchau und der Reichsstadt Buchau. Diese Karte wurde angefertigt, um die Besitzverhältnisse auch bis ins Detail zu veranschaulichen und um etwaigen zukünftigen Streitigkeiten vorzubeugen (Abb. 26). Minutiös und farbenreich wurden die einzelnen agrarwirtschaftlichen Nutzflächen hierfür verzeichnet, und zwar ausschließlich die Riedflächen, Felder, Wiesen, Gärten und Wälder. Sie wurden namentlich genannt und den jeweiligen Besitzverhältnissen zwischen der Reichsstadt Buchau und dem Damenstift Buchau zugeordnet. Flächen, die dem Damenstift zugeordnet waren, wurden mit *Abtey* benannt, die der Reichstadt mit *Insel*. Die übrigen Grundstücke waren farblich gekennzeichnet und ihre Nutzung und Besitzzugehörigkeit entsprechend eingezeichnet.

Begrenzt wurden die beiden engverflochtenen Herrschaften von umliegenden Territorien wie den Schussenrieder Feldern und Wiesen, der Blankenthaler Ösch, den Kanzacher, Dürnauer und Volocher Feldern sowie letztlich dem Federsee im Nordosten. Ortschaften und Siedlungen fanden in diesem Fall keine Berücksichtigung, so war auch die Reichsstadt selbst nicht dargestellt, dennoch ist ihr Umriss mittig im Bild klar erkennbar. Für die Rechtsgültigkeit des Dargestellten bürgten die beiden Siegel, zum einen das Kapitelsiegel des Damenstifts und zum anderen der reichsstädtischen Kanzlei Buchau (Abb. 26). Auch wenn es sich nur um ein sehr überschaubares Gebiet handelt, war die Einigung der über Jahre andauernden Streitfälle[185] hier doch sehr eindrücklich und an-

182 Eine Datierung nach dem Kartenautor alleine ist nicht stichhaltig, da der Feldmesser und Schulmeister Rindenmoser zeitgleich für beide Klöster tätig war. Vgl. die Kartenbestände des Hauptstaatsarchivs in Stuttgart, HStAS Bestände N 26 und N 28.

183 StAS Dep. 30/15 T 1 Nr. 419 a, http://www.landesarchiv-bw.de/plink/?f=6-36014 (aufgerufen am 7.8.2023).

184 HStAS B 373 Nr. 2787; vgl. Theil, Buchau, S. 62.

185 Streitfälle wie z.B. der „freie Handel zwischen den Bürgern von Buchau und den Stiftsuntertanen, Unterhalt und Nutzung der Mühle in Kappel, der Unterhalt gemeinsamer Wege und Weiden, die Nutzung des Federsees“ etc.; vgl. Theil, Buchau, S. 62.

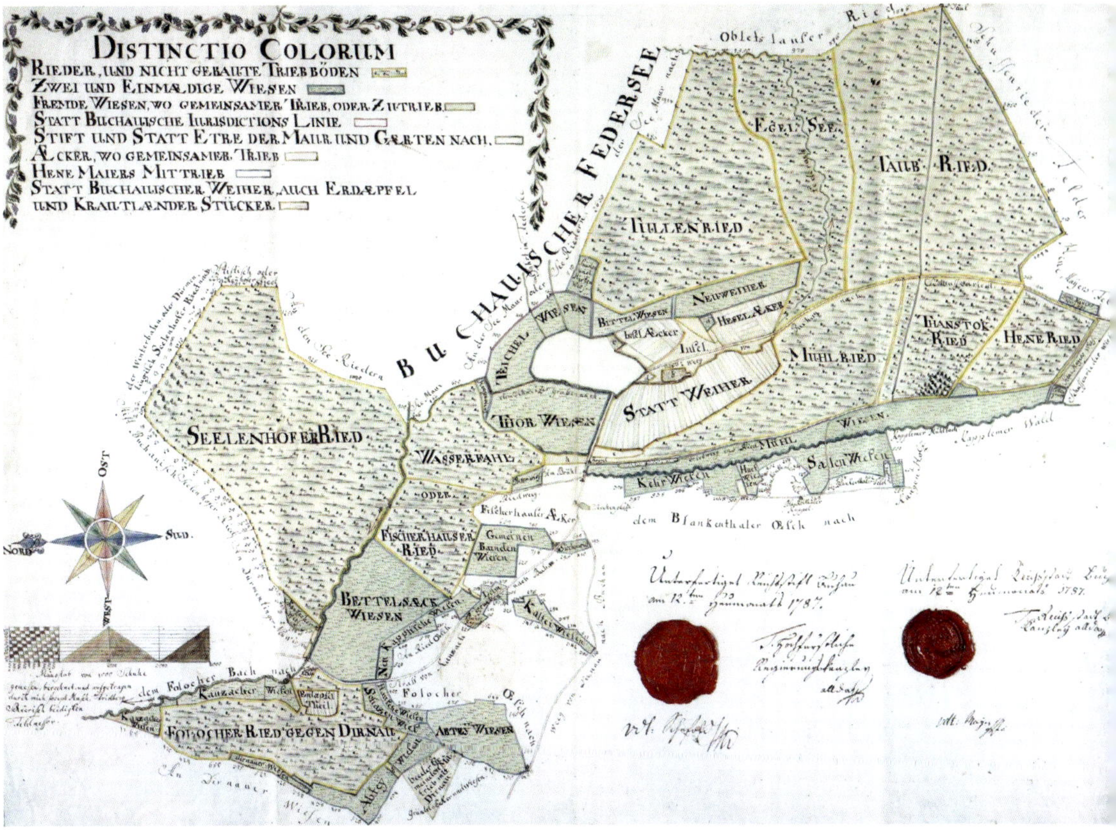

26 Jurisdiktionsbezirk des Stiftes und der Stadt Buchau, 1787.

schaulich dargestellt. Es ging vor allen Dingen um die wirtschaftliche Absicherung der beiden relativ kleinen Gebiete gegeneinander.[186] An diesem Beispiel kann auch der Ablauf einer Rechtseinigung veranschaulicht werden: Während die Urkunde über den jeweiligen Jurisdiktionsbezirk auf den 12. Juli 1787 ausgestellt wurde,[187] war die Karte, zu deren Anfertigung der in Friedberg-Scheer beeidigte Feldmesser Joseph Musch beauftragt wurde, *am 12. Heumonath 1787* mit den Siegeln der beiden Kanzleien des Reichsstifts Buchau und der Reichsstadt Buchau vollendet und zum Rechtsdokument erklärt worden.[188]

186 Ebd.
187 Dem Ganzen lag ein jahrelanger Streit der beiden Kontrahenten zugrunde, der 1787 zunächst zu einem Urteil des Reichskammergerichts führte und dann am 12. Juli 1787 in einen Vergleich mündete, der in einem Vertrag zwischen der Stadt Buchau und dem Stift „in 48 Punkten Regelungen in praktisch allen denkbaren Bereichen“ vorsah; Theil, Buchau, S. 62.
188 StAS Dep. 30/15 T 1 Nr. 419 a.

27 Wappen des Abtes Mauritius Moritz (1760–1782) auf der dem *ReichsGottshauss Roth gehörige Dreyhoff Untter-Mittelrieden*, 1780[189].

Es ist fraglich, ob die Karte allgemein alleine als Rechtsdokument Bestand hatte und ob ihr die gleiche Bedeutung zukam wie einer Urkunde oder einem ähnlichen gesiegelten Rechtsdokument. Letztlich verfügte auch sie über einen festgelegten einheitlichen Aufbau, dem wie einer Urkunde der Rechtsraum und die Rechtsgültigkeit durch Siegel und Signatur zugesprochen wurden. Im Rahmen dieser Studie konnte beobachtet werden, dass der Karte die verbildlichte Ausgestaltung der Rechtsfrage zukam und Siegel und Unterschrift dazu dienten, den Wahrheitsgehalt des Dargestellten für alle Beteiligten zu bekräftigen. Dennoch unterstützte die Karte mit ihrem Bildmoment die getroffenen Vereinbarungen in ‚Brief und Siegel', kann aber für sich allein genommen dennoch nicht den Stellenwert einer Urkunde einnehmen.

Die hohe Gerichtsbarkeit, der sogenannte Blutbann, war den weltlichen Landesherren, in Oberschwaben seit dem Mittelalter letztlich der Landvogtei Schwaben, vorbehalten. Die Besonderheit bei den führenden oberschwäbischen Reichsstiften lag darin, dass diese sich in der Frühen Neuzeit das Recht erworben hatten, den Blutbann auf ihren Grundherrschaften ausüben zu dürfen. Mit der Ausübung wurde ein Obervogt, später ein Oberamtsmann, beauftragt.[190] Die Visualisierung dieser Rechtsebene im Bild erfolgte häufig

189 Vgl. HStAS N 28 Nr. 16, Taf. 9 im Anhang Kap. 6.1.
190 Vgl. Krezdorn, Vom Klosterterritorium zum Stadtgebiet, S. 76 f.

28 Wappen des Salemer Abtes Stephan I. Jung (reg. 1698–1725).

29 Wappen der Äbtissin von Kloster Wald (reg. 1772–1799).

durch zwei metaphorische Elemente. Wie die Rechtslage des Prämonstratenserklosters Schussenried zeigt,[191] wurde die Ausübung dieses Rechts auch im Wappen kenntlich gemacht. Neben den Krummstab als Insignie der geistlichen Herrschaft trat das (Richt-)Schwert als Zeichen der weltlichen Gerichtsbarkeit (Abb. 27). Dieser visualisierte Rechtsraum kommt vor allem in der Kartengestaltung zum Tragen. Neben den bereits besprochenen Karten der Klosterherrschaften Salem und Wald sowie des Fürstbistums Konstanz waren in den Karten der anderen Klosterherrschaften die beiden Rechtsräume in den Wappen durch die beiden Insignien symbolisiert. Damit spielt der Kontext der Repräsentation für die Rechtsausübung innerhalb der Kartengestaltung eine wesentliche Rolle.

Das Wappen steht demnach im Kartenbild als direktes Zeichen der Herrschaft. Es finden sich hier zwei Anwendungsarten. Zunächst ist das große Wappen des Abtes wie auch eines Fürsten oder einer Reichsstadt direktes Herrschaftsemblem und damit ein visuelles Moment der Herrschaftsrepräsentation. Das Wappen veranschaulicht und legitimiert gleichzeitig den Herrschaftsanspruch und die Rechtsverhältnisse des Dargestellten. Eine besondere kunstfertige Ausarbeitung unterstützt dieses Raumelement und die Huldigungsabsicht des Auftragnehmers gegenüber seinem Auftraggeber. Ebenso bedeutend ist die Darstellung des Richtschwertes als Metapher der Rechtsprechung, welches

191 Ebd., S. 77.

als Teil des Wappendekors in den geistlichen Herrschaftsgebieten den Rechtsstatus anzeigt (Abb. 27–29).

Daneben können Wappendarstellungen und Kartuschen auch als hilfreiches Medium zur genaueren zeitlichen Eingrenzung eines Entstehungszeitraumes dienen. Bisher wurde die Karte der Klosterherrschaft Wald der Zisterzienserinnen allgemein dem 18. Jahrhundert zugeordnet. Zu berücksichtigen ist hier allerdings das Wappen in einem klassizistischen Medaillon mit dem Motiv des wilden Mannes mit rechts geschulterter Keule (Abb. 29).[192] Gekrönt von zwei Helmen wiederholt sich heraldisch links das Motiv des wilden Mannes bzw. des Waldmannes, heraldisch rechts ziert der Abteistab den Helm. Es handelt sich hierbei um das Familienwappen von Maria Edmunda von Kolb (1734–1799), die von 1772 bis 1799 dem Kloster als Äbtissin vorstand.[193] Damit ist die Entstehung der Karte, die das gesamte Territorium der Klosterherrschaft einschließlich der entfernten Besitzung Igelswies nahe Meßkirch zeigt, in den Zeitraum ihrer 27-jährigen Amtszeit zu datieren.[194] Darüber hinaus sind keine weiteren Informationen über die Hintergründe der Karte überliefert, weder über ihren Entstehungskontext noch den Autor. Auch kann nicht einwandfrei belegt werden, dass die Karte im Zusammenhang mit dem Vorwurf der Verschwendung, Misswirtschaft und Unterdrückung der Untertanen entstand, dem sich die Äbtissin 1783 ausgesetzt sah.[195] Der Vorwurf führte dazu, dass von 1784 bis 1786 die ökonomischen Verhältnisse von der vorderösterreichischen Regierung in Freiburg zunächst einer kommissionellen Überprüfung unterzogen worden waren, was dann zu einer zeitweisen Übergabe der Wirtschaftsverwaltung an das vorderösterreichische Oberamt Stockach führte.[196] Eine erneute Landaufnahme in diesem Zusammenhang wäre durchaus wahrscheinlich, dafür spräche ebenso die hohe Kunstfertigkeit, mit der die Karte (Taf. 10) ausgeführt wurde.[197] Die Karte könnte auch im Jahre 1789 vollendet worden sein, als von der Freiburger Regierung die Aufforderung zur Anfertigung von Konventslisten der weiblichen Klöster erging, die in den vorderösterreichischen Gebieten die Befürchtung der Klosteraufhebungen schürte.[198] Kaiser Joseph hatte

192 StAS FAS K Nr. 21: Kloster Wald.

193 Ebd.; vgl. hierzu die Beschreibung des Siegelbildes der Äbtissin bei Kuhn-Rehfus, Zisterzienserinnenkloster Wald, S. 482.

194 Rehfus, Grundherrschaft; Kuhn-Rehfus, Zisterzienserinnenkloster Wald; Janine Christina Maegraeth, Art. Zisterzienserinnenabtei Wald – Geschichte, in: Klöster in Baden-Württemberg, https://www.kloester-bw.de/klostertexte.php?nr=715&thema=Geschichte (aufgerufen am 7. 8. 2023).

195 Vgl. Rehfus, Grundherrschaft, S. 140. Eine entsprechende Anzeige brachte der Bruder der Äbtissin Ernst von Kolb, Pfarrer von Dissenhofen ein. Die Untertanen waren in der zweiten Hälfte des 18. Jahrhunderts wirtschaftlich weniger gut gestellt als das Kloster, es kam zu Auswanderungen nach Ungarn in den Jahren 1768, 1769, 1771 und 1775.

196 Rehfus, Grundherrschaft, S. 140–145. Gegen Auflagen konnte das Kloster sich wieder selbst verwalten. Ökonomisch befand sich das Kloster „in einem durchschnittlich geordneten und gesunden Zustand [...] im Rahmen der in Oberschwaben während der zweiten Hälfte des 18. Jahrhunderts üblichen Wirtschaftsformen war Wald doch ein Kloster mit guter Vermögens- und Ökonomie-Verwaltung." Ebd., S. 144.

197 StAS FAS K Nr. 21, http://www.landesarchiv-bw.de/plink/?f=6-429830 (aufgerufen am 7. 8. 2023); vgl. Taf. 10 im Anhang Kap. 6.1. Nähere Angaben zum Karteninhalt, siehe Kap. 2.1.2.

198 Vgl. Rehfus, Grundherrschaft, S. 144. Rehfus konnte ausführen, dass nach den Berichten der Kameralbuchhaltung diese „letztlich das Aussterben des Klosters beabsichtigte".

einen „Prozeß der Klosterreduktion“ angestoßen und mit seinem Aufhebungsdekret vom 12. Januar 1782 begonnen, unrentable Klöster aufzulösen.[199] Dafür spräche die besondere Bildgestaltung, die hier zur Anwendung kam.

Ein wesentlicher Bestandteil der Kartographie Oberschwabens im 18. Jahrhundert war die Darstellung der Rechtsebene in Form von Rechtsräumen und des Hochgerichts, welches neben dem Bild von Schwert und Krummstab ein wesentliches Raumelement der herrschaftlichen Selbstinszenierung bildete. Nachdem die Reichsabtei Schussenried im Jahre 1521 das Recht auf Ausübung des Blutbannes erworben hatte, ließ Abt Johannes Wittmayer (1505–1540) hierzu ein Gerichtsgebäude bauen.[200] Doch waren es in den oberschwäbischen Klosterherrschaften nicht die Gerichtsgebäude, die in den Karten die Hochgerichtsbarkeit einer Herrschaft wiedergaben, es waren die Signaturen der Richtstätten selbst, die dabei zur Anwendung kamen und metaphorisch auf den Blutbann verwiesen. Gewöhnlich findet sich in den Karten an der entsprechenden Stelle die schlichte Zeichnung eines dreischläfrigen Galgens, „das Wahrzeichen der hochnotpeinlichen Gerichtsbarkeit“.[201] In der Regel wurde der Galgen „als naturähnliches Miniaturabbild, als bildhaftes Kartenzeichen, im Aufriss dargestellt“.[202] Das Beispiel der Ochsenhausener Gerichtsstätte zeigt eine einzigartige Darstellung im oberschwäbischen Raum, in der der Autor sogar zwei Delinquenten skizzierte (Abb. 30).[203]

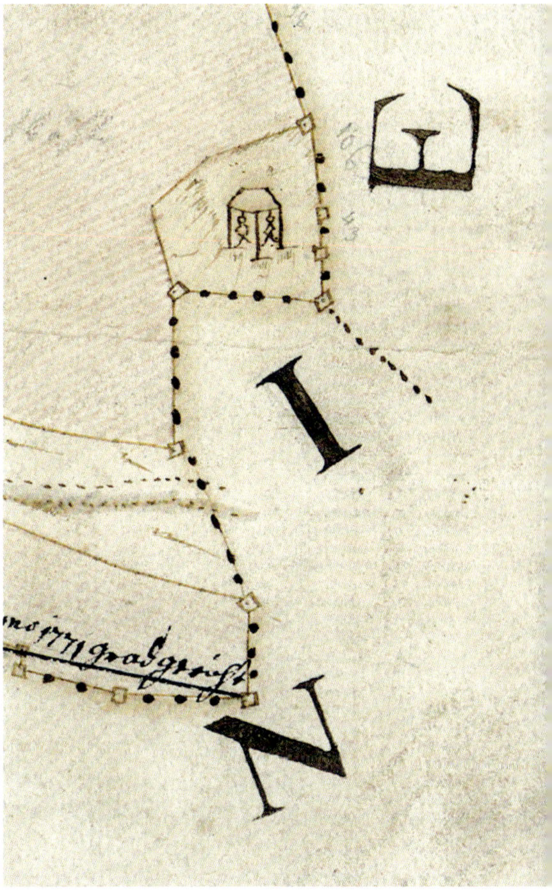

30 Galgendarstellung Kloster Ochsenhausen.

199 Vgl. Stöbele, Zwischen Kloster und Welt, S. 75.

200 Verbrechen, die unter die Hohe Gerichts- und Malefizfälle zählten und vom Reichsstift „nach Erwerb des Blutbannes“ mittels schwerer Leibstrafen und Todesurteile abgeurteilt werden durften, waren „Zauberei, Kirchenschändung, Blutschande, Notzucht, Ehebruch, Raub, Mord, Meineid, Jungfrauen- oder Witwenentführung, Vielweiberei, Unkeuschheit mit Tieren, Unzucht, Diebstahl, Hehlerei, Körperverletzung, Leichenfledderei, Schmäh- und Scheltworte, vor allem gegenüber hohen Personen, Brieffälschungen, falsche Siegel und Petschaften, Falschmünzerei, falsche Waren, Gewichte und Maße, Urkundenfälschung, Weiherabstechen, Teufelssegen, Wahrsagerei, gefährliche Stiche, Hand-, Finger-, Fuß- und Beinabschlagen.“ Krezdorn, Vom Klosterterritorium zum Stadtgebiet, S. 77.

201 Fischer, Kartografische Gestaltungselemente, S. 36.

202 Ebd.

203 Zusätzlich wird das an den Richtplatz anschließende Feld mit der Nummer 43 in den Anmerkungen als *der Galgenberg* ausgewiesen; HStAS N 26 Nr. 20.

31 Schussenrieder Hochgericht mit Galgen im *Galgen Acker* am *Galgen Weyer*.

Nicht allein das Galgensymbol, welches wie die Feldkreuze auch die Ebene der Orientierung im Raum bediente, kam in den Karten zur Anwendung. Es findet sich darüber hinaus die jeweilige Praxis, das umliegende Gelände wie Felder, Wiesen oder Weiher entsprechend anzupassen. Im Fall des Schussenrieder Klosterterritoriums waren in der Karte neben dem Galgensymbol der Gerichtsstätte die Agrarfläche und das anschließende Gewässer *Galgen Acker* und *Galgen Weyher* benannt (Abb. 31).[204] Dies erfolgte wohl ganz bewusst auch als Teil der Inszenierung von Herrschaftsrechten bzw. der Inszenierung der Ausübung der Hochgerichtsbarkeit. Die „einstige exponierte Stellung" ist an den „Flurnamen landauf landab bis heute unschwer zu erkennen".[205]

Anhand der vorgestellten wenigen Beispiele lässt sich aufzeigen, dass der Kartenraum ein bedeutender Repräsentationsraum war. Schwert und Krummstab, Wappen und Hochgerichte zierten nicht nur die Kartendarstellung, sondern präsentierte auf einen Blick, welche Bedeutung das vorliegende Territorium innehatte und mit welchem Selbstverständnis man dies auch bei den kleinsten Flurkarten zeigen konnte. Damit kommt der Karte ein wesentlicher Stellenwert als Quelle zu, der die Vielschichtigkeit

204 HStAS N 30 Nr. 24.
205 Wüst, Das inszenierte Hochgericht, S. 277.

rechts- und kulturgeschichtlicher Raumelemente und ihre Darstellungsmöglichkeiten zeigt und über die Fragestellung nach der Herstellung und (Re-)Präsentation von Herrschaft hinaus beachtet werden muss. Karten visualisieren dabei eine Vielzahl von Spielarten. Auf weitere kulturgeschichtliche Ebenen, wie die Dinge des alltäglichen Lebens, die Nutzung und Handhabung der Agrarflächen, Frömmigkeit und Alltagsrituale wird in der Betrachtung der nachfolgenden Aspekte eingegangen. Einblicke in die Bilder des Alltäglichen, die im Kartenbild nur angerissen werden können, liefern die Reisenden in ihren Beobachtungen von Land, Leuten und Lebensumständen.

2.3.2 Natur-, Verkehrs- und Handelsräume

Karten bieten neben kulturellen und kunsthistorischen Raumelementen einen großen Einblick in die umweltgeschichtlichen und wirtschaftlichen Räume und Entwicklungen der einzelnen Herrschaften. Dabei bezog sich der Informationsgehalt in den meisten Fällen auf die landwirtschaftliche Nutzung der Acker-, Grün- und Gartenflächen sowie den Wirtschaftsraum Wald mit seiner Bedeutung für die Holzverarbeitung wie der Säge und Köhlerei. Wie bereits mehrfach angesprochen, waren es die natürlichen Ressourcen, denen im Kartenbild eine besondere Bedeutung zukam. Wiesen, Äcker, Wälder und Gewässer wurden wiedergegeben und unterstreichen somit auch die heutige Wahrnehmung der Region als Forst- und Getreideland.[206]

2.3.2.1 Land- und Forstwirtschaftsräume

Der Wald als eine der wichtigsten Wirtschaftsressourcen ist in nahezu allen Karten als Grundstruktur vertreten, in einigen nimmt er eine Sonderrolle ein. In Salem beispielsweise wurden zu Beginn des 18. Jahrhunderts die Gebäude des Forstmeisterstadels erneuert (Abb. 32). Die Karte Johann Jakob Hebers von 1706 nahm dies auf und veranschaulichte mit der überproportionalen Signatur des Neubaus die Bedeutung dieser Ressource für das gesamte Herrschaftsgebiet.[207] Auch im Gebiet der benediktinischen Reichsprälatur Ochsenhausen kam dem Forstbereich ein besonderer Stellenwert zu, wie die „Katasteraufnahmen des ganzen Klostergebietes" unter Abt Coelestin Frener (1664–1737) zum Zwecke der Renovation in den Zwanzigerjahren des 18. Jahrhunderts belegen.[208] Die Karte mit dem Titel *Monasterium Ochsenhusanum Epipedo Metrice Descriptum*[209] zeigt den Klosterbezirk der Benediktiner-Reichsabtei Ochsenhauen einschließlich des Klosterwaldes – heute der Fürstenwald (Taf. 5). Neben der genauen Beschreibung der Klosteranlage wurden die Wirtschaftsgebäude, wie *die neue Kornhütte*, der Ochsenstall, die Mühle und Säge sowie die einzelnen Äcker, Wiesen und Gärten im Grundriss dokumentiert (Abb. 34).

206 Vgl. Eitel, Geschichte Oberschwabens, Bd. 1, S. 15.
207 Der Forsterhof war mit allen zugehörigen Grundstücken bereits in der ersten Hälfte des 17. Jahrhunderts (Datierung GLAK) kartiert worden; GLAK H Salem 1.
208 Grees, Sozialstruktur, S. 58 f. Frener stand von 1725 bis zu seinem Ableben dem Kloster als Abt vor.
209 HStAS N 26 Nr. 20: *Monasterium Ochsenhusanum Epipedo Metrice Descriptum*, 2 Blätter, 1727, Hermann Hörmann, http://www.landesarchiv-bw.de/plink/?f=1-117438 (aufgerufen am 7. 8. 2023).

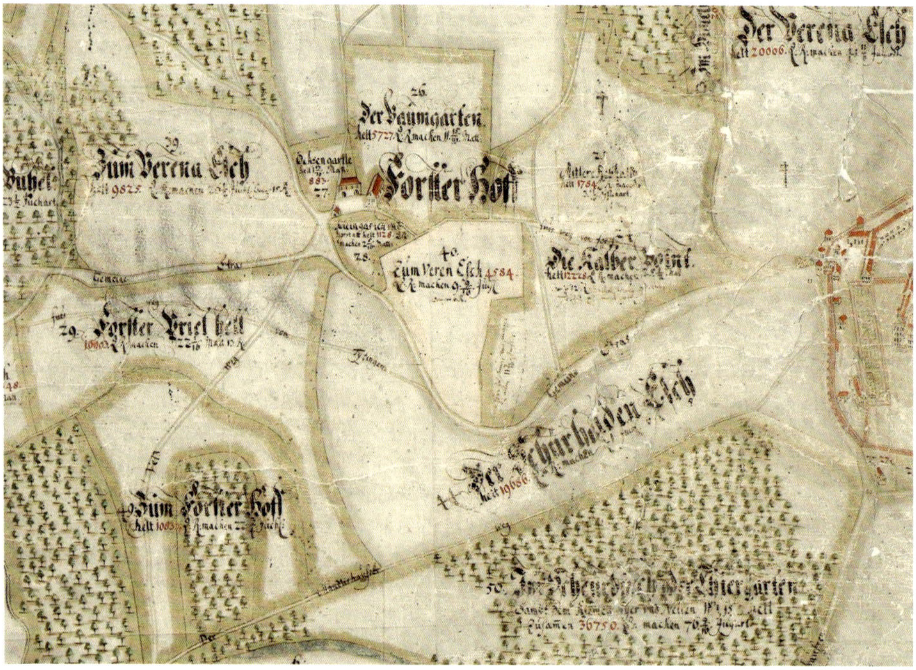

32 Forsterhof der Reichsabtei Salem, 1706.

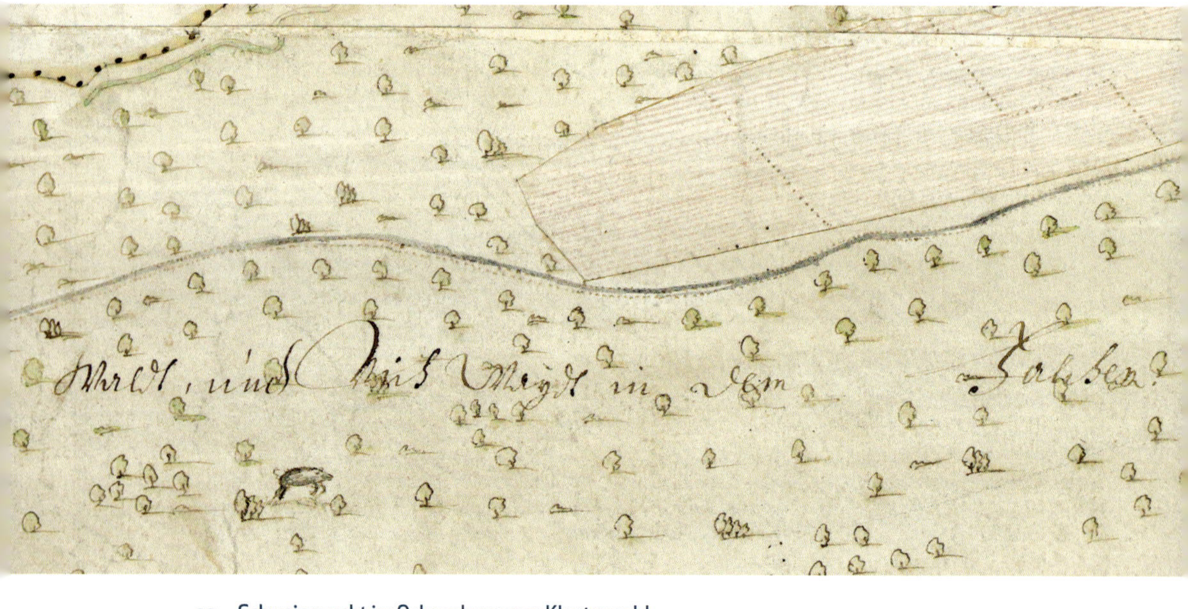

33 Schweinezucht im Ochsenhausener Klosterwald.

Die Karte des direkten Herrschaftsraums um Ochsenhausen entstand im Rahmen der Vermessungsarbeiten, die von 1726 bis 1729 das gesamte Klosterterritorium erfassten.[210] Die im Jahre 1727 ausgeführte und in den Jahren 1759 und 1771 mit weiteren Einträgen versehene Karte wird Hermann Hörmann (1698–1767) zugeschrieben. Der gebürtige Biberacher Benediktinerpater hatte 1716 den Profess in Ochsenhausen abgelegt und war dann zum Studium der Theologie und der Rechte nach Salzburg gegangen.[211] Als Professor für Dogmatik und Kirchenrecht bekleidete er in Ochsenhausen zudem die Stelle des Archivars, wo er sich auch als Feldmesser betätigte.[212] Jedoch wird, wie Eberhard Merk herausstellen konnte, Pater Hörmann höchstwahrscheinlich bei der Landaufnahme eher nur eine „Oberaufsicht" geführt haben. Denn die eigentlichen Vermessungen im Gelände und das daraus „entstanden[e] umfangreiche[n] Kartenwerk zu Gemarkungen, Dörfern und Weilern des Klosters" können dem Feldmesser und Leutnant Wolff zugeordnet werden, der sich durch eine besondere Art der Darstellung, Sorgfalt und Genauigkeit auszeichnete.[213]

Gerade in der klaren Darstellung der Wirtschaftsgebäude und Wirtschaftsflächen liegt die eigentliche Betonung der Wirtschaftskraft der Reichsabtei. Die Nüchternheit der Darstellung wird durch kleine illustrative Momente, wie den beiden Garbenbündeln (Abb. 34) unweit des Klostergartens oder der Darstellung von zwei Gehängten am Galgen, wiederum durchbrochen.[214]

In einer weiteren Illustration flitzt unweit des Weges und des beginnenden Krummbachs ein Schwein durch den Klosterwald (Abb. 33). Dieses Bild könnte zunächst auf die Wildschweinjagd deuten. Tatsächlich aber betrieb das Benediktinerkloster seit dem 15. Jahrhundert eine Rinder-, Pferde- und Schweinezucht,[215] bei der unter anderem die Schweine im Wald gehalten wurden, worauf nicht nur das Bild, sondern auch der Vermerk *Waldt, und Vich Weydt* [...] im Kartenraum verweisen.[216]

Auch das Wasserversorgungssystem der Klosteranlage ist in der Karte festgehalten. Neben dem *Quellaustritt im Bereich des* [...] *Bräuhauses* waren es der eigens vom Kloster im 15. Jahrhundert angelegte Krummbach und die obere und untere Rottum, ein natürliches Fließgewässer, die entsprechend den Anforderungen der klösterlichen Wasserwirtschaft geleitet und kanalisiert wurden.[217]

Kleine Stege und Brücken z. B. im Michaelsgarten sowie die Standorte des Küchenbaus (E), der Säge, der Mühlen (R) und des Klosterbräuhauses (P, Q) kennzeichnen die

210 Vgl. Merk, Ochsenhausen, S. 23.

211 Vgl. Mück, Kloster- und Bibliotheksvisitationen 1760–1805, S. 65.

212 Ebd.

213 Merk, Ochsenhausen, S. 25. Leider ist die Überlieferung zu Wolffs kartographischer Tätigkeit zur Klosterherrschaft Ochsenhausen sowohl im Kartenwerk wie auch in den Rechnungsbüchern unvollständig; ebd., S. 26.

214 Diese Form der Darstellung ist im Rahmen dieser Studie in den Kartenbildern Oberschwabens nur dieses eine Mal begegnet. Siehe Abb 34 und Taf. 5 im Anhang Kap. 6.1.

215 Herbst, Krummbach, S. 16. Im Wirtschaftshof befand sich hierzu eine Schweinesuhle, die im Wasserwerk des Klosters entsprechend berücksichtigt wurde; ebd., S. 17.

216 HStAS N 26 Nr. 20.

217 HStAS N 26 Nr. 20. Vgl. Herbst, Krummbach, S. 16–19; Ders., Fließgewässer.

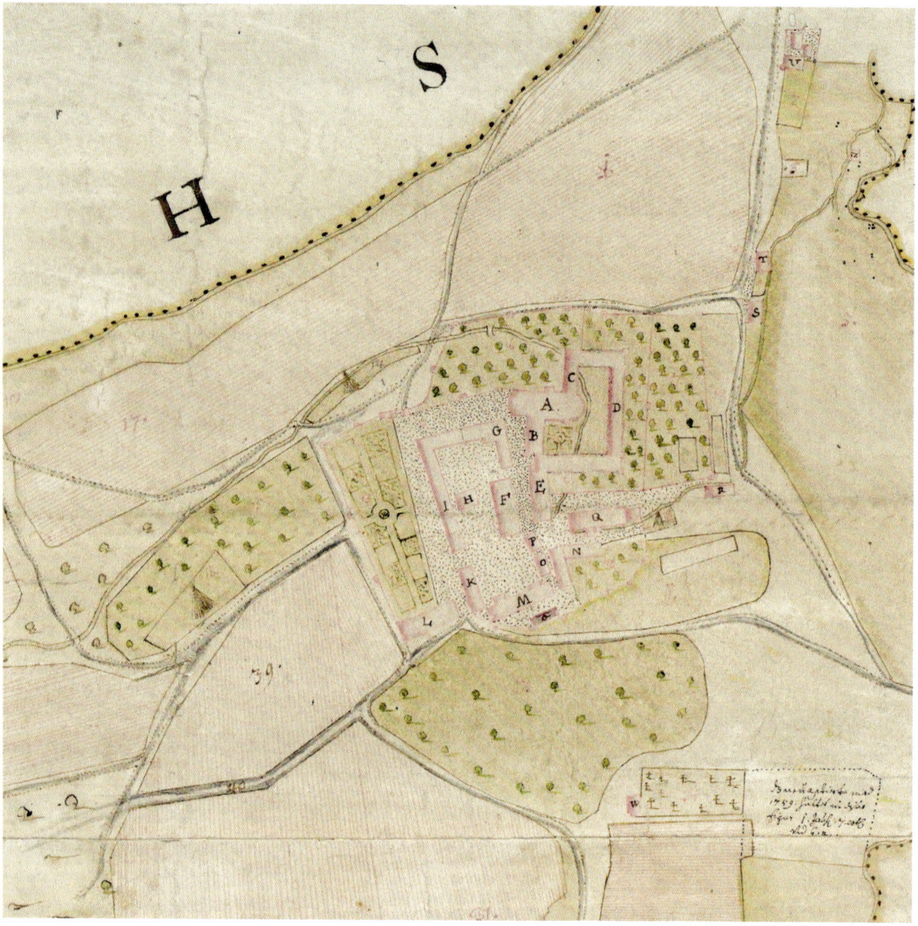

34 Kloster Ochsenhausen, 1726.

Wasserläufe des Krummbachs und der Rottum im Kartenbild (Abb. 34).[218] Die Wirtschaftskraft und die Selbstversorgungsmöglichkeiten des Klosters Ochsenhausen werden in diesem Kartenbild alleine und im Vergleich mit anderen Herrschaften besonders deutlich aufgezeigt und im Bild transportiert.

Neben den Landwirtschaftsflächen und dem Wald als wirtschaftliche Ressourcen waren die Verarbeitungsbetriebe wie Sägewerke und Mühlen für die Territorien von Bedeutung. Mit ihren Bannrechten bzw. dem Mühlenzwang waren sie Teil der ökonomischen Verhältnisse innerhalb einer Herrschaft. Die Bauern mussten ihr Getreide ausschließlich in dieser Mühle mahlen lassen und dafür entsprechende Abgaben leisten. Auch das

218 HStAS N 26 Nr. 20.

Schlagen von Holz regelte die Herrschaft und konnte nicht einfach nach Belieben oder Gebrauch von den Untertanen vonstattengehen.[219] Darüber hinaus kann anhand des Standortes der Mühlen indirekt darauf geschlossen werden, mit welcher Fließkraft das antreibende Gewässer einst dahin floss, wie beispielweise der Kanzach oder der in den Federsee mündende und teilweise befahrbare Mühlenbach, an dem die Mühlen der Buchauer Stiftsherrschaft angesiedelt waren.

Auch das Damenstift Buchau ließ seine Wald- und Mühlenwirtschaft ausführlich in einem Kartenbild im Jahre 1758 niederlegen. In der Karte des *Hochfürstlich Stüfft-Buchauisch Aigenthum*[s][220] waren die Forstgerechtigkeiten sowie die darin enthaltenen Banngrenzen, Trieb- und Trattrechte eines Waldgebietes des Damenstifts Buchau von Kanzach, Dürnau bis Kappel, bis hin in den Nordosten an das Stift, die Inselstadt Buchau und den Federsee aufzeigt (Taf. 6). Neben der Zusammensetzung des Forstes sowie der Forstrechte der Grafschaft Friedberg innerhalb des Gebietes und angrenzend daran waren es auch andere Rechtsmomente, die hier zum Tragen kamen. So wurden die einzelnen Brücken und Stege, aber vor allem die Mühlen an der Kanzach, die beiden Mühlenbäche, Seelenwald, Seelenhof und der Vollochhof, von Friedrich Anton Sigel benannt und verzeichnet. Die einzelnen Waldungen, Felder und Wiesen wurden von Sigel schematisch dargestellt, ebenso die Orte und Dörfer. Während die Reichsstadt Buchau nur im Grundriss zwar als *Insul* überdeutlich beschriftet skizziert wurde, kann dem anschließenden Damenstift Buchau allein durch ein übergroßes Kirchenmotiv eine repräsentative Bedeutungsabsicht beigemessen werden.[221] Das gleiche Vorgehen kann für sämtliche religiöse Bauten beobachtet werden. Neben dem Wegkreuz auf der *Stras auf Buechau* prägen vor allem Kirchtürme und zwei Kapellen, darunter die Wuhrkapelle St. Maria, die katholische Landschaft zwischen dem Federsee und dem Ort Kanzach.[222]

Die Hochgerichtsbarkeit des Damenstifts, die seit 1499 bei der Grafschaft Friedberg lag, wurde ebenfalls vermerkt.[223] Das Buchauer Damenstift genoss eine Sonderstellung. Die Äbtissin war seit dem 16. Jahrhundert Reichsfürstin und dadurch das Damenstift Mitglied des schwäbischen Reichsgrafenkollegiums. Trotz seiner kleinen territorialen Ausdehnung war das Damenstift ausschließlich dem Adel vorbehalten, mitunter mussten für den Eintritt in das Stift 16 adelige Ahnen im Stammbaum nachgewiesen werden.[224] Im Buchauer Kartenbeispiel tritt neben der Präsentation der Besitzverhältnisse besonders die katholische Prägung der Landschaft durch die übergroßen Kirchtürme der genannten Orte, Wegkreuze und Kapellen genauso prägnant hervor wie die Darstel-

219 Vgl. Grees, Sozialstruktur, S. 58. Im gesamten Herrschaftsgebiet der Reichsabtei Ochsenhausen gehörte der Wald dem Kloster und „die Bauern und Seldner hatten das Recht der Waldweide, des Äckerichs (Eichelmast) und des unentgeltlichen Bezugs von Brenn- und Bauholz mit jeweiliger Erlaubnis des Klosters".

220 StAS Dep. 30/15 T 1 Nr. 402, http://www.landesarchiv-bw.de/plink/?f=6-35981 (aufgerufen am 7. 8. 2023); Taf. 6 im Anhang Kap. 6.1.

221 Ebd.

222 Ebd.

223 Vgl. Theil, Buchau, S. 83–85.

224 Ebd., S. 243. Ein entsprechender Nachweis wurde von der späteren Äbtissin Maria Karolina (Charlotte) von Königsegg (1724–1774) bei ihrem Eintritt in das Stift gefordert.

lung des Forstes, des eigentlichen Anfertigungsthemas. Forstkarten wurden aus unterschiedlichen Gründen angefertigt und bieten dadurch entsprechend viele Interpretationsmöglichkeiten. Der Standpunkt der Betrachtung war und ist ausschlaggebend für die Anfertigung und Auslegung.

Darüber hinaus wurde auch in den weltlichen Herrschaften für die unterschiedlichen Gebiete eine große Anzahl Forstkarten angefertigt, die, wie auch in den geistlichen Territorien, die wirtschaftlichen und ökonomischen Grundlagen bedienten. Gerade die adeligen Territorien wie die unterschiedlichen Linien des Hauses Waldburg verfügten über viele Waldgebiete, die im Kartenbild niedergelegt wurden.[225] Teilweise führten, wie im Fall der Friedbergischen Forstkarte von 1730, Rechtsstreitigkeiten zur Kartenausführung. Gleichwohl waren auch hier genaue Landesvermessungen weniger benötigt als vielmehr die Visualisierung der Rechtssituation gewünscht.[226] Die Forstkarten entstanden, um wie Flurkarten die Lehensverhältnisse einer Herrschaft zu dokumentieren und waren dadurch Teil des Verwaltungsablaufs. In diesem Fall wurden gelegentlich auch für die zu Lehen vergebenen Waldstücke Urbare oder andere Verzeichnisse erstellt, wie dies in der Grafschaft Montfort für die *Lehenhölzer zu Unter- und Obermeckenbeuren, Habacht, Buch, Reute, Siglishofen und Sibratshaus* im Jahre 1772 belegt worden war.[227]

Die landwirtschaftlichen Nutzflächen bilden ein weiteres Raumelement der Karten. Neben den Öschen als Ackeranbauflächen waren die zumeist in den Karten verzeichneten Wiesen Weideflächen, die besonders in Regionen mit kargen Böden der Viehwirtschaft dienten. Aber auch zu feuchte Böden bis hin zu ganzen Feuchtgebieten, in den Karten als ‚Ried' verzeichnet, waren sowohl für die Viehhaltung als auch den Getreideanbau interessant. Im Umland der Reichsstadt Memmingen finden sich die unterschiedlichen Bodenverhältnisse in einer Karte von 1680 anschaulich vereinigt (Abb. 35). Neben den Territorial-, Zwing- und Bann-, Trieb- und Tratt-Markungen veranschaulichte Ludwig Stebenhaber in der Karte des Memminger Territoriums (Taf. 12), die im Auftrag des Memminger Rates entstand, die Veranlagung der Landschaft in der unmittelbaren Umgebung der Reichsstadt.[228] Reiseberichte und Landesbeschreibungen nahmen diese Verhältnisse ebenso auf und beschrieben die Umwelt aus ihrer Sicht. Dabei stimmen die Bilder, welche die drei Quellengattungen aufzeigen, in ihrer Wahrnehmung überein. Neben den Hopfengärten wurde das Gebiet der Reichsstadt Memmingen mit einem *gutem*

225 Vgl. Kunstsammlung Waldburg-Wolfegg, 2186 WoKa 138(5): *Special Mappa* [...] *gnaediger Herrschaft Wolfegg etc. etc. rechtens zustaendigen Haydthawer Forst in dem vorderen Gericht gelegen, so die Waelder geometrice gemessen, die anlie-gende Felder aber nebst dennen Gemeindts Tryb Boeden und Wüsen etc. seindt geografice eingerichtet, nebst welchem auch die Jurisitionsgraenz von Punct und Stein zu Stein gegenwaertig zu sehen ist*, o. A., 18. Jh.

226 StAS Dep. 30/15 T 1 Nr. 591: Friedbergische Forstgrenzen, o. A., um 1730.

227 HStAS B 123 II Bü 142: Verzeichnis der neu ausgemessenen und den Schupflehen-Bauern zugeteilten Lehenhölzer zu Unter- und Obermeckenbeuren, Habacht, Buch, Reute, Siglishofen und Sibratshaus, 1772.

228 Stadtmuseum Memmingen, *Geometrischer Grund-Riss Des Hayligen Römischen Reichs Freyen Statt Memmingen, Dero Hohen- und Nideren- Territorial- auch Zwing-, und Baan-, Trib- und Tratt Marckungen, Daraus absonderlich die Marckungen gegen Löblicher Landvogtey in Schwaben, wo und wie weit sich dero Jura gegen Der Statt Memmingen Erstrecken zu Fünden.* [...], 1680, Ludwig Stebenhaber; Taf. 12 im Anhang Kap. 6.2.

35 Die unterschiedlichen Bodenverhältnisse der Reichsstadt Memmingen, 1680.

Kornboden[229] und als *in einer schönen und fruchtbaren Ebene* gelegen beschrieben.[230] Weit ausführlicher als die Textquellen gestaltet sich hierbei das Kartenbild, indem sämtliche Zweige der Agrarwirtschaft gekennzeichnet wurden. Hierbei kann beobachtet werden, dass die Riedflächen der Moorlandschaft bzw. des Feuchtgebiets wie das *Ben*[n]*inger Ried* im reichsstädtischen Gebiet dieser Karte mit der Nutzung als *vns*[ere] *Vieh=Weid* ausgeschrieben wurden (Abb. 35).

Karten bilden nicht nur politische Verhältnisse ab, sie interpretieren dabei auch die ökonomischen Strukturen und Verhältnisse einer Herrschaft. Hierbei ist die Territorialkarte mit ihrer übersichtlichen Eigenschaft ein hervorragendes Hilfsmittel. Die Territorialkarten-Darstellung war in vielen Territorien verbreitet und Mittel der Verwaltung, wie die Karte *Geometrischer Grundriß eines Hochlöbl. Reichs Stuft und Gotts-Haußes Schussenriedt sambt der daselbstigen Gemeindt* von 1758 nahelegt.[231] Auch hier ist zunächst das

229 Gercken, Reisen durch Schwaben, S. 177 f.

230 Büsching, Erdbeschreibung, S. 1432.

231 HStAS N 30 Nr. 24: *Geometrischer Grundriß eines Hochlöbl. Reichs Stuft und Gotts-Haußes Schussenriedt sambt der daselbstigen Gemeindt* [...], 1758, Dominicus Reiner Can. Sore, http://www.landesarchiv-bw.de/plink/?f=1-1108687 (aufgerufen am 7. 8. 2023); Taf. 7 im Anhang Kap. 6.1.

36 Ausschnitt Felderwirtschaft des Klosters Schussenried.

Kloster deutlich und in zentraler Vogelperspektive gegenüber dem Ort und seinem Umland hervorgehoben. Auch hier sind die Äcker und Wiesen mit Heiligennamen, entsprechenden Signaturen und Kleindenkmalen gekennzeichnet. Bei dieser Kartenzeichnung handelt es sich anhand der Darstellung der Gebäude und Flure um eine Art Grundlage für einen Primärkataster (Taf. 7). Die Besonderheit dieser Karte liegt im Zusammenspiel von Mensch und Natur. Die vom Kloster direkt und selbst bewirtschafteten Felder und Wiesen und die zu Lehen vergebenen Agrarflächen sind in dieser Form der Darstellung alle gut erkennbar (Abb. 36). Sie wurden entsprechend gekennzeichnet. Die Felder des Ordens waren speziell als „Klosteracker“ eingezeichnet, wodurch die Wirtschaftsleistung direkt offenbart wurde.[232]

Die Darstellung ist sehr sorgfältig, der Autor wählte verschiedene Baum- und Buschsignaturen für das Gehölz, sogar das Schilfgras wurde in den Weihern eingezeichnet.

232 Ebd.

Auch das Hochgericht als Galgen-Symbol ist auf einem Hügel mit den umliegenden Feldern *Galgenacker* und *Galgenweiher* angezeigt und benannt. Die sorgfältige Ausgestaltung und Handschrift, die einheitliche Kolorierung und Formgebung kennzeichnen die Vermessungen des Schussenrieder Kanonikers Dominicus Reiner.[233] Seine Zeichnung der Natur ist besonders auffällig.

Der Darstellung der Natur kann innerhalb der Kartographie ein hoher Stellenwert beigemessen werden. Nicht nur der beschreibende Charakter der Landschaft, sondern vor allem die Bedeutungsebene der wirtschaftlichen, agrarischen und kulturellen Ressourcen wurde hier mittransportiert und wies das entsprechende Territorium als ökonomisch wohlgestaltet und wohlhabend aus. Diese Interpretationsebene ist besonders eindrücklich in den Landtafeln und noch in den Karten des 18. Jahrhunderts nachvollziehbar. Während die Landtafeln auch die Bleichen vor den Stadttoren aufzeigen, verwiesen die späteren Karten mit der Wahl der ausgewiesenen Agrarflächen und Verarbeitungsbetriebe auf die Art der Bewirtschaftung wie Forstwirtschaft, Getreideanbau und Viehzucht. Die Quellengattung der Karten liefert hierzu einen, wenn auch idealisierten, wertvollen Einblick in die agrar- und umweltgeschichtlichen Entwicklungen der Neuzeit.

2.3.2.2 Verkehrs- und Handelsräume

Die Infrastruktur wie Straßen, Wege, Brücken und Stege ist ein wesentlicher Bestandteil und Raumelement der Kartenbilder und Reiseberichte, wobei deren Qualität vor allem in der letzten Quellengattung ein ständiges Thema darstellte. Der Unterhalt und die Instandsetzung lagen bei den einzelnen Herrschaften. So war beispielsweise die Stadt Meersburg auch für die Erhaltung der Landstraße in ihrem Gerichtsgebiet zuständig. Hierzu erhob die Stadt allein für den Straßenabschnitt nach Markdorf ein „*Chausseegeld*', das der städtischen ‚*Kollektationskasse*' zufloß, aus welcher der Straßenbau finanziert wurde."[234] Hierzu wurde der Streckenabschnitt der Straße mit der Länge, der Richtung und den Angaben hin zur nächsten größeren Ortschaft oder Stadt angegeben.

Im Plan des bischöflichen Gebietes in Meersburg von 1705[235] waren die bedeutenden Verkehrswege vermerkt, wie die *Landt Strass*, die *von Vberlingen* kommend das Stadtgebiet am Obertor entlang durchquerte und weiter *nach Hagnau* führte (Taf. 2).[236] Innerhalb des bischöflichen Stadtgebietes war der Verlauf der Landstraße, die dann mit mehreren Straßen kreuzte, unterbrochen und die Straßenabschnitte bzw. Chausseen führten darum auch andere Bezeichnungen.[237] An der in der Karte gekennzeichneten Grenzlinie des Stadtgebietes zum Umland sind direkt an den ankommenden Straßen zwei kleine Häuschen eingezeichnet, bei denen es sich höchstwahrscheinlich um zwei Zollhäuschen handelt: das eine an der von Überlingen kommenden Landstraße, das andere an

233 Ebd.

234 Widemann, Meersburg, S. 118. Vgl. Wunder, Chausseestraßennetz.

235 Vgl. Taf. 2 im Anhang Kap. 6.1. GLAK H Meersburg 1: *Grundris uber das Territorium zur Statt Mörspurg gehörig so Abgemeßen Under der Regierung des hochwürdigsten deß kys. Königl. Reichs Fürsten und herren Herren Marquard Rudolf Bischoffen zu Constantz, Herrens der Reichenau und Mainau, Anno* 1705, http://www.landesarchiv-bw.de/plink/?f=4-1725840 (aufgerufen am 7. 8. 2023).

236 Vgl. GLAK H Meersburg 1: Karte des Bischöflichen Gebietes in Meersburg.

237 Ebd.

37 Zollhäuschen an der Landstraße von Überlingen und der Chaussee Richtung Braitenhausen beim Eintritt in das Stadtgebiet.

der Straße Richtung Braitenhausen (Abb. 37). Es ist ausgeschlossen, dass es sich bei den beiden Zeichnungen um Grenzsteine handelt, denn diese sind im Kartenbild nicht nur als solche erkennbar gestaltet und namentlich als *Marck*-Steine benannt, sie befinden sich zudem ausschließlich an der Außengrenze des fürstbischöflichen Gerichtsgebietes.[238]

Ein weiteres Merkmal, das die beiden Häuschen als Zollhäuschen ausweist, ist die Lage der beiden Signaturen: Ausdrücklich sind zwei Straßenverläufe als *Landt strass* und *Chaussee* in der Karte benannt worden und an eben beiden finden sich an entsprechender Jurisdiktionsgrenze des Stadtgebietes *Am Fohrenberg* und am Friedhof jeweils in Richtung zum städtisches Umland hin zwei kleine Zollhäuschen.[239] Sehr wahrscheinlich handelt es sich bei der Zeichnung unweit des *Siechenweyher* ebenfalls um ein Zollhäuschen, da es sich auch direkt an einer Hauptstraße befindet.[240] Allerdings muss an dieser Stelle eingeräumt werden, dass bis zum bisherigen Zeitpunkt der Untersuchung diese Auffälligkeit in keiner weiteren Karte einer Herrschaft in Oberschwaben nachgewiesen werden konnte. Dies spricht jedoch nicht gegen diese sehr wahrscheinliche Annahme.

Wie wichtig Verkehrsräume waren, zeigt das Beispiel eines geometrischen Planes zur Wiederherstellung der abgenutzten alten Landstraße zwischen Sigmaringen und Riedlingen.[241] Das im Jahre 1769 angestoßene Vorhaben bildet hier die 1772 vollzogenen Vermessungen zweier möglicher Wegrouten ab mit einer in rot markierten Empfehlung, welche der beiden möglichen Routen für den Ausbau auszuwählen sei.[242] Die einzelnen Etappen wurden vermessen, im Kartenbild fortlaufend markiert und in der Legende erklärt (Taf.16). Die Straßenplanung berücksichtigte verschiedene örtliche Begebenheiten wie die Darstellung von Ortschaften und ihren Banngrenzen, die Straßenbeschaffenheiten und Brücken, die Leprosenhäuser und Ziegelhütten sowie Kapellen, Bildstöcke und

238 Ebd.
239 Ebd.
240 Ebd.
241 Vgl. Zekorn, Geschichtsbild im Wandel; Ders., Sigmaringen.
242 StAS K I Sig/1: *Geometrischer Plan über die in Anno 1769 um Wiederherstellung der abgegangenen alten Landstrass zwischen Riedlingen und Sigmaringen angestossenen und in Anno 1772 reassumirten Strassenkonferenz in Vorschlag gebrachte zweierlei Wegrouten*, 1772, Rittmeister von Lenz, http://www.landesarchiv-bw.de/plink/?f=6-202268 (aufgerufen am 7.8.2023).

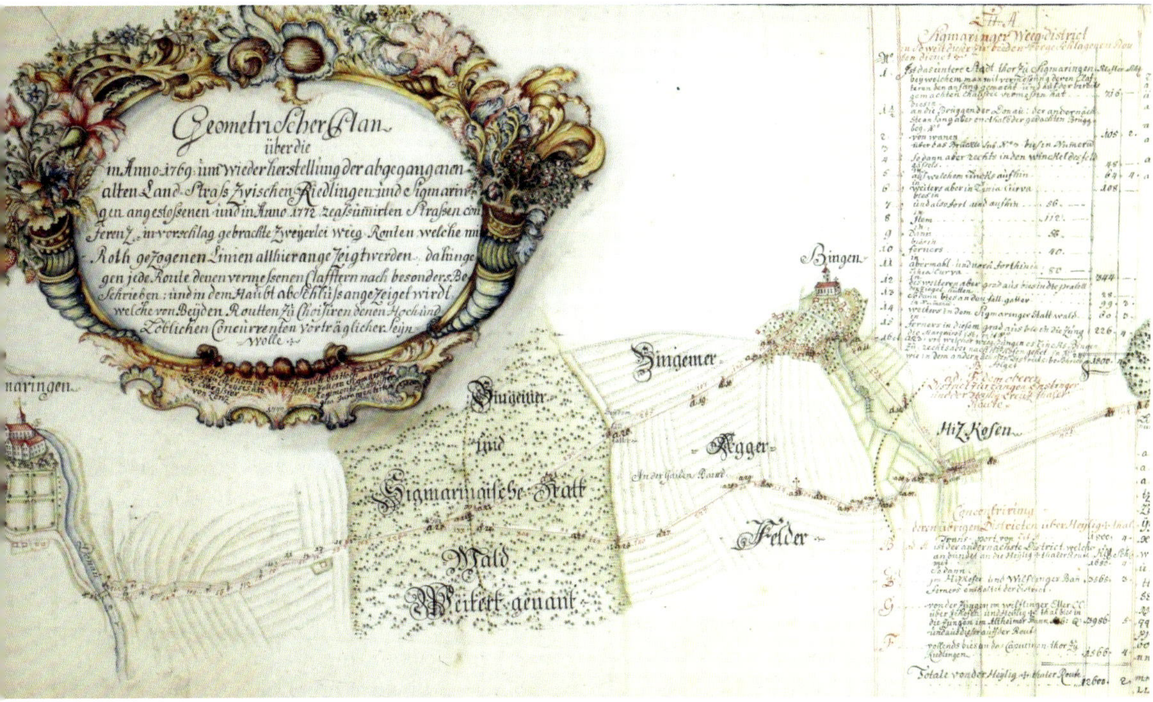

38 Sigmaringer Plan einer Straßenkarte.

Wegkreuze. Auch die Straßennutzung beispielsweise für den *kayserlichen Artillerie Transport* wurde angegeben.[243] Sehr sorgfältig sind die Städte Sigmaringen und Riedlingen, Ortschaften wie Bingen und Langenenslingen sowie das Kloster Heiligkreuztal wiedergegeben (Abb. 38). Ebenso detailreich wurde auf die landwirtschaftlichen Nutzflächen, Gärten und Wälder eingegangen. Ferner wird gezeigt, dass Straßen, die durch den Wald führten, am Waldrand auf ein Gatter stoßen, was den Rückschluss zulässt, dass die Waldstücke teilweise zum Schutz des Wildbestandes oder aufgrund der Waldweide umzäunt waren.

Als Offizier und Geometer legte Rittmeister von Lenz bei der Anfertigung dieser Karte neben der sorgfältigen Darstellung der Landaufnahme auch großen Wert auf den Bildschmuck. So war die Titelkartusche mit Muschelornamenten im Rocaillestil, umgeben von zwei überquellenden Füllhörnern, reich geschmückt. Daneben wurden die beiden wichtigsten kartographischen Gerätschaften, Zirkel und Maßstab, realitätsgetreu, wie auf dem Papier abgelegt, gezeichnet (Taf.16). Die Ausführung des thronenden, überproportional dargestellten Schlosses Sigmaringen mit seiner Gartenanlage, die hervorstechende Darstellung der Residenz und Grafschaft Sigmaringen unterstreichen den repräsentativen Charakter dieses Straßenbauvorhabens gegenüber den Adressaten, den Fürsten

243 Ebd.

von Hohenzollern-Sigmaringen. Als Rittmeister des Kreis-Kürassierregiments, Offizier der hohenzollern-sigmaringischen Kavallerie und Geometer, war es im 18. Jahrhundert auch Aufgabe der Offiziere, das Gelände kartographisch zu erfassen. Die Sorgfalt und Detailgenauigkeit in den Siedlungsdarstellungen und der akribischen Dokumentation der einzelnen Streckenabschnitte spiegelt dies besonders gut wider. Anhand dieser Straßenkarte konnte nicht nur der Vorteil der Erneuerung der Landstraße benannt, sondern auch die finanzielle Belastung des Straßenausbaus beziffert werden. Der Kartenraum konnte also auch dazu genutzt werden, ein Vorhaben und seinen Gewinn daraus ansprechend zu bewerben und zu präsentieren, um den Adressaten und Rezipienten von der Notwendigkeit, Zweckdienlichkeit oder Absicht zu überzeugen.

Der Verkehrsraum Oberschwaben war nicht nur für die einzelnen Herrschaften, sondern auch für die Landvogtei Schwaben ein großes Thema. Die Wartung und Instandhaltung lag in vielen Punkten beim Schwäbischen Kreis und der vorderösterreichischen Regierung. Eine Vielzahl von Karten und Bauplänen wurde zu den einzelnen *Strassen-, Post- und Comercialsystemen* angefertigt.[244] Immer wieder fertigte man im Laufe des 18. Jahrhundert Berichte an wie beispielsweise den *Unterricht von* [der] *beschaffenheit der Strassen von Ulm über Memmingen bis Lindau, von dar über Waldsee bis Ulm, und dan von Bayenfurth über Wurzach bis Aitrach.*[245] Dabei arbeitete das Oberamt Altdorf mit dem Schwäbischen Kreis zusammen, wie *das von einer engeren Deputation des „Constanz*[ischen] *Creyß Viertel*[s]*" erarbeitete Gutachten über notwendige Straßenreparaturen* zeigte.[246] Im Zeitraum von 1734 bis 1777 wurden für die Landvogtei und die vorderösterreichische Landgrafschaft Nellenburg mehrere Straßenkarten geschaffen, die sich mit der Instandsetzung des Straßennetzes auseinandersetzten.[247] Diese Baumaßnahmen waren eine Zusammenarbeit der österreichischen Regierung mit den Ständen des Schwäbischen Reichskreises.[248]

Dies führte aber auch zu Konflikten mit den örtlichen Herrschaftsträgern. So kam es wegen der Trassenführung beim *Ausbau der Straßen zwischen Leutkirch, Wolfegg, Ber-*

244 HStAS S B 60 Bü 5: Projekt der Erstellung einer *Strassen-, Post- und Comercial-Mappa* der österreichischen Vorlande, 1750–1780.

245 Ebd.

246 Ebd.

247 HStAS B 60 Bü 20 (b): Karte des Straßennetzes zwischen Biberach und Steinhausen (undatiert, 1. Hälfte 18. Jh.), zwei Kartenskizzen des Straßennetzes zwischen Mengen und Neufra (undatiert, um die Mitte 18. Jh.), Karte der Straßen um Weingarten und Altdorf (undatiert, 2. Hälfte 18. Jh.), Karte des Straßennetzes zwischen Memmingen und Altdorf (1765), *Grundriß* über die neu hergestellte Landstraße zwischen Waldsee und Biberach durch den warthausischen Ort Hochdorf (1770), *Aigentlicher Grund Plan* über die vermessene Landstraße in der Oberen Landvogtei zwischen Niederhofen und Gebrazhofen (undatiert, 2. Hälfte 18. Jh.),

248 Vgl. weitere Straßenprojekte des Oberamtes Altdorf im 18. Jahrhundert: HStAS B 60 Bü 9: Bau der Kommerzialstraße zwischen Riedlingen und Biberach und die *diesbezügliche Zusammenarbeit zwischen den österreichischen Behörden und dem Schwäbischen Reichskreis* (1769–1785); ebd. B 60 Bü 9 a: Straßenbau im Gebiet zwischen Urach, Ulm, Biberach und Riedlingen (1794–1805); ebd. B 60 Bü 10 (b): Bau von 13 Brücken und Dolen in Zusammenarbeit des Oberamtes Altdorf mit der Grafschaft Heiligenberg (1780–1784); ebd. B 60 Bü 11: *Chaussierung* der Landstraße zwischen Lautrach und Mutmannshofen auf Antrag des Fürststiftes Kempten (1779–1800); verschiedene Straßenbauprojekte in den Oberamtsbezirken Tettnang, Nellenburg und Altdorf und darüber hinaus (1763–1790).

gatreute und Wurzach mit dem Haus Waldburg zu Auseinandersetzungen, die dann wiederum die Bauarbeiten verzögerten.[249] Auch die Kostenübernahme der Straßenbauarbeiten führte zu Konflikten, wie in den Jahren 1786 und 1787 zwischen der Landvogtei und der Reichsstadt Ravensburg oder zwischen dem Grafen von Königsegg-Aulendorf und den Truchsessen von Waldburg-Waldsee im Jahre 1793.[250] Dessen ungeachtet war die Verwendung der Wegegelder für den Unterhalt der Straßen geregelt, wie das Amt Dürnast bei Ravensburg belegt.[251]

Darüber hinaus kam es zu Widerständen gegen die ‚von oben' auferlegten Straßenerneuerungen.[252] Für jede einzelne Situation und Begebenheit waren Karten das Mittel der Wahl, denn sie veranschaulichten die örtlichen Begebenheiten und konnten auf abstraktem Raum die verschiedenen Möglichkeiten nicht nur festhalten, sondern auch die verschiedenen Modelle durchspielen. Denn die Straßen des 18. Jahrhunderts waren, wie die Reiseberichte an unterschiedlichen Stellen reflektierten, durchweg in einem schwierigen Zustand, der vielen Reisenden den Weg erschwerte.

Schließlich war auch der Handel, als materielle und symbolische Handlung betrachtet, ein Raumelement der Kartenbilder und von gewissem Interesse. Die Landstraßen, die Reisende benutzten und die in den Karten beschrieben wurden, waren in der Regel auch diejenigen, die eine Reichsstadt als Handelswege nutzte. Memmingen beispielsweise *treibt (bspw.) einen zimlichen Handel nach Helvetien, Italien, und andern ihr näher gelegenen Länder, mit bayerischem Salze, hiesiger Leinwand, Hopfen, Getreide, und andern Gütern und Waaren.*[253]

Auch Wirtschaftsräume waren ein Aspekt der Herrschaftsdarstellung. Doch nicht nur Forst-, Flur- und andere Karten mit agrarwirtschaftlichen Faktoren wurden in Auftrag gegeben. Im Falle der im Laufe des 18. Jahrhunderts angefertigten ‚Karte der Grafschaft Sigmaringen', die ohne Angabe eines Autors, Titels oder von näheren Informationen im Staatsarchiv Sigmaringen überliefert ist, scheint es sich um einen wirtschaftlichen Idealplan der vorderösterreichischen Vogtei Sigmaringen zu handeln (Taf. 17).[254] Auf der Karte sind die Territorien der Grafen und Fürsten von Hohenzollern-Sigmaringen, die Grafschaften Sigmaringen und Veringen, verzeichnet. Neben den Landes- und Herrschaftsjurisdiktionen waren die benachbarten geistlichen Herrschaften wie die Zisterzienserinnenklöster Wald und Heiligkreuztal, einzelne Pfarreien sowie die angrenzenden Herrschaft Scheer der Grafen von Friedberg und die Reichsstadt Pfullendorf dargestellt. Darüber hinaus wurden all jene Herrschaften gekennzeichnet, über die das Haus Hohen-

249 Laufzeit: 1769–1779; HStAS B 60 Bü 8.

250 HStAS B 60 Bü 12: Straßenbauarbeiten innerhalb der Dorfetter von Baienfurt und Ankenreute; ebd. B 60 Bü 17: Kostenübernahme für den Streckenabschnitt *ob den Schranken beym Härdtle* der von Aulendorf nach Waldsee führenden Straße.

251 HStAS B 60 Bü 16 (a).

252 HStAS B 60 Bü 18: Widerspruch des Freiherren von Reichlin und der Gemeinde Amtzell gegen die aufgetragene Erneuerung der Vizinalstraße Amtzell-Neuhaus. Androhung von Zwangsmaßnahmen bei weiterer Widersetzlichkeit durch die vorderösterreichische Regierung (1794–1795).

253 Büsching, Erdbeschreibung, S. 1433.

254 StAS K I Sig/3: Karte der Grafschaft Sigmaringen, http://www.landesarchiv-bw.de/plink/?f=6-202281 (aufgerufen am 7. 8. 2023); Taf. 17 im Anhang Kap. 6.2.

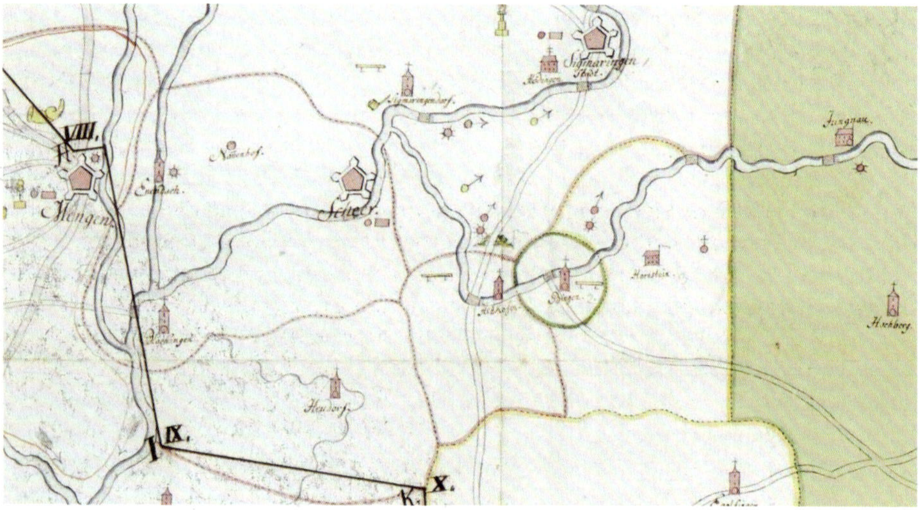

39 Wirtschaftliche Grundstruktur der Grafschaft Sigmaringen, 18. Jh.

zollern-Sigmaringen die niedere oder hohe Gerichtsbarkeit ausübte. Aufgrund dessen ist anzunehmen, dass es sich bei dem vorliegenden Beispiel um eine Karte des Vogteigebietes der Grafen und Fürsten von Hohenzollern-Sigmaringen handelt, das unterstreichen die innerhalb der rot gekennzeichneten Grenzen gelegenen Territorien.

Der Fokus der Karte liegt auf den wirtschaftlichen Ressourcen und der Infrastruktur des gesamten Gebietes (Abb. 39). So wurden die Orte in unterschiedlichen Siedlungsarten angeführt, von *Grosser Stadt* über einzelne Höfe bis hin zu dem Verfall überlassenen Burgruinen. Landwirtschaftsflächen und Wälder fanden in der Darstellung – mit Ausnahme der *Rebgärten* des Weinanbaus – keine Berücksichtigung.[255] Die wirtschaftliche und ökonomische Betonung ruht auf Rohstofforten wie Steinbrüchen und Eisenbergwerken, Ziegelhütten, Glashütten, Hochöfen oder verschiedenen Mühlen als verarbeitende Betriebe, auf Fruchtmärkten, Salzniederlagen und Poststationen.

Bezüglich der Infrastruktur waren neben den schiffbaren Flüssen drei Straßensysteme unterschieden worden, wie *Chaussirte Strasse*[n] und *Vicinal Weg*[e].[256] Dazwischen wurden in der Legende neben den herkömmlichen Straßen *Angetragene Strassenzüge*, geplante Ausbaustrecken, signiert.[257] Ebenso sind die Zollstellen und Wegmauten in der Grafschaft Sigmaringen verzeichnet. Darüber hinaus deutet die Legende schiffbare Flüsse und Schifffahrtrechte an, jedoch sind im Kartenbild keine derartig gekennzeichneten Flussläufe zu finden. Das deutet zum einen darauf hin, dass hier ein Zustand do-

255 Ebd.

256 Ebd. Unter chaussierten Straßen sind beschotterte Straßen zu verstehen; vgl. Ausführung Messerschmid, Salzhandel, S. 56 f.

257 StA S K I Sig/3.

kumentiert wurde, der auf mögliche Bauvorhaben verweisen sollte, zum anderen war hier eine Signaturenvorlage verwendet worden, die im Kartenbild nicht zur Gänze ausgeschöpft wurde. Diese stammte wohl aus einer österreichischen Kartographenwerkstatt, denn es wurde als Maßstab der ‚Wiener Schuh' verwendet.

Nachdem eine Benennung der Autoren sowie der Auftraggeber fehlt, sind unterschiedliche Ausstellungskontexte möglich. Naheliegend wäre eine im Auftrag der Fürsten von Hohenzollern-Sigmaringen erfolgte Aufnahme der wirtschaftlichen Verhältnisse mit der Absicht, eine Übersicht über den wirtschaftlichen, ökonomischen und infrastrukturellen Zustand des Herrschaftsgebietes zu erhalten – eine Art Momentaufnahme. Es ist auch denkbar, dass eine grobe Vermessung und die Zusammenstellung der wirtschaftlichen Ressourcen auf Veranlassung der habsburgischen Regierung hin unternommen wurden, dafür spräche auch die Verwendung des Wiener Schuhs als Maßstab. Habsburg behauptete bis in das Jahr 1806 landeshoheitliche Ansprüche auf die Grafschaften Sigmaringen und Veringen, die von Hohenzollern-Sigmaringen im 18. Jahrhundert in Lehensbriefen anerkannt werden mussten.[258] Über den Hintergrund der Karte ist außer den Hinweisen im Kartenraum nichts bekannt, wobei aber unbedingt auf den skizzenhaften Charakter der Zeichnung sowie die unterschiedlichen Einträge zu verweisen ist (Abb. 39). Beides deutet darauf hin, dass die Karte nicht zu Prestigezwecken angefertigt wurde, sondern ganz klar als Arbeitsmaterial diente (Taf. 17). Anhand des Schriftbildes steht zumindest eine Datierung auf das 18. Jahrhundert im Raum. Auch wenn der Ausstellungskontext nicht bekannt ist, transportiert das Kartenbild einen guten Einblick in die umfangreiche Wirtschaftskraft dieses Gebietes, die entweder auf Selbst- oder auf Fremdwahrnehmung beruhte. In jedem Fall präsentiert sie eindrücklich ein Bild der wirtschaftlichen Strukturen des Herrschaftsgebietes.

Ökonomische Elemente, wie der Salzhandel der Stadt Lindau und ihre strategische Position am Verkehrsweg zwischen Bregenz und Rorschach,[259] nehmen auch in den Karten ihren Raum ein. Salz- und Handelswege zu Wasser und zu Land waren für die Reichsstädte von großer Bedeutung. Dass sich das Kurfürstentum Bayern aber nicht allein auf die Salzniederlage der Stadt Lindau stützte, zeigten die Verhandlungen mit der Reichstadt Buchhorn.[260] Die vom Ravensburger Baumeister Geometer Friedrich Gradmann im Jahre 1755 angefertigte Karte visualisierte die am 21. August 1755 im Vertrag geschlossenen Vereinbarungen zur *Errichtung eines Umschlagplatzes* für das Bad Reichenhaller Salz für den Weitertransport in die Schweiz.[261] Hier wurde die Verbindung von Repräsentation und Zweckmäßigkeit bzw. Herstellungskontext deutlich. Die Reichsstadt Buchhorn präsentierte sich mit ihrer guten Lage und Infrastruktur zu Land und zu Wasser, wobei die genordete Karte eine Vielzahl von Informationen aufwies. Die Darstellung Buchhorns sollte die Attraktivität der Stadt mit der ausgesprochen guten Lage zwischen dem Kurfürstentum Bayern und der Schweizer Eidgenossenschaft hervorheben.

258 Zekorn, Geschichtsbild im Wandel, S. 377–381; vgl. Ders., Sigmaringen.
259 Vgl. Gercken, Reisen durch Schwaben, S. 171; Stampfer/Hübner, Tagebuch, S. 102.
260 Vgl. Messerschmid, Salzhandel; Wieland (Red.), Buchhorn, Hofen und Friedrichshafen.
261 HStAS N 11 Nr. 18: *Grundriß der Stadt Buchhorn und selbiger Gegend nebst dessen zwey Staedinen*, 1755, http://www.landesarchiv-bw.de/plink/?f=1-512249 (aufgerufen am 7. 8. 2023);

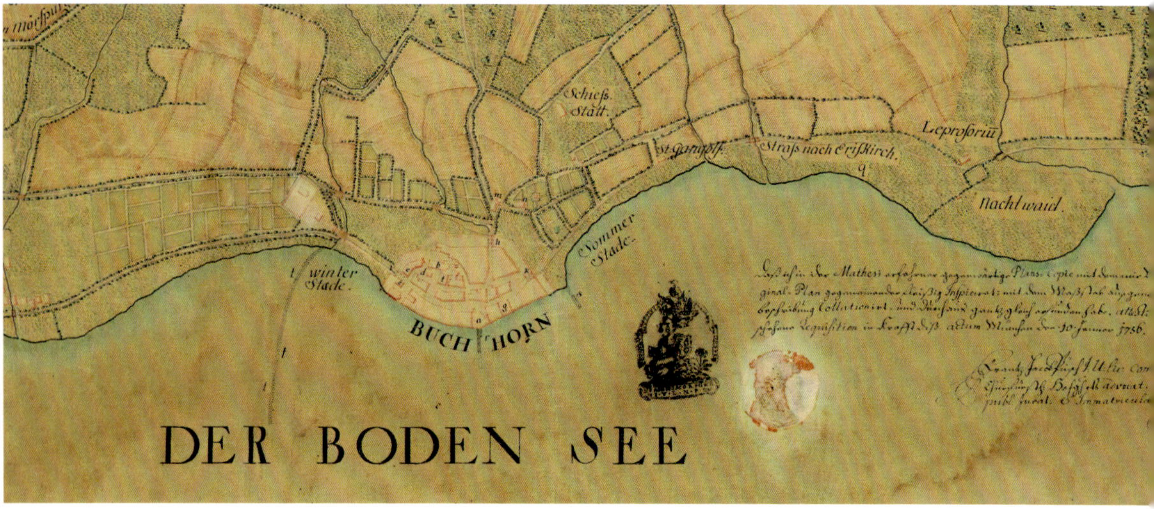

40 Ausschnitt Bodenseekarte, 1755, mit Buchhorn (Friedrichshafen).

41 Ausschnitt Bodenseekarte, 1755.

Hintergrund für die Anfertigung dieser Karte war der Vertrag der Reichsstadt Buchhorn mit dem Kurfürstentum Bayern vom 21. August 1755 über die Errichtung eines Umschlagplatzes für das bayerische Salz aus Bad Reichenhall für den Transport in die Schweiz.[262] In der Hauptkarte wurde Buchhorn, das heutige Friedrichshafen, zentral dargestellt. Im Grundriss waren die Stadt, die an- und abgehenden Straßen und Wege, Flüsse und Bäche sowie Stege für den Schiffsverkehr im Bodensee, westlich von Buchhorn das Kloster Hofen, im Norden die Trutenmühle und östlich davon das Kloster Löwental angezeigt. Am See entlang, östlich von Buchhorn an der Straße nach Eriskirch, stand das Leprosorium. Für den Handel mit Bayern waren das geplante Salzlager im Kornhaus sowie die Schiffsanlegestellen *Winterstade* und *Sommerstade* – entsprechend der Jahreszeiten und des Wasserstandes – von Bedeutung (Abb. 40).

In den beiden Nebenkarten ist zunächst der Aufriss, der *Prospect der* [...] *Reichsstadt Buchhorn, welcher genommen ist zwischen der St. Gangolfskapell und dem armen Leuthenhaus* aus nordöstlicher Ansicht aufgezeigt.[263] Die wichtigsten Punkte der Stadt sind hier, wie in der Hauptkarte, nummeriert und in der Legende erklärt. Darunter ist die *Accurateste Carte vom ganzen Bodensee, worinnen zu sehen, wieweit Lindau von allen Ortten, so am Bodensee gelegen, entfernet, und wie bequem Buchhorn zu allen Fahrtten situieret* ist (Abb. 41).[264]

Die Karte lag in dreifacher Ausfertigung vor.[265] Für die Übereinstimmung der Vereinbarungen des vorliegenden Planes mit dem im Bayerischen Hauptstaatsarchiv München verwahrten Exemplar bürgten der Vermerk und das Notarsignet des kurpfälzischen Notars Franz Jakob Pusch aus dem Jahr 1756.[266] An diesem Beispiel ist die Repräsentationsabsicht für den ausgezeichneten logistischen Standpunkt gelungen und auch gewinnbringend präsentiert worden.[267]

Der Kartenraum birgt eine Vielzahl von Gestaltungs- und Darstellungsmöglichkeiten, um naturgetreue Ansichten oder gewünschte Absichten darzustellen. Dabei kann die Wirtschaftskraft eines Herrschaftsgebietes ebenso im Vordergrund stehen wie die Darstellung eines Handelsknotenpunktes. Die Karten verzeichneten die ökologischen und ökonomischen Bedingungen und ermöglichen wertvolle und vielschichtige Einblicke in die wirtschafts- und umweltgeschichtlichen Entwicklungen eines Gebietes. Die dadurch entstanden Bilder beschreiben die Agrar-, Wirtschafts- und Handelskraft der oberschwäbischen Herrschaftsräume.

262 Vgl. Messerschmid, Salzhandel, S. 59 f.
263 HStAS N 11 Nr. 18.
264 Ebd.
265 Neben dem hier vorliegenden Exemplar, das im Hauptstaatsarchiv in Stuttgart verwahrt ist, befindet sich noch eine Kopie der Münchner Karte im Stadtarchiv Friedrichshafen. Die Friedrichshafener Kopie diente Messerschmid für seine Ausführungen zum Salzhandel; vgl. Messerschmid, Salzhandel, S. 62.
266 HStAS N 11 Nr. 18.
267 Mit dem Reichshauptdeputationsschluss wurden die Reichsstädte mediatisiert und Buchhorn dem Königreich Bayern zugesprochen, im Jahre 1810 kam die Stadt an das Königreich Württemberg. König Friedrich I. verfügte im Jahr darauf die Fusionierung der Gemarkung Buchhorn mit der Gemeinde Hofen und dem Bezirk des Klosters Hofen. Friedrichshafen ist auch heute noch ein wichtiger Verkehrsknotenpunkt in der Oberschwaben-Bodenseeregion.

2.3.3 Architektur und Kunstfertigkeit als Mittel der Repräsentation im Kartenbild

Für den Zeitraum von der zweiten Hälfte des 17. Jahrhunderts bis zum Ende des 18. Jahrhunderts kamen unter kunstgeschichtlicher Betrachtung zwei Blickrichtungen – quasi von innen und außen –, zum Tragen: zum einen die Entwicklungen in Technik und Dekor, die bei der Herstellung und Ausgestaltung der Kartenbilder zur Anwendung kamen und ausgewertet werden können, zum anderen die inhaltlichen Momente wie die Wiedergabe der Architektur oder der Garten- und Landschaftsgestaltung, denen aufgrund ihrer ansprechenden Darstellung ein geradezu repräsentativer Charakter zukommt und damit nicht nur einen bestimmten Zweck, sondern auch eine zu erzielende Wirkung unterstellt werden kann.

2.3.3.1 Architektur im Bild

Ein wichtiges kunstgeschichtliches Merkmal und für die Studie wesentliches Element ist die Architektur im oberschwäbischen Raum. Die Art und Weise der Gestaltung diente nicht nur einer Moderichtung, sondern vor allem transportierte sie symbolisch aufgeladen Macht und Größe des Herrschaftsträgers. Die einzelnen Ausschmückungsarten waren der gängigen zeitgenössischen Interpretation geschuldet und folgten demnach in der Region in ihren Ausführungen den unterschiedlichen Spielarten des Barocks, Rokoko und im letzten Drittel des 18. Jahrhunderts dem Klassizismus.[268]

Diese Stilrichtungen geben aber nicht nur Auskunft über den Bedeutungswunsch des Auftragsgebers, sie spiegeln zudem auch dessen Liquidität wider. So konnte sich das wohlhabende Kloster Salem im Laufe des 18. Jahrhunderts nicht nur von einem vernichtenden Klosterbrand erholen, sondern zudem in prachtvolle Ausschmückungen und Modernisierungen diverser Gebäude und Kirchen innerhalb seines Gebietes investieren. Dagegen war es der Reichsabtei Schussenried oder gar dem Damenstift Wald erst in der zweiten Hälfte des 18. Jahrhunderts möglich, eine Neugestaltung der Kloster- und Konventsgebäude in Angriff zu nehmen, was im Falle des Damenstifts Buchau zu einer im französischen Frühklassizismus erneuerten, ausdrucksstarken Stiftskirche führte.[269] Die Bedeutung der Architektur, der Gartengestaltung und Kunstausstattung der einzelnen Territorien kam auch in der Kartographie zum Tragen, indem diese baulichen Neuerungen bildlich festgehalten wurden: Ein vielleicht winzig und selbstverständlich anmutendes Detail, durch das der Kartenraum wiederum zur Repräsentationsebene von Macht und Herrschaft wurde.

268 Die Untereinteilung entspricht in Zeiträumen in etwa: Frühbarock (1600–1640), Hochbarock (1640–1700), Spätbarock (1700–1730), Rokoko (1730–1760/70) und Klassizismus (1770–1840). Da das Rokoko eine eigene Formensprache entwickelte, kann es sowohl dem Spätbarock zugeordnet oder als eigene Stilrichtung betrachtet werden.

269 In den Jahren 1767–1776 führte der französischen Baumeister Pierre Michel d'Ixnard (1723–1795) die Umbauten der Stiftsgebäude und -kirche aus; vgl. Beck, Bad Buchau; Scheffold, Stiftskirche in Bad Buchau; Klaiber, Stift und Stiftskirche zu Buchau.

42 Klosterkomplex Salem, 1706.

Die Neuerungen der Architektur wurden beispielsweise in der Klosterherrschaft Salem kartographisch festgehalten.[270] Nach dem Klosterbrand von 1697 mussten Teile der Klosteranlage erneuert werden, mit dieser Arbeit wurde der österreichische Architekt und Baumeister Franz Beer (1660–1726) beauftragt.[271] Die endgültige Ausgestaltung der etwa dreizehnjährigen Bauarbeiten während der Amtszeit von Abt Stephan I. Jung ging auch in Hebers Klosterplan von 1706 ein (Abb. 42). Hebers Karte zeigt detailliert die Neubauten, die Gartenanlagen, den Verlauf der Klostermauer sowie die geleiteten Wasserkanäle der klösterlichen Wasserwirtschaft.

Was die Architektur angeht, hob der Kunsthistoriker Ulrich Knapp in seinen Untersuchungen der Baugeschichte der Reichsabtei Salem und der oberschwäbischen Schlossbauten allgemein hervor, dass das Reichskloster bei den Neubauten der „Hof- und Abteigebäud[e]“ ganz bewußt in der „Raumdisposition auf die Bedürfnisse der Hofhal-

270 Vgl. Knapp, Salem, S. 329–343, 384–386.
271 Vgl. ebd., S. 329–343. Beer wurde 1722 als Edler von Bleichten in den Adelstand erhoben.

43 Klosterkomplex Schussenried, 1758.

tung eines reichsunmittelbaren Territorialherren zugeschnitten" wurde und dadurch im „Raumprogramm und der inhaltlichen Konzeption der Repräsentationsräume zeitgenössischen weltlichen Bildprogrammen nicht nach" stand.[272]

Doch nicht nur die zisterziensische Reichsabtei selbst wurde in diesem Kartenbild hervorgehoben, auch die sich noch in Planung befindliche Kapelle Sancta Maria Victoria im Nachbarort Stefansfeld an der Straße zum Kloster hin war vermerkt worden (Taf. 3). Die sogenannte Stefansfeld-Kapelle wurde im Plan von 1706 bereits im Grundriss von Heber als ein Zentralbau mit Rotunde, einem kreisförmigen Sakralbau, in Form eines griechischen Kreuzes mit vier gleichen Seiten eingezeichnet. Die eigentliche Bauzeit begann vier Jahre später (1710–1712) und war ebenfalls von Franz Beer geplant und geleitet worden.[273] Beer, ein Vertreter der Vorarlberger Bauschule, hatte bereits von 1697 bis 1710 die Konventsgebäude der Reichsabtei als Baumeister erneuert.[274]

272 Knapp, Schlossbauten, S. 677, Zitat S. 677; Vgl. Ders., Salem, S. 359–361.
273 Vgl. Knapp, Salem, S. 385–387.
274 Ebd. Vgl. Markus Golser, Art. Franz Beer von Bleichten, Architekt und Baumeister (* 1660, † 1726), in: arch INFORM, https://deu.archinform.net/arch/17114.htm (aufgerufen am 7. 8. 2023); vgl. Art. Kapelle auf dem ehemaligen Laienfriedhof des Klosters Salem, in: arch INFORM, https://deu.archinform.net/projekte/12386.htm#cite_ref-Knapp_2004_1-0 (aufgerufen am 7. 8. 2023).

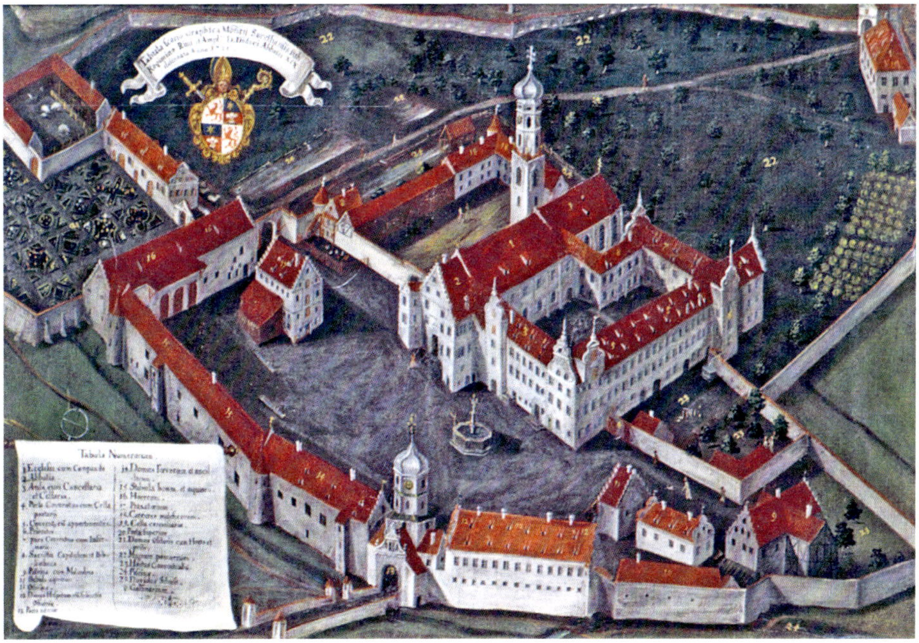

44 Ansichten des Klosters Schussenried, 1721.

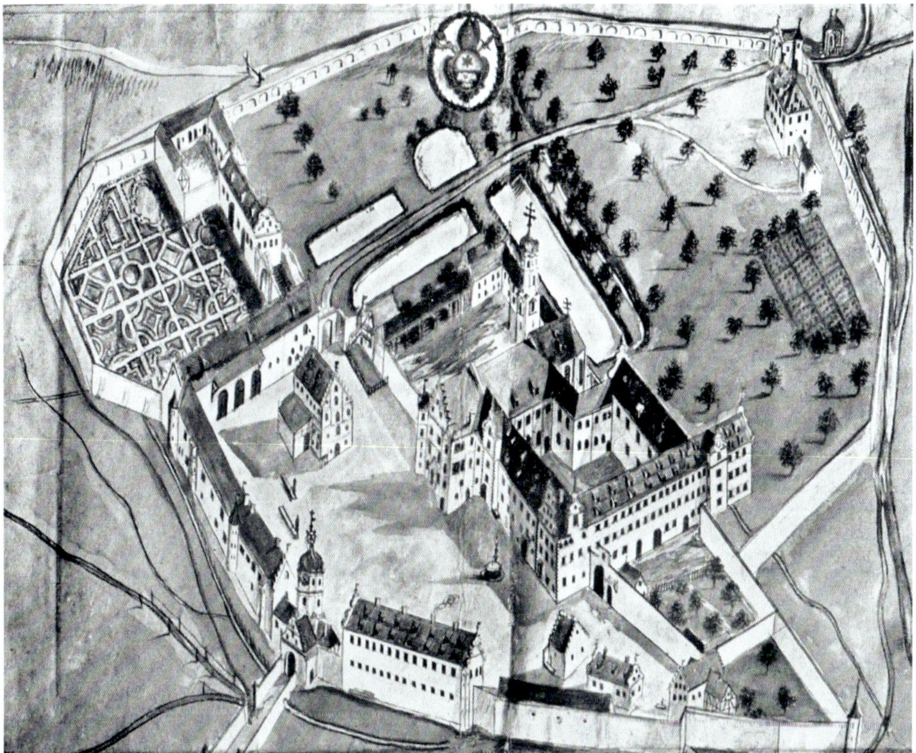

45 Klosterprospekt von Gabriel Weiß, 1722.

Auch in anderen Kartenwerken wurden wie im Beispiel der Reichsabtei Salem die Hauptsitze der Auftraggeber entsprechend ansprechend präsentiert. Im Bildbeispiel des Klosterbezirks der Prämonstratenser-Reichsabtei Schussenried ist der Klosterkomplex im Jahre 1758 zu sehen (Abb. 43). Für beide Kartenbilder ist festzuhalten, dass sie einem ähnlichen Bildaufbau folgen, dabei waren die Klosterbauten nahezu im Zentrum des Bildes gelegen, in Vogelperspektive gestaltet und überproportional zu ihrem Umfeld hervorgehoben worden. Diese Darstellungsform war bewusst gewählt, sie lenkt die Aufmerksamkeit des Betrachters automatisch auf den Herrschaftssitz, erst im nächsten Schritt wandert der Blick auf der Karte umher, um die weiteren Inhalte zu erfassen.

Das Prämonstratenserkloster Schussenried war nach den Verheerungen in den Kriegsjahren teilweise wieder aufgebaut worden und konnte nun um die Mitte des 18. Jahrhunderts umfassend erneuert werden. Im Vergleich mit dem Ölgemälde eines unbekannten Malers aus dem Jahr 1721 und einem Stich von Gabriel Weiß von 1722 sind die baulichen Veränderungen des Konventsgebäudes im Nord-, West- und Osttrakt im Plan von 1758 sichtbar (Abb. 43–45). Es ist deutlich zu erkennen, wie die Bauarbeiten seit der Grundsteinlegung 1750[275] bis zur Vermessung acht Jahre später vorangeschritten waren. Ursprünglich sollte das sogenannte ‚neue Kloster' nach den Plänen des Architekten und Stuckateurs Dominikus Zimmermann (1685–1766), ein bedeutender Architekt des Rokokos und Vertreter der Wessobrunner Schule, als eine Vierflügelanlage mit einer die Symmetrieachse überragenden, neuen zweitürmigen Klosterkirche errichtet werden.[276] Jedoch änderten nachfolgende Baumeister unter Abt Magnus Kleber (1750–1756) die Pläne ab, die das Kloster als Dreiflügelanlage konzipierten und errichteten. Diese Ausführung ist allein visuell im Vergleich mit den beiden vorangegangenen Bildern auf dem Plan von 1758 nachvollziehbar.[277] Auf die gleiche Weise können weitere Veränderungen, die auf dem Klostergelände unternommen wurden, anschaulich nachvollzogen werden (Abb. 43–45). Dies bezieht sich nicht nur auf die Bausubstanz, auch die Gartenanlagen und ihre Bedeutung innerhalb des gesamten Architekturgefüges können als Raumelement in Kartenbildern deutlich gemacht und bewertet werden.

Wie im Beispiel der geistlichen Territorien waren auch in den weltlichen Herrschaften Herrschaftssitze wie Schlösser und Burgen künstlerisch hervorgehoben. Dieses Vorgehen unterstreicht die Annahme, dass dieses Gestaltungsmoment bewusst gewählt wurde, um das Raumelement des Herrschaftssitzes entsprechend zu präsentieren. Ob es sich dabei um eine Bedingung des Auftraggebers, um eine Ehrenbezeugung des Autors oder um eine zeitgenössische Begebenheit handelt, lässt sich letztlich aus den Karten heraus nicht einwandfrei nachvollziehen. Es ist jedoch unumstößlich, dass es sich um ein gestalterisches, visuelles und damit sehr wirkungsvolles Stilmittel handelte. Diese These lässt sich sowohl am Sigmaringer Straßenrenovierungsplan des Rittmeister von Lenz als auch am Beispiel einer Ansicht von Schloss Wurzach in einer Karte des aus

275 Kasper, Schussenried, S. 65; Kasper zitiert aus dem Tagebuch des Chronisten und Paters Pankratius Nothelfer, der am 8. Juli 1750 der Grundsteinlegung des neuen Klostergebäudes durch Abt Magnus Kleber (1750–1756), bekannt als Erbauer des ‚neuen Klosters', beiwohnte.

276 Beck, Schwäbische Zirkarie; Kasper, Schussenried, S. 59–63.

277 Dieser Gebäudekomplex steht heute noch und kann besichtigt werden, während große Teile der Klosteranlage sich verändert haben und verschwunden sind.

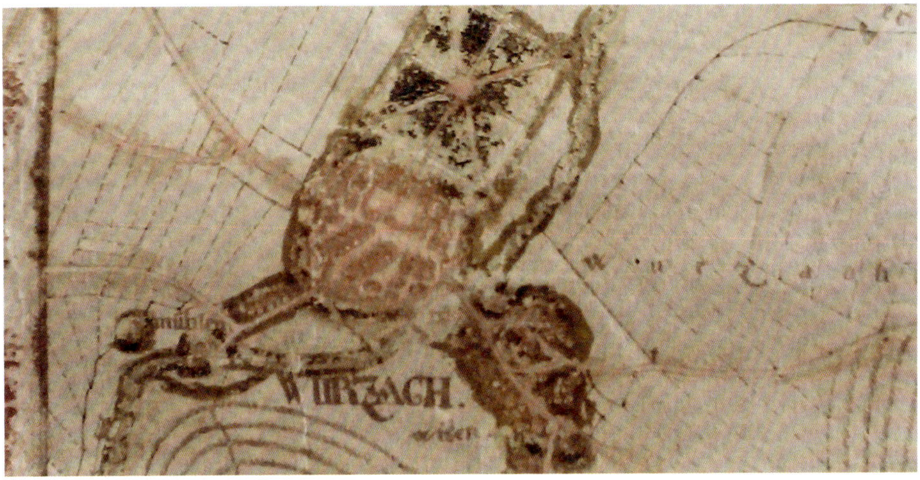

46 Schloss Wurzach, Residenz der Grafen von Waldburg-Zeil-Wurzach.

Waldsee stammenden Feldmessers Joseph Antonius Amman bereits um die Mitte des 18. Jahrhunderts belegen.[278] Inhaltlich beschreibt die Karte Ammans den Anteil der Grafschaft Wolfegg am Gericht Oberschwarzach und am Haidgauer Forst – heute Teile von Bad Wurzach (Abb. 46). Die Karte ist auffallend gestaltet. Neben der Titelkartusche sind auf einem Band die *Destinctio colorum*, die Zeichenerklärung, sowie die üblichen Längenangaben und ihre Umrechnungsmöglichkeiten in die jeweiligen *Schuhe* aufgezeigt. Die Tabelle ist zusätzlich mit einem Zirkel verziert. Daneben befindet sich rechter Hand ein Verzeichnis der Größe der herrschaftlichen Eigen- und Lehenhölzer sowie der Gewässer, der Riede, Weiher und Seen in Jauchert und Ruten angegeben.

Unter kunsthistorischer Betrachtung sind hier zwei Dinge hervorzuheben, zum einen findet sich hier die Besonderheit von zwei Himmelsrichtungsangaben, die nicht nur unterschiedlich detailliert und groß gestaltet wurden, sondern auch zweisprachig angelegt wurden. So ist die deutschsprachige Variante in Form eines schlichten Kompasses mit den Himmelsrichtungen Nord, Süd, Ost und West benannt, wogegen für die lateinsprachige Fassung eine aufwendige, ebenfalls vierfarbige Windrose gewählt wurde.

Zum anderen wurde auf einfache und doch eindrückliche Weise auf die Residenz der Grafen von Waldburg-Zeil-Wurzach verwiesen. Hierzu wurden das Schloss Wurzach (Bauzeit 1723–1728, 1730–1756) aus der Vogelperspektive im Grundriss bis in die Barockgartenanlage im Norden, die seitlichen Kanal- und Alleeanlagen sowie der hochgericht-

278 Kunstsammlung Waldburg-Wolfegg 3402 WoKa 25: *Special Mappa Über einen Anthail der hochloblich ErbTruchsässischen freyen ReichsGraffschafft Wolfegg & &, so in dem genanten Oberschwarzacher Gericht und Haydgawer Forst gelegen, in welichem die Waldungen, Fohrenrieder, Seen und Weyher nebst der Jurisdictionsgräntzen geometrice, die Gärthen, Felder, Wisen und Gmeindboden geograffice gegenwärthig in Plan gegeben sind*, undatiert (Mitte 18. Jh.), Joseph Antoni Amman Feldmesser zu Waldsee, Herrschaft Waldsee.

liche Galgen an der Wurzacher Ach in schlichter Zeichnung ausgeführt (Abb. 46). Die Ausführung der einzelnen Gebäudeteile der dreiflügeligen Schlossanlage und der Wirtschafts- und Wachhäuser sowie der anschließenden Verwaltungsgebäude erfolgte zudem mit Silberpigment. Dieses Stilmittel hob nicht nur den Gebäudekomplex des Schlosses hervor, sondern adelte den gesamten Residenzort.

Diese Akzentuierung der herrschaftlichen Architektur und der zweierlei Richtungsangaben unterstreicht sowohl die Kunstfertigkeit des Autors Amman und seiner Werkstatt als auch den repräsentativen Charakter der Herrschaft in der Wahrnehmung des Betrachters. Jedem Detail, so auch dem Galgensymbol, kommt dabei große Bedeutung zu, denn erst durch diese Kunstgriffe verlagert sich die dahinter transportierte Bedeutungsebene, die unter anderem am Wurzacher Beispiel auf die Wahrnehmung der hochadeligen Grafenfamilie Waldburg-Zeil-Wurzach und ihre Bedeutung als Reichs-Erbtruchsesse hinführte. Dadurch ist der kunsthistorische Aspekt nicht außen vor zu lassen, denn nur durch die Kunstfertigkeiten der einzelnen Autoren in Dekor und Gestaltung waren diese Wahrnehmungsebenen im Kartenbild erst möglich. Generell kann in Oberschwaben im 18. Jahrhundert in den unterschiedlichen Territorien eine rege Bautätigkeit beobachtet werden. Schlossneubauten unterstrichen hierbei, wenn man den Beobachtungen des Kunsthistorikers Ulrich Knapp über das Haus Waldburg folgt, den „sichtbaren Ausdruck" der „Königsnähe" der Waldburger Linien.[279]

Die Karte einer Straßenrenovierung in der Grafschaft Sigmaringen des Rittmeisters des Schwäbischen Kreises von Lenz aus dem Jahr 1772 zeigte bereits, wie wichtig es sein konnte, eine Residenz entsprechend prunkvoll und detailliert herauszustellen, um etwaige Auftraggeber und Finanziers vom Inhalt des Dargestellten und von der Notwendigkeit des Handelns, in diesem Fall der *Wiederherstellung der abgegangen alten Landstrass*, zu überzeugen (Taf. 16).[280] Neben dem Bildschmuck wurden hierzu Schloss und Stadt Sigmaringen sowie die wichtigsten Ortschaften und Institutionen, wie das Kloster Heiligkreuztal und die Donaustadt Riedlingen am Ende des Straßenabschnittes, herausgestellt (Abb. 47).

Wie es bereits bei den Karten der geistlichen Herrschaften beobachtet werden konnte, wurden auch in den weltlichen Territorien die Herrschaftssitze entsprechend hervorgehoben. Da es sich bei den Karten durchweg um Auftragsarbeiten handelte, kann angenommen werden, dass diese Gestaltung nicht nur ein Stilmittel der Selbstwahrnehmung im weitesten Sinne war, sondern dass sie zugleich eine Form der Ehrerbietung in sich trug. Diese repräsentative Perspektive wurde auch in den Kartenbildern der reichsstädtischen Territorien in einem etwas größeren Umfang angewandt. Hier stand geradezu naturgemäß die Architektur durch die Beschreibung des Städtebaus im Vordergrund. Die Stadt wurde mit ihren Wehr- und Befestigungsanlagen repräsentativ im Mittelpunkt der Karte, das Umland unter kunstgeschichtlicher Betrachtung als schmückendes Beiwerk und als Status der Selbstversorgung dargestellt. Gelegentlich wurden einzelne Bauten oder bauliche Besonderheiten hervorgehoben. Repräsentation war in den Kartenbildern ein wesentliches Element der Raumdarstellung und Raumwahrnehmung. Im

279 Vgl. Knapp, Schlossbauten, S. 677.
280 StAS K I Sig/1; Taf. 16 im Anhang Kap. 6.2.

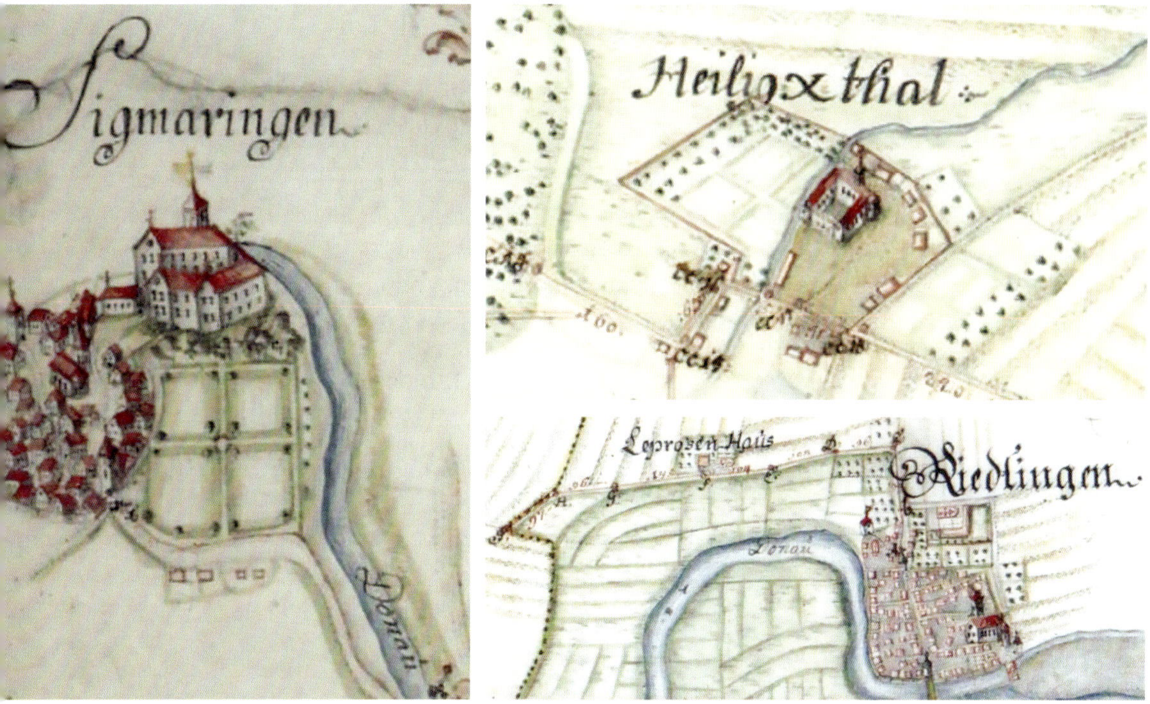

47 Ausschnitte aus der Karte des Rittmeisters von Lenz, 1772.

Rahmen dieser Studie kann festgehalten werden, dass die bewusste Präsentation eines Herrschaftssitzes demnach weder temporär gebunden noch eine Seltenheit oder ein Alleinstellungsmerkmal war, sie fand in allen Herrschaftsgebieten Oberschwabens und darüber hinaus Anwendung und kann dadurch als ein zeitgenössisches Darstellungsmerkmal von Herrschafts(re)präsentation im Kartenbild bewertet werden.

2.3.3.2 Dekor und Ausarbeitung in Karten und Aufbewahrungsräumen

Die Kartengestaltung unterlag, was die Ausgestaltung des Bildschmucks betrifft, den zeitgenössischen Stilrichtungen. Objekte des Bildschmucks waren in erster Linie die schriftlichen Kartenelemente wie die Titelkartusche oder die erklärende Legende, daneben wurden die Kompass- oder Windrosen häufig aufwendig und mehrfarbig gestaltet. Um die eigene Kunstfertigkeit außerhalb der Kartographie unter Beweis zu stellen, diente den Autoren die Darstellung von Messinstrumenten. Sehr häufig wurde hier der Zirkel besonders ausgearbeitet und dreidimensional, wie auf dem Blatt liegengelassen, gezeichnet. In wenigen Beispielen ergänzten kleine Illustrationen das Kartenbild.

Wie die Karte der montfortischen Herrschaft Argen schon früh zeigte,[281] waren es zu Beginn des Untersuchungsraumes vor allem Elemente der Landtafelmalerei, die in der Kartengestaltung zum Einsatz kamen. Neben der Wahl des verwendeten Materials – Öl

281 HStAS N 11 Nr. 34.

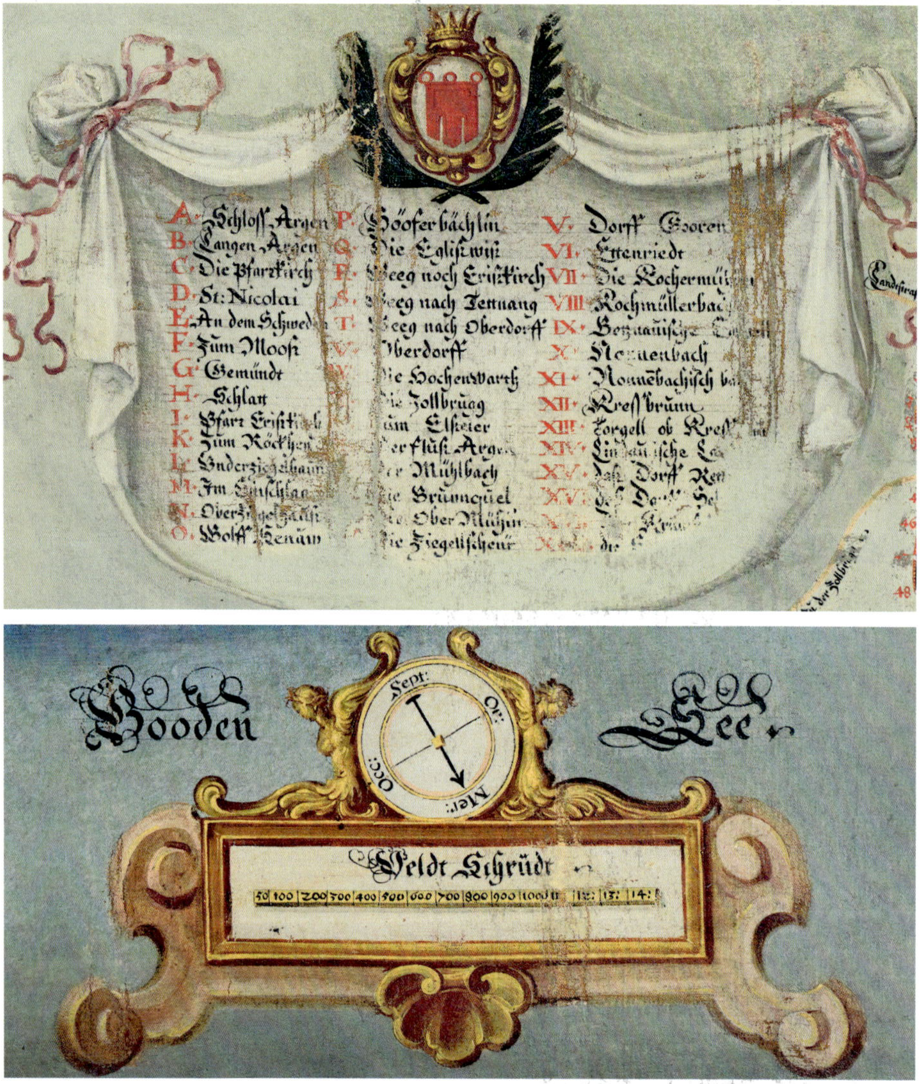

48 Dekor der montfortischen Herrschaft Argen.

auf Leinwand – waren es hier die figurativen und bildhaften Elemente, welche die vorherrschende Signatursprache ergänzten. Dies spiegelt sich zunächst in der Darstellung des Herrschaftssitzes Schloss Argen wie auch in der Beschreibung der Kirche in Eriskirch wider, sie wurden möglichst dreidimensional, ebenso wie die Häuser der Ortschaften, gezeichnet. Jedes einzelne Haus ist mit seinem dazugehörigen Grundstück ebenso schematisch verzeichnet wie die Struktur des Geländes.

Beim Bildschmuck ist zunächst das figurative Moment des Segelboots hervorzuheben, welches den Hafen in Langenargen hinter sich lässt und mit vollem Segel im Wind in Richtung Lindau segelt. Darüber steht der dekorative, barocke Bildschmuck im oberen und unteren Kartenbereich. Für den Titel sowie die Aufstellung der im Kartenbild markierten Ortschaften, Brücken, Mühlen und Wälder wurden aufwendige Kartuschen im oberen Kartenbereich gewählt. Die Titelkartusche mit der unterhalb des Titels unausgeführten Aufstellung der Mark- und Grenzsteine wird von einem Engelwesen im Zentrum eines geschnitzt anmutenden Zierrahmens gekrönt. Für die Aufstellung der wichtigsten Orientierungspunkte wurde ein Tuch in Form eines von Bändern gehaltenen Baldachins gewählt, der das lorbeergeschmückte und in Gold gerahmte und gekrönte Wappen des Hauses Montfort trägt. Im unteren Kartenraum wurden die Kompassrose sowie der Kartenmaßstab in einer schmuckvollen, figurativen Kartusche in Holzoptik zusammengestellt. Die Angabe in *Veldt Schrühd* gibt Aufschluss über die Vermessungstechnik. So war hier neben der Winkelmessung das Gelände unter anderem die zu vermessende Strecke abgelaufen und beispielsweise mittels eines Schrittzählers, eines Hodometers, einer Messkette oder einer Messstange dokumentiert worden.[282]

Neben den bereits vorgestellten Beispielen, wie den Karten Johann Jakob Hebers, der sich um eine prunkvolle Wappengestaltung bemühte, sind die Arbeiten des Schussenrieder Prämonstratenserpaters Dominicus Reiner hervorzuheben. Reiner fertigte in den Jahren 1758 bis 1772 die Karten der Prämonstratenser-Reichsabtei an. Es kann davon ausgegangen werden, dass er die Renovation der gesamten Klostergüter als kundiger Gelehrter auch leitete.[283] Die von Reiner angefertigten Karten des Schussenrieder Bestandes zeichnen sich eben durch eine besondere Art der Gestaltung aus. Zwar legte er hierzu keine prunkvolle Dekoration an, er verlegte sich aber auf eine besonders feine und tiefenwirksame Kartuschengestaltung (Abb. 50).

Hinzu kommt, dass die aquarellierten Kartuschen und die Klarheit der Gestaltung über die Kartographie hinaus auch auf die Gestaltung der Schussenrieder Klosterbibliothek verweisen, worauf bereits Margaretha Bull-Reichenmiller bei ihrer Bearbeitung des Kartenbestandes aufmerksam machte.[284] Der sanft schwingende Muscheldekor des Rocaille, der in der Bibliothek vergoldet, in den Karten gelb abgebildet war, die pastellfarbenen Flächen der Bücherschränke sowie der Gewannen im Bild – all diese Gestaltungsmerkmale waren der zeitgenössischen Mode geschuldet und spiegeln dadurch die zeitgenössische Aktualität dem Betrachter wider.

Die verschiedenen dekorativen Elemente begegneten im Rahmen dieser Studie in den unterschiedlichsten Ausgestaltungen. Sie verkörpern zunächst ein zeitgenössisches Gestaltungsmerkmal der Kartendarstellung und spiegeln dadurch den Drang zu Repräsentation wider.

282 Vgl. Torge, Geodäsie, S. 34, 46–60.
283 HStAS N 30: Karten des Prämonstratenserklosters Schussenried; vgl. Beck, Schwäbische Zirkarie; Krezdorn, Vom Klosterterritorium zum Stadtgebiet; Tüchle, Gemeinschaft der Weißen Mönche; May, Bibliothekssaal; Beck, St. Magnus und Maria in Bad Schussenried; Ders., Art. Prämonstratenserabtei St. Magnus Schussenried, Klöster in Baden-Württemberg, http://www.kloester-bw.de/?nr=158 (aufgerufen am 7. 8. 2023); Bull-Reichenmiller, Schussenried, Einführung.
284 Bull-Reichenmiller, Schussenried, Einführung.

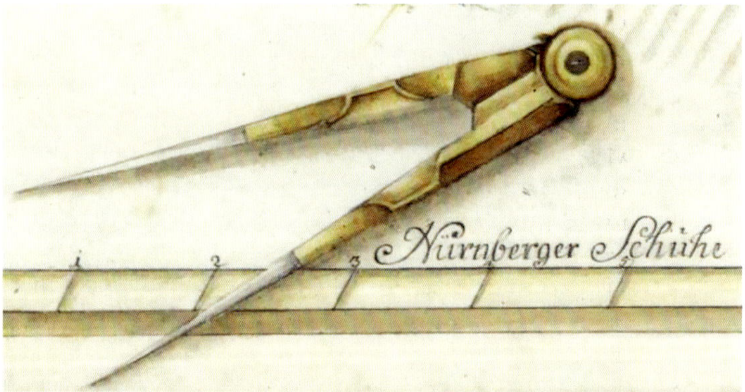

49 Ausschnitt Sigmaringer Straßenrenovierungskarte, 1772.

Im Beispiel der oben genannten Karte zu geplanten Straßenbauarbeiten in der Grafschaft Sigmaringen kommen verschiedene allegorische Elemente zum Einsatz (Abb. 49). So ist die mit Muschelornamenten reich verzierte Titelkartusche von zwei Füllhörnern übervoll mit Blumen verziert, daneben wirkt die Zeichnung eines Zirkels durch das Spiel von Schatten und Licht ganz so, als wäre dieser auf das Papier abgelegt worden und könnte jederzeit wieder aufgenommen werden. Kartendekor und Bildschmuck bildeten demnach Elemente der Herrschaftsrepräsentation in einer zweidimensionalen Miniaturdarstellung.

Die Karten des Schussenrieder Bestandes, die vom Kanoniker Dominicus Reiner angefertigt worden waren, zeichnen sich durch eine besondere Art der Gestaltung aus

50 Titelkartusche Herrschaft Schussenried, 1758, Dominicus Reiner.

(Abb. 50). Deren aquarellierte Kartuschen und Klarheit sind auch in der Schussenrieder Klosterbibliothek zu entdecken, im sanft schwingenden Rocaille, der die Deckenfresken und Bücherschränke umspielt (Abb. 51). Die beiden „Raumbeispiele" wurden zeitgleich ausgestaltet[285] und damit war es nur konsequent, dass sie auch in der gleichen

285 Maler Franz Georg Hermann und der Bildhauer Fidelis Sporer waren um ein Zusammenspiel von Architektur, Skulptur und Malerei bemüht. „1757 waren die Fresken und 1766 die Skulpturen vollendet." Vgl. Kloster Schussenried, Portal Staatliche Schlösser und Gärten Baden-Württemberg,

51 Bibliothekssaal des Klosters Schussenried, Franz Georg Hermann (Maler) und Fidelis Sporer (Bildhauer).

Manier dem Rokoko folgten. Darin zeigt sich, wie sich die zeitgenössische Mode, wie beispielsweise in den letzten beiden Jahrzehnten der Klassizismus, im Kartenraum wiederfindet.

Ein weiterer Aspekt, der hier zum Tragen kommt, ist die besondere Bedeutung des Bibliotheksraumes, der sich selbst zum Medium der Selbstdarstellung entwickelte. Reisende des 18. Jahrhunderts, die Oberschwaben durchquerten, besuchten speziell die Klöster gerade wegen ihrer Bibliotheken und Bestände.[286] Hier waren es vor allem die Zisterzienserabtei Salem und das Benediktinerkloster Weingarten, deren Bibliotheksbestände von großem Interesse für den Kreis der reisenden Gelehrten und darüber hinaus waren. Eine architektonische und künstlerische Ausgestaltung dieses Raumes als direkter, tatsächlicher Raum der Repräsentation war hierbei für einige Äbte geradezu von besonderem Interesse. Dieser Umstand kann in erster Linie bei den Klosterherrschaften und ihren Neubauten im Laufe des 18. Jahrhunderts beobachtet werden.

So kann diesem Raum, wie das Beispiel des Klosters Schussenried zeigt, als Ort der Repräsentation von Herrschaft in den Elementen Wissen und Macht eine besondere Bedeutung beigemessen werden. Die prunkvolle und dekorreiche Ausgestaltung erfolgte in den oberschwäbischen Klöstern entsprechend der zeitgenössischen Mode. Die Bibliothek als Ort des Wissens war häufig auch in der Funktion als Archiv der Klöster Aufbewahrungsort der Kartenbilder. In dem im Schwarzwald gelegenen Benediktinerkloster St. Peter und der benediktinischen Fürstabtei St. Gallen waren Kartenschränke und -tische in den Bibliotheksräumen vorhanden, daneben ergänzten große Globen die kartographischen Sammlungen.[287] Es kann davon ausgegangen werden, dass im 18. Jahrhundert aufgrund des gesteigerten naturwissenschaftlichen Interesses eine Vielzahl von Klöstern über eine ähnliche Ausstattung und Sammlung verfügten.

Unter kunstgeschichtlicher Betrachtung sind bei der Frage nach der Präsentation und Wahrnehmung eines Raumes besonders diejenigen Elemente bedeutend, die ein Territorium herrschaftlich darstellen. Hierbei waren es nicht so sehr die Ausdehnung des Gebiets, sondern die Art der Gestaltung, die den Anspruch auf Herrschaft versinnbildlichte. Das Bild von Herrschaft im Kartenbild wird sichtbar durch die Darstellung des Territoriums im Mittelpunkt des Kartenbildes in Inselmanier, in der überproportionalen und detaillierten Zeichnung der Residenzen, durch klare Ausweisung der herrschaftlichen Wappenbilder und in der aufwendigen Dekoration und bildhaften Ausgestaltung. Die Herstellung des Herrschaftsraumes ist im Kartenbild besonders gut auch in weniger detaillierten oder künstlerischen Gestaltungen zu greifen. Der Betrachter

https://www.kloster-schussenried.de/erlebnis-kloster/kloster/gebaeude/bibliothekssaal/?tx_pointsfce_taggingengine%5Bheadline%5D=Mehr%20erfahren&tx_pointsfce_taggingengine%5Bicon%5D=3&tx_pointsfce_taggingengine%5Baction%5D=panel&tx_pointsfce_taggingengine%5Bcontroller%5D=TaggingEngine&cHash=2748768a15788dd4b95260f1b557c606 (aufgerufen am 7. 8. 2023).

286 Vgl. hierzu Kap. 4.3.4.

287 Vgl. Angela Karasch, Art. Die virtuelle Bibliothek St. Peter, in: leoBW, https://www.leo-bw.de/themen/die-virtuelle-bibliothek-st.-peter (aufgerufen am 7. 8. 2023). Im erhaltenen Barockbüchersaal der St. Galler Stiftbibliothek können u.a. der St. Galler Klosterplan von 830 sowie mittlerweile die Kopie eines der größten erhaltenen Erd- und Himmelsgloben (2. Hälfte 16. Jh.) besichtigt werden; https://www.stiftsbezirk.ch/de/kloster-st.gallen (aufgerufen am 7. 8. 2023).

wird eindeutig mit dem Raum, dem Herrschaftsanspruch, der Herrschaftsausdehnung, der Ausstattung, den Beziehungen und Wechselwirkungen des Herrschenden konfrontiert. Das Kartenbild konzipierte und visualisierte diese Vorstellungen von Herrschaft.

2.3.4 Religion im Kartenbild

Der konfessionelle Raum nimmt im Kartenbild zwei Ebenen ein. Zunächst diente die Signatur der Kleindenkmale der Orientierung im Raum und somit dem Ortskundigen der genaueren Lokalisierung in der Landschaft. Auf der Wahrnehmungsebene kann vom Standpunkt der bewussten Visualisierung den Feldkreuzen, Prozessionswegen, Kapellen, Kirchen und Klosteranlagen eine besondere Bedeutung beigemessen werden. Sie sind sowohl Ausdruck als auch Repräsentanten des gelebten Alltagsglaubens. Die materiellen und symbolischen Handlungen, die in der ursprünglichen Aufstellung der Feldkreuze selbst wie auch beim Verzeichnen der Kleindenkmale im Bild zu sehen sind, verfolgen eine gewisse Darstellungsabsicht und Raumwirkung. So wird der Herrschaftsraum gewissermaßen ausdrücklich mittels religiöser Attribute aufgeladen.

Neben diesen visuellen Denkmälern kam in Oberschwaben vielerorts die Praxis hinzu, Höfe und die dazugehörigen Parzellen mit Heiligennamen zu benennen. Diese Praxis kam neben Salem besonders in der Ochsenhausener Klosterherrschaft bei der Neuvergabe der Agrarwirtschaftsflächen im Zuge der Vereinödung und der Katasteraufnahme zur Anwendung. Um Verwechslungen vorzubeugen, wurden die Vornamen der Inhaber zum Zeitpunkt der Aufnahme sowie seltene Heiligennamen verwendet.[288] Diese Intention war weder auf die geistlichen Herrschaften beschränkt noch unbedingt religiös konnotiert, in den unterschiedlichen Herrschaftsformen wurden neben dieser Praxis auch Tier- und Pflanzennamen vergeben.[289]

Unter dem Begriff der religiösen Kleindenkmale sind unterschiedliche Skulpturen aus Holz oder Stein zu fassen. Neben den klassischen Flurkreuzen auf Feldern an Wegkreuzungen, in Form eines schlichten Kreuzes, eines Kruzifixes oder als Arma-Christi-Kreuz, waren auch Sühne- und Votivzeichen wie Sühne- und Pestkreuze oder Bildstöcke mit Andachts- oder Votivbildern meist von Heiligen aufgestellt worden. Sie dienten der Andacht und sollten den Vorbeikommenden zum Innehalten und Gebet anstoßen.

Prozessionswege finden sich in Kartenbildern meist in unmittelbarer Nähe einer Klosteranlage. In der Regel kennzeichneten sie, wie das frühe Beispiel des Meersburger Bischofssitzes von 1705 zeigt, durch Doppelbalkenkreuze, sogenannte Patriarchenkreuze,[290] den Weg von der Kirche hin zum Friedhof. In Meersburg bestehen sowohl der Weg als auch der Friedhof heute noch, auf den Prozessionsweg verweist die heutige Mesmerstraße.[291] Aufgrund von Platzmangel auf dem alten Gottesacker war der neue Friedhof im

288 Vgl. Grees, Sozialstruktur, S. 60, Anm. 13.

289 Ebd.

290 Das Symbol der Patriarchenkreuze wurde in allen Kartenwerken Oberschwabens zur Kennzeichnung derjenigen Flurstücke verwendet, die von einer geistlichen Herrschaft direkt bewirtschaftet wurden.

291 Benannt nach dem Mediziner und Begründer des animalischen Magnetismus Franz Anton Mesmer (1734–1815).

52 Herrschaft Scheer, Esterfeld mit Steinkreuz.

Jahre 1682 vor den Toren der Stadt neu angelegt worden.[292] Die auf der Karte eingezeichneten Patriarchenkreuze stehen für die sieben Kreuzwegtafeln, welche die Eheleute Hans Müller und Ursula Batin im Jahre 1657 stifteten.[293]

Doch nicht nur die geistlichen Territorien, sondern auch der überwiegend katholische Adel konstituierte in Oberschwaben den konfessionellen Raum im Bild. Eine Vielzahl von Bildstöcken findet sich besonders im Herrschaftsgebiet des Hauses Waldburg, die in ihrer Aufstellung auf das 18. Jahrhundert zurückgehen. So kann die Stiftung von Loretokapellen an verschiedenen Orten in Oberschwaben beobachtet werden, wie beispielsweise unweit der Residenzstadt Scheer bei Haslach oder Konstanz.[294] Sie imitier-

292 Meersburger Spuren, S. 94 f. (Kap. Friedhof und Friedhofskapelle. Die heutige Friedhofskapelle, die eigentlich keine war).

293 Nowak, Kleindenkmale, S. 22–29. Die Kreuzwegtafeln wurden später an der Friedhofswand aufgestellt.

294 Vgl. Loretokapellen im Raum Oberschwaben in: Tettnang (1624), Scheer bei Sigmaringen (1628), Konstanz, Staaderberg (1637), im Kapuzinerkloster Haslach (1660), Dürmentingen bei Biberach an der

ten den gleichnamigen Wallfahrtsort im italienischen Ancona, einer Nachbildung des „dort verehrten Geburts- und Wohnhaus Mariens", welches im Jahre 1291 nach dem Verlust des Heiligen Landes „der Legende nach" von Engeln „aus Nazareth nach Loreto in Mittelitalien übertragen" worden sein soll.[295] Zu den meist außerhalb des Ortes gelegenen Kapellen, wie der Loretokapelle in Rötenbach unweit von Wolfegg, führten Prozessionswege, die von Bildstöcken und Wegkreuzen gesäumt waren, welche die Kreuzwegstationen aufzeigten und zu Ruhe und Gebet ermahnten.[296] Diese Besonderheiten der katholisch geprägten Kulturlandschaft dokumentieren auch die Karten und geben dadurch Einblicke in die zeitgenössischen Praktiken der Frömmigkeit. Die überschaubare Herrschaft Scheer der Grafschaft Friedberg und damit Waldburger Territorium wartet beispielsweise mit einer Vielzahl von Kleindenkmalen auf. Neben einer von Graf Wilhelm Heinrich von Waldburg (1580–1652) gestifteten Loretokapelle (Bauzeit 1628–1631) unweit der Residenzstadt finden sich noch zwei weitere Kapellen sowie unterschiedliche Signaturen für Feld- und Wegkreuze im Kartenbild. Sie wurden insbesondere an der Grenze zur vorderösterreichischen Donaustadt Mengen vermerkt (Abb. 52).[297]

Darüber hinaus wurde in dieser Adelsherrschaft die Tradition gepflegt, Agrarflächen mit den Namen von Heiligen zu benennen, wie das Esterfeld belegt. Unweit der Grenze zu Mengen am nordwestlichen Ende dieses Feldes befand sich ein Steinkreuz, womöglich ein älteres Sühnekreuz, es könnte sich aber auch um ein Wetter-, Pest-, Pilger- oder Prozessionskreuz gehandelt haben. Die Kleindenkmale und die Vergabe von Heiligennamen für Höfe und Agrarwirtschaftsflächen war nicht nur eine Praxis der geistlichen Territorien, es handelt sich um ein weit verbreitetes Phänomen, das nicht direkt mit der Kartographie zu tun hatte.[298] Die Kartographie diente viel eher als Mittel der Dokumentation dieses eher praktisch orientierten, konfessionellen Alltagsmoments und Zeichens der Frömmigkeit.

Wie die Forstkarte der Grafschaft Friedberg-Scheer[299] verdeutlicht, waren es nicht nur die Besitzverhältnisse, die hier im Bild zum Tragen kamen (Abb. 53). Der Frage, zu welcher Herrschaft welches Waldgrundstück gehörte, wurde hier genauso viel Bedeutung beigemessen wie der sorgfältigen Aufzeichnung der einzelnen religiösen Kleindenkmale. So entwirft diese Forstkarte neben der wirtschaftlichen Ebene und der Rechtsebene mit den jeweiligen Ansprüchen auch einen Einblick in die religiöse Alltagswelt.

Für die katholische Alltagspraxis nahm der oberschwäbische Adel aus der Perspektive der Kartographie keine besondere Stellung oder Rolle ein. Sowohl die niederen als auch die hohen Adelshäuser waren durchweg katholisch und dadurch auch in ihrem Handeln

Riss (1668), Wolfegg bei Ravensburg (1668), Kronwinkel bei Biberach (1684), Villingen (1705). Die Gestaltung der Kapellen war ebenfalls an das italienische Vorbild angelehnt.

295 Vgl. Thierer, Kulturlandschaft, S. 172 f.; Santarelli, Loreto im Glauben; Küppers, Das Heilige Haus von Loreto; Hesemann, Maria von Nazareth, S. 89–112.

296 Vgl. Thierer, Kulturlandschaft, S. 172 f.

297 StAS Dep. 30/15 T 1 Nr. 600.

298 Vgl. Blickle, Oberschwaben, S. 25. Dabei war die Vergabe der Heiligennamen für Höfe mancherorts genau festgelegt, St. Martin und St. Michael waren für große Höfe vorbehalten, Selden erhielten die Namen kleinerer Heiliger.

299 StAS Dep. 30/15 T 1 Nr. 591: Friedbergische Forstgrenzen, um 1730.

53 Kleindenkmale in der Friedbergische Forstkarte, um 1730.

von dieser Tradition geleitet und bestimmt. In protestantischen Gebieten – beispielsweise auf Karten des Herzogtums Württemberg – entfallen diese Merkmale eines versinnbildlichten konfessionellen Raumes.[300] Die Reichsstädte Lindau, Isny, Kempten und Leutkirch betrachteten sich als protestantisch, Biberach und Ravensburg im Herzen Oberschwabens waren paritätische Reichsstädte, dies ist auch im Kartenbild ersichtlich. Wie die Beispiele der beiden protestantischen Reichsstädte Lindau[301] und Isny[302] aufzeigen, wurden von den Reichsstädten in erster Linie Stadtpläne angefertigt, die das Stadtgebiet mit dem direkten Umland darlegten. Größere Pläne, die das gesamte Territorium abdeckten, liegen auch in Form von Kupferstichen vor, wie beispielsweise für die beiden großen Reichsstädte Augsburg und Ulm.[303]

300 Vgl. *Chorographia Ducatus Wirtembergici*, das Forstkartenwerk von Georg Gadner (1585–1596) und Johannes Oettinger (1609–1612). Es wurden hier bewusst Karten aus dem 16. und 17. Jahrhundert gewählt, denn gerade in dieser konfessionell stark aufgeladenen Zeit müssten sich solche Beispiele finden.

301 Karte des Territoriums der Reichsstadt Lindau von Andreas Rauch 1628, Nachstich von Johann Morell von 1647, http://daten.digitale-sammlungen.de/bsb00090775/image_1 (aufgerufen am 7. 8. 2023).

302 HStAS N 201 Nr. 21: Ansicht der Reichsstadt Isny aus der Vogelperspektiv, 1780, http://www.landesarchiv-bw.de/plink/?f=1-976833 (aufgerufen am 7. 8. 2023). Wie im Stadtplan an den einzelnen Gebäuden vermerkt, gehörte eine Beschreibung hinzu; HStAS B 193 Bü 2, Isny.

303 Nach Auskunft des Augsburger Stadtarchivs liegen keine Manuskriptkarten über das reichsstädtische Gebiet des 17. und 18. Jahrhunderts vor. Im Ulmer Stadtarchiv findet sich dagegen ein reicher Fundus im ‚Bestand F 2 Territoriumskarten – Karten des Ulmer Territoriums‘ mit handgezeichneten und gedruckten Karten.

Im Kartenbeispiel der evangelischen Reichsstadt Isny finden sich zunächst keine konfessionellen Merkmale, auch im direkten Umland wurden keine religiösen Kleindenkmale vermerkt (Abb. 54). Dies wäre aber für ein protestantisches Territorium eher unüblich. Jedoch nahmen die Zeichnungen der Benediktiner-Reichsabtei St. Georg und die zugehörigen Gebäude innerhalb und außerhalb des Stadtgebietes einen wesentlichen Teil der Raumdarstellung ein. Dadurch wirkt die Beschreibung als würde die eigentlich protestantische Stadt von der Reichsabtei dominiert. Dies könnte eventuell damit im Zusammenhang stehen, dass die Benediktinerabtei nach dem Kloster- und Stadtbrand von 1631 und der Pestepidemie vier Jahre später in den folgenden Jahrzehnten beim Wiederaufbau und bei der Festigung der Verhältnisse einen bedeutenden Beitrag auf unterschiedlichen Ebenen leistete.[304] Da die Karte ohne nähere Angaben überliefert wurde und nur schwer datierbar ist, könnte als Auftraggeber auch die Reichsabtei fungiert haben, die in diesem Kartenbild ihren städtischen Besitz veranschaulichen ließ. Denn auch die außerhalb der Stadtmauern gelegene katholische Kirche war deutlich hervorgehoben und unterstützt dadurch diese These, da das Kartenbild in erster Linie dazu diente, die Vorstellungen und Raumwahrnehmungen des Auftraggebers zu veranschaulichen.

Trotz dieser evangelisch-paritätischen Inseln war und ist Oberschwaben eine katholisch geprägte Landschaft. Nahezu alle Territorialherrschaften des ausgehenden 17. und 18. Jahrhunderts sowie die Bevölkerung waren katholisch. Jedoch kann beobachtet werden, dass der konfessionelle Aspekt in den weltlichen Territorien keine besondere Rolle einnahm. Vielmehr war die Religion in allen oberschwäbischen Territorien Teil des Alltags und als solche wurde sie mit ihren gelebten Traditionen auch im Kartenbild – neutral und wertfrei – festgehalten. Dem Medium der Kleindenkmale kann dabei eine vielschichtige Bedeutung beigemessen werden. Denn durch die Stiftung und Aufstellung von religiösen Kleindenkmalen und Kapellen, die auch im Laufe des 18. Jahrhunderts nicht nachließ, lassen sich wertvolle Erkenntnisse über die Alltagspraxis und Frömmigkeit der Bevölkerung ermitteln. Die historische Kartographie liefert dazu einen wesentlichen Beitrag, indem sie gewählte Aufstellungsorte dokumentiert und daraus ableitbare Religionspraktiken der Bevölkerung wie Prozessionswege visualisiert. Gerade Flur- und Vereinödungskarten können eine gewinnbringende Quelle für diese Art der Informationen darstellen. Vor allem im Zeitalter des Barock kann die Aufstellung von Kapellen und Bildstöcken, folgt man Thierers Ausführung, in katholischen Gebieten als Streben danach angesehen werden, „den ganzen Lebensraum, somit auch Haus und Flur, als Andachtsraum zu gestalten."[305]

Die historische Landschaft Oberschwaben war und ist, folgt man den Konstruktionen der Kartenbilder, eine vom Katholizismus geprägte Landschaft. Nicht nur, dass sich hier auf verhältnismäßig engem Raum bis zum Jahre 1802 bedeutende und formgebende Klöster der unterschiedlichen Kongregationen tummelten, auch die weltlichen katholischen wie paritätischen Herrschaften bestätigen in ihren Kartenbildern den gelebten Alltagsglauben in der konfessionellen Aufladung des Raumes. Dadurch muss der Raum

304 Vgl. Reinhard, Überblick; Ders., Spannungsfeld.
305 Thierer, Symbole am Weg, S. 4.

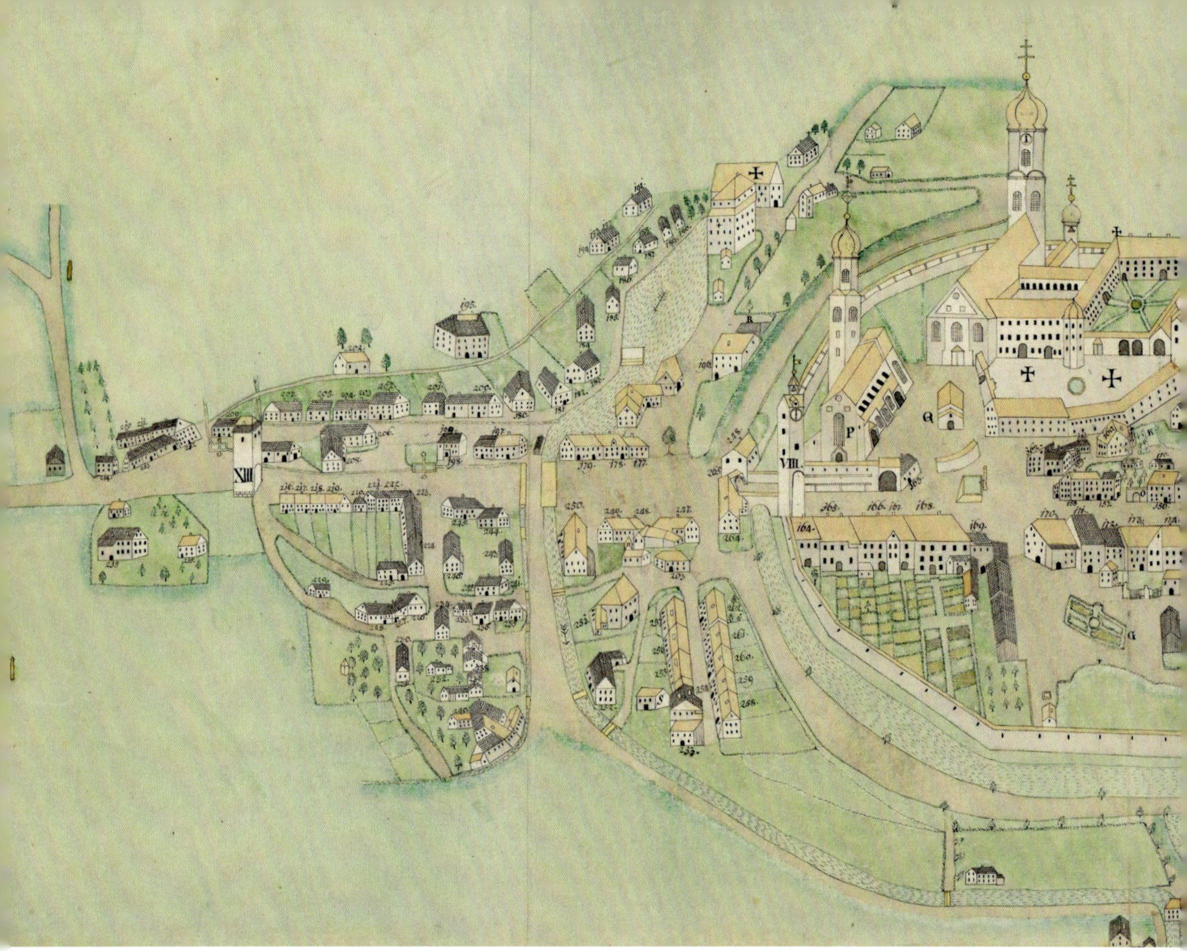

54 Stadtansicht der protestantischen Reichsstadt Isny.

Oberschwaben geradezu als Sakrallandschaft wahrgenommen werden.[306] Die Konfession der Autoren hatte dabei keinen Einfluss auf die Darstellung dieses Bildes von Oberschwaben im Kartenbild.

2.4 Herrschaftliche Wahrnehmung im (Selbst-)Bild

Kartographisch gesehen waren zu Beginn des 18. Jahrhunderts die meisten Territorien Oberschwabens und darüber hinaus des Schwäbischen Kreises „noch nicht oder nur mangelhaft" in Kartenbildern erfasst worden.[307] Nicht nur die Herrschaften Oberschwabens, sondern auch die Verwaltung des Schwäbischen Kreises war an genauen Kartenwerken zu Steuerzwecken, aber ganz besonders zu Rechtsfragen interessiert. Aufgrund

306 Vgl. Quarthal, Historisches Bewusstsein, S. 16, 67–69; Eitel, Geschichte Oberschwabens, Bd. 1, S. 15.
307 Fischer, Suevia Universa, S. 20.

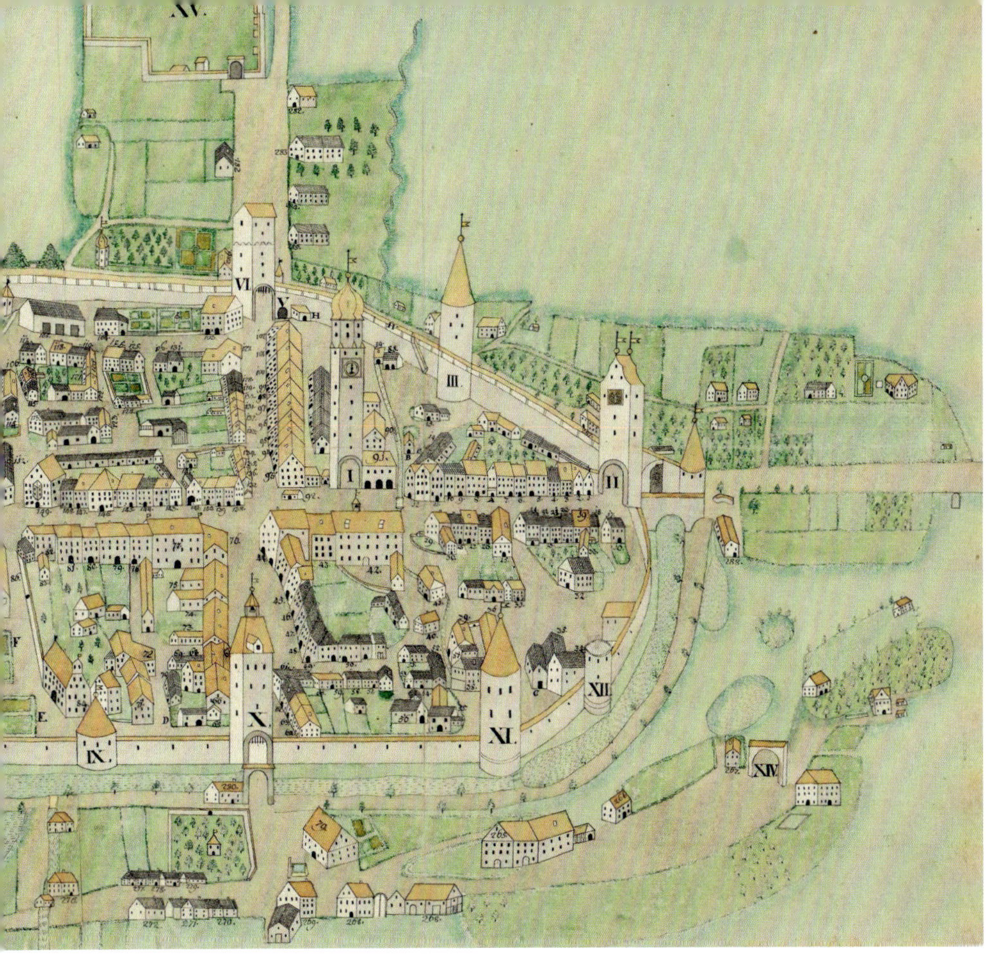

der unmittelbaren Nähe zwischen den einzelnen Kreisgebieten und den vorderösterreichischen Territorien sowie deren Verflechtung kam es im deutschen Südwesten zu immer neuen Auseinandersetzungen. Die zu Beginn des 18. Jahrhunderts verfügbaren Karten des Kreisgebietes, wie beispielsweise David Setzlins (1535–1608) ‚Circulus sive Liga Sueviae' aus dem Jahre 1572[308] oder Johann Christoph Hurters (um 1576–um 1640) posthum veröffentlichter Atlas ‚Geographica provinciarum Sueviae descriptio'[309] (1679), waren eher unzureichend und ungenau. Deshalb wurde der erfahrene französische Ingenieuroffizier und Militärkartograph Jacque de Michal (um 1680–um 1750), der zu diesem Zeitpunkt als Hauptmann im baden-durlachischen Regiment beim Schwäbischen Kreis in Ulm stationiert war, damit beauftragt, eine Karte des Schwäbischen Kreises anzufertigen.[310] Zu diesem Zweck bereiste Michal die einzelnen Kreisstände um „kartogra-

308 Als Kupferstich veröffentlicht im ‚Theatrum Orbis Terrarum' von Abraham Ortelius (lat. 1570/dt. 1571–1573): *Theatrvm oder Schawplatz des erdbodems, warin die Landttafell der gantzen weldt, mit sambt aine der selben kurtze erklarung zu sehen ist. Durch Abrahamum Ortelium. Antwerpen: Egidius Coppens van Diest*, 1572. Verschiedene Ausgaben digital: http://www.orteliusmaps.com/atlasindex.html (aufgerufen am 7. 8. 2023).

309 Hurter, Geographica provinciarum Sueviae descriptio.

310 Fischer, Suevia Universa, S. 17. Kurzbiographie: Michal wurde 1680 in der hugenotten-freundlichen Stadt Sedan geboren – daher die Annahme, er sei Hugenotte. Im Corps des Ingénieurs de Camps

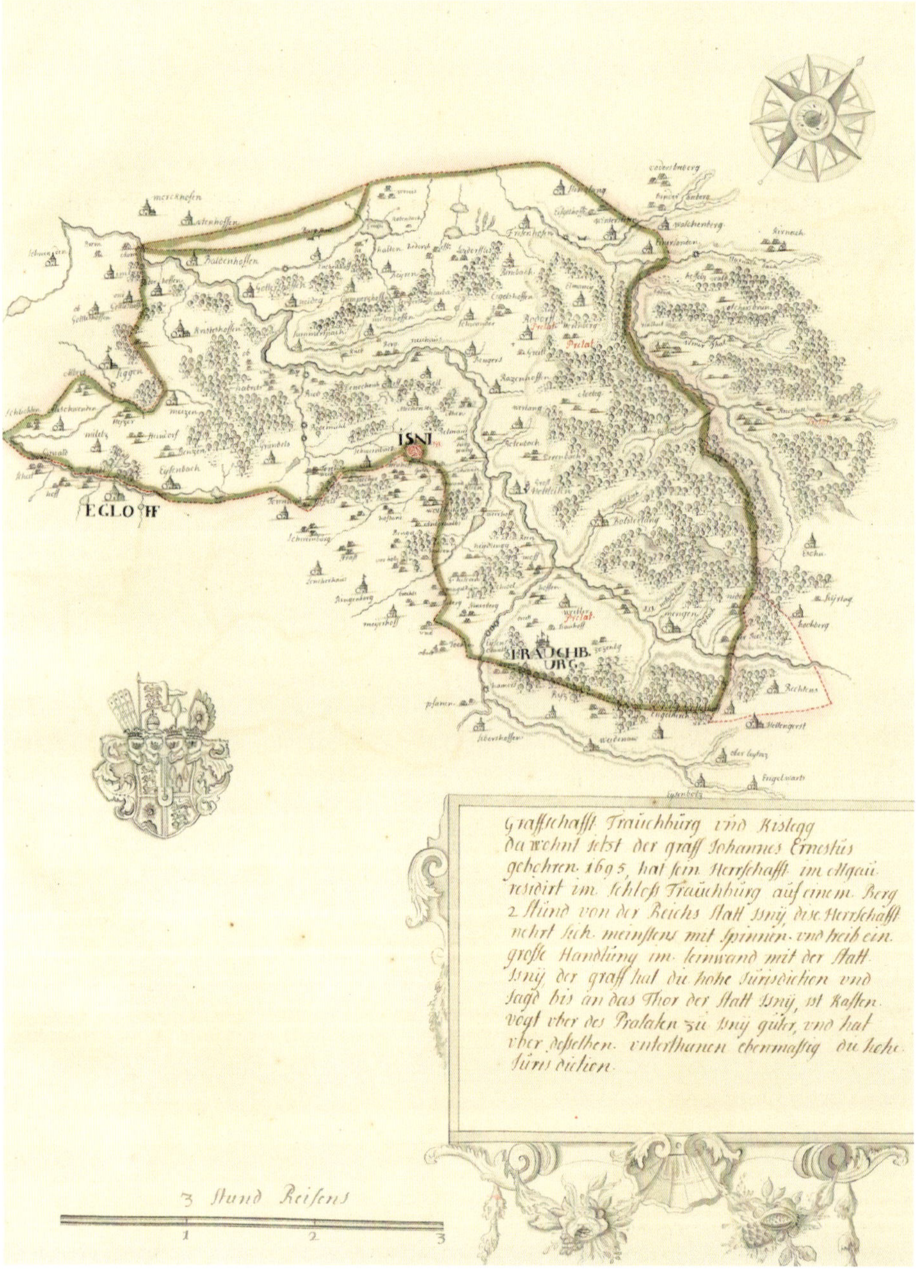

55 Die waldburgischen Herrschaften Zeil und Trauchburg aus Jacques Michals Atlas.

phische Lücken zu schliessen“ und nutzte für seine Kartendarstellung bereits vorhandene Kartenwerke wie Johann Majers (1614–1712) Karte des württembergischen Herzogtums von 1710 und Christoph Hurters Illerkarte aus dem Jahr 1619.[311] Bis zum Ende des Alten Reiches wurde die „Suevia Universa“ als „die beste Karte des Schwäbischen Kreises“ wertgeschätzt.[312]

Parallel zu seiner Auftragsarbeit, eine Karte des Schwäbischen Kreises zu erstellen, die schließlich in neun Kartenblättern das gesamte Kreisgebiet abbildete,[313] erarbeitete sich Michal auch einen eigenen ‚Atlas‘ dieses Gebietes, den er sukzessive um weitere Manuskriptkartenblätter erweiterte. Dieser Atlas mit dem Titel *Geographische Abbildung eines gantzen hochl. Schwaebischen Crayses* [...] enthielt von jedem einzelnen der rund 100 Kreisstandgebiete eine Inselkarte mit Kurzbeschreibungen.[314] Er diente Michal bis zu seinem Tod als Arbeitsunterlage und war daher weder für die Öffentlichkeit noch für ein breiteres Publikum bestimmt oder gar zugänglich. Er galt lange als verschollen und wurde im Jahre 1960 von Alfons Schäfer wiederentdeckt.[315] Bemerkenswert ist, dass Michal dieses Werk als Arbeitsunterlage schuf und die einzelnen Herrschaftsbilder dennoch ein ausgesprochen kunst- und prunkvolles Dekor erhielten.[316]

Der Atlas Michals ist nicht nur eine einzigartige und herausragende Kartensammlung, sondern weist darüber hinaus nach, dass zeitgleich mit den kleineren Herrschaftsgebieten auch die übergeordnete Verwaltungsinstanz, hier der Schwäbische Kreis, veranschaulichendes Kartenmaterial benötigte, um die jeweiligen Interessen und Rechtssituationen versinnbildlicht zu sehen und angemessen wahrnehmen zu können. Im Verlauf des 18. Jahrhunderts wurden in allen oberschwäbischen Territorialherrschaften Kartenwerke in Auftrag gegeben, die sich mit den unterschiedlichen Herrschaftsräumen auseinandersetzten. Neben Territorialkarten, die ähnlich den vorangegangenen Landtafeln eine Grafschaft, Reichsstadt oder eine Klosterherrschaft im Ganzen abbilden, wurden ganze

et d'Armée wurde er vermutlich zum Militärkartographen ausgebildet, 1703 diente er als Volontär im preußischen Militär (wie bei Hugenotten üblich), 1705 trat er als Fähnrich in den Dienst des Schwäbischen Kreises beim baden-durlachischen Regiment, es folgten die Beförderungen zum Sous-Lieutenant (1711) und zum Hauptmann (1721). 1733 erhielt er als „Titularhauptmann [...] die Dienststellung als leitender Militärkartograph des Schwäbischen Kreises und der Kreistruppen und wurde zum Regimentsstab versetzt“. 1747 erfolgte die Beförderung zum Major, etwa drei Jahre später war er verstorben. Vgl. ebd.

311 Ebd., S. 20.

312 Ebd., S. 17.

313 Ebd. Veröffentlichung 1725 mit 400 Kartenexemplaren im Seutter Verlag in Augsburg; StAS FAS K Nr. 14: *Landkarte von Schwaben*, 1725, Jacques de Michal, http://www.landesarchiv-bw.de/plink/?f=6-5800280 (aufgerufen am 7.8.2023). Im gleichen Jahr verlegte der Kupferstecher Matthäus Seutter (1678–1757) eine Karte des Bayerischen Reichskreises in einem wesentlich kleineren, einblättrigen Format (49 × 57 cm); Ritter, Landkarten, S. 23.

314 GLAK H-d/24: *Geographische Abbildung eines gantzen hochl. Schwaebischen Crayses* [...] *nach und nach gesammlet und nunmehro in gegenwartiges großes Werck gaentzlich zusammengetragen durch J. de Michal, Capitän.*

315 Schäfer, Unbekannter Atlas.

316 Dieses außergewöhnliche Kartenwerk wurde im Rahmen dieser Studie zwar zur Kenntnis genommen, konnte aber aufgrund der Ausgangsfrage nach Selbstdarstellung von Herrschaft nicht weiter berücksichtigt werden; am ehesten wäre es den Landesbeschreibungen zuzuordnen.

'Geometrische Mappen' und erklärende Urbarien angefertigt, welche die zugehörigen Besitz- und Lehensverhältnisse wie Waldungen, Ortschaften und Höfe aufzeichneten und veranschaulichten. Neben den Darstellungen des Territoriums dokumentierte ein erheblicher Teil der Jurisdiktionskarten die Auseinandersetzungen und Vereinbarungen um Grenzräume und Triebrechte der einzelnen Herrschaften. Gemeinsam mit den Flur-, Forst- und Vereinödungskarten handelt es sich bei den Gemarkungsplänen bzw. Jurisdiktionskarten um Verwaltungskarten, sie bilden nicht nur die Hauptmasse der überlieferten Karten, sie waren für die Herstellung von Herrschaftsräumen für die unterschiedlichen Aspekte der vorliegenden Studie von großer Bedeutung. Denn gerade in diesen Kartenwerken zeigten sich die Wahrnehmung, das Selbstverständnis und der Herrschaftsanspruch, die sich hier in unterschiedlich ausgeprägter Weise verfestigten. Der Kartenraum wurde zum eigentlichen (Re-)Präsentationsraum und spiegelte die Selbstwahrnehmung der Territorien und damit die Versinnbildlichung von Herrschaft wider.

Um diese Perspektive zu betonen, traten in einer Vielzahl von Kartenwerken dekorative Elemente hinzu, die entsprechend der zeitgenössischen Mode gestaltet waren und so durch reich geschmückte Kartuschen und Bildschmuckelemente in Barockzierat, Rokokodekor und in klassizistischen Stilelementen des 18. Jahrhunderts die Selbstbetrachtung als bedeutend zu untermauern suchten. Daneben entsprach die Darstellungstechnik auf der kunstgeschichtlichen Ebene dem zeitgenössischen wissenschaftlich-technischen Standard. Lediglich die Form der Inselkarte kann symbolisch aufgeladen werden und wird als Mittel der herrschaftlichen Reflexion die Selbstwahrnehmung gesteuert haben. Dabei waren aber vor allem die Kunstfertigkeit der Autoren in der Gestaltung und Dekoration von entscheidender Bedeutung für den Präsentationscharakter. Denn nur durch das Kartenbild konnte eine Herrschaft sich selbst in all ihrer hier dargelegten Vielfalt und ihren Ausmaßen betrachten und wahrnehmen.

Oberschwaben war eine von Herrschaften und Herrschaftsrepräsentation geprägte Landschaft. Dies belegen besonders die 63 Schlösser, die zuletzt von Peter Eitel für das Jahr 1819 ermittelt wurden,[317] wovon mehr als zwölf Komplexe ehemals bedeutende Klosteranlagen waren. Diese Anhäufung von Residenzen auf einem verhältnismäßig kleinen Raum versinnbildlicht die kulturellen und politischen Aspekte der Wahrnehmung von Herrschaftsrepräsentation der einstigen Kloster- und Adelslandschaft. Die Karte ist dabei ein Medium, das diese zeitgenössische Raumwahrnehmung letztlich aufnahm, ausdrückte und so dem Betrachter überhaupt vor Augen führte.

Über den herrschaftlichen Aspekt hinaus kamen in der Kartographie besonders auch katholische Traditionen zum Tragen. Neben den offensichtlichen Merkmalen der Kulturlandschaft wie Kirchen, Kapellen, Bildstöcken und Kreuzen erfolgte die „Veralltäglichung der Frömmigkeit" Peter Blickle folgend „symbolisch", indem im 18. Jahrhundert die alten Hofnamen durch Heiligennamen ersetzt wurden.[318] Diese Entwicklung war nicht nur auf die geistlichen Gebiete begrenzt, sondern konnte in ganz Oberschwaben und darüber hinaus in anderen katholisch geprägten Gegenden beobachtet werden.

317 Vgl. Eitel, Geschichte Oberschwabens, Bd. 1, S. 15.
318 Blickle, Oberschwaben, S. 25.

Dies geschah nicht allein aufgrund einer konfessionellen Weltanschauung oder religiösem Eifer der Herrschaftsträger, dahinter stand ein ganz pragmatischer Grund. Mit den Landrenovationen der Territorialherrschaften und der Umsetzung der Vereinödung wurden im Laufe des 18. Jahrhunderts ganze Landstriche erneut zu Lehen vergeben und mussten dementsprechend umbenannt werden. Zur Unterscheidung der einzelnen Höfe wurden häufig die Vornamen der Bewirtschafter verwendet, die in Oberschwaben, wie in katholischen Gegenden üblich, in der Regel nach dem Heiligen des entsprechenden liturgischen Gedenktages im Kirchenjahr vergeben wurden.[319] Neben diesem praktischen Blickwinkel dürfte aber auch der katholisch geprägte Alltag sowohl in den geistlichen wie in den weltlichen Territorien letztlich eine wesentliche Rolle bei der Namensvergabe und anderen konfessionellen Aspekten eingenommen haben. Die Religion spielte bei der Landbevölkerung, den Klöstern und dem Hause Waldburg beispielsweise, wie noch im Laufe dieser Studie herausgestellt werden wird, eine große Rolle.

Das Verhältnis von Mensch und Natur war für alle Territorien Oberschwabens anhand von Land- und Forstwirtschaft, von Wirtschaftsressourcen und Verarbeitungsbetrieben sowie anhand von eingezeichneten Gewohnheits- und Nutzungsrechten nachzuvollziehen. Der Wald nahm dabei als wichtigste Rohstoffquelle überall eine Sonderrolle ein. Handels- und Verkehrsräume unterstützten die (Re-)Präsentationsabsichten und gaben wertvolle Einblicke in die ökologischen und ökonomischen Strukturen und Bedingungen der Territorien. Kartenbilder der oberschwäbischen Herrschaften waren hier ein wertvoller Informationsträger vor allem in Bezug auf politische Räume und Herrschaftsverortung. Wie von der Forschung für das Mittelalter und die Frühe Neuzeit thematisiert wurde,[320] wurde auch in den Manuskriptkarten des 18. Jahrhunderts eine Art der Kommunikation von Herrschafts(re)präsentation im Kartenbild angestrebt, sie war nur deutlich dezenter als in den vorangegangenen Jahrhunderten. Es kann beobachtet werden, dass in sogenannten Territorialkarten ein Herrschaftsraum in Gänze abgebildet, die Raumansprüche visualisiert und der (re)präsentative Charakter mit Schmuck- und Schriftelementen unterstrichen wurde, während in den handgezeichneten Verwaltungskarten die Fortschritte der Feldmessung und Innovationen der Technik ihr Echo fanden.[321]

Unterschiede zwischen den Kartenwerken der weltlichen und geistlichen Territorien Oberschwabens bestehen in erster Linie in der Überlieferungssituation. Die Grenzauseinandersetzungen der geistlichen und weltlichen Territorien mit- und gegeneinander hatten im Regelfall zur Folge, dass die Klöster die Feldmesser bestellten und die angefertigten Kartenblätter sich zu meist auch in den klösterlichen Archiven erhalten konnten. Zudem wurden in den Karten der geistlichen Territorien neben den religiösen Kleindenkmalen zusätzliche Kennzeichnungen vorgenommen. Hier war häufig eine Sonderform der Kreuzsignaturen anzutreffen: ein Kreuz mit einem doppelten Querbalken, ein sogenanntes Patriarchenkreuz. Es ist davon auszugehen, dass hiermit der Klosterbesitz aus-

319 Vgl. Grees, Sozialstruktur, S. 60, Anm. 13; Blickle, Oberschwaben, S. 25.
320 Vgl. Stercken, Repräsentation; Dies., Herrschaft verorten.
321 Als Orte der Wissenschaft überlieferten die Klosterterritorien Oberschwabens, darunter Weingarten, Schussenried und Ochsenhausen, einen reicheren Fundus sowohl an Kartenmaterialien als auch an Vermessungsgeräten.

gewiesen werden sollte. Eine Überprüfung mittels regionaler Kleindenkmalforschung hat bisher keine aussagekräftigen Ergebnisse herbeiführen können. Die Praxis, Höfe und Agrarflächen nach Heiligen und nicht nach bewirtschaftenden Familien zu benennen, ob aufgrund der „Veralltäglichung der Frömmigkeit"[322] oder in Folge einer praktischen Buchführung, begegnete letztlich in geistlichen Territorien wesentlich häufiger als in Kartenbildern weltlicher Herrschaften. Dagegen kann die abstrakte, nüchterne Herrschaftsrepräsentation wie im Situationsplan der Herrschaft Aulendorf in weltlichen Herrschaftsbereichen zwar häufig beobachtet werden, hier besonders im Zusammenhang mit Grenzstreitigkeiten, dennoch lässt sich daraus keine generalisierende Regel ableiten, da die Darstellungsform und der Bildschmuck nicht nur von den Fähigkeiten und der Kunstfertigkeit des Kartenautors abhängig waren, sondern auch im Entstehungskontext zu betrachten sind. Gelegentlich gereichte hier eine schlichte Skizze der Situation für den Nachweis des zu Belegenden. Um die Raumverhältnisse einer Herrschaft raumgreifend darzustellen, waren häufig weder umfangreiche Landaufnahmen noch irgendeine Kunstfertigkeit vonnöten.

Ein interessanter Hauptunterschied, den geistliche und weltliche Herrschaften generell aufweisen, besteht darin, dass der Verwaltungsapparat, den die fürstlichen Höfe stellten, auf angestellten Beamten beruhte.[323] Dagegen besetzten die geistlichen Herrschaften diese Beamtenpositionen mit intern ausgebildeten Geistlichen – ein Aspekt, der in der Haushaltsrepräsentation deutlich zu Buche schlägt. Was die Situation der Auftraggeber anbelangt und einen möglichen Unterschied zwischen einem geistlichen oder weltlichen Territorialherren, so konnte in anderen Auftragssituationen in Oberschwaben bei den Baumeistern, Architekten, Stuckateuren und anderen Handwerkern keine Trennung irgendeiner Art nach geistlich oder weltlich festgestellt werden.[324] Ebenso verhielt es sich bei den Kartographen, Aufträge wurden nach Fertigkeit vergeben. Hier kam lediglich das besondere Moment der mathematisch gebildeten Klostergelehrten zum Tragen, die sich mit der Kartographierung ihrer Klostergebiete auseinandersetzten. Wie die Beispiele des Benediktinerpaters Hermann Hörmann oder des Prämonstratenserpaters Dominicus Reiner zeigten, blieb bei den Reichsabteien Ochsenhausen und Schussenried zumindest die Aufsicht über die Landaufnahme innerhalb der Klosterleitung. Darüber hinaus werden bei den Vermessungen im Gelände auch anderweitige Feldmesser oder Untertanen zum Einsatz gekommen sein.

Daneben kam vor allem ein metaphorisches Raumelement in den Karten zum Vorschein: Klöster hoben hauptsächlich durch Attribute der Rechtsausübung ihren weltlichen Rechtsanspruch hervor. Häufig sind bei Titelkartuschen die Zeichnung von Richtschwert und Krummstab als Insignien des weltlichen und geistlichen Rechts zu finden. Adelsterritorien wie das Haus Montfort oder die Linien Waldburgs schmückten sich im Vergleich dazu mit einer Krone, die reichsstädtischen Territorien verwiesen zu diesem Zweck mit dem Reichsadler bildlich auf ihre besondere Stellung innerhalb des Reiches. Auch entstand der Eindruck, dass weltliche Territorien verglichen mit den Klosterherr-

322 Blickle, Oberschwaben, S. 25.
323 Vgl. Wesely, Steuerreform; Richter, Niedergang, S. 165–232.
324 Vgl. Knapp, Schlossbauten, S. 678.

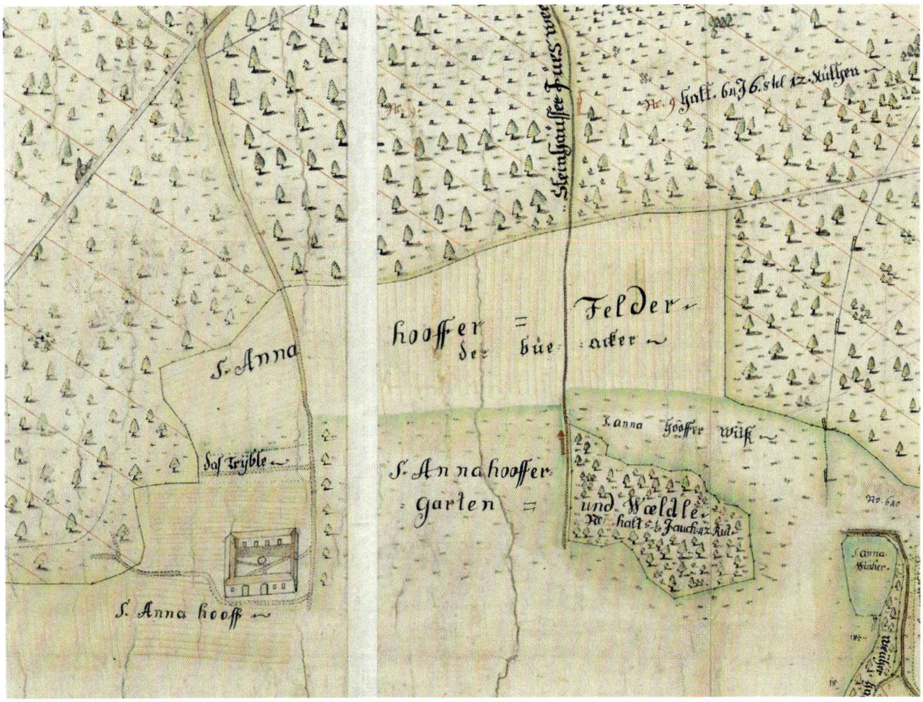

56 Frostgrenze zum St. Anna Hof (2. Hälfte des 18. Jh.).

schaften den wirtschaftlichen Aspekten Vorschub leisteten und überwiegend Infrastrukturen wie das Verkehrsnetz und wirtschaftliche Ressourcen aufzeigten. Diese These konnte sich letztlich nicht eindeutig erhärten, denn auch geistliche Gebiete dokumentierten derlei Informationen. Für die Darstellung des Hochgerichtes wurde in allen untersuchten Territorien durchweg die Richtstätte im Kartenbild durch eine Galgensymbolik angezeigt. In geistlichen Territorien wurde zudem auf das Recht zur Ausübung des Blutgerichts verwiesen, indem neben dem Bischofsstab das Richtschwert das jeweilige Herrschaftswappen ergänzte.

Neben all den angeführten Aspekten bleibt zu beachten, dass Karten unabhängig von ihrem Entstehungskontext nur ein Abbild, eine Konstruktion der Wirklichkeit sind. Sie sind Konstruktionen und Konstitutionen von Herrschaft und Räumen. Sie erfassen eine Raumsituation und geben die Elemente anhand der einzelnen Merkmale, Verhältnisse und Ausgangssituationen detailliert oder situationsbezogen wieder. Schon allein in der Natur der Kartengestaltung liegt der ausschnitthafte Betrachtungswinkel, das inselhafte Gestaltungsmoment. Hinzu kommt die subjektive Beobachtung des Raumes durch den Autor, der die für ihn und seinen Gestaltungsmoment wichtigen Faktoren auf das Blatt überträgt. Das Einfügen oder gar Weglassen einzelner Details verändert den jeweiligen Aussagegehalt und beeinflusst die Raumdarstellung.

Interessant sind hierbei, im Vergleich zu den Reiseberichten oder Landesbeschreibungen, diejenigen Objekte, die auf einer Vorlage aufbauen und nur wenig oder gar keine Kenntnisse der jeweiligen Raumsituation belegen. Besonders prekär war dies in den Landesbeschreibungen, in denen die einzelnen Autoren aufgrund der großflächig angelegten Werke auf vorangegangene Autoren zurückgreifen mussten, da ein Aufsuchen der einzelnen Orte einen immensen lebensüberschreitenden Zeitaufwand bedeutet hätte. Dadurch wurden aber nicht nur tatsächliche Inhalte, sondern ganze Stereotype wiedergegeben. Auch in der Kartographie wurden teilweise ältere Karten bei Landesaufnahmen herangezogen, sie dienten jedoch zumeist, wie im Falle der Grafschaft Friedberg-Scheer, dem Vergleich von vormaligen Situationen und Rechtsverhältnissen. Genaue Messungen im Raum waren aber dennoch dem beabsichtigten Aussagegehalt untergeordnet.

Im Rahmen dieser Studie wurde versucht, die Karten auf die Herstellung von Herrschaftsräumen – dem Doing-Territory-Theorem von Andreas Rutz[325] – hin anhand ihrer dargestellten Inhalte im Bereich der Kultur, Religion, Umwelt und Kunstgeschichte zu beleuchten, um vergleichbare Tendenzen aufzuzeigen und letztlich die Frage zu erörtern, wie sich Herrschaft (re)präsentierte und wie sich eine Herrschaft selbst wahrnahm bzw. wie sie sich anhand des Dargestellten überhaupt erst selbst wahrnehmen konnte. Im Gegensatz zu Karten aus der Kupferstichmanufaktur stellten Manuskriptkarten in der Regel Unikate dar. Sie waren Auftragsarbeiten, die im Rahmen eines genau bestimmten Interessenskontextes entstanden und zudem meist nur einem sehr kleinen, auserwählten Kreis von Rezipienten überhaupt zugänglich waren. Die für diese Studie ausgewerteten Raumelemente konnten im Kartenbild an den nachfolgenden Attributen festgemacht werden.[326] So stand für die Frage nach Herrschaftsverortung und Herstellung von Herrschaft im Kartenbild zunächst der Herrschaftsbereich selbst im Blick, dann die Darstellung der Grenzen, Hoheitszeichen wie Wappen, Insignien der Macht, Siegel, Galgen sowie repräsentative Gebäude, Markungen, Zollhäuser und Bannmühlen. Für die umweltgeschichtliche Betrachtung waren es neben den landwirtschaftlichen Nutzflächen, der Verzeichnung von Forst und Gewässern, die Siedlungs- und Infrastruktur sowie der Handel. Dabei konnte beobachtet werden, dass sich viele Grundstrukturen, wie Forstgebiete, bis in die heutige Zeit erhalten haben.[327]

Unter der kunstgeschichtlichen Ebene stand zunächst die Gestaltung der Karte selbst im Mittelpunkt, dann die Bildschmuckelemente, architektonische Besonderheiten im Bild sowie letztlich die Fähigkeiten des Autors selbst. Die kunsthistorischen Elemente Oberschwabens im Untersuchungszeitraum sind nicht nur in Werken aus Stein und Holz nachvollziehbar, sondern auch in den Kartenbildern. Die sich entwickelnden Stilmerkmale des Barock, Rokoko bis hin zum Klassizismus prägten auch die Kartenherstellung, hier waren es vor allem die Dekorelemente, die entsprechend gestaltet waren.

325 Vgl. Rutz, Doing territory; Ders., Beschreibung des Raums, S. 18.

326 Vgl. Löw, Raumsoziologie, S. 158–161; Rutz, Doing territory, S. 105 f.

327 So haben sich viele Forstgebiete erhalten, wie die prägnante Forstlinie des Fürstenwaldes am Ochsenhausener Kammergut St. Anna-Hof bei Dissenbach und blieben bis heute nahezu unverändert. Vgl. *Grund-Riß über den Reichs Gottshaus Ochsenhaussischen Wald, Klosterholz genant* [...], o. A. [2. Hälfte 18. Jh.], o. V. [Johann Baptist Rindenmoser], HStAS N 26 Nr. 26 (Abb. 56) und das entsprechende Kartenbild im Geoportal Baden-Württemberg des Landesvermessungsamtes LGL (Abb. 57).

57 Unveränderte Forstgrenze heute.

Wie nahmen sich nun die Herrschaften selbst im Kartenbild wahr? Die Karten zeigen die in zeitgenössischer Manier ausgestalteten Neubauten der Schlösser, Klosteranlagen und Kirchen und verzeichnen in allen katholischen Territorien die Prozessionswege, Feld- und Wegkreuze, Bildstöcke und Kapellen, die die Landschaft als Sakrallandschaft charakterisieren.[328] Diese Besonderheit wurde auch in den Reiseberichten wahrgenommen und eindringlich in der Darstellung der Klöster als Konfessionsräume thematisiert. Herrschaftsträger wie Reichsprälaten, Adelige oder Patrizier pflegten einen gewissen Lebensstandard, dessen Ausstattung und Elemente sich in den Karten widerspiegeln. Dies waren in erste Linie quasi ‚moderne' Neubauten, außergewöhnliche Raumgestaltungen wie ein Rittersaal, das Treppenhaus oder die Bibliotheksräume. Die besondere Stellung der Herrschaftsträger kann nicht nur allein in der Zeichnung des Grundbesitzes nachvollzogen werden, es sind die attributiven Faktoren, die materiellen und symbolischen Handlungen, die dabei zum Tragen kommen und deren Ausgestaltung in den Kartenbil-

328 Vgl. Karten der oberschwäbischen Herrschaften im Landesarchiv Baden-Württemberg: der Klöster Salem GLAK H Salem, Ochsenhausen HStAS N 26, Schussenried HStAS N 30; Herrschaft Heiligenberg GLAK H Fürstenberg-Heiligenberg, Grafschaften Königsegg und Waldburg HStAS N 11, Friedberg StAS Dep. 30/15 T 1.

dern die symbolische Aufladung und Sichtbarkeit des Herrschaftsanspruches erst untermauerten.

Die Manuskriptkarten der Herrschaften des oberschwäbischen Raumes tragen auf vielschichtigen Ebenen unterschiedliche Informationen, die die Vorzüge und eventuellen Nachteile einer Herrschaft dem jeweiligen Betrachter übermitteln. Sowohl die Auftraggeber als auch der unabhängige Betrachter konnten die mitschwingenden Elemente und Intension der Herrschaftsdarstellungen auf einen Blick erfassen: der Reichtum und der Status einer Herrschaft, der sich in der Architektur, unterschiedlichen Naturalien wie Holz, Getreideanbau, Viehwirtschaft oder Glashütten und Mühlen ausdrückt sowie schlicht die Visualisierung des Grundbesitzes, die Größe und Ausmaße der einzelnen Herrschaftsteile, die Infrastruktur sowie Lage und Grenzbereiche. Daneben tritt sowohl die Abgrenzung von bzw. zu anderen Territorien als auch der Aspekt der Beauftragung talentierter Kartographen, welcher nicht nur rein technisch fundierte Werke, sondern auch dekorativ und attributiv gestaltete Kartenbilder erbrachte.

Zu berücksichtigen ist neben dem Adressat des Werkes der Kreis der Rezipienten und die Frage danach, wer eigentlich Zugang zu diesen Manuskriptkarten besaß. Die untersuchten Karten waren zumeist nur einem sehr beschränkten Kreis zugänglich: In erster Linie den Herrschaftsträgern selbst, darunter den jeweiligen Verwaltern oder Bediensteten, die sich mit den Inhalten auseinandersetzten. Die meisten Kartenwerke wurden zu einem bestimmten Zweck angefertigt und wurden dann in der Regel weder aufgehängt noch ausgestellt. Viele der angeführten Beispiele waren Teil der Wirtschafts- und Verwaltungsstrukturen einer Herrschaft und wurden als solche nur zu dem für sie bestimmten Zweck verwendet; sie lagerten ansonsten – häufig gerollt – in Verwaltungsbüros, Bibliotheken oder Archiven. Nur wenige Kartenbilder wurden auf Kartentischen ausgestellt, während ihre Vorläufer, die Landtafeln, an prägnanten Stellen einem wesentlich größeren Kreis ihre (Re-)Präsentation von Herrschaft versinnbildlichen konnten.

Karten spiegeln direkt die Vorstellungen der Herrschaftsträger sowie die Wahrnehmung der Kartographen. Durch die Visualisierung der materiellen und symbolischen Handlungen werden die Vorstellungen und Ansprüche an den Herrschaftsraum sowohl abgebildet als auch konstruiert. Sie sind der Inbegriff der Syntheseleistung. Denn jeder einzelne Betrachter wird das wahrnehmen, was er aufgrund seiner Erfahrungen und Erwartungen zu sehen bereit ist, und dabei seine Bilder Oberschwabens erstellen – und zwar im Bild und im Text.

3 Oberschwaben in topographischen Texten

Der Stich, welcher zwischen Bodensee, dem Lech und der Donau, auf beyden Seiten der Iler, liegt, wird von den Wirtembergern, im Gegensatze ihres Landes eigentlich das Schwabenland, sonst aber auch Ober-Schwaben oder Alemannien genennet. Andere sagen, Ober-Schwaben sey das Land zwischen der Iler, Donau und Bodensee, was aber um den Lech und die Donau liege, sey Unter- und Nieder-Schwaben.[1]

3.1 Die Landesbeschreibung

Unter dem Begriff Landesbeschreibungen oder auch Topographien sind allgemein ab dem 17. Jahrhundert geographische Landaufnahmen zu verstehen. Sie setzen sich in der Regel aus textlichen Beschreibungen mit bildlicher Darstellung in Form von Übersichts- und Spezialkarten der zu beschreibenden geographischen Örtlichkeiten, wie Länder, Städte, Orte und Regionen, zusammen. Im 17. und 18. Jahrhundert wurden einige dieser Werke vorwiegend von Herrschaftsträgern in ganz Europa in Auftrag gegeben. In diesem Zusammenhang verfasste beispielsweise Jacob Frischlin (1557–1621) Landesbeschreibungen der Klöster, Städte und Dörfer des Herzogtums Württemberg.[2] Im Norden des Reiches fertigten Johannes Mejer (1606–1674) und Caspar Danckwerth (1605–1672) im Auftrag des dänischen Königs Christian IV. eine ‚neue Landesbeschreibung' der Herzogtümer Schleswig und Holstein an.[3] Auch die Kurpfalz erhielt in den 1780er Jahren von Johann Goswin Widder (1734–1800) mit der Vermessung der kurpfälzischen Gebiete eine ausführliche Beschreibung, um nur einige wenige Beispiele für den Untersuchungszeitraum herauszugreifen.[4]

Gelehrte, wie Juristen, Theologen und Historiker sowie auch Verwaltungsbeamte, verzeichneten in den Landesbeschreibungen die Geschichte des Landes, die politischen, kulturellen, ökonomischen und ökologischen Entwicklungen sowie die sozioökonomischen Bedingungen und Besonderheiten des jeweiligen Herrschaftsgebietes. Eine besondere Rolle kam auch hier der Beschreibung der architektonischen Gegebenheiten zu, welche die unterschiedlichen Wahrnehmungsräume und -ebenen, wie beispielsweise die Ebene der Repräsentation und Selbstwahrnehmung des Auftraggebers, unterstrichen und diese Perspektive vielleicht sogar erst ermöglichten.

1 Büsching, Erdbeschreibung, S. 1231.
2 Frischlin, Chorographia; Ders., Panegyricus Liber XIX, 1619; Ders., Beschreibung Württembergs.
3 Danckwerth/Mejer, Newe Landesbeschreibung.
4 Widder, Beschreibung der Kurfürstlichen Pfalz am Rheine.

Topographische Texte zum Forschungsraum Oberschwaben im Zeitraum von 1650 bis zum Jahre 1800 stellten sich als überwiegend unabhängige Werke heraus, die im Rahmen einer großflächigeren Beschreibung von den Autoren aus eigener Initiative zu den einzelnen Territorien des Schwäbischen Kreises angefertigt worden waren.[5] Die Autoren waren Gelehrte, Patrizier oder Adelsangehörige mit unterschiedlich fundierten Kenntnissen sowohl der Region als auch der Geographie allgemein. In den Werken, die auf Initiative eines Gelehrten entstanden, ging es kaum um (Re-)Präsentation von Herrschaft, sondern vielmehr um die Darstellung der Verhältnisse aus der Sicht eines Außenstehenden. In gewisser Weise war es für die Abfassung im Ganzen betrachtet dabei häufig unerheblich, um welche Art von Territorium, ob geistlich oder weltlich, es sich handelte. Aufgrund dieser Erkenntnisse geben die Landesbeschreibungen Oberschwabens im Kontext der Raumwahrnehmung eine Perspektive der Außen- bzw. Fremdwahrnehmung der vorliegenden Herrschaftsräume und -strukturen wieder und zeigen dadurch auf, wie sich diese in der Außenbetrachtung widerspiegelten und konstituierten.

Der Aufbau der teils mehrbändigen Landesbeschreibungen von elf Autoren ist in vielerlei Hinsicht nahezu identisch, indem die Darstellungen der Herrschaften, Städte und Orte lexikalisch angelegt waren. Nach einer Einführung in das Werk mittels eines Vorworts wurde in der Regel die von den Autoren genutzte Literatur genannt. Dann folgte die Beschreibung der einzelnen Territorialherrschaften, wobei die Verwaltungseinheit des Schwäbischen Kreises und die Auflistung nach Kreisvierteln übergeordnet waren. Im Rahmen dieser Studie wird der Schwerpunkt auf das Konstanzer Viertel gelegt, wobei das Bistum Augsburg für die das Allgäu berührenden Punkte hinzugezogen wird.

Im Gegensatz zu topographischen Werken des 17. Jahrhunderts, wo Karte und Text eine beschreibende Einheit bildeten, wurden im 18. Jahrhundert überwiegend textlastige Landesbeschreibungen veröffentlicht, die zwar auf Kartendrucke zu Schwaben eingingen, dabei aber häufig nur auf Darstellungen des Schwäbischen Kreises verwiesen.[6] Eher selten wurden ganze Kartenentwicklungen, wie beispielsweise für die Landkarten des Schwäbischen Kreises, vorgestellt.[7] Dieser Betrachtungsschwerpunkt in Eberhard David Haubers topographischem Werk aus dem Jahr 1724 bildet hier eher eine Ausnahme.[8] Doch auch innerhalb Haubers Werk wurde auf die Veröffentlichung von Karten über-

5 Eine Ausnahme bildet Röders Lexikon zu Schwaben aus dem Jahr 1791: *Da wir noch keine genaue und brauchbare Geographie von Schwaben haben, und es auch bisher die Zerstückelung diese Landes, und die Geheimhaltung getreuer Nachrichten, unmöglich gemacht hat, etwas vollständiges und zusammenhängendes zu bekommen; so glaube ich dem Publikum keinen unangenehmen Dienst erwiesen zu haben, daß ich die Ausführung dieser mir aufgetragenen Arbeit übernahm.* Röder, Lexikon, Bd. 1, Vorrede, S. 1.

6 Vgl. Büsching, Erdbeschreibung, S. 1244–1246.

7 Vgl. ebd., S. 1244 f. Büsching beschreibt die Standard-Landkarten des Schwäbischen Kreises und deren Entwicklung bzw. aufeinander aufbauend, beginnend mit Nicolaus und Wilhelm Sanson und deren Nachdruck 1689 von Willius und Wagner, gefolgt von *andere*[n] *Hauptcharte*[n] Johann Christoph Hurters, Hans Georg Bodenehrs und Johann Stridbecks, dann 1704 mit der Karte von Wilhelm de l'Isle und Jeremias Wolff, 1743 dem Druck des Hauses Seutter und der Homann'schen Erben bis hin zur *neueste*[n] *grosse*[n] *Charte* von Johann L. Kolleffel, gestochen von Johann Andreas Pfeffel in den 1750er Jahren.

8 Vgl. Hauber, Historie.

wiegend verzichtet.[9] Dies dürfte damit zusammenhängen, dass eine Drucklegung mit Kartenbildern zunächst nur in wenigen, auf Kartendruck und Kupferstich spezialisierten Verlagen möglich gewesen und infolgedessen höhere Kosten verursacht hätte. Für einige wenige Exemplare mag das erfolgt sein, jedoch wurde für den Massendruck diese Spezialisierung nicht vollzogen, wie die Überlieferungslage der herangezogenen Werke zeigte.

Im Rahmen der Beschreibung der Kreisviertel waren die einzelnen Territorialherrschaften dann entsprechend ihrer sozialen Zugehörigkeit alphabetisch gelistet. Dagegen war die Topographia Sueviae von Matthäus Merian und Martin Zeiller aus dem Jahr 1643 noch einfacher gestaltet. Nach einer ereignishistorischen Einführung folgten die einzelnen schwäbischen Herrschaften in simpler alphabetischer Reihenfolge.

Wie in den Reiseberichten später ebenso beobachtet werden kann, entwickelten sich die Landesbeschreibungen weiter, indem die enthaltenen Informationen zum einen detaillierter und zum anderen statistischer dargestellt wurden. Das Lexikon von Schwaben des württembergischen Theologen Philipp Ludwig Hermann Röder (1755–1831) aus den Jahren 1791 bis 1797 war dementsprechend umfassend angelegt worden. Dabei hatte es sich bei diesem Werk ursprünglich um eine Topographie zu Württemberg gehandelt, die Röder überarbeitete, um ganz Schwaben erweiterte und ab 1791 in drei Bänden veröffentlichte.[10] Die einzelnen Regionen, Städte und Orte wurden alphabetisch sortiert und mit genauen Besitzverhältnissen angegeben. Röder verfolgte die Absicht, möglichst genaue Beschreibungen zu den Orten anzugeben. Zu diesem Zweck hatte er *erfahrne*[r] *Männer* der einzelnen Herrschaften und Bezirke angeschrieben, um von den Amtspersonen, Räten oder Bibliothekaren genauere Informationen einzuholen für ein möglichst genaues Bild der Entwicklungen und Besonderheiten.[11] Röder beabsichtigte ein komplettes Bild von ganz Schwaben zu entwickeln und nicht nur dem *schwäbischen Kreis steuerbare Länder und Orte*, sondern auch Besitz *auswärtiger Herren und Klöster* aufzuzeigen.[12]

9 Ebd., S. 189. Lediglich eine Karte Haubers zum Herzogtum Württemberg *Nova Orbis Würtembergici Tabula* findet sich am Ende seiner Beschreibung. Zu der Tatsache, dass er diese Karte als einzige zu Ehren des Herzogs Eberhard Ludwig (1676–1733) seinem Werk beigefügte habe, verwies Hauber auch in den Anmerkungen eines späteren Werkes; vgl. Eberhard David Hauber, Zusätze und Verbesserungen [...], in: Ders., Nützlicher Discours, S. III.

10 Vgl. Auskunft Röder; Röder, Lexikon, Bd. 3, Vorwort, S. 1.

11 Röder, Lexikon, Bd. 1, Vorrede, S. 1. Im ersten und zweiten Band der Ulmer Ausgabe von 1791 listete Röder alle Korrespondenten und Informanten mit ihren jeweiligen Funktionen und Wirkungsorten: *Verzeichniß der resp. Herren Pränumeranten und Subscribenten, nach alphabetischer Ordnung*; Röder, Lexikon, Bd. 1, S. I–VIII, Bd. 2, S. I–II.

12 Röders Versuch einer Gesamtbeschreibung Schwabens: *Ich habe mein Augenmerk nicht allein – wie Hr. D. Büsching in seiner Erdbeschreibung – auf die zum schwäbischen Kreise steuerbaren Länder und Orte, gerichtet, sondern eigentlich das geographische Schwaben bearbeitet, also auch die Besitzungen des Bisthums Konstnaz, im Thurgau, die vier in Schwaben liegende Ämter des Herzogthums Pfalz-Neuburg, diz zu Schwaben immer gehörig gewesene, und noch in die schwäbische Kasse steuernde Stadt Donauwörth, die Grafschaft Limburg, das Kloster Ottobeuren, das bischöflich Strasburgische Gebiet, disseits des Rheins, die Herrschaft Lahr, die Darmstättischen Ämter Lichtenau und Wildstett, die Besitzungen der Maltheser und des teutschen Ordens, das Oesterreichische, und alle in Schwaben liegende, aber auswärtigen Herrn und Klöstern gehörige Orte, mit eingerükt und beschrieben*; Röder, Lexikon, Bd. 1, Vorrede, S. 3.

Doch nicht jede Herrschaft kam dieser Anfrage zunächst nach, wie Röder z. B. für das Bistum Augsburg sowie einen Großteil der Ritterkantone beklagte.[13]

Der Autor bemühte sich nach eigenen Angaben in seiner Vorrede vor allem darum, den Leser vor *allem Quark*, den *einige neuere Geographen* [...] *ohne Prüfung zusammen schmierten*, zu schützen, sich zu distanzieren und jegliche Informationen genau zu prüfen.[14] Das sei auch ein Grund gewesen, warum für ihn im Gegensatz zu seinen Kollegen ausschließlich die Schwabenkarte ‚Suevia Universa' von Jacques Michal aus dem Jahr 1725 die Grundlage für sein räumliches Verständnis bildete.[15] Diese und ähnliche Ausführungen fanden sich in allen vorangestellten Vorreden und Widmungen der Landesbeschreibungen. Sie dienten den Autoren dazu, ihre Beweggründe, Definitionen, Abgrenzungen und gegebenenfalls Rechtfertigungen gegenüber Dritten offenzulegen.

Die einzelnen Artikel folgten im Prinzip inhaltlich denselben Kategorien, allerdings in unterschiedlichen Reihenfolgen, je nach Anlage ihrer Autoren. Zunächst wurde die genaue Lage eines Ortes mit den angrenzenden Herrschaften konkretisiert, darauf folgte meist in kurzer und knapper Form ein historischer Überblick von der Gründung bis zum Zeitpunkt der Abfassung, daran schloss meist die Auflistung der Abgaben der Reichsmatrikel an den Reichskreis und das Reichskammergericht sowie, falls erforderlich, an die Landvogtei an. Bei weltlichen Herrschaften, speziell bei Adelshäusern, war der Fokus vor allem auf die dynastische Entwicklung gelegt. Bei geistlichen Territorien lag der Fokus auf der Gründungsgeschichte. In den Beschreibungen der Städte, vornehmlich der Reichsstädte, stand die Stadtentwicklung im Vordergrund.

Neben den historischen Entwicklungen wurden dann vor allem ökologische Strukturen vorgestellt, welche landwirtschaftliche Nutzung, Anbaumethoden, Forst- und Viehwirtschaften förderlich waren, die je nach Region und Beschaffenheit des Bodens in Oberschwaben variierten.[16] Neben der Bodenqualität war die Qualität der Luft und des Wassers wichtig. *Eine gute gesunde Luft* wurde unter anderem der Reichsstadt Leutkirch zugesprochen,[17] wie für Biberach *luftige Thäler,* [...] *lustige lautere Wasser, guten gesunden Lufft* attestiert.[18] Daneben fanden Mineralquellen in Überlingen und Weingarten sowie das Jordanbad in Biberach besondere Erwähnung.[19]

13 Röder, Lexikon, Bd. 3, Vorrede, S. 1. Im dritten Band seines Lexikons, der 1797 erschien, konnte er eine Beschreibung einiger Ritterkantone sowie Berichtigungen ausführen; vgl. Röder, Lexikon, Bd. 3.

14 Röder, Lexikon, Bd. 1, Vorrede, S. 3.

15 Ebd., Vorrede, S. 4. Röder gab hierzu direkt den Verkaufshinweis auf die Stettinische Buchhandlung in Ulm.

16 Reichelt bemerkte in seiner Beschreibung des Schwäbischen Kreises zusammenfassend *das ganze Land ist sehr fruchtbar mit vielen Flüssen* [...] *die viel gute Fische bringe. Es hat allhier eine gesunde Lufft, viel Korn, Wachs, und treffliche Viezucht*; Reichelt, Circuli Suevici, S. 7; vgl. Hünlin, Reichsstädte, S. 362–401. Die unterschiedlichen Naturräume – Seelandschaft, Hügellandschaft – wurden auch von den Reisenden wahrgenommen und in ihren Reiseberichten reflektiert. Vgl. Kap. 4.3.1.

17 Vgl. Merian/Zeiller, Topographia Sueviae, S. 119.

18 Reichelt, Circuli Suevici, S. 309.

19 Bezüglich der Wasserqualität orientierten sich Zeiller und nachfolgende Autoren an Gallus Etschenreuthers (1565–1599) Traktat von den Bädern von 1571, wonach das Überlinger Wasser aufgrund seines Felsursprungs vornehmlich Blei, Kupfer und Schwefel enthalte; Merian/Zeiller, Topographia Sueviae, S. 191; Etschenreuther, Bädern und Brunnen, S. 31.

Die ökonomischen und wirtschaftlichen Strukturen, wichtige Handelswege sowie Export- und Importgüter, insbesondere der Leinenhandel, spielten in den Beschreibungen eine bedeutende Rolle.[20] In diesem Zusammenhang wurden erstmals die landvogteilichen Zölle und Weggelder von Altdorf (Weingarten) und Gebrazhofen (heute ein Stadtteil Leutkirchs) und deren Neuerungen sowie Auseinandersetzungen der Reichsstände mit der Landvogtei thematisiert.[21]

Grenzräume wurden, wie in den Karten, vor allem dann beschrieben, wenn es sich um Landesgrenzen zu großen Territorialherrschaften wie hin zum Herzogtum Württemberg und zum Haus Habsburg handelte. In den kleinen Herrschaften waren es häufig natürliche Barrieren oder Bannräume, wie Mühlen, die als Grenzräume benannt wurden. Konfessionelle Unterschiede waren dabei im Laufe des 18. Jahrhunderts weniger von Bedeutung. Wie in der Kartographie, war auch bei dieser Quellengattung die Benennung der nächstliegenden Herrschaft allein durch den Ortsnamen Sinnbild für den angrenzenden Rechtsraum.

In den Landesbeschreibungen traten die einzelnen Regionen Oberschwabens vor allem durch die Verwendung der kulturlandschaftlichen Gaunamen in Erscheinung, wie Schwaben, Illergau, Linzgau, Schussengau und Allgäu.[22] Diese wurden nicht nur zur zeitlichen Einteilung verwendet, wie Rätien und Schwaben für die historische Beschreibung des Mittelalters. Im 17. und 18. Jahrhundert waren für den oberschwäbischen Raum die Bezeichnungen Schwaben, Oberland[23] und Allgäu gebräuchlich. So wurden die Reichsstädte Biberach und Ravensburg von den Autoren Julius Reichelt aus Straßburg und dem Erfurter Theologen Johann Samuel Tromsdorff in den Jahren 1703 und 1711 dem Allgäu zugeordnet.[24] Dieser weitgedehnte Gebrauch des Namens Allgäu auf das gesamte Oberschwaben bis einschließlich Ulm, Laupheim und Ehingen geht auf die Zeit des Bauernkrieges zurück und wurde von Sebastian Münster in seiner Cosmographia im Jahre 1545 so aufgenommen, verbreitet und ungeprüft in den nachfolgenden Veröffentlichungen übernommen.[25] Da die Beschreibungen der späteren Autoren aufeinander aufbauten, wurde diese Bezeichnung der *Nahmen der alten Pagorum, die doch noch heut zu Tage üblich seynd, Allgöw, Hogow,* [...] *das Lech-Feld, der Kempter-Wald* im Laufe des 18. Jahrhunderts beibehalten.[26]

Die übergeordnete Bezeichnung blieb aber dennoch das ‚Schwabenland', wie die Beschreibung der Lage von Wangen zeigt: [...] *eine Reichs-Stadt im Allgow im Schwabenland*

20 Besonders ausführlich bei Hünlin in Bezug auf die Reichsstädte; Hünlin, Reichsstädte, S. 332–361.

21 Wegelin, Landtvogtey, Bd. 1, S. 287; vgl. Hünlin, Reichstädte, S. 356.

22 Vgl. zuletzt bei Röder, Lexikon, Bd. 2, Sp. 556; vgl. u.a. Reichelt, Circuli Suevici, S. 294; Hauber, Historie, S. 46 f., 169; Büsching, Erdbeschreibung, S. 1243 f.

23 Vgl. u.a. Merian/Zeiller, Topographia Sueviae, S. 227; Reichelt nutzt zudem die Bezeichnung des *Obern Schwaben-Lands*, Reichelt, Circuli Suevici, S. 367; Hauber, Historie, S. 165; Wegelin, Landvogtey, Bd. 1, S. 64–66; Büsching, Erdbeschreibung, S. 1231; Hünlin, Reichsstädte, S. 344; Ders., Erbeschreibung, S. 168 f.

24 Reichelt, Circuli Suevici, S. 367; Tromsdorff, Geographie, S. 194.

25 Münster, Cosmographia Universalis; vgl. Buchau *im Allgäu an dem Feder-See gestifftet*; Tromsdorff, Geographie, S. 141.

26 Hauber, Historie, S. 169. Schwaben war *in mittleren Zeiten* in Gaue (Pagos) aufgeteilt worden, *deren Namen zum Theil noch bekannt und üblich* waren; Büsching, Erdbeschreibung, S. 1243 f.

auf einer Höhe.[27] Erst gegen Ende des 18. Jahrhunderts räumte Röder in seinem *Geographisch Statistisch-Topographischen Lexikon von Schwaben* aus den 1790er Jahren die genaueren geographischen Grenzen ein: *Allgäu, ist eine Gegend in Oberschwaben, die sich von der Gegend der Stadt Memmingen, durch das Stift Kempten, das bischöfliche Augsburgsche, die Grafschaft Königsegg, bis an die Grenzen des Bodensees und die Schweiz hinzieht.*[28] Diese Einteilung der Region ist heute noch gängig. Die Verwendung lässt wiederum Rückschlüsse auf die Autoren zu, die, wie sich im Falle von Reichelt und Tromsdorff exemplarisch zeigt, keine konkreten Ortskenntnisse besaßen oder Landesbegehungen unternahmen. Die Anfertigung eines landesbeschreibenden Werkes erfolgte in erster Linie anhand älterer Topographien und Karten, die dabei als Standardwerke fungierten. Diese wurden dann, je nach Grundinteresse des Autors an Geographie und Kartographie sowie dessen Landeskenntnissen, entsprechend erweitert.

Daneben ist festzuhalten, dass die Autoren im Umgang mit dem historisch-topographischen Material aufeinander aufbauten und sich auf die immer gleichen Quellengrundlagen und Literatur bezogen. So wurden Münsters ‚Cosmographia' (1545), Martin Crusius Annales suevici' (1595/96), Martin Zeillers ‚Topographia Sueviae' (1643/90) ebenso zur Basis für die Landesbeschreibungen wie die Werke aus dem 18. Jahrhundert, darunter Julius Reichelts ‚Kurzgefaßte Beschreibung des Schwäbischen Creises' (1703), Tromsdorffers ‚Teutschland'-Geographie (1711) sowie die Werke von Hauber (1724), Wegelin (1755) und Büsching (1754/71).

Wie bereits aus den Kartendarstellungen ersichtlich ist und wie zukünftige Reiseberichte zeigen werden, spielt die Intention des Autors eine entscheidende Rolle bei der Wahrnehmung und Darstellung von Räumen. Dabei ist es wichtig, die Sozialisation des Autors zu berücksichtigen, da diese Faktoren sich im Dargestellten widerspiegeln, wie im Folgenden erläutert wird.

3.2 Die Topographen

Die Beobachtungen im folgenden Kapitel zeigen, dass die Darstellungen in den Textquellen stark von der Absicht und dem sozialen Hintergrund des Autors beeinflusst waren. Dabei spielten Faktoren wie Herkunft, Bildung, Arbeitsverhältnisse und religiöse Zugehörigkeit eine entscheidende Rolle und spiegelten sich in der Beschaffenheit der beschriebenen Objekte wider, obwohl die Beschreibungen der Länder einheitlich strukturiert waren. Die Autoren der hier berücksichtigten landesbeschreibenden Werke sind in zwei Gruppen einzuteilen und entstammten unterschiedlichen Regionen des Deutschen Reiches. Die überwiegende Anzahl der sieben Autoren ist der Bildungselite zuzurechnen. Theologen, Rechtsgelehrte und Mathematiker beschrieben innerhalb ihrer übergeordneten Werke überblicksartig die Entwicklung Schwabens, des Schwäbischen Kreises und des Konstanzer Viertels.

27 Reichelt, Circuli Suevici, S. 386.
28 Röder, Lexikon, Bd. 1, Sp. 23.

Unter den vier evangelischen Theologen ist wie bei Johann Samuel Tromsdorff (1676–1713)[29] in Erfurt besonders deren Interesse für die Geographie hervorzuheben. Dies zeigte sich auch bei dem Württemberger Eberhard David Hauber (1695–1765),[30] der sich neben seiner Karriere im Kirchendienst auch als Kartenhistoriker hervortat, bei dem norddeutschen Theologen, Göttinger Hochschullehrer und Geographen Anton Friedrich Büsching (1724–1793)[31] und dem württembergischen Pfarrer und aufgeklärten Reiseschriftsteller Philipp Ludwig Hermann Röder (1755–1831).[32] Auch wenn alle vier Autoren lutherischer Konfession waren, erfuhr dieser Hintergrund in ihren Werken eine unterschiedliche Gewichtung.

Daneben waren die beiden Rechtsgelehrten im Herrschaftsdienst, der Landschaftskonsulent der württembergischen Landstände Johann Jacob Moser (1701–1785)[33] und Johann Reinhard Wegelin (1689–1764),[34] Rechtsberater in verschiedenen Positionen am Wiener Kaiserhof, in den Reichsstädten Isny und Kempten und späterer Bürgermeister seiner Heimatstadt Lindau (1746), für die Studie aufschlussreich. Gerade Wegelin zeichnete in seiner knappen Beschreibung der Rechtslage der Landvogtei und der Leutkircher Heid einen eigenen Blickwinkel – im Vergleich zu den anderen Betrachtungen beinahe ein gegensätzliches Bild aus der Sicht Vorderösterreichs.[35] Dieser Eindruck entsteht aufgrund der Auswahl der Quellen- und Rechtsgrundlage, die Wegelin für seine Ausführungen in den 1750er Jahren wählte.

Aus der Feder des weitgereisten Straßburger Mathematikers und Astronomen Julius Reichelt (1637–1717)[36] stammt die Beschreibung des Schwäbischen Kreises. Reichelt, der überwiegend den Norden Europas bereiste, stand in regem Kontakt mit verschiedenen Gelehrten seiner Zeit, beispielsweise mit dem Astronomen und Begründer der Kartographie des Mondes Johannes Hevelius (1611–1687),[37] dem Mathematiker, Geograph und Russlandreisenden Adam Olearius (1599–1671) oder dem dänischen Mathematiker Erasmus Bartholin (1625–1698).[38]

Die früheste Beschreibung Oberschwabens stammt von dem Topographen und Autor mehrerer landesbeschreibender Werke, Martin Zeiller (1589–1661).[39] Sein Werk ist

29 Tromsdorff, Geographie; vgl. Billig, Tromsdorff.

30 Hauber, Historie; vgl. Oehme, Tübinger Gelehrte als Kartographen; Ders., Eberhard David Hauber; Ders., Art. Hauber, Eberhard David, in: NDB 8 (1969), S. 69 f.

31 Büsching, Erdbeschreibung; Hoffmann, Büsching.

32 Röder, Lexikon; vgl. Wilhelm Kosch, Art. Philipp Ludwig Hermann Röder, in: Ders., Deutsches Literatur-Lexikon 13, Zürich ³2006, Sp. 142; Bausinger, Pöbel, Volk, Leute.

33 Crusius/Moser, Schwäbische Chronick; vgl. Wilson, Moser; Haug-Moritz, Öffentlichkeit; Renz, Mosers Vorstellungen.

34 Fritz Endres, Art. Wegelin, Johann Reinhard, in: ADB 55 (1910), S. 357 f.; Wolfart, Patriziergesellschaft, S. 11.

35 Wegelin, Landtvogtey.

36 Reichelt, Circuli Suevici; vgl. Meurer, Deutschland-Karte; Heck/Beck, Observatoire astronomique.

37 Hevelii, Selenographia.

38 Heck/Beck, Observatoire astronomique, S. 132 f.

39 Merian/Zeiller, Topographia Sueviae; vgl. Kühlmann, Lektüre für den Bürger; Brunner, Martin Zeiller.

neben Martin Crusius Schwäbischer Chronik von 1595/96 eines der Standardwerke, welches sich in nahezu allen darauffolgenden Werken als Basisliteratur wiederfindet.

Die zweite Autorengruppe entstammt dem Umfeld der städtischen Elite. Als Angehörige der jeweiligen Patrizierschicht mit teilweise kaufmännischem Hintergrund sahen sie sich dazu berufen, eines oder mehrere aufschlussreiche landesbeschreibende Werke anzufertigen. Unter ihnen ist der Ravensburger Ratsherr Johann Ludwig Schlaperizi (um 1650–1738) zu nennen, dessen Chronikbetrachtung sich überwiegend auf das städtische Geschehen richtete.[40] Dagegen sind die vier landesbeschreibenden Werke des Lindauer Kaufmanns David Hünlin (1720–1783)[41] nicht nur auf die Reichsstadt Lindau beschränkt, sondern berichten umfangreich über den schwäbischen Raum.[42]

Die Herkunft des Autors spielte für die Art und Weise seiner Wahrnehmung und Darstellung von Räumen eine wichtige Rolle, wie beispielsweise im Falle David Hünlin aufgezeigt werden kann. Er entstammte einer Patrizierfamilie der Reichsstadt Lindau und war dort Kaufmann. Dementsprechend ausführlich gestaltete er die Beschreibung Lindaus in seiner im Jahre 1780 erschienenen ‚Staats- und Erdbeschreibung des Schwäbischen Kreises' auf knapp 100 Seiten.[43] Dieser Umfang war in der Betrachtung äußerst selten und der Tatsache geschuldet, dass Hünlin den Großteil seines Lebens in dieser Reichs- und Handelsstadt verbrachte und sich somit auch seine Veröffentlichungen hauptsächlich auf dieses Umfeld bezogen.[44] Dementsprechend ist auch der Fokus Hünlins auf die ökonomischen Strukturen, auf Handel und Gewerbe – eben auf seine Erfahrungswelt – gelegt. Dies mündete nicht nur in einer umfangreichen Beschreibung der Stadtgeschichte, sondern auch in Kritik an den Entscheidungen des Stadtrates.[45]

Berücksichtigt man die Intention der Autoren, dann steht im Rahmen dieser Studie die Quellengattung Landesbeschreibungen in der Art ihrer Raumwahrnehmung und hinsichtlich ihres Informationsgehalts zwischen den Karten und den Reiseberichten. Die Texte können nur aussagen, was der jeweilige Autor sich erarbeitete, und lassen zugleich im Vergleich mit anderen Autoren Rückschlüsse über mögliche Schwachstellen zu. Neben den unterschiedlichen Vor- und Ortskenntnissen war allen Autoren das Interesse für Geographie und Geschichte gemeinsam, dass sie unterschiedlich intensiv ausführten.

40 Schlaperizi, Chronica Ravensburgensis.

41 Kraus, Wissenschaftliches Leben.

42 Hünlin, Geschichte von Schwaben; Ders., Reichsstädte; Ders., Erdbeschreibung; Ders., Beschreibung des Bodensees. Vgl. Dobras, Nachwort, S. 215.

43 Hünlin, Erdbeschreibung, S. 683–780.

44 Hünlin, Geschichte von Schwaben; Ders., Reichsstädte; Ders., Erdbeschreibung; Ders., Beschreibung des Bodensees; Vgl. Dobras, Nachwort, S. 215; Vgl. Hünlin, Erdbeschreibung, S. 771 f.

45 Vgl. Hünlin übte Kritik an der Politik früherer Stadtherren, die hugenottischen Glaubensflüchtlinge nicht aufgenommen hatten, was seiner Meinung nach für die städtische Entwicklung große Vorteile erbracht hätte, Hünlin, Erdbeschreibung, S. 771 f. Vgl. hierzu die genauere Beschreibung der Situation in Kap. 3.3.3.

3.3 Herrschaftsräume und -bilder in Landesbeschreibungen

3.3.1 Elemente der topographischen Herrschaftsdarstellung

Die in den Landesbeschreibungen entworfenen Herrschaftsräume und -bilder werden im Folgenden methodisch anhand der von den Akteuren gewählten Raumelemente unter kulturgeschichtlicher, umweltgeschichtlicher, konfessioneller und kunstgeschichtlicher Perspektive analysiert und ausgewertet. Unter kulturgeschichtlicher Betrachtung sind verschiedene Faktoren zu greifen, die bezogen auf die (Re-)Präsentation von Herrschaft insbesondere aus politisch-rechtlicher Sicht betrachtet werden, womit verschiedene Rechtsräume aufgezeigt werden können. So wird danach gefragt, welche Rechte und Grundlagen den einzelnen Herrschaften zur Verfügung standen, welche Bedingungen dabei vorherrschten und wie sich diese Räume überhaupt gestalteten. Welche materiellen und symbolischen Handlungen, Interpretationen und Wahrnehmungsebenen waren hierbei ausschlaggebend für die Konstruktion von Herrschaftsräumen?

Die Ebene der Rechts- und Grenzräume war nicht nur in den Kartenwerken, sondern auch in den Landesbeschreibungen ein wesentlicher Aspekt der Selbst- bzw. Fremddarstellung. Wie in den Kartenwerken, die als Landaufnahmen angefertigt wurden, zeichneten die Landesbeschreibungen klar umrissene und definierte Herrschaftsräume. Natürliche Grenzen und Barrieren, wie Flüsse, Gewässer und landschaftliche Eingrenzungen, wie Berge und andere topographische Begebenheiten, wurden in den Beschreibungen der Herrschaftsräume in der Regel als erstes definiert. Um die genaue Lage des zu beschreibenden Textobjektes genauer ein- bzw. abzugrenzen, wurden auch angrenzende Herrschaftsräume angegeben. Wechselbeziehungen zwischen den einzelnen Territorien, Übergänge und Grenzen spielten dabei eine untergeordnete Rolle. Sie wurden zwar genannt, hatten aber eine andere Gewichtung. Es waren überwiegend Abhängigkeitsverhältnisse und Handelsbeziehungen der einzelnen Akteure, die hier thematisiert wurden. So unterstanden die Frauenklöster einem männlichen Orden, die Klöster an sich waren, wenn auch reichsunmittelbar, doch in geistlichen Belangen dem Bischof und in weltlichen Dingen dem Kaiser verpflichtet. Desgleichen waren die Herrschaftsträger sowohl des Adels als auch der Reichsstädte nicht gänzlich unabhängig vom Reich, dessen Politik oder den Verflechtungen innerhalb der Region Oberschwaben.

Ähnlich wie bei der Betrachtung der Kartenbilder wurden hier die einzelnen Territorien zunächst anhand ihrer Grenzen klar umrissen und einschließlich der zugehörigen Gebiete dargestellt. Wie in den Karten und Reiseberichten wurden auch in den Landesbeschreibungen Grenzen und Grenzräume durch die Benennung der angrenzenden Herrschaften aufgezeigt so wie beispielsweise die Lage der fürstenbergische Grafschaft Heiligenberg, sie *gränzet gegen Osten an die Grafschaft Königseck, Abtey Weingarten und Landvogtey Aldorf und Ravensburg, gegen Süden an das costanzische und salmansweilische Gebieth, gegen Westen an das überlingische und peterhausische Gebieth, und gegen Norden an die Reichsstadt Pfullendorf, Grafschaft Sigmaringen und andere kleine Gebiethe.*[46] Allein durch die Beschreibung des Grenzverlaufes konnte der Raum darin als

46 Büsching, Erdbeschreibung, S. 1350.

eigentlicher Herrschaftsraum eines Territoriums wahrgenommen und realisiert werden. Die Konstruktion eines Raumes durch die Beschreibung seiner Außengrenzen funktioniert ebenso für die Eingrenzung der Region Oberschwabens: *Das so genannte Ober-Schwaben oder Alemannien, unter welchem Nahmen man alles begreiffet, was zwischen dem Boden-See, dem Lech und der Donau, auf beyden Seiten der Iler gelegen ist, und eigentlich das Schwaben-Land genennet wird.*[47] Aber auch durch die Beschreibung der Lage eines Ortes innerhalb einer Landschaft konnte der Rezipient einen Ort und seine Besonderheiten in Raum und Zeit wahrnehmen und erfassen. So beschrieb Reichelt die Reichsstadt Pfullendorf als *Reichs- aber kleine Stadt im Hegow, so ein Teil des obern Schwaben-Landes.*[48]

Die Ortsbeschreibungen setzen sich aus mehreren Faktoren zusammen, die, um den Faktor der zeitlichen Dimension erweitert, ein vielschichtiges Bild der Raumwahrnehmung und Herrschaftsraumkonstruktion eröffnen. Die Repräsentation von Herrschaft im Text erfolgte nicht allein nur durch Herrschaftsattribute, sondern auch durch die Beschreibung der Traditionen und Geschichte einer Herrschaft und ihrer Orte. Auch in dieser Quellengattung waren die Mühlen ein wesentlicher Bestandteil der Beschreibung des Rechtsraumes und dadurch fester Gegenstand der Raumwahrnehmung, wie die unterschiedlichen Aufzeichnungen unter anderem bei Merian, Büsching und Hünlin zeigten. Tatsächlich wurden dabei die Verarbeitungsbetriebe und insbesondere die Papiermühlen hervorgehoben, wie die Wangener Papiermühlen, die nicht nur wegen ihrer Lage,[49] sondern auch wegen ihrer Papierqualität[50] Erwähnung fanden. Die vermutlich als selbstverständlich wahrgenommenen Bannmühlen, wie beispielsweise für das Mahlen von Getreide, wurden dagegen kaum erwähnt. Hier wurden lediglich architektonische Besonderheiten hervorgehoben, wie die hohe Dichte der Mühlen in Biberach, wo neben einer *Holtzmühlen vor dem Obern Thor* der Stadt am Rotbach entlang *etliche Mühlen nacheinander* betrieben wurden.[51]

Die rechtliche Seite der Bannmühlen beleuchtete Büsching in seiner Veröffentlichung aus dem Jahre 1754.[52] Dabei führte er im Kontext der niederen Gerichtsbarkeit den Zusammenhang von Bannmühlen und dem Mahl- und Mühlenzwang aus. So hatte beispielsweise die Abtei Weingarten *im Oberamt, oder im Amte um* Gebrazhofen auf der Leutkircher Heide eine Mühle, wobei die Abtei nicht nur über die Einnahmen aus der

47 Hauber, Historie, S. 165.

48 Reichelt, Circuli Suevici, S. 367.

49 Ebd., S. 387: [...] *Uber besagtes Wasser* [der Oberen Argen] *gehet eine bedeckte Brücken, daran Papier-Mühlen gebauet sind.*

50 Denn hier wurde *dasselbst das beste und reineste Postpapier gemacht*; Merian/Zeiller, Topographia Sueviae, S. 212. Über Generationen führte die Familie Loth die Papiermühle in Wangen, im Untersuchungszeitraum waren Johann Georg Loth für den Zeitraum 1698–1728 und Franz Anton Loth für den Zeitraum 1734–1770 als Besitzer sowie Johann Ernst Loth ab 1770 als Papiermeister und 1778–1812 auch als Besitzer verzeichnet; vgl. August Block, Papiermühlen in Deutschland, in: www.blogus.de, www.blogus.de/Pmuehlen.html#quell (aufgerufen am 7. 8. 2023).

51 Merian/Zeiller, Topographia Sueviae, S. 33. Sie wurden wiederum in den Karten dargestellt, wie in den sechs Kartenblättern der Stadtgemarkung Biberachs von Johann Joseph Veitt aus dem Jahr 1721; vgl. Kap. 2.3.1.

52 Büsching beendete das Werk 1754, es wurde aber erst 1771 verlegt.

Mühle verfügte, sondern über diese und weitere 30 Höfe die niedere Gerichtsbarkeit ausübte.[53] Auch der Status der Mühlen der Reichsstadt Isny, die zwar außerhalb der Stadt lagen, über die der Rat aber wie über dort die gelegene *sogenannten Viehweide* die hohe und niedere Gerichtsbarkeit ausübte, wurde benannt.[54] Durch die Mühlen versinnbildlichte sich das grundherrliche Gewerbebannrecht, der Mahl- und Mühlenzwang. Zudem wurde neben dem Rechtsraum der niederen Gerichtsbarkeit auch symbolisch die Wirtschaftskraft der jeweiligen Territorialgewalt beschrieben. Wirtschaftliche und politische Aspekte gehen somit sowohl in der Quellengattung der Landebeschreibungen als auch bei den Kartenbildern Hand in Hand. Durch die Darstellung dieser rechtlichen und gleichzeitig ökonomischen Elemente werden die unterschiedlichen Facetten deutlich, die einen Herrschaftsbereich ausmachen und den Status des jeweiligen Gebietes mitgestalten. Die Aufzählung von zugehörigem Landbesitz, von Residenzen und Gebäuden, von Rechtsgrundlagen, wie Mühlen, von Land-, Forst- und Viehwirtschaft dient der plastischen Veranschaulichung der Besitzverhältnisse und Darstellung der Herrschaftsräume.

Eine ähnlich gelagerte Vielschichtigkeit der Wahrnehmungsräume findet sich in der Erhebung der Zölle.[55] Auch das Zollrecht versinnbildlichte sowohl die Herrschaftsrechte eines Gebietes wie auch die finanziellen und ökonomischen Entwicklungen der Verkehrs- und Wirtschaftseinrichtungen. In den Karten und Landesbeschreibungen zum Untersuchungsraum Oberschwaben waren die erhobenen Zölle oder Mauten für Straßen und Wege ein eher kaum genannter Faktor. Das könnte daran liegen, dass die verschiedenen kleineren Herrschaftsgebiete wie selbstverständlich an den jeweiligen „Eingangstoren" Zölle oder Mauten erhoben, was als gängige Praxis angesehen wurde und dadurch keiner weiteren Erwähnung bedurfte.

Dass es für jede einzelne Herrschaft Zölle gab und diese auch gewissen Schwankungen unterlagen, zeigt sich in den Aussagen Wegelins zu einer höheren Instanz. Wegelin nahm in seiner Beschreibung der Rechtssituation *der Kayserlichen und Reichs Landtvogtey in Schwaben, wie auch Dem Frey Kayserlichen Landtgericht auf Leutkircher Haid und in der Pirß* im Gegensatz zu den anderen in dieser Studie untersuchten Topographen eine eher dem Haus Habsburg zugewandte Position ein. Besondere Aufmerksamkeit verdient seine Beschreibung dahingehend, dass er die Erhöhung der Zölle dokumentierte und begründete, die als eine Reaktion auf die Auswirkungen des Dreißigjährigen Krieges reichsweit erhoben werden mussten.[56] Infolgedessen habe dann das Haus Habsburg Anspruch auf alle Rechte und Regalien der Herzöge von Schwaben erhoben.[57] Die sich daraus anbahnenden Konflikte der einzelnen Territorialherren Oberschwabens mit dem Haus Habsburg waren weitreichend und anhaltend, spielten aber im Rahmen dieser Studie keine nennenswerte Rolle und werden daher nicht weiter ausgeführt.

53 Büsching, Erdbeschreibung, S. 1367.

54 Ebd., S. 1402.

55 Vgl. Alois Koch, Art. Zoll und Maut in Schwaben (bis 1800), publiziert am 1. 8. 2014; in: Historisches Lexikon Bayerns, https://www.historisches-lexikon-bayerns.de/Lexikon/Zoll_und_Maut_in_Schwaben_(bis_1800) (aufgerufen am 7. 8. 2023).

56 Wegelin, Landvogtey, Bd. 1, S. 285.

57 Ebd., S. 286.

Die Darstellung der Rechtsverhältnisse ist ein wesentliches Raumelement der kulturgeschichtlichen Betrachtung von Herrschaftsräumen. Auch die Landesbeschreibungen informieren den Rezipienten über den rechtlichen Status einer Herrschaft und die internen Rechtsverhältnisse, indem sie die Ausübung der Rechte und Pflichten aufführen. Während die Kartenbilder die Hochgerichtsbarkeit allein durch das Symbol des Galgens aufzeigten, beschreiben die Landesbeschreibungen die einzelnen Rechtsverhältnisse und -situationen wortreich. So stand beispielsweise die am Bodensee gelegene Reichsstadt Buchhorn (Friedrichshafen) in rechtlichen Belangen unter der *Protection* Überlingens.[58]

Der Informationsgehalt orientierte sich, wie auch bei den Reiseberichten später beobachtet werden kann, an den Interessen des Verfassers, wobei der Theologe Büsching Mitte des 18. Jahrhunderts in seiner Erdbeschreibung besonders den Aspekt der Rechtsverhältnisse thematisierte. Im Vergleich zu den anderen Verfassern interessierte ihn der Rechtsstatus der einzelnen Herrschaften und Reichsstände, was im Falle zweier Kanonissenstifte deutlich wurde. Die weltlichen Damenstifte Lindau und Buchau, beide reichsunmittelbare Fürstabteien, verband neben einer ähnlichen Konventsordnung eine ähnliche politisch-geographische Situation. Sie waren beide umgeben von einer Reichsstadt in Insellage und hatten kein eigenständig zusammenhängendes Territorium ausbilden können. Die enge Verflechtung mit den Städten sorgte zudem für vielerlei Konfliktpunkte.[59] Während die Fürstäbtissin von Lindau den *eigenen Leuten keine Satzung auflegen* konnte, weil diese *andern Herrschaften mit Steuern unterwürfig* waren, sie selbst aber dem Haus Habsburg als Schutz- und Schirmherren unterstand und somit der Landvogtei *jährlich einen halben Fuder Wein anstatt des Schirmgeldes* lieferte,[60] so war das Damenstift Buchau am Federsee ebenfalls unter Schutz und Schirm des Reiches *von aller landvogteylichen Gewalt befreyet*, dagegen in geistlichen Belangen dem Bischof von Konstanz und dem *Prälat zu Kempten* und im weltlichen Bereich den Grafen zu Fürstenberg unterstellt.[61]

An die Darstellung der Rechtsverhältnisse schloss Büsching mit einer Auflistung der Besitzverhältnisse an, deren Lage und Status er möglichst genau schilderte. Dabei zeigte sich, dass die Fürstäbtissin von Lindau in besonderem Maße mit der Reichsstadt Lindau verbunden war. Nicht nur, dass die *Äbtissinnen in der Stadt Bürgerinnen werden* mussten und der Rat *an den Glocken auf dem Klosterthurme den Sturmschlag* hatte, darüber hinaus waren die in der Reichsstadt Lindau gelegenen *Häuser und Güter* des Damenstifts gleichzeitig *auf desselben* [reichsstädtischen] *Grund und Feldern erbauet und befindlich*, sprich auf reichsstädtischem Territorium.[62] Dies barg vielerlei Konfliktpotential in sich.

58 Tromsdorff, Geographie, S. 195; vgl. Reichelt, Circuli Suevici, S. 312; Büsching, Erdbeschreibung, S. 1445.

59 Vgl. Kap. 2.3.1. Wie beispielsweise im Fall des Stiftes Buchau Streitfälle der „freie Handel zwischen den Bürgern von Buchau und den Stiftsuntertanen, Unterhalt und Nutzung der Mühle in Kappel, der Unterhalt gemeinsamer Wege und Weiden, die Nutzung des Federsees" etc. Letztlich einigten sich Stift und Stadt 1787 in einem Vertrag nach langjährigen Konflikten; vgl. Theil, Buchau, S. 62.

60 Büsching, Erdbeschreibung, S. 1344.

61 Ebd., S. 1344–1346: *Malefizgerichtigkeiten.*

62 Ebd., S. 1344.

Die von Büsching gewählten Elemente dieser Raumdarstellungen beschreiben beispielhaft auf vielschichtige Art und Weise die Abhängigkeitsverhältnisse, die insbesondere Frauenkonvente eingehen mussten. Auch wenn die beiden Damenstifte zwar einen gemeinsamen Sitz und Stimme auf der Prälatenbank der Kreis- und Reichstage führten, unterstanden sie dennoch letztendlich in geistlichen Dingen dem Abt des Reichsstifts Salem[63] und waren in punkto geistliche Belange Teil des Herrschaftsraumes des Zisterzienserklosters.

Für die Beschreibung der Rechtsverhältnisse waren neben dem jeweilig angegebenen Status, in Form von Sitz und Stimme auf den weltlichen und geistlichen Bänken der Reichs- und Kreistage, noch der Reichsmatrikelanschlag sowie der Status der jeweiligen Gerichtsbarkeiten von Belang. Die verschiedenen Instanzen der Gerichtsbarkeit sowie die Verhandlungsfälle waren genau geregelt.[64] Die einzelnen Rechte, Befugnisse und Kompetenzen der Territorialherren wurden in den Landesbeschreibungen festgehalten und repräsentierten dadurch neben dem Rechtsraum auch die Herrschaftskompetenzen und -ansprüche des jeweiligen Herrschaftsraumes.

Das ausübende Raumelement der Rechtsgewalt, das kaiserliche Gericht in Schwaben selbst, mit seinem Gerichtszwang, seinen Mahlstätten, seinem Ansehen und seiner Gewaltausübung, erhielt vorwiegend in Anton Friedrich Büschings Erdbeschreibung eine ausführliche Beschreibung seiner Herrschaftselemente. Der Theologe und Geograph stellte dessen Entwicklungen dar, die Gebiete und Rechtsstände sowie die Abläufe in Leutkirch, Wangen, Ravensburg, Altdorf und Isny.[65] Dabei führte Büsching aus, wie dem Landgericht in Schwaben im Vergleich zu anderen Regionen trotz der Eigenständigkeit der vielen verschiedenen Herrschaften als übergeordnete Instanz eine verbindungsstiftende und autoritäre Rechtseinheit zukam, die sich erst über Jahre hinweg etablierte.[66]

Die Herrschafts(re)präsentation drückt sich in den Landesbeschreibungen in unterschiedlichen, den Status beschreibenden Elementen aus. Bezüglich der Klosterterritorien waren es neben Gründung und Stiftung vor allem die Gerichtsbarkeit, Rechte und Freiheiten der großen Benediktinerabteien Weingarten und Ochsenhausen sowie der Zisterzienserabtei Salem, denen von den Autoren Bedeutung beigemessen wurde. Gerade für die Reichsabtei Salem wurden von den Autoren der *notoriè immediatus Status Imperii* und der gerichtliche Appellationsweg auffallend häufig thematisiert.[67] Diese Argumentation diente vermutlich dazu, die Stellung und den hohen rechtlichen Status der

63 Ebd., S. 1343.

64 Wegelin stellte in seiner Aufarbeitung der Entstehung der *kaiserlichen und Reichs- und Landvogtei in Schwaben* auch *eines summarischen Verzeichnisses samtlicher Urkunden und Beylagen* zusammen; Wegelin, Landvogtey, Bd. 2.

65 Büsching, Erdbeschreibung, S. 1239–1243.

66 Vgl. ebd., S. 1240 f.

67 Reichelt, Circuli Suevici, S. 45 f.: *notoriè immediatus Status Imperii, habe Land und Leuth, Vogtheyen, Gericht, und Gebiet, Zwing und Bamm, ohn allein den blössigen Blut-Bann nicht. Von den Salmannsweylischen das Dorff-Gericht, und von dannen an eines Abbts Hof Gericht, und von dar weiter an die Kays. Majest. oder/derselben kayserl. Cammer Gericht appellirt.* Vgl. Büsching, Erdbeschreibung, S. 1362–1364: So besaß die Reichsabtei Salem über die zugehörigen Ämter Owingen und Ostrach für zahlreiche Dörfer, Weiler und Höfe in unterschiedlichem Maße die hohen Regalien, die Malefiz-, obere und niedere Gerichtsbarkeit, die Forsthoheit, Geleitrecht und Zollgerechtigkeit.

Reichsabtei innerhalb des Kreis- und Reichsgefüges herauszuheben, die vor allem die Reichsunmittelbarkeit und Reichsstandschaft betraf.[68] Über den oberschwäbischen Raum hinaus bis hin in den deutschen Südwesten nahm Salem unter den Zisterzienserklöstern eine bedeutende Rolle ein, u. a. durch die Filiationen und Paternitäten, die es mit den kleineren Zisterzen der Region verband. Auch die beiden führenden Benediktinerklöster Weingarten und Ochsenhausen wurden als reiches, *ansehnlich- und weitberühmtes Kloster* thematisiert.[69]

Bei den Abteien des Prämonstratenserordens Rot an der Rot, Weißenau, Schussenried oder Marchtal, die eher knapp abgehandelt wurden, kam neben der Stiftungsgeschichte, der Lage und Reichsständigkeit der Abtei vor allem die Befreiung von der Landvogtei zur Sprache.[70] Die Klöster der Zisterzienserinnen Heggbach und Gutenzell wurden im Zusammenhang mit der Rechtsabhängigkeit und Aufsicht des Abtes von Salem benannt, neben ihrer Bankzugehörigkeit und den zu leistenden Reichsabgaben.[71] Dagegen wurde das Salemer Tochterkloster Baindt als unter dem Schutz der *hohen und niedern Gerichtsbarkeit* der Landvogtei stehend und gleichzeitig *von allen landvogteilichen Beschwerden befreyet* beschrieben.[72] Für das Mutterkloster bedeuteten diese Verhältnisse, dass sich Salem zusammen mit seinen städtischen Besitzungen auf einem verhältnismäßig großen Wirtschafts- und damit Herrschaftsraum ausbreitete, der sich von Schaffhausen über Konstanz, Ulm bis hin nach Esslingen erstreckte.[73] Diese umfangreiche Darstellung des Herrschaftsraumes veranschaulicht die Zusammenhänge und die Wahrnehmung Salems als bedeutende und führende Klosterherrschaft innerhalb der Region Oberschwaben und der südwestdeutschen Zisterzienserkongregation.

Bei den Beschreibungen der adeligen Territorien war der Fokus immer wieder auf die dynastischen Entwicklungen der Fürstentümer, Grafschaften und niederen Adelshäuser gelegen. Die Autoren hatten in den Artikeln ihrer Landesbeschreibungen ein hohes Interesse daran, zunächst die Verfasser der Genealogien sowie die Aufteilung und Besitzverhältnisse der dynastischen Linien herauszustellen. Besonders der Status eines Hauses in Form eines bekleideten Hofamtes, wie beispielsweise des (Erb-)Truchsessen von Waldburg[74] oder die Position des kaiserlichen Kämmerers der Grafen von Montfort,[75] waren ein besonders hervorzuhebendes Merkmal. Das damit verbundene, besondere Ansehen des Amtes wurde selbstverständlich von den unterschiedlichen Akteuren als das Element der Herrschaftsrepräsentation und als Statussymbol wahrgenommen.

Neben den zum Herrschaftsbesitz gehörigen Gebieten waren die Abgaben der Reichsmatrikel, die teilweise minutiös für jede einzelne Herrschaft aufgelistet wurden, eine vergleichsstiftende Größeneinheit der Autoren und damit ein Element für die Bemes-

68 Vgl. Schaab u.a., Zisterzienserabteien, S. 3.
69 Reichelt, Circuli Suevici, S. 46 f.
70 Büsching, Erdbeschreibung, S. 1374–1377.
71 Ebd., S. 1381 f.
72 Ebd., S. 1383.
73 Schaab, Zisterzienserabtei, S. 14.
74 Reichelt, Circuli Suevici, S. 291.
75 Ebd., S. 281.

sung des Herrschaftsraumes.[76] Während die geistlichen und weltlichen Herrschaften die Reichsmatrikel wahlweise mit Ross und Reitern oder Münzwerten ausglichen,[77] zahlten einige Klöster zusätzlich noch ein Schirmgeld an die Landvogtei, welches überwiegend in Form von Naturalien und seltenen Gütern geleistete wurde. Dabei stand vor allem das Schirmgeld der Abteien an die Landvogtei im Fokus: Weißenau zahlte *20 Scheffel Veesen, 1 Fuder Wein, und 1 Pfund Pfeffer*, die Reichsabtei Baindt kam mit *1 Fl. in Gold, 2 Lebzelten, 3 Scheffel Veesen, und noch 20 Scheffel Hafer wegen der Holtzungsgerechtigkeit im Altdorfer Walde* auf.[78] Im Vergleich dazu war der Truchsess von Waldburg mit *10 zu Pferd, und 42 zu Fuß*[79] angesetzt, wobei die einzelnen dynastischen Linien und Herrschaften jeweils einzeln veranschlagt waren.[80] So leistete das Damenstift Buchau für die Reichsmatrikel *monatlich zu Roß 2. zu Fuß 6. thut an Geld 48 fl. zu Unterhaltung deß kayserl*[ichen] *Cammergerichts 45 fl.*[81] Dagegen war für das Reichskloster Salem im Jahre 1737 *der Reichsmatrikularanschlag des Stifts* von 130 (1683) auf 76 Gulden wegen der vielen *Unglücksfälle, welche das Stift betrafen*, herabgesetzt worden, für das Kammergericht *giebt es 211 Rthl. 32 ½ kr.*[82] Die Bereitstellung von Mannschaft oder die Zahlungen des Reichsmatrikularanschlags und an das Reichskammergericht können in den Landesbeschreibungen als Kennzeichnung der Pflichten der einzelnen Territorialherren gewertet werden. Neben den unterschiedlichen Rechten, die den einzelnen Territorien zur Ausübung ihrer Herrschaft zur Verfügung standen, gab es auch Pflichten gegenüber dem Reich, denen sie nachkommen mussten. Ein wesentliches Merkmal waren die von den Herrschaften zu leistenden Reichsanschläge. Die Angaben zu den jeweiligen Abgaben der Reichsmatrikel wurden genauso wie deren Entwicklung und Neuberechnungen angegeben. Die Höhe der zu leistenden Abgaben wurde sowohl personell wie finanziell angegeben und beschreibt dadurch den Stellenwert des Herrschaftsraumes innerhalb des Reichsgefüges.

Im Zusammenhang mit den reichsstädtischen Territorien stand für die Verfasser vor allem die Frage nach der Selbstversorgung im Vordergrund. Diese Darstellungselemente sind auch ein wesentlicher Bestandteil der Kartenbilder, die die Stadt oder den Herrschaftskomplex zentral im Mittelpunkt des Herrschaftsraumes aufzeigen und somit die genauen Umstände veranschaulichen. Aufgrund dessen wurden die wichtigsten Versorgungsgaranten, die umliegenden Versorgungsgüter, wie *Wiesen, Gärten, Aecker, luftige lautere Wasser*, die Luftqualität, Vieh und Wälder, vorgestellt.[83] Danach wurden

76 Vgl. Die Auflistung der neu berechneten Reichsanschläge, welche die Linien des Hauses Waldburg beispielsweise für die Besitzungen Scheer und Trauchburg *10 zu Pferd und 42 zu Fuß* sowie die Sonnenbergischen Güter *8 zu Roß 45 zu Fuß* ableisten musste; vgl. Reichelt, Circuli Suevici, S. 291 f.

77 Ebd.

78 Vgl. Büsching, Erdbeschreibung, S. 1375, 1383.

79 Reichelt, Circuli Suevici, S. 291. Die Grafschaft Königsegg-Aulendorf war in den Reichsmatrikeln mit zwei Reitern und sechs zu Fuß gelistet; vgl. ebd., S. 280.

80 Ebd., S. 292. Für die Sonnenbergischen Güter war der Inhaber in den Reichsmatrikeln *auf acht zu Ross und 45 zu Fuß veranschlagt und Anno 150. zu Unterhaltung des Cammer-Gerichts, jährlich auf 96. Gulden angelegt worden* [...].

81 Ebd., S. 311.

82 Röder, Lexikon, Bd. 2, Sp. 502. Hier wird u.a. auf den Klosterbrand von 1697 verwiesen.

83 Vgl. Reichelt, Circuli Suevici, S. 309. Ein nahezu wörtliches Zitat aus Zeillers Beschreibung Biberachs, Merian/Zeiller, Topographia Sueviae, S. 33.

Finanz- und Rechtsstatus sowie Handelsverbindung und Verkehrslage genannt.[84] So waren Überlingen, Buchhorn und Lindau wegen ihrer strategisch wichtigen Handelsposten an Seetransportwegen für den Getreide- und Salzmarkt hervorgehoben.[85] Diese besondere Lage hatte in Überlingen dafür gesorgt, dass der *Getraide-Marckt die Stadt mit sonderbaren Freyheiten begnadet*[e].[86] Während Kempten an der Handelsstraße von Italien in die Niederlande gelegen war und vom Leinwandhandel profitieren konnte, befanden sich Lindau, Wangen, Leutkirch und Memmingen *an der rechten Landstrasse, wo wohl gegen Italien, als auch gegen Tyrol* mit Leinwand, Getreide und anderen Gütern gehandelt wurde.[87]

Auch im diesem Zusammenhang war die unterschiedliche Bodenqualität in Oberschwaben ausschlaggebend für die Beschreibung des Anbaus: Getreide im Oberland, die Schwerpunkte Weinwachs in Bodenseenähe, Gehölz und Viehwirtschaft in den Höhenlagen und im Allgäu. Für die Verfasser und die Rezipienten scheinen knappe Informationen zu Umwelt und Versorgung ausreichend gewesen zu sein: *gesunde Luft, gut frisch Wasser, und einen fruchtbaren Boden herum*, wie Reichelt beispielhaft auf die Bedingungen der Reichsstadt Lindau verwies.[88]

Die Selbstversorgungsmöglichkeiten waren in den städtischen Beschreibungen maßgebend. Dann folgten in der Regel Hinweise zur städtischen Verwaltung, zum finanziellen Status der Stadt, zu Handel und Verkehrswegen, zu Religionszugehörigkeiten, dem rechtlichen Status und den Reichsmatrikeln. Immer wieder wurden zumeist abschließend die Schäden benannt, die im Dreißigjährigen Krieg durch die schwedischen oder kaiserlichen Truppen entstanden waren.[89] Neben all diesen Facetten, die einen Herrschaftsraum konzipierten, war es jedoch die städtische Architektur, die in den Landesbeschreibungen unter repräsentativem Charakter besonders wahrgenommen wurde.

Darüber hinaus waren es nicht nur die Stifte, die inmitten einer Reichsstadt gelegen, Schwierigkeiten und ständige Auseinandersetzungen mit den Nachbargebieten austrugen, wie das Beispiel der Reichsstadt Lindau aufzeigt, welche mit den Nachbarn *zuweilen grosse Strittigkeiten wegen des Forsts und der Gräntze halber* hatte.[90] Von derlei Auseinandersetzungen und anderen Konflikten waren alle Territorien Oberschwabens betroffen. Der Ebene des Rechtsraumes kommt demnach bei der kulturgeschichtlichen Betrachtung des Herrschaftsraumes in den Landesbeschreibungen eine Schlüsselrolle zu.

84 Vgl. Reichelts Beschreibungen der Reichsstädte Biberach, Buchhorn, Kempten, Leutkirch, Lindau und Memmingen; Reichelt, Circuli Suevici, S. 308–310, 312–353.

85 Büschings Beschreibung Buchhorns: *Die Kaufmannsgüter, welche von S. Gallen und Steinach über den Bodensee nach Schwaben und von dannen zurück geführet werden, haben hier ihre Niederlage.* Büsching, Erdbeschreibung, S. 1445.

86 Reichelt, Circuli Suevici, S. 382.

87 Ebd., S. 342 f. Memmingen beispielweise *treibt einen zimlichen Handel nach Helvetien, Italien, und andern ihr näher gelegenen Länder, mit bayerischem Salze, hiesiger Leinwand, Hopfen, Getreide, und andern Gütern und Waaren.* Büsching, Erdbeschreibung, S. 1433.

88 Reichelt, Circuli Suevici, S. 346. Der Lage wegen hat man Lindau *das schwäbische Venedig genennet*; Büsching, Erdbeschreibung, S. 1434.

89 Vgl. die neunwöchige Belagerung Lindaus durch die Schweden oder die Verheerungen der Schweden in der Reichsstadt Ravensburg; Büsching, Erdbeschreibung, S. 1435, 1438.

90 Reichelt, Circuli Suevici, S. 347.

Es sind nicht nur Grenzverläufe, die einen Raum definieren, sondern auch die darin enthaltenen Elemente wie Rechte und Privilegien, die einen Raum gestalten und ebenso wie Architekturmerkmale Herrschaft und Herrschaftsanspruch im Text repräsentieren.

Anhand der vom Autor benannten Rechtsräume, Handelsgütern, Verkehrswege, agrarwirtschaftlichen Nutzungen etc. können die dahinterliegenden kulturgeschichtlichen Elemente des Alltags[91] im weitesten Sinne aufgrund der Lebenserfahrungen der Autoren und Leser erahnt und mitgedacht werden, obwohl das tatsächliche Alltagsgeschehen nicht im Detail beschrieben wird. Diese fehlenden Bausteine in der Raumbeschreibung ergänzen und kontextualisieren in dieser Studie letztlich die Reiseberichte.

3.3.2 Die ökologischen und ökonomischen Ebenen

3.3.2.1 Land- und Forstwirtschaft

Unter umweltgeschichtlicher Betrachtung wird der Raum Schwaben in der Quellengattung Reiseberichte ganz allgemein als fruchtbar, mit guter Wasser- und Luftqualität wahrgenommen. Als besondere Anbaugüter in Oberschwaben thematisieren die Landesbeschreibungen vor allem den Leinpflanzen- und Weinanbau. Dabei war gerade die unmittelbare Lage an und unweit des Bodensees für den Wein sehr förderlich. Hinzu kam, wie beispielsweise in Meersburg, der Residenzstadt des Bischofs von Konstanz, dass dort aufgrund der Hanglage direkt am See ein *luftig Geländ und schönen Weinwachs daherumb*[92] vorherrschte und hier wie auch in der nahen Reichsstadt Überlingen optimale Bedingungen für das Weinwachstum herrschten. Während für das fertige Produkt Wein also überwiegend eine ‚gute' Qualität gewährleistet war, standen beim Lein- bzw. Flachsanbau[93] vor allem das Textilhandwerk der Weber und der damit verbundene Leinenhandel im Vordergrund.[94]

Doch der Anbau von Leinen oder Getreide erfolgte nicht willkürlich, sondern war an die jeweilig vorherrschende Bodenqualität gebunden. So wurde für die waldburgische Grafschaft Scheer, welche *an der Donau liegt, und an die Alb gränzet* ein charakteristisch *hartes und rauhes Erdreich* festgehalten.[95] Die Reichsstädte Biberach und Memmingen dagegen lägen, wie im oben beschriebenen Kartenbeispiel bereits ersichtlich, in *einer schönen fruchtbaren Ebene.*[96] Hafer und *Wiesenwachs* wurde besonders in der Gegend

91 Der kulturgeschichtliche Aspekt bezieht sich bei der Auswahl der Spacings, der materiellen und symbolischen Handlungen, auf alle Teilgebiete der neueren Kulturgeschichte, auch wenn in den topographischen Quellen der politisch-rechtliche Bereich überwiegt; vgl. Daniel, Kompendium, S. 7–25, 297–370; Landwehr, Kulturgeschichte, S. 7–16, 88–98.

92 Reichelt, Circuli Suevici, S. 16.

93 In Leutkirch *ernähren sich die Bürger meistentheils von Acker-Bau und Leinwand machen*; Reichelt, Circuli Suevici, S. 344.

94 Vgl. hierzu die Dissertation der Historikerin Senta Herkle, die sich mit dem Leinenhandwerk der Ulmer Weber intensiv auseinandersetzt; Herkle, Zunfthandwerk. Vgl. Sczesny, Zwischen Kontinuität und Wandel; Kiessling, Ländliches Gewerbe.

95 Büsching, Erdbeschreibung, S. 1401.

96 Vgl. Büschings Ausführung zu Memmingen; Büsching, Erdbeschreibung, S. 1432. Reichelt vermerkte bereits 1703 für Memmingen besonders *getraidige Aecker und schöne Gärten herumb*; Reichelt, Circuli Suevici, S. 351. Biberach habe *luftige Thäler, Wiesen, Gärten, Aecker, luftige lautere Wasser, guten*

um die Reichsstadt Isny als *besonders gut* wahrgenommen.[97] Wiesenwachs kann hierbei auch für die Nutzung als Weidefläche gewertet werden. Neben den historisch-politischen Entwicklungen schufen die Landesbeschreibungen ein Bild der ökologischen Strukturen, welche landwirtschaftliche Nutzung, Anbaumethoden, Forst- und Viehwirtschaften förderlich waren, die je nach Region und Beschaffenheit des Bodens in Oberschwaben variierten.[98]

Eine Besonderheit findet sich im Randgebiet Oberschwabens in Richtung Alpen. Hier beschrieb Röder in seinem Nachtrag zu seinem Lexikon die zweigeteilte Landschaft sowie die Anbaumöglichkeiten und Schwierigkeiten, die sich dort im buchstäblichen *Unter- und Oberland* beispielsweise um Kempten im Allgäu ergaben. Röder führte die Anbausituation aus, wie vor allem die Höhenlagen mit kargen Böden und starken Witterungen mit langem Schnee lediglich den Haferanbau ermöglichten und welche Methoden versucht wurden, um den Boden möglichst fruchtbar und nährstoffreich für die kurze Zeit des Anbaus vorzubereiten.[99] Diese Situation führte dazu, dass sich das Kemptener Oberland für seine Versorgung der Bevölkerung auf den Anbau von Hafer und Flachs sowie die *Spinnerei* spezialisierte und sich mit dem getreidereichen und fruchtbaren Unterland austauschte.[100]

Die Ausführungen Röders lassen Rückschlüsse darüber zu, wie sich die Menschen Oberschwabens und des Allgäus an die jeweiligen Umweltsituationen im Laufe der Jahrhunderte anpassten und optimierten, welche Methoden ihnen zur Verfügung standen, welche Fruchtfolgen sich jeweils bewährt hatten und welche Selbstversorgungs- oder Austauschmöglichkeiten zur Verfügung standen. Dabei ist besonders die Landesbeschreibung des ausgehenden 18. Jahrhunderts von großem Wert, denn sie spiegelt sowohl das

gesunden Lufft, der Boden um die Stadt *trägt Korn und andere Früchte genug; item Gartenspeiß* [...] *in der Nähe zimlich Viehe*; Reichelt, Circuli Suevici, S. 309.

97 Röder, Lexikon, Bd. 2, Sp. 829.

98 Reichelt bemerkte in seiner Beschreibung des Schwäbischen Kreises zusammenfassend: *Das ganze Land ist sehr fruchtbar mit vielen Flüssen* [...] *die viel gute Fische bringe. Es hat allhier eine gesunde Lufft, viel Korn, Wachs, und treffliche Viezucht*; Reichelt, Circuli Suevici, S. 7; vgl. Hünlin, Reichsstädte, S. 362–401. Die unterschiedlichen Naturräume innerhalb Oberschwabens – Seelandschaft, Hügellandschaft – wurden auch von den Reisenden wahrgenommen und in ihren Reiseberichten reflektiert. Vgl. u.a. Kap. 4.3.1.

99 Röder, Lexikon, Bd. 3, Sp. 67 f.: *Das Oberland muß stets in Sorge stehen, seine Habererndte, wegen der abwechselnden Witterung, und bald einfallender Kälte, entweder unzeitig, oder ganz taub, zu erhalten, daher können Dinkel und Roggen meistentheils ganz nicht und die Sommerfrüchte nur mit Sorge gebaut werden. Die Felder, die zuerst geakert werden müssen, erfordern noch über dieses gehakt zu werden, um die Erdklumpen zu verkleinern, und die Erde mehr zu verbinden. Darauf werden Büscheln von Reisern auf den Feldern verbrannt, um die Erde loker zu machen, alsdann erst können die Felder besäet und fruchtbar gemacht werden. Die Erde, die durch einen solchen Arbeits und Kostenaufwand äusserst ergiebig sein sollte, entspricht oft kaum dem Lohn des Akermanns, der, wenn der Jahrgang noch sehr gut ist, blos zum fünffachen Ertrag gebracht werden kann.*

100 Röder, Lexikon, Bd. 3, Sp. 67: *Das Erdreich und die Bauart desselben sind in diesen beiden Theilen des Landes so sehr verschieden, daß das Unterland die ganze Nahrung an Getreide die den Bewohnern nöthig ist, erträgt, das Oberland hingegen sein entlehntes Bedürfniß dem Unterlande zum Theil mit Haber, meist aber mit Flachs und Spinnerei ersezen muß. Beide Theile aber gleichen sich mit ihren Produkten aus, und jedes führt seinen Ueberfluß dem andern zu, um ihm das fehlende zu ersezen.*

Interesse als auch den Informationsgehalt der Zeitgenossen an diesen ökologisch-ökonomischen Strukturen wider und ermöglicht dadurch besonders detaillierte Aussagen über die Natur-, Klima- und Nutzungsräume und ihre umweltgeschichtlichen Entwicklungen. Oberschwaben und die sich anschließenden Regionen waren in erster Linie Getreideanbauräume und dienten damit der Nahrungsgrundsicherung der Bevölkerung. Die unmittelbar zum Bodensee gelegenen Territorien nutzten und nutzen heute noch das milde Seeklima überwiegend für den Wein- und Obstanbau. In den regionalen und überregionalen Handel gelangten Überschüsse oder speziell angebaute Verarbeitungs- und Handelsprodukte wie beispielsweise Flachs. Daneben erblühte gegen Ende des 18. Jahrhunderts vor allem im Kemptener Raum durch *die Verbesserung des Akerbaues* die Viehzucht, wodurch der Viehhandel seinen Aufschwung nahm und infolgedessen *des öftern Viehmärkte* im Allgäu stattfanden.[101] Hier offenbaren sich die Handels- und Wirtschaftsräume der in diesem Raum gelegenen Herrschaften.

Neben der Bodenqualität war die Qualität von Luft und Wassers wichtig. *Eine gute gesunde Luft* wurde der Reichsstadt Leutkirch und Biberach zugesprochen.[102] Die Wasserqualität orientierte sich an zwei Kriterien, zunächst dem Trinkwasser der Brunnen, Bäche und Flüsse sowie den Mineralquellen in Überlingen und Weingarten sowie dem Jordanbad in Biberach,[103] welches auch als *gutes mineralisiertes Wasser* wahrgenommen und wiedergegeben wurde.[104] Wie eine Stadt mit dem täglichen Wasserbedarf versorgt werden konnte, zeigen die Ausführungen Röders zur Reichsstadt Ravensburg. Östlich der Stadt in der Vorstadt Ölschwang befand sich neben drei Papiermühlen eine *Wasserstube*, die 140 Brunnen in der Stadt mit Wasser speiste.[105] Daneben stachen unweit der Stadt *zwei Gesundbäder, das Sennerische Bad und das heil. Kreuz Bad*[106] in Röders Beschreibung hervor, zwei Mineralbäder, die für bestimmte Krankheiten *von überflüssiger Kälte und Feuchte* eingesetzt wurden.

In den Landesbeschreibungen wird deutlich aufgezeigt, dass die Versorgungsräume eines Territoriums, sei es mit Wasser, Naturalien oder anderen Produkten, in der Neuzeit ganz selbstverständlich waren. Die Klöster und Adelshäuser als Selbstversorger und

101 Röder, Lexikon, Bd. 3, Sp. 69: [...] *Verbesserung des Akerbaues* [...] *hatte auch wohltätigen Einfluß auf den Viehstand und die Viehzucht. Diese, als die zweite Hauptnarungsquelle des kemptschen Landes, hat sich glücklich weiter zum Vortheil des Landes ausgebreitet, daß der Landmann täglich mehr den nüzlichen Erfolg davon gewahr wird. Die Viehzucht und mit ihr der Viehhandel werden täglich beträchtlicher, und die öftern Viehmärkte im Allgau sind Beweise, wie sehr die Viehzucht verbessert und erweitert worden sei. Die Pferde und das Zuchtvieh werden vorzüglich wegen ihrer Stärke und Dauer, in den hiesigen Gegenden gesucht, und damit ein ansehnlicher Verkehr getrieben, der sich in einer beständigen Zirkulation, auf ansehnliche Summen erstrekt.*

102 Merian/Zeiller, Topographia Sueviae, S. 119; vgl. Biberach *luftige Thäler,* [...] *luftige lautere Wasser, guten gesunden Lufft*; Reichelt, Circuli Suevici, S. 309.

103 Bezüglich der Wasserqualität orientierten sich Zeiller und nachfolgende Autoren an Gallus Etschenreuthers (1565–1599) Traktat von den Bäder von 1571, wonach das Überlinger Wasser aufgrund seines Felsentsprungs vornehmlich Blei, Kupfer und Schwefel enthalte; Merian/Zeiller, Topographia Sueviae, S. 191; Etschenreuther, Bädern und Brunnen, S. 31.

104 Vgl. u.a. Büsching, Erdbeschreibung, S. 1429.

105 Röder, Lexikon, Bd. 2, Sp. 390.

106 Ebd., Sp. 398.

Grundbesitzer verfügten über eine entsprechende Fläche, um auch teilweise über das Notwendige hinaus zu wirtschaften. Ein gewisses Gebiet war dafür erforderlich, wobei gerade für die Städte unterschiedliche Voraussetzungen im Text beobachtet werden konnten. Während Memmingen und Biberach über ein geschlossenes Gebiet mit Dörfern und Weilern um die Stadt herum und dadurch über verschiedene umliegende Felderwirtschaften und *Waldungen* verfügten,[107] hatte Isny kein Gebiet außerhalb der Stadtgrenze.[108] Auch Ravensburg erscheint Ende des 18. Jahrhunderts topographisch als eine wohl versorgte Stadt, umgeben von *fruchtbaren Landgütern* und *unübersehbaren Kornfeldern*.[109] Für die Territorien des Adels und der Geistlichkeit wurden derlei Angaben kaum gemacht.

Die ökonomischen und wirtschaftlichen Räume und Strukturen, wichtige Handelswege sowie Export- und Importgüter, insbesondere der Leinenhandel, spielten in den Beschreibungen eine bedeutende Rolle. Sie ergeben ein vielschichtiges Bild des Zusammenspiels von Mensch und Umwelt und geben wichtige Einblicke in die Strukturen der jeweiligen Herrschaftsräume.[110] In den Landesbeschreibungen werden die Herrschaften Oberschwabens insgesamt als gut versorgt in allen Belangen der ökologischen und ökonomischen Räume präsentiert. So können die herrschaftlichen Rezipienten bei der Lektüre ein anschauliches Bild ihrer Herrschaft in diesem Bereich betrachten.

3.3.2.2 Handel- und Verkehrsräume

Ökonomische wie ökologische Strukturen waren in den Bild- und Textwerken ein wichtiger Teil der Beschreibung des Herrschaftsraumes. Darunter sind die quellenspezifischen Darstellungen der agrarwirtschaftlichen Produktionsflächen sowie die Infrastrukturen zu verstehen. Sowohl die Kartenbilder als auch die Reiseberichte beschrieben das oberschwäbische Straßen- und Wegesystem unter unterschiedlichen Gesichtspunkten. Während die Reiseberichte die Beschaffenheiten der Straßen ausführten, verzeichneten Karten die unterschiedlichen Verkehrsnetze. In den Landesbeschreibungen kommen weitere Verwendungsräume, Bedingungen, Problemstellungen und Handlungsräume hinzu. Hierbei waren besonders die Aussagen der regionalen Autoren, wie die des Lindauer Kaufmanns David Hünlin (1720–1783), sehr aufschlussreich. Die Verkehrswege nach Frankreich, in die Schweiz und nach Italien waren in Oberschwaben für die Handelsrouten und zum gelegentlichen Truppentransport von großer Bedeutung. Dies war vor allem für die weltlichen Territorien, deren Städte und Dörfer, essentiell. Eine besondere Rolle spielten dabei die eigenständigen Reichsstädte und die Städte des Hauses Österreich. Die Entwicklung von Handel, Zöllen und Wegegeldern wurde in den Landesbeschreibungen beobachtet und die Konsequenzen, die sich daraus vor allem für die Bevölkerung ergaben, wiedergegeben. Zölle wurden auf Heer- und Landstraßen, auf Markt- und Dorfstraßen sowie Fußsteigen erhoben, Wegegelder zahlte man *fast in je-*

107 Ebd., Sp. 173.

108 Vgl. Röder, Lexikon, Bd. 1, Sp. 821 f.

109 Vgl. Röder, Lexikon, Bd. 2, Sp. 397 f.

110 Besonders ausführlich bei Hünlin in Bezug auf die Reichsstädte; Hünlin, Reichsstädte, S. 332–361.

dem Dorf auf Pferd und Wagen.[111] Sie dienten dazu, *die Strassen in einem guten Stande zu erhalten.*[112] Die Erhöhung der Zölle oblag, wie Hünlin 1775 ausführte, den österreichischen Zollämtern, die aber diese Verpflichtung auf die *Dörfer in der obern und untern Landvogtey* übergeben hatten, wofür diese wiederum Wegegelder *auf Pferd und Wagen* legen konnten und mussten, um die Instandsetzungsarbeiten überhaupt ausführen zu können.[113]

Wie Hünlin in seinen Ausführungen zu den Reichsstädten Oberschwabens für den Beginn des 18. Jahrhunderts aufzeigte, stellten die anfänglichen *Geleit- und Weegegelder*[114] für die *uralte kayserliche Heer und Landstrasse von Nürnberg über Augsburg, Memmingen, Leutkirch, Gebratzhofen, Wangen, Lindau in die Schweitz und nach Italien, und von dar also wieder zurück*[115] mit der Erhöhung der Zölle um ein Drittel und mehr für Garn und Leinwand durch die *ober-österreichische Regierung* ab dem Jahr 1708 vor allem die armen Bürger und die Landbevölkerung vor enorme Schwierigkeiten.[116] Dies zusammen mit dem dörflichen Wegegeld führte dazu, dass die *armen Unterthanen* andere, ältere Wege einschlugen, um die hohen Zölle und Wegegelder zu umgehen, was wiederum die *commercirenden Städte*[117] und den dortigen regionalen und überregionalen Handel beeinträchtigte und zu *noch grösserm Abbruch der Durchfuhren und Gewerbe*[118] führte.

Eine ähnlich starke Auswirkung auf das Gleichgewicht von Handel und Verkehr in Oberschwaben hatten Kriege und politische Auseinandersetzungen, wie beispielweise der *spanische Successionskriege*, infolge dessen *aller Verkehr mit Frankreich dergestalt verbotten wurde, daß man keine Güter weder dahin senden, noch von dahero in das Reich beschicken dorfte.*[119] Auch die *Sperrung der Commercien* mit der Schweiz, *und zwar nicht bloß in der Frucht, sondern so gar in Garn, Vieh, u. s. w.* oder eine Ausfuhr dahin, wenn dann nur *unter hohen Imposten* wurde während des 18. Jahrhunderts verhängt.[120] Der daraufhin entstandene *Schleichhandel* war erfindungsreich, wogegen das Haus Habsburg und der Schwäbische Kreis umgehend *an allen Hauptörtern und andern Pässen und Strassen zu Wasser und zu Lande eigene Commissarien und Aufseher* bestellten, welche

111 Vgl. Hünlin, Reichsstädte, S. 359 f.
112 Ebd.
113 Ebd., S. 359 f.
114 Ebd., S. 356.
115 Ebd., S. 355.
116 Ebd., S. 356–359; vgl. Wegelin, Landvogtei, Bd. 2, S. 282.
117 Wegelin, Landvogtei, Bd. 2, S. 282.
118 Hünlin, Reichsstädte, S. 360.
119 Ebd., S. 345. Der Spanische Erbfolgekrieg (1701–1714) um die Nachfolge des letzten habsburgischen König Spaniens mit teilweisen Kriegshandlungen in benachbarten bayerischen Territorien. Vgl. u.a. Schnettger, Spanische Erbfolgekrieg; Smid, Spanische Erbfolgekrieg.
120 Hünlin, Reichsstädte, S. 345 f. Wobei hier nicht nur von ‚der Schweiz' gesprochen werden kann. Wie die Krise der Jahre 1816/17 zeigte, waren die Kantone eigenständig, ökonomisch und ökologisch unterschiedlich ausgerichtet und beharrten auch in Not-und Krisenzeiten auf ihre jeweiligen Eigenständigkeiten. Vgl. hierzu: Krämer, Menschen grasten nun mit dem Vieh; Tanner, Korn aus Schwaben; Göttmann, Getreidemarkt.

die vorkommende und durchgehende Waaren mit ihren Zeugnissen untersuchten, und im Fall eines Verdachts oder Betrugs sie hinweg nahmen [...].[121]

Zölle und Wegegelder spielten auch für den regionalen Handel bei *essenden Waaren und Früchte*[n][122] eine wichtige Rolle. So empörte die Erhöhung der Zölle *auf als die Helfte* in den vorderösterreichischen Gebieten, vor allem in den Verkehrsknoten der Zollämter Stockach, Weingarten und Gebrazhofen, im Jahre 1741 die Bevölkerung.[123] Letztlich kam es im Zollamt Weingarten bei der *so genandten Trutten-Mühle nächst vor der Reichs-Stadt Buchhorn* zu einem Aufstand, der dazu führte, dass von den *Landvogtheyl*[ichen] *Unterthanen* [...] *auch die Zoll-Tafel und Schrancken zum zweyten mahl demoliret, und mit zimlichen Gewalt und Ungestümm wider weggerissen* wurden,[124] wie zunächst der Jurist Johann Reinhard Wegelin und dann der Kaufmann David Hünlin in den Jahren 1755 und 1775 ausführten. Auch wenn beide aus unterschiedlichen Situationen und auf ebenso unterschiedliche Weise berichteten, kamen sie doch zum gleichen Ergebnis, nämlich dass von der Zoll- und Handelssituation besonders die Schichten der unvermögenden Untertanen belastet waren. Dennoch gingen nur zwei Landesbeschreibungen ausgesprochen detailliert auf die Ursache und Wirkung der Entwicklung von Zöllen und Handel ein, der Großteil der im Rahmen dieser Studie betrachteten Werke nahm höchstens am Rande Notiz von dieser Thematik. Von diesem repräsentativen Herrschaftselementen des Handels, der Zölle und Wegegelder, waren letztlich nur die in den entsprechenden Herrschaftsräumen direkt lebenden Personen betroffen und darum waren diese Entwicklungen auch nur für die beiden Lindauer Autoren greifbar, bedeutsam und wurden so aufgrund ihrer Lebensumstände und Erfahrungen als reichsstädtischer Jurist bzw. Bürgermeister für Johann Reinhard Wegelin (1689–1764)[125] und als Kaufmann für David Hünlin (1720–1783)[126] bemerkenswert.

Der städtische Handel war ein wesentliches Thema in den Landesbeschreibungen, die in den 1770er Jahren veröffentlicht wurden. Dabei standen, neben den überregionalen Handelsgütern wie dem bayerischen Salz, das in Richtung Schweiz weitertransportiert wurde, oder dem Leinwandhandel zunehmend Güter aus regionaler Herstellung und Verarbeitung im Visier. Die Reichsstädte bildeten wichtige Knotenpunkte der Handelsbeziehungen und somit waren auch die dort gehandelten Waren und gefertigten Güter von immer größerem Interesse. Während Büsching den Handel Memmingens als recht umfangreich *nach Helvetien, Italien, und andern ihr näher gelegenen Länder, mit*

121 Vgl. Hünlin, Reichsstädte, S. 347. Hünlin führte die unterschiedlichen Wege aus, die dabei von den Kaufleuten genommen wurden, denn diese vertraten teilweise gegenteilige Ansichten, was die politischen Anweisungen betraf: [...] *so verursachten alle diese Anordnungen grosse Verbitterungen, besonders unter den Kaufleuten, die einen so grossen Verlust (als ihnen die Sperrung des Comercii zuzog) um des Krieg willen zu leyden, nicht schuldig zu seyn glaubten*; ebd., S. 345.

122 Wegelin, Landvogtei, Bd. 2, S. 283.

123 Hünlin, Reichsstädte, S. 357. Hünlin führt weiter aus, wie sich bereits Kaiser Leopold I. (1640–1705) *landväterlich* bemüht hatte, der gegen die Landvogtei bezüglich der Steuerlasten beschwerdeführenden Landbevölkerung entgegenzukommen, letztlich aber nichts ausrichten konnte.

124 Wegelin, Landvogtei, Bd. 2, S. 283; Hünlin, Reichsstädte, S. 359.

125 Vgl. Fritz Endres, Art. Johann Reinhard Wegelin, in: ADB 55 (1910), S. 357 f.; Wolfart, Patriziergesellschaft, S. 11.

126 Vgl. Kraus, Wissenschaftliches Leben.

bayerischem Salze, hiesiger Leinwand, Hopfen, Getreide, und andern Gütern und Waaren beschrieb,[127] war für andere Städte gegen Ende des Jahrhunderts der Handel mit diesen Gütern zurückgegangen. So verhielt es sich beispielsweise im Leinwand- oder Salzhandel der Reichsstadt Kempten.[128] Einige Großstädte konzentrierten sich auf ganz spezielle Güter, wie beispielsweise Augsburg auf den Handel *mit Silber, Zinn, Uhren, Kupferstichen, Gold- und türkischem Pappier, wie auch mit andern Fabricarbeiten.*[129] Daneben war es gegen Ende des 18. Jahrhunderts auch der Handel mit Rauchwaren und Pelzen, Baumwolle, Wolle und Baumölen sowie mit Südfrüchten, der sich vor allem in der Stadt Kempten und deren Handelsbeziehungen nach Italien verorten lässt.[130] Bemerkenswert ist, dass gerade für den Handel mit Italien bei Röder ganz bewusst der italienisch-stämmige Begriff des Speditionsgeschäfts verwandt wurde, um genauer zwischen den Handelspartnern zu unterscheiden.[131]

Wie alle Wirtschaftszweige war auch der Handel der Städte einem ständigen Auf und Ab der verschiedenen Handlungsräume unterlegen. Neue Umschlagplätze wie Buchhorn oder Zollerhebungen, militärische und politische Auseinandersetzungen innerhalb der kleineren Territorien sowie des größeren Reichsgeflechtes hatten im Laufe des 18. Jahrhunderts starke Auswirkungen auf das empfindliche ökonomische System. Die Folgen lassen sich in den Landesbeschreibungen besonders deutlich mit Blick auf den gesamten Untersuchungsraum vergleichen und bestärken diese Beobachtung.[132]

Aber nicht nur Kriege waren zu Beginn des 18. Jahrhunderts Auslöser für Handelsembargos und die Erhöhung der Zölle. Wie Hünlin in seiner allgemeinen Geschichte Schwabens ausführte, kam es im schwäbischen Raum zu Verknappung und Teuerung von Lebensmitteln, denn der im *fortwährenden Krieg eingefallene mißwachs verursachte grossen Mangel und Theurung, besonders in dem Jahre 1692.*[133] Hünlins Ausführungen folgend, handelte es sich um klimatische Schwankungen, die *theills von verschiedenen auf einander gefolgten Miß- und Fehljahren, kalten Wintern und spaten Frühlingen, nassen Sommern und vielem Hagelwetter* geprägt waren, die im Laufe des 18. Jahrhunderts immer wieder zu Missernten führten und Teuerungen nach sich zogen.[134] Hinzu kam 1694 eine Währungsreform, welche die ökonomische Lage verschlechterte, wodurch die

127 Hünlin, Reichsstädte, S. 334.
128 Vgl. Röder, Lexikon, Bd. 1, Sp. 897.
129 Hünlin, Reichsstädte, S. 334.
130 Vgl. Röder, Lexikon, Bd. 1, Sp. 897.
131 Vgl. ebd. Italienisch ‚spedizione' in seiner Bedeutung als Absendung, Beförderung.
132 Selbstverständlich hatte jedes Handelszentrum seinen eigenen Schwerpunkt an Handelsgütern. Eine intensivere Ausführung würde an dieser Stelle zu weit führen.
133 Hünlin, Allgemeine Geschichte von Schwaben, Bd. 2, S. 892. Die Missernte traf die Bevölkerung umso *härter, da man das Korn noch 20. Jahre vorhin das Viertel gut Dinkelkorn (so 30 bis 33 Pf. Von 16. Unzen wägen mag) um 12 kr. Kauffen konnte, man solches nun um 4. bis 5. Fl. in der Schweitz bezahlen mußte.* Dennoch war der Handel mit der Schweiz keine Alternative, da wegen des Embargos keinerlei Handel möglich war. Ebd.
134 Ebd., S. 893. *Korn und Haber* [Hafer] *verdarben in den Halmen, legten sich nieder und wurden in den besten Feldern zu Gras; wie man dann bemerk hatte, daß der Haber in der Mitte des Oktobers noch grün auf dem Felde gestanden; was man auch einsammelte, verschwand, war voller Unraths und Schwingels, so den Leuten die dergleichen Habergemüß assen, den Kopf taumelnd machte.*

Fruchtpreise deutlich anstiegen. Dies zusammen mit Quartierlasten, Truppeneinquartierungen und plündernden französischen Soldaten, verschärfte die angespannte Situation.[135] Die Auswirkungen der Missernten der Jahre 1688, 1696 und 1702,[136] die nachfolgende Inflation[137] sowie das Handelsembargo trafen die Schweiz und darunter den Kanton Appenzell mit einer großen Hungersnot besonders hart.[138] Auch in den Jahren 1770 und 1771 kam es zu Missernten, die *erhebliche Teuerungen* nach sich zogen,[139] die nicht nur in der Schweiz, sondern auch in Oberschwaben zu Hungersnöten führten und dazu beitrugen, dass *viele ehrliche Leute ihr Vatterland, wie in unsern Zeiten, verlassen mußten*.[140]

In den Landesbeschreibungen wurden unter umweltgeschichtlicher Perspektive die oberschwäbischen Herrschaften als fruchtbare und produktive Getreide- und Forstländer wahrgenommen und entsprechende Bildbeschreibungen entworfen. Die Landbevölkerung lebte unabhängig vom Herrschaftsverhältnis im Einklang mit der Natur und folgte den ökologischen Gepflogenheiten. Lediglich in den Beschreibungen der Städte war das Moment der Selbstversorgung der Einwohner ein wesentliches und – zuletzt bei Röder – auch ausführlich behandeltes Raumelement. Die als durchweg mit guter Qualität bewerteten Bilder der Böden, Luft und Wasser aller Art der oberschwäbischen Landschaft zeugen ihrerseits von der Wahrnehmung der Naturräume der Landschaft und des damit erfolgten Umgangs, der wiederum Rückschlüsse auf den sozialen Status, das materielle und symbolische Handeln der einzelnen Territorialherrschaften zuließ und dadurch zum repräsentativen Moment und zugleich zum raumschaffenden Herrschaftselement wurden. Allein der Aufzeichnung der einzelnen Wirtschaftsräume und Bewirtschaftungselemente muss durch ihre Benennung Aussagekraft zugesprochen und Bedeutung beigemessen werden. Detaillierter waren letztlich nur Veröffentlichungen zu den einzelnen Teilbereichen. Lediglich der Lindauer Kaufmann Hünlin setzte sich sehr ausführlich in drei unterschiedlich gewichteten Werken mit der Region Oberschwaben und ihren Entwicklungen auseinander und dokumentierte dabei als einziger die klimageschichtlichen Auswirkungen auf die Bevölkerung und einen der Gründe für die darauffolgende Auswanderungswelle.[141] Die Mehrheit der Autoren blendete diese umweltge-

135 Vgl. Diemer, Auswanderung, S. 18 f. Beispielsweise plünderten französische Truppen die Stadt Ehingen 1688 nicht nur, sondern steckten sie auch in Brand. Biberach entging diesem Anschlag nur durch eine hohe Lösegeldzahlung; ebd., S. 19.

136 In diesen Jahren wurde beispielsweise in Biberach die komplette Ernte durch Hagelschlag vernichtet, vgl. Diemer, Auswanderung, S. 18. Im Jahre 1702 *kam der Weingarter Wald in brand, darinne, biß 300 Klafter Holz verdorbt*; vgl. Schlaperizi, Chronica Ravensburgensis, S. 180/257.

137 Hünlin, Allgemeine Geschichte von Schwaben, Bd. 2, S. 893: *Ob nun schon der Krieg diesen Mangel hauptsächlich nicht verursacht hatte, so trug er doch auch etwas dazu bey; indem die grausame Kriegsvölker viele Feldfrüchte verdarben, und den Vorrath derselben guten theils aufzehrten.*

138 Vgl. ebd., S. 894.

139 Vgl. Herkle, Zunfthandwerk, S. 21.

140 Hünlin, Allgemeine Geschichte von Schwaben, Bd. 2, S. 894.

141 Der Hauptgrund für die Auswanderungen aus Oberschwaben lag im dortigen Anerbenrecht, das im Zusammenhang mit Bevölkerungswachstum, welches sich von Krieg, Pest und Krankheit erholte hatte, zu einem starken Ungleichgewicht in der Bevölkerung führte und für einige sich die Auswanderung als Ausweg aus sozialen Problemen erbot; vgl. Diemer, Auswanderung, S. 18 f. Siehe auch: Fata (Hg.), Auswanderung nach Ungarn.

schichtlichen Faktoren aus und konzentrierte sich auf die oberflächlichen, verallgemeinerten, gesamtsüdwestdeutschen Aspekte. Die (knappen) textlichen Bausteine waren dabei ausreichend, um ein Bild der ökologischen und ökonomischen Dimension eines Herrschaftsraumes auch in der Vorstellung des Rezipienten darzustellen.

3.3.3 Konfession aus unterschiedlichen Perspektiven

Die Territorien Oberschwabens waren und sind zumeist katholisch, dementsprechend prägte der Katholizismus das Alltagsleben und die Landschaft, vor allem der geistlichen und adeligen Gebiete. Bekenntnisse zum Protestantismus fanden sich lediglich in einigen reichsstädtischen Territorien. Im oberschwäbischen Kernland trat dieses in Form der Parität auf, zu finden vor allem in den Städten Biberach und Ravensburg sowie im Randgebiet zum Allgäu, in Leutkirch.[142] Aber auch Städte, die sich zur *Augsburgisch* Lehre bekannten, gab es mit Memmingen und hin zum Allgäu mit Lindau, Isny und Kempten.[143] In den Landesbeschreibungen war die Religionszugehörigkeit eines Herrschaftsraumes ein ebenso gewichtiges raumbeschreibendes Element wie beispielweise die Darstellung des Territoriums, der Güter, architektonischen Ausstattung, der ökonomischen und ökologischen Komponenten. Lediglich der Informationsgehalt variierte, von einer kurzen Notiz bis hin zu einer genauen Beschreibung der konfessionellen Ereignisse im Herrschaftsraum.[144]

Gegen Ende des Untersuchungszeitraums tritt die Darstellung des württembergischen Geistlichen und Reiseschriftstellers Philipp Ludwig Hermann Röder (1755–1831) mit einer besonderen Ausführung hervor. Seine äußerst detaillierte Beschreibung der oberschwäbischen Reichsstädte zeichnet schon allein anhand der Aufzählung der genauen Personenanzahl ein exaktes Bild der einzelnen Konfessionen. So waren in der Reichsstadt Ravensburg zum Zeitpunkt der Abfassung 1791 *3925 Personen* ansässig, wovon 2485 katholisch und *1440 Personen* evangelisch waren.[145] Daneben beschrieb er, wie das Modell der Parität in Ravensburg mittlerweile gut funktioniere, denn *unter den evangelischen als katholischen Einwohnern herrscht viele Aufklärung und Toleranz* und keine

142 Die Kriterien der Parität wurden aber unterschiedlich wahrgenommen, so ordnete Reichelt beispielsweise Isny den paritätischen Reichsstädten zu; Reichelt, Circuli 1703, S. 336.

143 Vgl. beispielsweise zu Kempten u.a. Reichelt, Circuli Suevici, S. 342; Röder, Lexikon, Bd. 1, Sp. 894.

144 Vgl. die konfessionellen Verhältnisse der Reichsstädte bei Büsching, Erdbeschreibung, S. 1429–1446.

145 Katholisch waren *321 Bürger, 378 Bürgerinnen, 351 bürgerliche Söhne, und 473 Töchter, 107 Hintersassen männlichen, und 119 weiblichen Geschlechts, 98 Hintersassen Söhne, und 150 Töchter, 37 Schuzverwandte männlichen, und 63 weiblichen Geschlechts, 212 fremde Dienstboten männlichen, und 176 weiblichen Geschlechts.* Die Evangelischen waren dagegen *schwächer, und bestehen aus 282 Bürger, 305 Bürgerinnen, 318 Bürgers Söhnen, 384 Bürgers Töchtern, 7 Schuzverwandten männlichen, 7 weiblichen Geschlechts, 90 Dienstbothen männlichen, und 47 weiblichen Geschlechts.* Röder geht bei seiner Aufstellung sogar noch weiter: *In 25 Jahren sind von den Evangelischen 1439 gestorben, und 1530 sind gebohren worden. Von den katholischen Einwohnern sind in 20 Jahren 1646 Personen getauft worden, und 1586 sind gestorben*; Röder, Lexikon, Bd. 2, Sp. 391 f.

Streitigkeiten mehr wie *noch vor 30 Jahren*.[146] Dienstbotenstellen würden unabhängig von der Konfessionszugehörigkeit vergeben[147] und auch reichsstädtische Traditionen und Feste würden von allen Bürgern begangen, sodass *weder ein Religionsunterschied noch Zwang zu spüren* sei.[148] Auch werden von den beiden Glaubensgemeinschaften Provokationen in Form von mittlerweile abgeschafften Prozessionen, wie dem katholisch Palmesel-Umritt, oder in Form der evangelischen Kleider- und Verhaltensordnung für Geistliche vermieden.[149] Die Ravensburger bemühten sich, den Aussagen Röders folgend, um ein Miteinander und versuchten dabei, Provokationen und Anfeindungen zu vermeiden.[150] Neuere Forschungen gehen hierbei von einem genau gegenteiligen Bild aus.[151]

Auch in der Reichsstadt Biberach war die Parität eingeführt und erfolgreich gelebt worden, wie Röder ausführlich beschrieb. Hier gab es sogar im letzten Viertel des 18. Jahrhunderts einen Überhang evangelischer Glaubensangehöriger, sie *machten zwey Drittel* der Einwohner aus.[152] Beide Konfessionsparteien hatten die gleichen Rechte – keine war *die herrschende* – und beide nutzen dieselben öffentlichen Einrichtungen wie die Hauptkirche, die Hospitalkirche und das Hospital, die unter Ratsgewalt standen, *gemeinschaftlich*.[153] Dass die Hauptkirche von beiden Konfessionen genutzt wurde, war keine Seltenheit, diese Praxis der Simultankirche wurde auch in Memmingen so gehandhabt.[154] Im Falle Biberachs legte Röder beispielsweise ein besonderes Interesse auf das Hospital und die gleichberechtigte Nutzung, denn dies verfügte nicht nur über hohe Einkünfte, es bestand aus 24 *Dörfern und Höfen*, hinzu kamen *einige Wälder, Fischteiche und andere Güter* sowie das Jordanbad, wodurch das Hospital *fast das ganze Stadtgebiet*

146 Ebd., Sp. 392: *Es ist aber hier nicht, wie in andern Städten diese der Drache der mit Eifersucht über alle Kleinigkeiten wacht, und bei dem unbedeutendsten Anlaß Raufereien erzeugt.* [...] *Steife Schildbürgerei und ängstliche Entfernung der beiden Religionstheile von einander, die noch vor 30 Jahren hier herrschend war, ist nicht mehr zu finden.*

147 Röder, Lexikon, Bd. 2, Sp. 392: *Katholische Dienstboten dienen bei evangelischen Geistlichen.*

148 Ebd., Sp. 392 f.: [...] *bei allgemeinen und einzelnen Volksfesten nimmt jeder Religionstheil, ohne Zwang, Antheil, auch das steife Reichsstädtische Zeremoniel bei Hochzeiten, Leichen, Kindtaufen ist abgeschaft, auch bei Gastmalen, Konzerten, Badgesellschaften,/ Trink- und Spielklubbs, ist weder Religionsunterschied noch Zwang zu spüren.*

149 Ebd., Sp. 393: *Die Katholischen führen hier keinen Palmesel und sogenannten Funkenkloz mehr umher, welche Possen schon seit 10 Jahren abgeschaft sind. Die evangelischen Geistlichen gehen in gefarbten Kleidern, und besuchen das Schauspiel, ohne Aufsehen zu erregen.* Röder bezieht sich hier in seiner Schilderung der konfessionellen Umstände in Ravensburg neben vorhergehenden Landesbeschreibungen auch auf die Darstellungen von reichsstädtischen Bürgern, wie auf die Schilderungen des *Patrizier, Senator und Post-Director* Joseph Ferdinand von Merz; vgl. Röder, Lexikon, Bd. 2, S. V.

150 Röder führte verschiedene Beispiele für eine funktionierende Parität aus, z.B. die Regelung der Grablege in Ravensburg: [...] *die Kirche zu St. Leonhard in der Vorstadt Oelschwang, die Kirche zu St. Veit auf dem Berge, und die Kirchen zu St. Georg und zur Mühlbruk. All diese sind katholischen Antheils. Der Kirchhof ist gemeinschaftlich; Katholische und Evangelische liegen hier beisammen. Man sieht hier viele schöne Monumente.* Röder, Lexikon, Bd. 2, Sp. 394.

151 Vgl. Horvarth, Ravensburg; Falk, Ausdrucksformen; Herbst, Konfessionen in Ravensburg.

152 Röder, Lexikon, Bd. 1, Sp. 210 f. Von den rund 7000 Einwohnern waren 1789 über 2000 katholisch; vgl. ebd., Sp. 211.

153 Röder, Lexikon, Bd. 1, Sp. 210.

154 Vgl. Büsching, Erdbeschreibung, S. 1432.

ausmachte.[155] Darüber hinaus wurde auch genau geregelt, welche Konfession welches städtische Amt bekleidete. Um Unmut innerhalb der Bevölkerung zu vermeiden, waren die führenden Ämter wie die des Inneren Rates und das Bürgermeisteramt doppelt durch jede Konfession vertreten.[156] Diese Zuteilung und Aufteilung der Ämter und Stadtgewalt zog sich durch die gesamte Stadtverwaltung.[157] Biberach war demnach ein in den Aussagen der führenden Bürger[158] über sich selbst und der daraufhin erfolgten Interpretation Röders ein Idealbeispiel für eine paritätische Stadt. Da Röders Lexikon von Schwaben nach eigenen Angaben zu den jeweiligen Territorien auf Informationen aus erster Hand von Beamten oder Gelehrten fußte,[159] wird hier zu einem gewissen Teil die Selbstwahrnehmung der städtischen Eliten widergespiegelt, die sich, wie das Ravensburger und Biberacher Beispiel aufzeigt, als konfessionell ausgeglichen, tolerant und fair wahrzunehmen wünschte. Dabei wird vor allem ein Idealbild einer paritätischen Gesellschaft beschrieben.

Die Konfessionalisierungsforschung zeichnet dagegen ein anderes Bild. Die Historikerin Andrea Riotte konnte jüngst für den Zeitraum 1649–1800 in ihrer Studie zur Parität in Biberach ein eher konträres, konfliktgeladenes Bild herausstellen, indem überwiegend Spannungen, Streitigkeiten und Feindseligkeiten der jeweiligen Glaubensangehörigen zur Sprache kamen.[160] Das unterstreicht auch den Ansatz von Martina Löw und Andreas Rutz, dass unterschiedliche Akteure die einzelnen Ereignisse und Begebenheiten unterschiedlich wahrnehmen und durch den Filter ihrer Erfahrungen und Deutungen letztlich unterschiedliche Rauminterpretationen entstehen.[161] Wahrnehmung ist nicht nur abhängig vom jeweiligen Standpunkt der Betrachtung, sondern auch vom Stand und der Verfügbarkeit von Informationen. Letztlich muss bedacht werden, dass der Autor in der Regel über keine direkten lokalen Kenntnisse verfügte, auf Informationen Dritter zurückgriff und dadurch seine Interpretation der Ereignisse anhand der

155 Röder, Lexikon, Bd. 1, Sp. 211; Henke, Wohngemeinschaften; Schäfer, Simultaneum.

156 *Das Regiment der Stadt bestehet aus einem innern Rath, dem Stadtamannamt, dem Gericht und dem äussern sogeannten grosen Rath. Der innere Rath macht 20 Personen aus, nehmlich zween Bürgermeister, vier Gemheime und vierzehen kleine oder innere Räthe. Von den Katholischen werden das Bürgermeisteramt, die zween Geheime und die nächstfolgenden drey Rathsherrenstellen von Patriziern; die leztern vier Rathsstellen aber von vier Personen aus der Gemeinde besezt. Von den Evangelischen, werden das Bürgermeisteramt, die erste Geheime, und die folgenden drey innern Rathsstellen, von adelichen oder Graduirten, die zwote Geheime und die untere vier Rathsstellen aber von Gemeinden besezt.* Röder, Lexikon, Bd. 1, Sp. 212.

157 Vgl. ebd., Sp. 212–215.

158 Vgl. Röders *Verzeichniß der resp. Herren Pränumeranten und Subscribenten*, welches sich im ersten und zweiten Band seines Lexikons an sein Vorwort anschließen; Röder, Lexikon, Bd. 1, S. I–VIII, Bd. 2, S. I–II. Im Falle Biberachs basierten die Informationen Röders auf die Aussagen folgender Personen Bürger: *Prof. Braun in Biberach* (S. II), *Senator und Apotheker Ege in Biberach* (S. II), *Buchbinder Mayer in Biberach* (S. V), *Stadt-Ammann D. Stecher in Biberach* (S. VII) und *Zell, der Rechte Candidat in Biberach* (S. VIII).

159 Vgl. Röder, Lexikon, Bd. 1, Vorrede, S. 1, S. I–VIII; Bd. 2, S. I–II.

160 Vgl. hierzu die Ergebnisse der Studie von Andrea Riotte zur Parität in Biberach, die sich mit allen Konfliktfeldern der städtischen Gesellschaft auseinandersetzte; Riotte, Diese so oft beseufzte Parität, S. 291–665.

161 Vgl. Löw, Raumsoziologie, S. 159, 198; Rutz, Doing territory, S. 105 f.

Raumwahrnehmung eines weiteren Akteurs, der eigene Absichten verfolgte, ableitete. Zudem versuchte jeder Autor in seinem Werk die Veranschaulichung einer bestimmten Ansicht und Raumvorstellung auszudrücken.

Röder führte weiter aus, dass die Städte, die bei der evangelischen Religion verblieben waren, unter Umständen sogar so weit gingen, strikt zu bleiben und auch keine Katholiken als Bürger anzunehmen, wie er für die Reichsstadt Isny ausführte.[162] Daran änderte auch das in der Stadt liegenden Reichskloster St. Georg nichts, mit dem die Stadt *keine, als nachbarliche, Verbindung* habe.[163] Die Klosteruntertanen waren in dem Vorort unweit des Wasserturms angesiedelt, der als *katholische Vorstadt, oder auch: die Viehweide* benannt war.[164] Ein interessanter Aspekt, der im Beispiel von Isny und Kempten zu Buche schlägt, ist, dass beide evangelischen Städte von katholischen Territorien umringt waren, wodurch ein gewisses Abhängigkeitsverhältnis und damit auch Konfliktpotential vorherrschte. Im Falle Isnys verdankte die Stadt zwar ihre Rechte und Existenz nicht zuletzt dem älteren Kloster St. Georg, dennoch wurden letztlich die Handlungsspielräume klar geregelt, wonach das Kloster innerhalb der Stadt *weder Güter noch Erbschaften* gewinnen oder besitzen durfte.[165] Der Eintrag zu St. Georg, der sich an die reichsstädtische Beschreibung anschließt, wurde dagegen von Röder nur sehr knapp angelegt und umfasst nur die nötigsten Eckdaten zum Kloster und seiner Geschichte.[166] Am Beispiel Isnys zeigt sich, dass eine bestimmte Art der Abschottung als konfessionelle Minorität in einem katholisch geprägten Umfeld notwendig war, um nicht nur die Glaubenslehre, sondern auch die Interessen und gar die Landeshoheit des eigenen reichsstädtischen Herrschaftsraumes gegenüber der Majorität und Übergriffen der katholischen Territorien zu schützen. Hierbei wird auch eine gewisse Sorge vor der Wiederholung der vorangangenen Ereignisse des konfessionellen Zeitalters mitgeschwungen haben, waren doch die protestantischen Gebiete Oberschwabens letztlich winzig kleine Inseln.

Der württembergische Theologe Röder zeigte sich sehr offen für die unterschiedlichen Ansätze der Reformation, indem er Kritik an einigen Entwicklungen übte, die sich im Zuge der Konfessionalisierung der Reichsstadt Memmingen ergaben. Wie Memmingen tendierte auch die Reichsstadt Lindau zu Beginn der Reformation zum zwinglianischen bzw. calvinistischen Glaubensbekenntnis[167] und organisierte sich zusammen mit Memmingen, Konstanz und Straßburg im Bündnis der *Confessio Tetrapolitana*.[168] Hierbei kritisierte er vor allem die Tatsache, dass der Memminger Rat sich letztlich für eine Kirchenordnung entschied, die sich an der von Jakob Andreä (1528–1590) initiierten Konkordienformel für Württemberg orientierte, und somit eine Festigung und keine Ver-

162 Vgl. Röder, Lexikon, Bd. 1, Sp. 829.
163 Vgl. ebd., Sp. 829 f.
164 Vgl. ebd.
165 Ebd., Sp. 832.
166 Vgl. ebd., Sp. 833.
167 Vgl. Röder, Lexikon, Bd. 2, Sp. 75.
168 Vgl. ebd., Sp. 169: *Die Reformation der Stadt geschahe bald, und sie übergab mit Strasburg, Lindau und Kostanz dem Kaiser Karl V ein eigenes Bekenntniß auf dem Reichstag zu Augsburg, 1530. Anfangs hielt sie es mir den Lehrbegriffen der Schweizer, mußte sich aber bald von ihnen trennen, um von dem schmalkaldenschen Bunde nicht ausgeschlossen zu werden.*

mittlung zwischen reformiert und lutherisch gefunden wurde.[169] Gerade die Ereignisse und Erfahrungen der Reformation und des Dreißigjährigen Krieges und deren Auswirkungen auf die jeweiligen Herrschaften waren im gesamten Untersuchungszeitraum ein wichtiges Thema der Raumdarstellungen. Im topographischen Text konnten dabei zunächst keine Reibungspunkte innerhalb der christlichen Glaubensrichtungen festgestellt werden.[170] Es konnte kein Moment herausgenommen werden, indem bewusst von einem der Angehörigen einer Konfessionsgruppe gegen einen Andersgläubigen vorgegangen wurde.

Andere Glaubensgemeinschaften sind in den Landesbeschreibungen nicht nachzuweisen. Ein einziges Beispiel findet sich in der Kreisbeschreibung von David Hünlin aus dem Jahre 1780. Hier kritisierte der Lindauer Kaufmann offen die Politik der Lindauer Stadtherren, welche die hugenottischen Glaubensflüchtlinge *im vorigen Jahrhundert* nicht aufgenommen hatten, dadurch wäre seiner Meinung nach die Stadt zu einer *der gewerbsamsten, industriosesten und wohlhabendsten Städte geworden.*[171] Sie wurden aber abgelehnt *weil sie neben ihrem besondern Gottesdienst eine besondere Gerichtsbahrkeit verlangten, und um derenwillen sie vermuthlich auch die Stadt St. Gallen wie auch hinnach der Herzog von Würtemberg nicht annahmen.*[172] Inwiefern das Glaubensbekenntnis des damaligen Lindauer Rates und die politischen Umstände des 17. Jahrhunderts entscheidend für dieses Vorgehen waren, wurde von Hünlin nicht weiter ausgeführt. Letztlich blieb Lindau über einen längeren Zeitraum eine evangelische Reichsstadt.

Unter konfessioneller Betrachtung wurden in der Art der Textdarstellungen der Landesbeschreibungen deutlich, dass Konflikte, die sich aus den religiösen Ansichten der Autoren zum darzustellenden Gebiet ergeben würden, kaum offen angesprochen wurden. Hier wurde aber deutlich, dass der Informationsgehalt über die jeweils andere Glaubenspraxis sehr variiert. Die Konfession der Autoren, die sich als überwiegend evangelisch herausstellte, spielte im Laufe des 18. Jahrhunderts auch im Zeichen der

169 Ebd.: *Der zwinglische Lehrbegriff hatte lange in Memmingen viele Anhänger, bis Jakob Andreä durch seinen Eifer und Betreibung der Unterschrift der Konkordienfornel, diese Lehrart aus der Stadt verdrängte, und durch seinen Lerm wakere nüzliche, und sonst um die Stadt wohlverdiente Männer, wegschrökte.* Als Quelle für seine Aussage benannte Rödel hierzu: Schelhorn, Reformations-Historie Memmingen.

170 Andersgläubige Konfessionen kamen laut den herangezogenen Landesbeschreibungen im Untersuchungszeitraum kaum vor. Während noch im Mittelalter jüdische Gemeinden überwiegend in den reichsstädtischen Territorien von Ravensburg, Memmingen, Augsburg und Ulm nachweisbar waren, erlebte die jüdische Bevölkerung zu Beginn der Frühen Neuzeit Ausweisungen und Vertreibungen. Im Jahre 1531 verfügte beispielsweise der Memminger Rat, dass Juden die Stadt nur tagsüber und nur in Begleitung eines bezahlten Stadtknechts betreten durften, zudem mussten sie sich mit einem gelben Ringlein sichtbar kennzeichnen; StA Augsburg, RU Memmingen 666. Darüber hinaus konnte im Rahmen der Studie nur beobachtet werden, wie die mittelalterlichen Vertreibungen und Pogrome gegen die jüdischen Gemeinden gelegentlich kurz aufgelistet wurden; vgl. u.a. Überlingen, Merian/Zeiller, Topographia Sueviae, S. 191 f. Andere Konfessionszugehörigkeiten spielten für das Untersuchungsgebiet keine Rolle.

171 Hünlin, Erdbeschreibung, S. 771 f. In Folge des Edikts von Fontainebleau, welches der französische König Ludwig XIV. im Oktober 1685 erlassen hatte, wurde die Religionsfreiheit reformierter Gemeinden aufgehoben, woraufhin viele Hugenotten Landflucht begingen.

172 Ebd.

Aufklärung für die Beschreibungen eine eher geringe Rolle. Im 17. Jahrhundert dagegen, besonders in der Zeit während und nach dem Dreißigjährigen Krieg, führten die konfessionellen Überzeugungen des Verfassers zu klaren Abgrenzungen innerhalb der Texte. Martin Zeiller fiel dadurch auf, dass er die Beschreibung der Prälatenklöster in Oberschwaben sowie die geistlichen Territorien Schwabens in seiner Veröffentlichung 1643 allgemein sehr knapp hielt und dabei nur auf die allernötigsten Informationen in schematischer Reihenfolge einging.[173] Weingarten, Salem und Ochsenhausen wurden ebenso kurz beschrieben wie die waldburgischen Herrschaften.[174] Lediglich der Status und Stand des Klosters, dessen Lage und Stiftung, die allernötigsten historisch relevanten Daten, die Reichsabgaben sowie die Auswirkungen des Dreißigjährigen Krieges wurden aufgezeichnet.[175] Die Bedeutung, die einem Kloster oder einem katholischen Adelshaus in der Region oder dem deutschen Südwesten zukam, wurde von Zeiller dabei durchaus hervorgehoben, wie beispielsweise im Falle Weingartens, das als *reiches, und berühmtes Mönchs-Closter* charakterisiert wurde.[176] Darüber hinaus fanden sich aber keine weiteren wertenden Elemente. Diese Herangehensweise, die er strikt beibehielt, ergab im Zusammenhang mit seiner Biographie als steirischer Glaubensflüchtling und seinen Erfahrungen im Dreißigjährigen Krieg eine plausible Erklärung, die auf mehr als nur eine Antipathie gegen den Katholizismus schließen ließ.[177] Hier kam vor allem dem Ungesagten große Bedeutung zu.

Doch Zeiller war mit dieser Form der Raumwahrnehmung und -beschreibung nicht alleine, eine ähnliche Darstellungsweise war noch zu Beginn des 18. Jahrhunderts verbreitet. So hielten sich der Straßburger Mathematiker Julius Reichelt (1637–1717) und der Erfurter Theologe Johann Samuel Tromsdorff (1676–1713) bei ihren Darstellungen der katholischen Gebiete in den Jahren 1703 und 1711 nur an die allernötigsten Fakten: In geistlichen Gebieten waren die Stiftung und die Bedeutung wesentlich, in adeligen Gebieten lag der Fokus auf der dynastischen Entwicklung.[178] Daraus kann letztlich abgeleitet werden, dass sowohl die Konfession des darzustellenden Ortes als auch die Glaubenszugehörigkeit des Autors für die Wahrnehmung und Raumbeschreibung im weitesten Sinne doch eine gewisse prägnante Rolle innerhalb des Untersuchungszeitraumes spielten. Denn gerade in der Art der Darstellung, eben durch Verkürzung und Weglassen von Informationen, kann eine empathische Reaktion des Autors auf den Darstellungsgegenstand, wie eben die katholischen Herrschaftsgebiete, beobachtet werden.

Darüber hinaus konnte feststellt werden, dass innerhalb der Landesbeschreibungen die Entwicklung dahin ging, dass der Informationsgehalt im Laufe des 18. Jahrhunderts zunahm und sich gerade im letzten Viertel des Jahrhunderts sowohl durch die Zuhilfe-

173 Merian/Zeiller, Topographia Sueviae.

174 Zum Vergleich die Beschreibung in Zeillers Topographia Sueviae zunächst der Klöster Ochsenhausen (S. 145 f.), Salem (S. 165), Schussenried (S. 171), Weingarten (S. 214) sowie die waldburgischen Herrschaften Wolfegg, Zeil und Wurzach (S. 223 f. und S. 232).

175 Ebd.

176 Vgl. Merian/Zeiller, Topographia Sueviae, S. 214.

177 Vgl. Brunner, Martin Zeiller.

178 Vgl. Reichelts Beschreibung des Schwäbischen Kreises (1703) und Tromsdorffs Geographie aller zehn Reichskreise (1711/13). Beide orientierten sich in erster Linie an Zeillers Ausführungen.

nahme von direkten Informationen aus den einzelnen Herrschaftsbereichen als auch durch indirekte Informationen durch eine größere Anzahl länderbeschreibender Literatur erweiterte. Dabei trat zugleich der eigene Kontext in Form religiöser Prägung zurück, wodurch der sich ergebende Informationsgehalt zunehmend objektiver wurde. Dies ist vor allem im jüngsten Werk der Studie, in Röders statistisch-topographisch orientiertem Lexikon, zu beobachten. Diese Entwicklung konnte auch in der Kartographie und in den Reiseberichten beobachtet werden und entspricht damit ganz dem zeitgenössischen Usus.

Es kann davon ausgegangen werden, dass im Laufe des 18. Jahrhunderts in der verhältnismäßig objektiven Quellengattung Landesbeschreibung von den Autoren einfach danach vorgegangen wurde, im Kreis des eigenen Konfessionsraumes zu verbleiben und sich gegenüber den anderen Glaubensbekenntnissen abzuschotten bzw. diese zu ignorieren, indem man sich verstärkt auf die eigenen Räume konzentrierte und andere Inhalte ausblendete. Berücksichtigt man die räumliche Verteilung der Konfessionen in Oberschwaben sowie die örtliche Gebundenheit der Autoren, erscheint diese These durchaus plausibel, denn nahezu alle protestantischen Autoren bewegten sich überwiegend im protestantischen bzw. paritätischen Umfeld.

Abschließend lässt sich in diesem Zusammenhang beobachten, dass die in den Karten viel beobachteten Raumelemente der Frömmigkeit in den Landesbeschreibungen, bis auf die oben benannten Ausnahmen, eher eine untergeordnete Rolle für die Darstellung spielten. Elemente der Frömmigkeitspraxis der Bevölkerung, darunter Volksglaube, Sitten und Aberglaube, konnten hier nicht nachgewiesen werden, selten wurden Mentalitäten und Alltagspraktiken ausgeführt.[179] Der Raum Oberschwaben wurde letztlich durchweg als katholisch wahrgenommen, die Ausnahmen bildeten die besprochenen sechs Reichsstädte.

Darüber hinaus kann über den tatsächlichen Alltag anhand dieser Quellengattung keine Aussage getroffen werden. Darüber hinaus wurde über den Stellenwert der Religion im alltäglichen Leben nur wenig ausgesagt, da der Blickwinkel der Landesbeschreibungen verallgemeinernd war. Ähnlich den Kartenbildern werden nur die Strukturen einer Herrschaft aufgezeigt – wenn auch mehr als nur symbolisch. Die einzelnen Elemente der Glaubenspraxis gaben die Reisenden wieder. Da der Reisebericht von allen Darstellungszwängen losgelöst war, konnte der Autor den Inhalt frei gestalten und auch auf emotionale Aspekte eingehen. Die Funktion der Landesbeschreibung lag dagegen darin, die einzelnen Raumelemente eines Territoriums objektiv und mit den wichtigsten Eckdaten darzustellen, um Orientierung in Zeit und Raum zu schaffen.

Da der überwiegende Teil der Autoren studierte protestantische Theologen war, kann von einer religiös beeinflussten Grundhaltung für die Art der Auswahl und Darstel-

179 In Bezug auf Aberglauben und Sitten beschrieb Röder ein Ereignis aus dem Jahr 1796, welches auch in den zeitgenössischen Zeitungen kursierte. Und zwar habe die Bevölkerung von Beutelsbach versucht, eine Viehseuche zu beenden, indem sie eine sehr alte Tradition anwandte und den Farren, den jungen Stier des Ortes, lebendig begruben *in der Hofnung, daß dadurch die Rindviehseuche gestillt werden sollte*. Dieses Ereignis aus dem württembergischen Dorf ist ein Beispiel dafür, wie sich alte Sitten und Aberglauben in der Landbevölkerung erhalten haben und in Notsituationen wieder zum Vorschein kommen konnten; Röder, Lexikon, Bd. 3, Sp. 19.

lung des konfessionellen Raumes ausgegangen werden. Dennoch war der Wahrnehmungsraum überwiegend möglichst objektiv gewählt, die Methode des Weglassens und Kurzfassens kam dagegen auffallend häufig zur Anwendung. Es kann davon ausgegangen werden, dass der konfessionelle Aspekt bei der Abfassung ein prägender, aber nicht übergeordneter Faktor war und letztlich im Laufe des 18. Jahrhunderts durch den Einfluss der Aufklärung und die Wissenschaft immer mehr an Bedeutung verlor. Neue Darstellungen und Raumelemente sowie genaue Messungen und vergleichbare Werte und Beschreibungen wurden wichtiger. Wie sich für die 1790er Jahre mit den Texten Röders herausstellte, war den Akteuren mitunter daran gelegen, ein harmonisches Bild wie von der Parität in Ravensburg und Biberach aufzuzeigen, das den Forschungsergebnissen entgegensteht. Bei der Betrachtung der konfessionellen Raumbilder waren neben der Darstellung von Kontinuität besonders die Herkunft und Verortung der jeweiligen Autoren von Bedeutung.

3.3.4 Kunstgeschichtliche Elemente der Raumwahrnehmung

Die Quellengattung Landesbeschreibung ist in ihrer Raumdarstellung prinzipiell auf das Wesentliche reduziert. Dennoch können auch unter kunstgeschichtlicher Betrachtung wertvolle Raumelemente des Kunstschaffens erschlossen werden. Für die Wahrnehmung des Herrschaftsraumes und der Herrschafts(re)präsentation kam der Architektur in allen drei Quellengattungen dieser Studie eine wertvolle Bedeutung zu. Wie bereits in den Kartenbildern aufgezeigt werden konnte, versinnbildlicht auch die Landesbeschreibung durch die Darstellung der architektonischen Raumelemente – ganz gleich ob als ausführliche Beschreibung oder kleine Randnotiz – die Herrschaft an sich, deren Status, Rechte und Bedeutung im Raum. Allein die Beschreibungen der städtischen Baulandschaft[180] mit den öffentlichen Gebäuden, den sozialen Einrichtungen, wie Hospitälern und Leprosenhäusern, den Kirchen und Schulgebäuden sowie den Handels- oder Privathäusern, stehen in der Raumdarstellung für das öffentliche Leben, die politischen, gesellschaftlichen, konfessionellen und wirtschaftlichen Strukturen innerhalb der Orte und Herrschaftsräume. Sie verzeichneten den Interaktionsraum und repräsentierten dadurch das tägliche Leben und die handlungsbedingten Räume, innerhalb der sich die Einheimische und Fremde bewegten. Wie in den Karten, waren sie auch hier allein durch ihre Beschreibung als Attribute betrachtet worden, die für Lebensqualität und Herrschaftsanspruch standen.

Eine Vielzahl von Territorien Oberschwabens, wie die Reichsstadt Lindau, investierte nach dem Dreißigjährigen Krieg in eine Reihe von Neubauten.[181] Die Thematisierung der Schäden durch Brand und Vandalismus der unterschiedlichen Kriegsparteien[182] sowie

180 Vgl. die Beschreibungen der fünf evangelischen Städte Memmingen und die heute dem Allgäu zugerechneten Städte Lindau, Leutkirch, Isny und Kempten, das paritätische Biberach und Ravensburg sowie die katholischen Städte Buchau, Buchhorn, Pfullendorf, Überlingen und Wangen im Allgäu in den unterschiedlichen Werken von Hünlin und Röder.

181 Vgl. Büsching, Erdbeschreibung, S. 1434–1436.

182 *Das Rechs-Gotteshaus hat in dem letztverflossenen Jahrhundert mehr dann 1/3 von seinen Gütern und Unterthanen verlohren*, wie Büsching für die Reichsabtei Salem festhielt; ebd., S. 1364.

die notwendige Bautätigkeit infolgedessen können als repräsentativ für die politische und ökonomische Wahrnehmung der jeweiligen Akteure betrachtet werden. Allerdings spielte die Architektur der Privathäuser eines Ortes oder einer Stadt in nur wenigen Landesbeschreibungen eine Rolle. Röder war hier in seinem dreibändigen Werk der 1790er Jahre am ausführlichsten und beschrieb beispielsweise für die Reichsstadt Kempten, dass neben der Stadtstruktur *an schönen Privathäusern* [...] *auch kein Mangel* sei.[183] Er beschrieb hier eine rege Bautätigkeit, die sowohl die öffentlichen als auch die Privathäuser betraf.[184] *Eine Menge guter Verordnungen, die Entfernung veralteter unnützer, und doch in den meisten Reichsstädten noch so heilig gehaltener Gebräuche, die Verschönerung der öffentlichen Gebäude, der Kirche, des Rathhauses, der Schulen, die Herstellung öffentlicher eiserner Brunnen, der besten, brauchbarsten Landstrasen, beweisen, die Aufmerksamkeit, den Eifer und die Sorge des hiesigen Magistrats für das allgemeine Wohl der Stadt.*[185] Diese Tätigkeiten dienten den Städten vor allem dazu, ihre Reichsunmittelbarkeit und Reichsstandschaft zu behaupten.[186] Die Wahrnehmung von Privathäusern war ein Phänomen des ausgehenden 18. Jahrhunderts und ist im Falle des Lindauer Kaufmanns Hünlin vor allem seiner Begeisterung für seine Heimatstadt zuzuschreiben.[187] Neben all diesen Bedeutungsebenen bestand die vornehmliche Aufgabe der Beschreibung der städtischen Architektur darin, dem Rezipienten eine Orientierung im Raum zu geben sowie darüber hinaus eine vergleichbare Raumausstattung in Bezug auf andere Städte und Ortschaften zu schaffen. Diesem Ideal schien sich besonders Röders Lexikon wohl auch verpflichtet zu sehen.

In den Darstellungen der Klosterterritorien wurde im Gegensatz zu den Kartenwerken und Reiseberichten auf die Beschreibung der Klosteranlage verzichtet, lediglich auf architektonische Besonderheiten wurde verwiesen.[188] Ein ähnliches Vorgehen war auch in den Beschreibungen der Bischofsresidenz in Meersburg und einzelner Adelsherrschaften zu sehen. Hier wurden Adjektive wie *ansehnlich*, *schön*[189] oder *herrlich*[190] für die Architektur der Schlösser verwendet, um auf die Bedeutung der jeweiligen Residenzen hinzuweisen, wie beispielsweise auf die fürstenbergische Residenz Heiligenberg als ein *ansehnliches Schloß, nicht weit von Salem.*[191] Auch in diesem Fall war die kurzgefasste

183 Röder, Lexikon, Bd. 1, Sp. 896.

184 Röder war ein aufmerksamer Betrachter seiner Umwelt. So führte er in seiner Reisebeschreibung von Südwestdeutschland bis Wien unterschiedliche Architekturmerkmale aus, wie die *Gewohnheit der schwäbischen Bauart, das erstes Stockwerk eines jeden Hauses von Stein gebaut* für den Göppinger Raum; Röder, Reisen, Bd. 1, S. 122.

185 Röder, Lexikon, Bd. 1, Sp. 896.

186 Ebd., Sp. 895 f.

187 Vgl. Hünlin, Erdbeschreibung, S. 772 f.

188 Reichelt beschrieb Weingarten als *ein reiches und weit-berühmtes Mönch-Closter* sowie Ochsenhausen als *ein ansehnlich und weitberühmtes Benedictiner-Closter*; Reichelt, Circuli Suevici, S. 46 f.

189 Für Zeil vermerkte Reichelt, dass es *ein Marckt und schön Erb-Truchsessich-Waldburgisches Residenz-Schloß im Allgäu* sei; Reichelt, Circuli Suevici, S. 294.

190 In Tettnang *ist auch ein Gräflich Montfortisches Städtlein, auf der Land-Strassen zwischen Ravenspurg und Lindau, so vorhin ein herrliches Schloß gehabt, das aber im dreissigjährigen Krieg abgebrennet worden, und hat das Feuer des Städtleins nicht verschonet.* Reichelt, Circuli Suevici, S. 251.

191 Ebd., S. 232. Reichelts Attribute zu den jeweiligen Residenzen begegnen in späteren Beschreibungen wortgenau wieder; vgl. u.a. die Beschreibung zu Zeil bei Tromsdorff, Geographie, S. 173.

Randnotiz dem Wesen der Quellengattung geschuldet. Die Architekturbeschreibung war jeweils auf die Benennung eines Gebäudes und nicht auf die Beschreibung der Ausgestaltung und Nutzung ausgerichtet. Derlei gestalterische Informationen zur Wirkungsebene der Architekturgestaltung lassen sich wiederum in den beiden anderen Quellengattungen teilweise nachvollziehen.

Ein weiteres Feld der kunstgeschichtlichen Betrachtung wie etwa Kunstgegenstände wurden, wie bereits in den Kartenbildern gezeigt werden konnte, auch in den Landesbeschreibungen außer Acht gelassen. Eine Ausnahme fand sich für das Kunsthandwerk in den am Rand des Untersuchungsgebiets liegenden Großstädten. Gerade in Hünlins Beschreibung des Handels der Reichsstadt Augsburg mit Manufakturwaren der gegen Ende des 17. und im Laufe des 18. Jahrhunderts *wieder in guten Gang* gekommen sei,[192] zeichnet sich die Wahrnehmung dieser Stadt am Rande Oberschwabens als wohlhabend und mit einer gedeihenden Kaufmann- und Bürgerschaft ab. Gerade diese speziellen und kostspieligen Handwerke, wie die hier angesprochen Gold- und Silberschmiede, das Uhrenhandwerk sowie die Buch- und Kartendruckerei und andere Manufakturen wie die Textilverarbeitung und die Kattundruckerei[193] belegen das Erstarken des Handwerks, der Kaufmannschaft und der Bürgerschaft im 18. Jahrhundert und zeigen dadurch, wie *der gemeine Mann* [...] *wieder Geld verdiente* und deshalb *besser bestehen konnte, als biß gegen das Ende des Jahrhunderts.*[194] Die teilweise recht teuren Rohmaterialien und die daraus entstandenen Luxusgüter zeichnen ein Bild vom Wohlstand der Stadt. Jedoch ist diese Beschreibung nicht für Oberschwaben allgemein anwendbar, denn derlei Handwerk konnte in dieser Quellengattung nicht weiter beobachtet werden. Auch kein anderer topographischer Autor ging auf diese speziellen Handwerkszweige ein, weder auf die Kunstschaffenden und ihre Praxis noch auf Kunstausstattungen oder Kunstsammlungen in den Herrschaftsgebieten.

In den topographischen Beschreibungen wurden einzelne Gebäude, ihre Besonderheiten und im weitesten Sinne Baustile in den Städten hervorgehoben, so die wichtigsten Kirchen, die Rathäuser, die Wehranlagen und einzelne Handwerks- oder Patrizierhäuser. Allerdings waren die Informationen kurz gefasst, wie sich am Beispiel Lindaus zeigt, das nach Reichelts Ausführung zu Beginn des 18. Jahrhunderts *ziemlich schöne Gebäude* und wehrhafte Anlagen *mit langen Pfälern in dem Wasser,* [...] *Ring-Mauer* besaß.[195]

Neben diesen architektonischen und kunstschaffenden Raumelementen des kunstgeschichtlichen Betrachtungswinkels die den Herrschaftsraum und seine repräsentative Wirkung erfassen und beschreiben, kann darüber hinaus auf die Heraldik verwiesen werden. Gelegentlich wurde die Darstellung der Wappen der einzelnen Herrschaften in

192 Hünlin, Reichsstädte, S. 334.

193 Ebd. Durch die Vergabe von 16 Druckereikonzessionen für Kattundruckereien und dem *Einführverbot von europäischer Rohkattune* unterstützte der Augsburger Stadtrat vor alle die heimischen Weber; vgl. Schremmer, Handel und Gewerbe zur Zeit des Merkantilismus, S. 573.

194 Hünlin, Reichsstädte, S. 334. Vgl. u.a. Roeck, Geschichte Augsburgs; Zorn, Augsburg; Grünsteudel/Hägele/Frankenberger (Hg.), Augsburger Stadtlexikon; Gottlieb (Hg.), Stadt Augsburg; Bátori, Augsburg im 18. Jahrhundert.

195 Reichelt, Circuli Suevici, S. 346.

die Landesbeschreibungen mit aufgenommen.[196] Ihre Schilderung bedient dabei speziell die symbolische Ebene und konstituiert dadurch den Herrschaftsraum. Das Besondere an Wappendarstellungen als deutlichen Herrschaftssymbolen tritt vor allem in den topographischen Bildern und Texten hervor. Ihre Wirkmacht und die weiterer Sinnbilder wurden darüber hinaus sorgsam für die Titelblätter ausgewählt, die nun im Folgenden in einem kurzen Exkurs erörtert werden.

Exkurs: Loyalitätsverhältnisse im Titelblatt

Ein wirkungsvolles Element der Landesbeschreibungen ist in der Gestaltung der Titelblätter zu erkennen. Hier zeigen sich die Einflüsse aktiv und passiv beteiligter Akteure bei der Abfassung des Werkes. Überschwänglich und reich an Allegorien werden die Absichten und Loyalitätsverhältnisse der Verfasser offenbart. Das Hauptanliegen für die Anfertigung einer Landesbeschreibung bestand meist in der Absicht, ein neues, verbessertes Werk auf Grundlage vorangegangener Literatur zu verfassen. Dementsprechend war es auch ganz dem Zeitgeist geschuldet, eine Widmung an reale oder fiktive Persönlichkeiten, Gönner oder Mäzene mit einzubinden. Bei den im Rahmen dieser Studie untersuchten topographischen Texten waren einige Konzeptionen der Titelblätter auffallend.

Die Gestaltung des Titelblattes war bei Matthäus Merians (1593–1650) und Martin Zeillers (1589–1661) Topographia Suevia noch nach zeitgenössischer Manier Mitte des 17. Jahrhunderts besonders aufwendig.[197] Einem Epitaph gleich war der Titel flankiert von einem hochrangigen Ritter in Rüstung mit Schwert, Pelzumhang und Wappenschild[198] sowie einem Landsknecht als Fahnenträger, der auf seiner Fahne die Szene Georgs als Drachentöters schwenkt. Das herzogliche Wappenschild der Hauses Württemberg krönt mit reicher Verzierung mit Krone und Adler in der Helmwulst und -zier die Darstellung und symbolisiert zugleich den herzoglichen Status sowie den Vorsitz des Hauses Württemberg im Schwäbischen Kreis. Den Sockel verziert die Ansicht der Reichsstadt Ulm mit besonderer Betonung ihrer Wehranlagen.[199] Gemäuer, Wald und Feuerschalen im Hintergrund runden den heroischen, siegreichen Moment im Titelblatt ab. Die Szenerie beschreibt und beschwört geradezu über die Attribute den siegreichen, wehr- und standhaften Schwäbischen Kreis. Berücksichtigt werden muss hierbei der Zeitpunkt der Abfassung und Veröffentlichung: im Jahre 1643 befanden sich große Teile des Reiches noch im Dreißigjährigen Krieg und ein Ende der Kampfhandlungen war nicht greifbar.

Der vielgereiste Straßburger Julius Reichelt (1637–1717) widmete sein Werk im Jahre 1703 Herzog Eberhard Ludwig von Württemberg (1676–1733) und wählte für seine Publikation ein Bildnis des jungen Herzogs, welches ihn in Rüstung und lächelnd im Halbportrait zeigt.[200] Der Hintergrund für diese ebenfalls heroisch gewählte Pose ist sowohl im

196 Vgl. Büsching, Erdbeschreibung, S. 1347.

197 Merian/Zeiller, Topographia Sueviae, Titelblatt.

198 Der Ritter weist große Ähnlichkeit mit Herzog Ulrich (1487–1550) auf. Für eine zumindest zeitgenössische Vorlage sprechen die Gewänder der beiden.

199 Vgl. hierzu die Stiche zu Ulm als Einlage bei Merian/Zeiller, Topographia Sueviae, zwischen S. 200 f.

200 Reichelt, Circuli Suevici, Titelblatt.

Pfälzischen Erbfolgekrieg (1688–1697) als auch im Spanischen Erbfolgekrieg (1701–1714) zu sehen. Beide Auseinandersetzungen prägten seine frühen Regierungsjahre. Die württembergischen Herzöge waren immer dann Adressaten eines topographischen Werkes, wenn es sich bei den Autoren um gebürtige Württemberger handelte. Wie im Falle Eberhard David Haubers (1695–1765),[201] der zum Zeitpunkt der Abfassung seines Werkes noch Hauslehrer in Tübingen war und im Jahre 1724 zum Vikar an der Stuttgarter Stiftskirche berufen wurde.[202]

Für die Erstausgabe des Erfurter Theologen Johann Samuel Tromsdorff (1676–1713) wurde in seiner Widmung ebenfalls die ‚Gnade' möglichst höchster Reichsinstanzen angestrebt, indem das Werk den Kurfürsten gewidmet und als Huldigung Kaiser Maximilian I. (1459–1519) mit den Reichsinsignien, im Königsmantel über der Rüstung auf dem Thron sitzend, gewählt worden war. Attribute der Macht runden den Kupferstich von Hildebrandt und Jacob Petrus ab.[203] An des Kaisers Seite sitzt ein Löwe, ein Sinnbild für Mut und Stärke,[204] zu seinen Füßen liegt die Welt in Form eines Globus, während der Kaiser auf einer von einem Engel gehaltenen Karte mit dem Zepter auf seine Residenzstadt Wien deutet, wodurch wiederum auf sein Gottesgnadentum verwiesen wird. Die Bildsprache ist eindeutig und wirkmächtig und versinnbildlicht auf allen Wahrnehmungsebenen und mit allen Gestaltungsmitteln den Herrschaftsanspruch und die Bedeutung des Hauses Habsburg.

Eine ähnlich eindeutige Bildsprache zeigte auch der Stich, der für Johann Reinhard Wegelins (1689–1764) Titelbild zur Landvogtei und des kaiserlichen Landgerichts gewählt wurde.[205] Der darauf abgebildete Gerichtstag, gestochen nach einer älteren Vorlage vermutlich aus dem frühen 16. Jahrhundert[206] beschreibt anhand der Kleidung und Haltung der Teilnehmer sowie der Personenanordnung die unterschiedlichen Rechtsebenen, wie die Abläufe sowie die Bedeutung und Rolle der einzelnen Teilnehmer der dargestellten Verhandlungsszene. Die unterschiedlichen Bedeutungsebenen kommen dabei klar zum Vorschein und konstruieren den Herrschaftsraum des Landgerichts.

Allein die Bildsprache mit ihren gewählten Attributen spiegelt nicht nur die zeitgenössische Manier wider, sie ermöglicht es auch, unterschiedliche Ebenen der Wahrnehmung zu erschließen, indem sie auf Siege oder Wehrhaftigkeit, Status und Stand in kleinen Bildeigenschaften verweist. Deshalb ist es im Rahmen dieser Studie unumgänglich,

201 Vgl. Dedicatio von Hauber, Historie, S. I–XII.
202 Vgl. Oehme, Eberhard David Hauber, S. 1.
203 *T. I. Hildebrandt delin. Jacob Petrus sculpsit*; Tromsdorff, Geographie, S. VII.
204 Vgl. Kretschmer, Symbole und Attribute, S. 266.
205 Wegelin, Landvogtei, Bd. 1, Titelblatt.
206 Dass es sich um eine ältere Vorlage handelt, die einen Verhandlungstag vermutlich zu Beginn des 16. Jahrhunderts aufzeigte, ist an mehreren Indizien ablesbar, z.B. an der Kleidung der unterschiedlichen Akteure (u.a. Scheckenrock, Schaube und Kuhmaulschuhe der Gelehrten), der Art der Landschaftsdarstellung, der Darstellung und Anordnung der umliegenden Höfe sowie der gewählten Perspektive der Gerichtsszene, erhöht und überlängt, im Verhältnis zur Umgebung. Vgl. die unterschiedlichen Kleidungsentwicklungen der Schaube als Gelehrtenkleid und Protestkleid der Reformation bis hin zum Dreißigjährige Krieg bei Bringemeier, Priester- und Gelehrtenkleidung. Und zur Entwicklung des Schuhwerks Bönsch, Formengeschichte europäischer Kleidung, S. 122.

auf diese Art der Gestaltung hinzuweisen. Die gewählten Motive beschreiben ihrerseits eine Ebene, die sich im Hintergrund befindet: die Akteure, die in den Widmungen angesprochen werden. Zugleich drücken sie auch die eigene Raumwahrnehmung der Autoren aus, was sich noch deutlicher im Widmungsschreiben und der Art und Weise der Darstellung der einzelnen Herrschaften zeigt.

Auch Personifikationen der Naturwissenschaften wurden illustriert, als im weitesten Sinne neue ‚Herrscher' bzw. ‚Herrschaftsraum'. Gegen Mitte des Jahrhunderts erschien im Titelblatt zu Büschings Erdbeschreibung eine figurative Geometrie,[207] die einem jungen Schüler auf der Karte *Germania* mit dem Zirkel aufzeigt.[208] Daneben dekorierten auch geographische Instrumente wie Globen, Zirkel oder Maßstäbe, gelegentlich mit Putto oder Lorbeer geschmückt, die Titelblätter.[209] Gerade letzteres begegnet in den Karten und steht hier auch für den künstlerischen Ausdruck des Autors. Gegen Ende des 18. Jahrhunderts wurden in wissenschaftlichen Abhandlungen dekorative Momente auf das Nötigste beschränkt, wie kleine Veduten auf dem Titelblatt. Gelegentlich wurden auch im Verlauf des Textes kleinere Illustrationen oder Anfangsbuchstaben hervorgehoben. Diese Art der Textgestaltung entsprach dem zeitgenössischen Usus und war abhängig vom jeweiligen Buchverlag.[210]

Abschließend ist festzuhalten, dass der kunsthistorische Aspekt letztlich in den topographischen Quellen eher etwas kurzgefasst war und inhaltlich im Wesentlichen nur auf der Ebene der Architektur und hier im Besonderen der städtischen Bebauungspläne nachvollzogen werden konnte. Entwicklungen innerhalb dieses Teilbereiches wurden kaum thematisiert, ebenso wurden andere Ebenen des Kunstschaffens kaum aufgegriffen oder angesprochen. Die Gestaltung der einzelnen Buchbände variierte von Illustrationen über Dekorationen bis hin zum reinen Text und war abhängig von den jeweiligen Verlagsmöglichkeiten. Die eigentliche Bedeutung kann hier vor allem den ausgeführten Bildern und den zugehörigen kunstvollen Widmungsschreiben beigemessen werden, die besonders eindrücklich die ‚Herrschaftshuldigung' beschrieben und

207 Die weibliche Allegorie der Geometrie/Geographie wird hier mit dem Attribut des Zirkels als Personifikation der Messkunst dargestellt. Darüber hinaus symbolisiert sie die sieben freien Künste; vgl. Kretschmer, Symbole und Attribute, S. 468.

208 Büsching, Erdbeschreibung, Titelblatt.

209 Vgl. Titelblätter von Hünlins Werken: Geschichte Schwabens (1773), Staats- und Erdbeschreibung des Schwäbischen Kreises (1780) und Bodensee (1783).

210 In einigen Druckausgaben der Reiseliteratur konnte diese Entwicklung ebenfalls beobachtet werden. Auch hier wurden die Titelblätter im zeitgenössischen Stil teilweise mit Bildschmuck und Bildwerken ausgestaltet. So erhielt beispielsweise Jean Mabillons (1632–1707) Reisebericht in der Druckausgabe des Hamburger Verlegers Christan Liebezeit († 1720) im Jahr 1717 eine aufwendige Bildgestaltung, u.a. mit dem Bildnis Ptolemäus' wie er auf einem Felsen vor einer bäuerlichen Landschaft sitzend mit dem Fernrohr die Sterne betrachtet, gegenüber den Engel des Todes und die Wissenschaft, sowie ein ‚Auge Gottes' und weitere florale Ornamente im Textverlauf; Mabillon, Iter Germanicum 1683. Martin Gerberts (1720–1793) Reisebericht begann 50 Jahre später mit einem Portrait im Ornat des mittlerweile zum Fürstabt von St. Blasien erhobenen ehemaligen Klosterbibliothekars. Auch hier dekorierten weitere Schmuckelemente die Einführungskapitel und den Reisebericht; Gerbert, Reise Alemannien. Nur mit ornamentalem Beiwerk versehen, waren die Berichte von Wilhelm Ludwig Wekhrlin (Anselmus Rabiosus, 1778), Georg Wilhelm Zapf (Reisen Klöster Schwabens 1781) und Johann Ferdinand Gaum (Es leben die Prälaten 1783; Reise eines Curländers 1784).

dabei aufzeigten, wie die einzelnen Autoren die jeweiligen Adressaten wahrnahmen. Sie belegen damit, wie Herrschaft im 17. und 18. Jahrhundert allgemein wahrgenommen und wiedergegeben und welche Rolle den unterschiedlichen Akteuren und ihren Wahrnehmungsräumen beigemessen wurde.

3.4 Herrschaftsräume in Landesbeschreibungen

Obwohl die Kartographen und Reisenden die direkte, konkrete Wahrnehmung der Herrschaftsräume der einzelnen Territorialherrschaften erfuhren und ihre Werke danach ausrichteten, unterlagen sie doch unterschiedlichen Darstellungszwängen. Während die Reiseautoren relativ frei und ungezwungen von ihrer Wahrnehmung der Herrschaftsräume und deren Präsentation schreiben konnten, waren die Kartenbilder und Landesbeschreibungen in der Beschreibung der Raumelemente an einen schematischen Aufbau gebunden. So orientierten sich die topographischen Werke im 18. Jahrhundert an der Struktur des Reiches und unterteilten ihre Darstellungen demzufolge in die einzelnen Stände. Die Hauptgruppen bildete dabei die Einteilung in geistliche und weltliche Territorien, die dann ihrerseits in Unterkategorien betrachtet wurden, wobei teilweise die Gliederung in Reichsfürst, Prälaturen, Grafen und Städte begegnete. Im weltlichen Bereich wurden die Territorien nach reichsstädtischen sowie hoch- und niederadeligen Räumen betrachtet. Dabei interessierten vor allem die Reichsstädte und die Residenzen wie beispielsweise Aulendorf, Zeil oder Wolfegg. Darüber hinaus wurden Städte und Orte mit besonderer ökonomischer Bedeutung durch ihre Funktion als Handels-, Produktions- und Zollstätten hervorgehoben. Kaum genannt und eher unscheinbar waren kleinere Ortschaften, Dörfer und Weiler. Sie wurden nur im Zuge ihrer Zugehörigkeit und Rechtsverbundenheit zu einer Herrschaft angeführt und nur gelegentlich fanden nennenswerte Besonderheiten wie Weinbau oder Land- und Forstwirtschaft eine Erwähnung.[211] Neben der Betrachtung des Schwäbischen Kreises kam es zur Einteilung Oberschwabens in kleinere Landschaftsräume, die überwiegend durch die kulturlandschaftliche Bezeichnung der Gaue wie das Allgäu, Linzgau, Argengau oder Illergau erfolgte. Dies kam in allen topographischen Beschreibungen des 17. und 18. Jahrhunderts zur Anwendung und war auf Sebastian Münsters Cosmographia von 1545 zurückzuführen.[212]

Bedingt schon durch die Literaturgattung begegnet in den Landesbeschreibungen ein lexikaler Aufbau, der damit zwangsläufig zu einem punktuellen Blickwinkel führt. Die Herrschaftsräume werden hier überwiegend vom Autor als „Rauminseln" präsentiert und wahrgenommen.[213] Während dem Alltagsgeschehen eine untergeordnete Be-

211 Büsching führte beispielsweise 1754/71 die zu den unterschiedlichen Herrschaften zugehörigen Amtsstädte und Orte in einem Notizteil an die Herrschaftsbeschreibungen aus, wie beispielsweise für die Reichsabtei Salem; vgl. Büsching, Erdbeschreibung, S. 1364 f.

212 Münster, Cosmographia Universalis.

213 Vgl. Gotthard, In der Ferne, S. 138–143. Dies ist vergleichbar mit der Raumwahrnehmung im Mittelalter. Hier wurde die Umwelt in abgegrenzten Rauminseln wahrgenommen, zwischen denen sich der Akteur bewegte. Durch die Kartographie und die Darstellung der Landesbeschreibung wird diese Wahrnehmung der einzelnen Räume, nicht aber das ‚Dazwischen' betrachtet und wiedergegeben.

deutung zukam, waren es die Wechselwirkungen und inhaltlichen Wechselbeziehungen zwischen den einzelnen Herrschaften, die neben den Innenansichten, den Beschreibungen der einzelnen Territorien, zum Tragen kamen. Das übergeordnete Raumschema bildete der Schwäbische Kreis, die Abhängigkeit der einzelnen Territorien zu diesem sowie die Alltagssituation innerhalb der einzelnen Herrschaften spiegeln die Raumwahrnehmung der Landesbeschreibungen quasi als „euklidischen Raumbehälter"[214] wider. Der Ansatz des Doing Territory nach Andreas Rutz hingegen folgt einem relativistischen Raumverständnis, wonach Raum und Herrschaft abhängig voneinander zu denken sind. Der Raum wird von den einzelnen unterschiedlichen Akteuren und ihren Handlungen hergestellt. Die vielschichtigen Elemente der vier Aspekte der Umweltgeschichte, der Kultur- und Kunstgeschichte sowie der Konfession, die für die Raumbetrachtung und -wahrnehmung gewählt wurden, werden auch in dieser Quellengattung, ähnlich wie bei den Karten, greifbar. Auch wenn nur kurze Informationen zu Agrarwirtschaft, Ökonomie, Handel und Umwelt sowie zu kulturellen und kunstgeschichtlichen Entwicklungen genannt wurden, lassen sich daraus Entwicklungsstränge und Raumbilder der Herrschaftsräume ableiten.

Einen besonderen Stellenwert nahmen in diesem Medium die Auswirkungen der militärischen Politik auf die Landschaft ein, wie die Verheerungen des Dreißigjährigen Krieges und die Einquartierungen und Abgaben infolge des Spanischen Erbfolgekrieges zu Beginn des 18. Jahrhunderts.[215] Auf die Entbehrungen, besonders in den Klostergebieten, folgte im Laufe des Jahrhunderts ein Erholung bis hin zum Erstarken der gesamten Region. Diese Entwicklungen, die zunächst in der Architektur der Landschaft zu beobachten waren, spiegeln nicht nur die Kartenprodukte dieser Zeit wider, auch Reisende und Topographen stellten die verschiedenen Raumelemente hierfür dar. Die Landesbeschreibungen waren dabei eine wertvolle Quelle, denn sie führten diese Entwicklung durch die Beschreibung der Ereignisse und ihrer Auswirkungen in allen Lebensbereichen aus und vermitteln dadurch dem Rezipienten einen ersten Eindruck der Gesamtsituation, quasi ein Bild der oberschwäbischen Herrschaftsräume.

Die Angabe von Entfernungen zwischen den Hauptsitzen der einzelnen Territorien war auch in dieser Quellengattung eine wichtige Instanz. Sie diente der räumlichen Orientierung und konnte in späteren Beschreibungen auch zur Angabe der Flächengröße einer Herrschaft herangezogen werden. Noch zu Beginn des Jahrhunderts wurde die Lage Ravensburgs bei Tromsdorff als *3. M[eilen] von Lindau, 4. von Costintz, 6. von Ulm, 8. von Kempten, 15. von Augspurg* angegeben.[216] Durch die genaue Verortung der Residenz,

214 Vgl. ebd. Topographische Darstellungen in Bild und Text des 17. und 18. Jahrhunderts leisten aufgrund ihrer Gestaltungsformen der Raumvorstellung von Inselräumen bzw. der Vorstellung vom Raum als Gefäß, als Hülle um die Beziehungen der Räume zueinander, Vorschub.

215 Beispielsweise wurde Biberach sowohl im Dreißigjährigen Krieg (1632, 1633 und 1634 wechselnd durch schwedische, kaiserliche und schwedische Truppen, 1646 von Franzosen) als auch im Spanischen Erbfolgekrieg (1707 von Franzosen) mehrere Male eingenommen, geplündert und gebrandschatzt; vgl. Röder, Lexikon, Bd. 1, Sp. 215. Schlaperizi berichtet in der Ravensburger Chronik im Jahr 1702 von den Auswirkungen des Krieges auf die Stadt und das Umland, wie der Truppenbewegung des *6000 man werte Comando*; Schlaperizi, Chronica Ravensburgensis, S. 258–260.

216 Tromsdorff, Geographie, S. 193.

der Abtei oder Stadt im Raum erschloss sich das Raumgefüge Oberschwabens insgesamt. Wichtige Orientierungsgrößen waren dabei die am Rande Oberschwabens gelegenen Städte, allen voran die Reichsstädte Lindau, Ulm, Augsburg und Kempten sowie neben Memmingen und Leutkirch Konstanz. Die Meilenangabe diente gleichzeitig dazu, die Strecke zu messen, die auf den Hauptverkehrswegen zurückgelegt werden musste. Mitte des 18. Jahrhunderts versuchte der evangelische Theologe und Geograph Büsching in seiner Erdbeschreibung die Flächenangaben der einzelnen Territorien anzugeben. So errechnete er für die königsegg-rothenfelsische Grafschaft Rothenfels mit der Herrschaft Staufen ein Flächenmaß von *fast 5 Meilen lang, und 2 bis 3 Meilen breit*.[217] Auch die Raumbetrachtung der ökonomischen und ökologischen Beziehungen der einzelnen Territorien Oberschwabens untereinander wurde im Laufe des Untersuchungszeitraumes ausführlicher. Zuletzt beschreib Röder gegen Ende des Jahrhunderts die Entwicklungen und Beziehungen der einzelnen Herrschaftsräume miteinander, z. B. die Bedeutung der Flüsse für die Flößerei und den Holzhandel, wie der Iller am Rande Oberschwabens zwischen den Reichsstädten Kempten und Ulm.[218] Besonders die weitere Handelsverbindung hin zur Donau und zu den damit erschließbaren Märkten im (Fern-)Handel hob Röder für die jeweiligen Herrschaftsgebiete hervor.

Betrachtet man die Raumbilder der aufbereiteten Informationen der Landesbeschreibungen, so stellt sich die Frage nach den zeitgenössischen Rezipienten. Vergleichend kann festgestellt werden, dass besonders in den vier Landesbeschreibungen von Reichelt (1703), Büsching (1754), Hünlin (1772–1785) und Röder (1791–1797) der Gehalt an geographischen, ökologischen und ökonomischen Informationen überwog und sich daraufhin die Vermutung aufdrängt, dass vor allem Handeltreibende, Gelehrte und Reisende als bedachte Adressaten vermutet werden können. Betrachtet man die Lebensläufe der Autoren, ist davon auszugehen, dass sie sich, ebenso wie die Autoren der Reiseliteratur bei ihrer Veröffentlichung an ein eher gelehrtes, bürgerliches Publikum wandten. Das Hauptanliegen war zumeist, wie sich den Vorworten entnehmen ließ, mit der Absicht verbunden, ein neues, verbessertes und lehrreicheres Werk auf Grundlage vorangegangener Werke zu verfassen.

Auch wenn die Landesbeschreibungen überwiegend nach geistlichen und weltlichen Territorien aufgeteilt waren, kann inhaltlich kaum ein Unterschied zwischen diesen beiden Kategorien in der Art der beschriebenen Raumbilder festgestellt werden. Die unterschiedlichen Elemente der Wahrnehmung der Räume anhand der vier Aspekte wurden überwiegend ausgewogen gestaltet. Sowohl für die geistlichen wie auch die reichsstädtischen und adeligen Herrschaften waren die Beschreibung von Rechtssituation, Umweltfaktoren sowie kunstgeschichtlichen Momenten gleichbedeutend. Die wenigen sich un-

217 Büsching, Erdbeschreibung, S. 1403.

218 Vgl. Röder, Lexikon, Bd. 1, Sp. 893. Die Iller *entsteht sieben Stunden ob der Stadt, bei Oberstorf, aus drei Bächen, und fließt zwischen der Stadt und Vorstadt durch. Von hier aus, wird die Iller mit Flössen bis Ulm befahren, wo sie in die Donau fließt. Oberhalb der Stadt wird sie zur Holzschwemmung gebraucht, welches die Stadt im obern Allgäu erkauft.* Zum Transportweg auf Flüssen und Schiffverkehr auf der Donau berichten Reiseberichte ausführlich über den Ablauf und die Bedingungen der Überfahrt, so beispielsweise der württembergische Theologe Johann Christoph Schmidlin (1745–1800) über seine Reise im Jahr 1769 von Ulm nach Wien; vgl. Schmidlin, Beschreibung der Reise, S. 115–118.

terscheidenden Momente sind nicht ausreichend und ausschlaggebend für eine großflächigere Kategorisierung. Allerdings gibt es bei der Raumdarstellung in der Art der Beschreibung feine Unterschiede. Während bei den Klöstern und Abteien die Stellung im Reich, die Rechte, Privilegien und Besitz im Vordergrund standen, waren es bei den Adelshäusern die dynastischen Entwicklungen, der Status und die Besitzverhältnisse, bei den Städten kamen vorwiegend umweltgeschichtliche Faktoren wie Selbstversorgung, die Lage und Handel in Betracht. Die architektonischen und konfessionellen Merkmale spielten auch innerhalb der städtischen Beschreibungen eine besondere Rolle, so symbolisieren die Anzahl der Kirchen, der Aufbau und die Ausstattung neben der Bedeutung der Stadt zugleich deren Wohlstand und Eigenständigkeit. Allerdings konnte beobachtet werden, dass die Konfession der überwiegend evangelischen Autoren die Darstellungen der katholischen Herrschaften signifikant beeinflusste, indem Klöster und Adelsherrschaften nur mit den allernötigsten Raumbildern beschrieben wurden, während im gleichen Werk die evangelischen und paritätischen Reichsstädte ausführliche Herrschaftsdarstellungen erhielten. Daneben waren die Erfahrungen und Auswirkungen des Dreißigjährigen Krieges ein raumübergreifendes Moment, das in dieser Quellengattung ebenfalls besonders in den städtischen Territorien durch den Ausfall und das Erstarken des Handels und Handwerks ersichtlich wurde.[219]

Die Raumbilder Oberschwabens waren in dieser Quellengattung von unterschiedlichen Faktoren, vor allem aber von der Bildung und Sozialisation der Autoren und Rezipienten abhängig. Die unterschiedlichen Akteure waren für die Entwicklung und den Transport der Herrschaftsräume und -darstellung wichtig. Sie sind ebenso zu berücksichtigen wie die Ebenen und Elemente der Wahrnehmung der Räume anhand der vier Aspekte bei der Betrachtung der Herstellung der Herrschaftsräume. Wie Karten sind auch topographische Werke ein wertvolles Medium des Doing Territory. Dies spiegeln sowohl der strukturierte Aufbau, die Auswahl und die Anordnung der Objekte wie auch die raumbildenden Elemente der gewählten und erbrachten Spacings und Syntheseleistungen der Autoren wider. In den Landesbeschreibungen zeigt sich, wie die Gestaltung und Darstellung einer Herrschaft, ihrer Macht und ihres Status die (Re-)Präsentation mittels entsprechender Raumbilder von Außenstehenden ohne Kenntnis der tatsächlichen Verhältnisse und Absichten erfasst, interpretiert und gestaltet werden konnte.

219 Wie hier u.a. das Beispiel Augsburg aufzeigen konnte, war mit dem Erstarken des Handwerks und der Spezialisierung auf Luxusgüter sowie eine besondere Textilverarbeitung für alle am Handel Beteiligten, wie die Kaufmannschaft, aber auch Handwerker bis hin letztlich zum gemeinen Mann wie Arbeiter, Zulieferer und Verarbeiter von Rohmaterial, eine Erholung von den Kriegsereignissen und ein Erstarken bis hin zum Wohlstand erst recht im 18. Jahrhundert zu beobachten; vgl. Hünlin, Reichsstädte, S. 334.

4 Oberschwaben ‚von außen' – die Raumwahrnehmung im Reisebericht

In den Karten des Konstanzer Viertels des Schwäbischen Kreises und speziell im Untersuchungsraum Oberschwaben konnten unterschiedliche Raumelemente unter kultur- und kunstgeschichtlichen, konfessionellen und umweltgeschichtlichen Aspekten herausgestellt werden, welche Herrschaft verorteten und Herrschaftsräume konstruierten. So trat beispielweise der konfessionelle Raum im Kartenbild durch religiöse Kleindenkmale, Prozessionswege und Kapellen hervor. Die visualisierten Herrschafts- und Raumansprüche wurden in den überproportional zu ihrer Umgebung dargestellten Klosteranlagen aufgezeigt. Herrschaftsinsignien, wie Wappen, Notarsignete und schmuckvolle Vignetten, unterstrichen die Repräsentationsabsicht der jeweiligen Herrschaft. Besonders die Naturräume, wie Wald, Wiesen und Ackerflächen, bildeten die Grundlagen der Kartenzeichnungen. Hier ließ sich vor allem die Entwicklung der Vereinödung in der zweiten Hälfte des 18. Jahrhunderts nachvollziehen. Jurisdiktionslinien, Trieb- und Trattgrenzen zeichneten eine genaue Wahrnehmung der festgelegten Grenz- und Bannräume. Feldmarken, Grenzsteine und Jurisdiktionssäulen verliehen den einzelnen Territorien ihren Rechtsraum, wobei Hochgerichte an prägnanten Positionen im Gelände den Rechtsstatus der Blutgerichtsbarkeit in den einzelnen Herrschaften unterstrichen. Diese wenigen Beispiele belegen die (Re-)Präsentationsabsichten der unterschiedlichen Herrschaften Oberschwabens und waren zugleich Ausdruck der eigenen Raumwahrnehmung.

Doch wie wurde diese Selbstdarstellung der Herrschaft ‚von außen', also im Raum selbst von Reisenden wahrgenommen? Im Folgenden wird untersucht, wie Reisende des 17. und 18. Jahrhunderts die unterschiedlichen Räume erlebten. Auch wird danach gefragt, wie die Darstellungsabsichten und das Selbstverständnis der Herrschaftsräume der oberschwäbischen Adelshäuser, Klöster und Reichsstädte bemerkt wurden und inwiefern beispielsweise Grenzräume mit ihren Elementen, wie Zollstationen, Mühlen und Brücken, von den Reisenden thematisiert wurden oder wie weitere kulturgeschichtliche Elemente hinzutraten. Den Raumbildern der herrschaftlichen Selbstwahrnehmung im Kartenbild und der Herrschaftsdarstellungen in den Landesbeschreibungen wird nun die Außenwahrnehmung der Reiseberichte hinzugefügt. Dabei wird herausgestellt werden, wo sich Überschneidungen und wo Unterschiede entstehen und welche Elemente direkt aus dem ‚Raum' heraus zu den topographischen (Re-)Präsentationsabsichten hinzukommen und die ‚Bilder Oberschwabens' ergänzen.

Grundlage dieser Studie bilden zwanzig Reiseberichte von siebzehn Autoren aus dem Zeitraum von 1683 bis 1794, die in Manuskript- und Druckformaten vorliegen. In einem kurzen Abriss werden die reisenden Autoren und ihre Intentionen zunächst vorgestellt, bevor dargestellt wird, wie sie der territorialen Vielfalt Oberschwabens begegneten und diese Erfahrung im Text wiedergaben. Die darin enthaltenen raumbeschreibenden Elemente werden wie in den beiden vorangegangen Quellenkapiteln unter den umwelthistorischen, konfessionellen, kulturellen und kunstgeschichtlichen Aspekten dieser Studie betrachtet und auf Vergleichs- und Anknüpfungspunkte der Konstitution von Herrschaft hin analysiert.

4.1 Die Reisebeschreibung

Unter dem Begriff Reisebeschreibung oder Reisebericht werden Texte zusammengefasst, die sowohl reale als auch fiktive Reisen darstellen. Sie beschreiben die Erlebnisse, Beobachtungen und Erfahrungen der Reisenden und geben dabei zugleich Einblick in die Wahrnehmungsräume des jeweils Fremden und Eigenen. Die Form der literarischen Darstellung ist ebenso vielschichtig und unterschiedlich wie die gewählten Reisen und variiert je nach Wirkungsabsicht.

Die Quellengattung der Reiseberichte zählt zu den sogenannten „Ego-Dokumenten"[1] und setzt sich aus unterschiedlichen Textformen zusammen. Sie waren überwiegend autobiographisch als Tagebücher, Journale und gelegentlich als Reisebriefe gestaltet. Darüber hinaus kann in die Untergruppen Reiseführer sowie wissenschaftliche Reiseberichte und literarische Reisebeschreibungen unterteilt werden, unter letztere Kategorie zählen vor allem Reiseromane, die gegen Ende des 18. Jahrhunderts verstärkt aufkamen. Dabei ist auf die Reisen der zeitgenössischen Naturforscher Georg Forster (1754–1794)[2] und Alexander von Humboldt (1769–1859)[3] zu verweisen, die u. a. in Tagebuchform die Ergebnisse und Eindrücke ihrer Forschungsaufenthalte wiedergaben und als Vertreter der wissenschaftlichen Reiseliteratur betrachtet werden.

Im Reisebericht gibt ein Autor die Eindrücke und Erfahrungen, die er auf seinen Reisen erlebte und sammelte, zumeist reflektiert wieder. Dadurch ist die Reisebeschreibung ein Selbstzeugnis, ein autobiographisches Werk, und zeichnet nicht nur ein Bild des ganz persönlichen Wahrnehmungsspektrums eines Autors, sondern gibt zugleich auch Auskunft über dessen Identität, seine Interessen und literarische Vorbildung. Die Quellengattung verbindet angelesenes Wissen und spiegelt Erfahrungen und Erkenntnisse des Eigenen und des Fremden wider, wodurch sich Wahrnehmungsebenen konstruieren. Der Reisebericht ist letztlich das Ergebnis von Selbsterfahrungen und literarischen Erkenntnissen. Durch die Beobachtung und Beschreibung der erlebten (materiellen und symbolischen) Handlungen erzeugt der Reiseberichterstatter im Rahmen der Doing-Territory-Theorie Räume, indem er als Akteur seine Syntheseleistung in den unterschiedlichen Elementen der Herrschaftsraumbeschreibung ausformuliert.[4]

Im Laufe des 18. Jahrhunderts nahmen Reiseberichte beim aufgeklärten Bürgertum einen besonderen Stellenwert ein. Zum einen waren die Reisebeschreibungen als Druckausgaben, wie die Landesbeschreibungen, einem breiten Publikum leicht zugänglich,

1 Vgl. Rutz, Ego-Dokument oder Ich-Konstruktion?; Schulze (Hg.), Ego-Dokumente.
2 Vgl. Forster, A Voyage round the World; Ders., Ansichten vom Niederrhein.
3 Humboldt/Bonpland, Beobachtungen aus der Zoologie; Diess., Ansichten der Cordilleren.
4 Rutz, Doing territory; Löw, Raumsoziologie.

zum anderen entstammten auch die Autoren überwiegend diesem bürgerlichen Milieu.[5] Dagegen waren höfische Reisetagebücher und -briefe in Form von Hoftagebüchern, Schreibkalendern, Fourierbuch und Zeremonialdarien kaum bzw. nur einem sehr begrenzten Rezipientenkreis zugänglich, da sie in handschriftlicher Form in den entsprechenden Bibliotheken und Archiven der einzelnen Adelshäuser verwahrt wurden.[6] Ein Beispiel hierfür ist das Reisetagebuch des württembergischen Herzogs Carl Eugen (1728–1793), der in Begleitung seiner zweiten Frau Franziska Theresia von Hohenheim (1748–1811) in den Jahren 1785 und 1787 Oberschwaben bereiste und seine persönlichen Eindrücke in seinem Reisetagebuch festhielt.[7]

Dennoch darf nicht der Eindruck entstehen, dass jeder Reisende seine Erlebnisse auch gern einer breiten Öffentlichkeit zur Verfügung zu stellen wünschte. Nicht jede Reise endete in der Veröffentlichung der Reiseerfahrungen. So wurde beispielsweise der Benediktinerpater Jean Mabillon (1632–1707) geradezu vonseiten Dritter dazu gedrängt die Erfahrungen seiner fünfmonatigen Bibliotheksreise des Jahres 1683 durch Teile der Schweiz und Südwestdeutschlands in einer Reisebeschreibung niederzulegen und zugänglich zu machen.[8] Somit war ein wichtiger Wirkungsgrad der Reiseberichte – ähnlich den Landesbeschreibungen – die Weitergabe von Hinweisen und Informationen zu wichtigen und lohnenswerten Orten, Entwicklungen, Kulturgütern und Bibliotheken. Die gewählten Informationen waren dabei, wie die Reiserouten, abhängig von den Interessen und Verpflichtungen des Autors.

Der überwiegende Teil der ausgewerteten Reiseberichte wurden als Reisebeschreibung tagebuchartig gestaltet, wobei der Tag genannt und die jeweiligen Unternehmungen und Ereignisse, Orte und Einrichtungen beschrieben wurden. Für eine Veröffentlichung ihrer Reiseerfahrungen in Briefform entschieden sich die drei Autoren Girolamo Porto (1671–1740),[9] Johann Ferdinand Gaum (1738–1813)[10] und Carl Ignaz Geiger (1756–1791),[11] die im Laufe des 18. Jahrhunderts Oberschwaben durchreisten. Im Rahmen einer Kategorisierung sind die in dieser Studie berücksichtigten Reiseberichte in einer feineren Unterscheidung durchweg den wissenschaftlichen Reiseberichten zuzuordnen. Da die Reisen in der Regel bildungsorientiert waren, stellten die Autoren ihre Erfahrungen und Motivationen einer breiten Öffentlichkeit zur Verfügung.

4.2 Die Reiseberichtverfasser

Die berücksichtigten Reiseberichte können entsprechend der sozialen Stellungen der Autoren in drei Kategorien unterteilt werden, wobei auch hier die Übergänge fließend sind. Demnach bereisten Oberschwaben im Zeitraum von 1683 bis 1794 Adelige, Gelehrte

5 Vgl. Rees/Siebers, Erfahrungsraum, S. 13.
6 Vgl. ebd., S. 24 f.
7 Carl Eugen von Württemberg, Tagbücher seiner Rayßen.
8 Beckmann, Litteratur der älteren Reisebeschreibungen, S. 239.
9 Porto/Seidel, Girolamo Portos Bericht.
10 Gaum, Es leben die Prälaten!; Ders., Reise eines Curländers.
11 Geiger, Reise eines Engländers; Ders., Fortsetzung; Ders., Noch ein Bändchen.

und ‚Gebildete', die sich nahezu alle an der oberschwäbischen Bibliothekslandschaft orientierten. Dabei fiel der Anteil von Angehörigen des Adels verhältnismäßig gering aus. Der italienische Offizier Girolamo Porto (1671–1740), der einer Adelsfamilie aus Vicenza entstammte, bewegte sich in den Jahren 1709/10, im Rahmen der ‚Grand Tour', im süddeutschen Raum. Sehr ausführlich schilderte er in seinen Briefen an zwei fiktive italienische Adressaten seine Reiseerlebnisse.[12] Er erklärte detailliert die Besonderheiten des Heiligen Römischen Reichs Deutscher Nation, die Strukturen der Reichsstädte und Reichskreise, die konfessionellen Regelungen (katholisch, lutherisch, reformiert) und die damit verbundenen Unterschiede und Praktiken im Alltag, die auf städtischer und Reichsebene abliefen. Dennoch war der Raum Oberschwaben für ihn nur eine Durchgangsstation. Herzog Carl Eugen von Württemberg (1728–1793) bereiste dagegen in den Jahren 1785 und 1787 persönlich in Begleitung seiner zweiten Frau Franziska Theresia Reichsgräfin von Hohenheim (1748–1811) Oberschwaben und dabei vornehmlich jene Stätten, die für ihre Büchersammlungen bekannt waren.[13] Die herzoglichen Visiten bargen unter anderem die Hoffnung, in den prachtvollen Klosterbibliotheken wertvolle Manuskripte für die Stuttgarter Hofbibliothek zu erwerben, jedoch zeigte sich dem Herzog ein ganz anderes Bild. In seinem Reisetagebuch hielt er seine enttäuschten Eindrücke in knappen Aussagen fest.[14]

Der überwiegende Teil der Reisenden kann als ‚Gelehrtenreisende' aufgefasst werden.[15] Darunter sind vor allem die reisenden Theologen und Ordensgeistliche zu greifen. Zu Beginn des Untersuchungszeitraumes steht der Reisebericht des Benediktiners der Kongregation vom heiligen Maurus vom Kloster St. Germain-des-Près Jean Mabillon (1632–1707), der zusammen mit seinem Konfrater Michael Germain auf der Bibliotheksreise durch den deutschen Südwesten im Sommer 1683 Oberschwaben passierte. In seiner Funktion als Bibliothekar und Archivar waren für ihn besonders die Bibliotheken der großen Klöster von Interesse. Die Erfahrungen der fünfmonatigen Reise legte er im *Iter germanicum* nieder.[16] Ein weiterer Benediktiner auf Wanderschaft war Placidus Scharl (1731–1814), der im Jahr 1757 als Lehrer an einem Gymnasium in Freising – zusammen mit dem Andechser Musikdirektor Pater Gregor Scheyer (1719–1767) – von seinem Abt Reinhard von Andechs in den Sommerferien auf Dienstreise nach Zwiefalten zu Maria Benedicta Häckl im Kloster Marienberg geschickt wurde.[17] Die Reise quer durch Oberschwaben, über Ottobeuren nach Zwiefalten, ist in Scharls Lebensaufzeichnungen überliefert.[18]

Martin Gerbert (1720–1793) reiste unter anderem in seiner Funktion als Klosterbibliothekar, als Vertreter eines gelehrten Benediktinertums und als Musikhistoriker in den Jahren 1759 bis 1762 nach Frankreich, Süddeutschland, in die Schweiz, nach Italien und

12 Porto/Seidel, Girolamo Portos Bericht.
13 Carl Eugen von Württemberg, Tagbücher seiner Rayßen.
14 Ebd.
15 Der Begriff des Gelehrtenreisenden bzw. der Gelehrtenreise ist im Rahmen dieser Studie vom Begriff der Bildungsreise, der sich auf unterschiedlich gebildete Reisende bezieht, insofern zu unterscheiden, indem er sich hier auf universitär ausgebildete Reisende und Ordensgeistliche bezieht.
16 Mabillon, Iter Germanicum 1683. Vgl. Dussler, Reisen, S. 192–198.
17 Vgl. Dussler, Reisen, S. 219–231.
18 Scharl/Sattler (Hg.), Mönchsleben.

Österreich. Seine dabei gewonnen Erkenntnisse hielt er in verschiedenen Werken fest. Nachdem er 1764 zum Fürstabt von St. Blasien erhoben worden war, erschienen im Jahr darauf zunächst in lateinischer Fassung das *Iter Alemannicum*, in dem er seine Eindrücke von seiner Reiseetappe durch Oberschwaben im Sommer des Jahres 1762 niedergelegt hatte.[19] Eine deutsche Fassung folgte zwei Jahre später.[20] Auch sein Interesse lag vorwiegend darin, in den oberschwäbischen Bibliotheken und Archive *die alten Urkunden und Denkmale,* [...] *Nachrichten und bewährte Urkunden zu sammeln* und zu sichten.[21]

Konstantin Haschke (1717–1778), der Abt der schlesischen Zisterzienserabteien Heinrichau und Zirc, reiste im Jahre 1768 von Heinrichau zum Generalkapitel in Cîteaux. Er reiste mit seinem Sekretär Pater Bartolomäus Sedlak in Gesellschaft des Abtes Augustin Renner (1716–1783) von Rauden und dessen Sekretär Pater Stanislaus Misura.[22] Auf der einmonatigen Rückreise (vom 19. Mai bis 20. Juni 1768) betraten sie den oberschwäbischen Raum von Basel kommend in Birnau und fuhren weiter über Ravensburg, Weingarten und Memmingen bis Augsburg. Der Reisebericht ist von Haschkes Sekretär Sedlak abgefasst und 1931 editiert worden.[23]

Ein herausragendes, handschriftliches Reisetagebuch erbrachte die Reise des österreichische Benediktinerpaters Konstantin Stampfer (1750–1787), der im Jahre 1784 in Begleitung zweier Weingartener Benediktinermönche, beide Lehrer in Salzburg, und eines Jurastudenten von seinem Mutterkloster, der Erzabtei St. Peter in Salzburg, nach St. Gallen reiste. Dabei spiegelte er die unterschiedlichsten Eindrücke, seine Wahrnehmung von Land und Leuten sowie auch emotionale Momente wider.[24] Ein weiterer Benediktiner, der gebürtige Schweizer und Bibliothekar des Klosters St. Gallen, Johann Nepomuk Hauntinger (1756–1823), verfasste zwei Reiseberichte in den Jahren 1784 und 1789 zum oberschwäbischen Raum.[25] Für ihn waren darin vor allem die großen Reichsklöster und ihre Bibliotheken von Interesse.

Eine Sonderrolle kommt dem adeligen Präfekten des Vatikanischen Archivs und späteren Kardinal Graf Giuseppe Garampi (1725–1792) zu, der in den Jahren 1761 bis 1763 zusammen mit dem Nuntius Niccolò Oddi (1715–1767) Südwestdeutschland und die

19 GERBERT, Iter Alemannicum.
20 GERBERT, Reise Alemannien.
21 Ebd., Vorbericht des Übersetzers, S. 2 f.: *Einmal, die alten Urkunden und Denkmale in denen Büchersälen und Schriftenkammern aufzusuchen, welche Ihme zur Beschreibung des öffentlichen Gottesdienstes, der in den mittleren Zeiten in den christlichen Alemannien beobachtet wurde, erspriesliche Dienste leisten könnten; das anderemal sich sichere Nachrichten und bewährte Urkunden zu sammeln zu einer Geschichte der Kirchenmusik, wie solche von der ersten Gründung der Kirche an bis auf die gegenwärtige Zeit getrieben worden, als welche beede grosse Arbeiten dermalen seine gelehrte Feder beschäftigen.*
22 Vgl. DUSSLER, Reisen, S. 245 f.
23 SEDLAK/HORVÁTH, Generalkapitel.
24 STAMPFER/HÜBNER, Tagebuch. Eine Edition des Reiseberichts ist derzeit in Bearbeitung und wird in der Reihe Itinera monastica im Böhlau-Verlag erscheinen. Vgl. hierzu den Artikel „Stampfer, Constantin Johannes (1750–1787)" in der Personendatenbank RES – Regeste Ecclesiastica Salisburgensia, einem Projekt zur Erfassung von Persönlichkeiten aus den Quellen des Archivs der Erzdiözese Salzburg, https://res.icar-us.eu/index.php?title=Stampfer,_Constantin_Johannes_(1750-1787)&oldid=76487 (aufgerufen am 7. 8. 2023).
25 HAUNTINGER, Reise durch Schwaben und Bayern; DERS./MEIER (Hg.), Süddeutsche Klöster.

Schweiz bereiste.[26] Da die Reisegesellschaft auf ihrer Visitations- bzw. Diplomatenreise zu längeren Kommissionsaufenthalten gezwungen war, nutzte Garampi zusammen mit seinem Sekretär Callisto Marini die Möglichkeit zu Studien- und Informationsreisen in Südwestdeutschland, der Schweiz und Frankreich. Dies erlaubte ihnen längere Forschungsaufenthalte in Bibliothekssammlungen, wie beispielsweise im Kloster Weingarten im Winter des Jahres 1761/62. Garampi notierte dabei die Erfahrungen seiner ersten nordalpinen Reise in einem Reisetagebuch.[27]

Die oberschwäbische Bibliothekslandschaft war nicht nur katholischen Ordensangehörigen vorbehalten, sondern stand auch evangelischen Theologen und anderen Interessenten – mehr oder weniger – offen. So reiste in den Jahre 1688 und 1691 der Tübinger Professor des Collegium Illustres Johann Ulrich Pregitzer (1647–1708) im Auftrag Herzogs Eberhard III. von Württemberg (1614–1674) auf den Spuren des Hauses Württemberg in den oberschwäbischen Raum.[28] Von Zwiefalten kommend führte ihn im Jahr 1688 der Weg gemeinsam mit seinem ältesten Sohn über Obermarchtal, Heiligenberg, Salem und Weingarten nach Weißenau, Meersburg, zur Reichenau und über Konstanz nach Kreuzlingen.[29] Für seine Studien zum Stammbaum des Hauses Württemberg und anderer Adelsfamilien waren dabei die Bibliotheken und Archive der Klöster von Bedeutung.[30] 1769 unternahm Johann Christoph Schmidlin (1745–1800), ein württembergischer Theologe und späterer Gymnasiallehrer, eine Reise von Ulm nach Wien. Diese hielt er in einem Reisebericht fest, der 1931 durch den Privatdruck der Stadt Ulm einem breiteren Umfeld zugänglich wurde.[31]

Anders verhielt es sich in den Reiseberichten des württembergischen Theologen und Schriftstellers Johann Ferdinand Gaum (1738–1813), der mehrere Schriften anonym verfasste, in denen er sich u. a. für die Ideale der Aufklärung und religiöse Toleranz einsetzte. In zwei Reiseberichten, die beide in Briefform gehalten sind, äußerte er sich ebenfalls anonym zu Oberschwaben. In einem Reisebericht von 1783 gab er sich als mecklenburgischer Offizier aus, der sich auf seiner Reise durch Oberschwaben von einer Krankheit zu erholen hoffte und seine Reiseeindrücke einem Freund in Briefen mitteilte.[32] In einem zweiten Reisebericht aus dem Folgejahr nahm er die Position eines reisenden *Cur-*

26 Vgl. Heitmann, Deutschlandbild; Dussler, Reisen, S. 232–244; Weech, Römische Prälaten, S. 3–21.

27 Garampi/Palmieri (Hg.), Viaggio.

28 Vgl. Werner Raupp, Art. Pregizer, Christian Gottlob, in: NDB 20 (2001), S. 684 f. Pregitzer bereiste 1688 Oberschwaben, die Schweiz, Lyon, die Grafschaft Burgund und das Elsass, im Jahre 1791 erneut Teile Oberschwabens und der Schweiz.

29 Pregitzer/Giefel, Pregitzers Reise 1688. Sehr wahrscheinlich begleitete ihn sein ältester Johann Ulrich Pregitzer IV (1673–1730), der zu diesem Zeitpunkt in Tübingen Theologie studierte und im Vergleich zu seinen Brüdern bereits die Klosterschule in Bebenhausen abgeschlossen hatte; vgl. ebd., S. 42: […] *aus Gelegenheit meines Sohns, der ein alumnus Bebenhusanus und mit an der Tafel gesessen,* […].

30 Pregitzer, Cedern-Baum.

31 Schmidlin, Beschreibung der Reise; vgl. Art. Schmidlin, Johann Christoph, in: WKGO, https://www.wkgo.de/wkgosrc/pfarrbuch/cms/index/7325 (aufgerufen am 7. 8. 2023).

32 Vgl. Gaum, Es leben die Prälaten! Vgl. Hintergrundinformationen zu seinen Lebensdaten: Walther Killy, Art. Gaum, Johann Ferdinand, in: Deutsche Biographische Enzyklopädie 3 (1996), S. 585 f.

länders ein, um dem *Reisebericht eines Franzosen* zu antworten.[33] Fraglich ist, ob sich Gaum tatsächlich je in Oberschwaben aufgehalten hatte oder ob er für seine Schilderungen auf verfügbare Literatur zurückgriff.[34]

Da der Begriff der Gelehrtenreise hier nicht ganz zutreffend ist, kann die dritte Kategorie der Reiseberichte unter dem Begriff der sogenannten „Gebildetenreise"[35] beschrieben werden, der vor allem „weltliche" Reisende zusammenfasst, worunter sich neben Bibliothekaren und Historikern auch reisende Bürger und Geschäftsleute, eben „Gebildete" aller Art, greifen lassen. Ab der zweiten Hälfte des 18. Jahrhunderts bildete diese soziale Schicht das „dynamische Element" der Sozialordnung.[36] Sechs prägnante, der Aufklärung zugetane Beispiele konnten im Rahmen dieser Studie untersucht werden. Dennoch sind die gewählten Kategorien keine starren Grenzen, die Übergänge sind fließend, sie dienen vielmehr der Orientierung im Raum.

Den ersten Reisebericht der ,Gebildeten' verfasste 1778 der Journalist und Schriftsteller Wilhelm Ludwig Wekhrlin (1739–1792) in Nürtingen als den Reisebericht des Anselmus Rabiosus durch Oberdeutschland. In seinem kurzen Werk, das ihm Bekanntheit einbrachte, setzte sich Wekhrlin auf ironische Weise mit den Menschen und der Natur Ober- und Niederschwabens auseinander.[37]

Akribisch ist dagegen der Reisebericht des preußischen Verlagsbuchhändlers und Schriftstellers Christoph Friedrich Nicolai (1733–1811) zu benennen, der die Eindrücke seiner Reise durch Deutschland und die Schweiz, die er gemeinsam mit seinem Sohn in einer eigens für die Reise konstruierten Kutsche 1781 unternahm, verzeichnete.[38] Eine präzise Vorbereitung, die kritische Betrachtung von Natur und Mensch während seiner Reise in seinem Reisetagebuch sowie eine anschließende Aufbereitung der gesammelten Fakten unterstreichen seinen Standpunkt als Vertreter der Berliner Aufklärung.[39]

Im selben Jahr reiste auch der Augsburger Historiker, Bibliothekar und Notar Georg Wilhelm Zapf (1747–1810) in den oberschwäbischen Raum.[40] In seinem 1786 veröffentlichten Reisebericht hielt er ausführlich seine Eindrücke fest, die er auf seiner Bibliotheksreise von Augsburg Richtung Schweiz in einigen Klöstern Oberschwabens, wie Weingarten und Salem, sammelte. Etwa zeitgleich, in den Jahren 1779 bis 1787, befand sich Philipp Wilhelm Gercken (1722–1791) auf Reisen im Süden des deutschen Sprachraums. Auch er folgte einer vorab geplanten Route. Schon im Vorwort seines Reiseberichts zeichnete der Historiker ein kritisches Bild zeitgenössischer Reiseabsichten und ermahnte, nicht leichtfertig eine Reise anzutreten, sondern sie zumindest vorbereitet zu begehen.[41] Im

33 Gaum, Reise eines Curländers.

34 Dieser Eindruck erhärtet sich im Laufe der Studie.

35 Vgl. Rees/Siebers, Erfahrungsraum, S. 58. Darunter ist seit den 1750er Jahren v.a. die „sich entfaltende Schicht der ,Gebildeten' als ein[em] ,dynamische[s] Element' in der Sozialordnung des 18. Jahrhunderts" zu verstehen.

36 Vgl. ebd., S. 58, Anm. 145.

37 Wekhrlin, Anselmus Rabiosus; vgl. Mondot (Hg.) Anselmus Rabiosus, S. 135–137.

38 Nicolai, Reise durch Deutschland und die Schweiz.

39 Vgl. Martens, Bürger auf Reisen; Bödeker, Friedrich Nicolai auf Reise.

40 Zapf, Reisen in einige Klöster.

41 Gercken, Reisen durch Schwaben.

Jahre 1783 bereiste er das Konstanzer Viertel des Schwäbischen Kreises, wobei Gercken wertvolle Beobachtungen zu den Räumen Natur und Mensch, Agrarwirtschaft und Ökonomie, Sitten und andere Gegebenheiten anstellte.

Die chronologisch letzten drei Reiseberichte, die in den Jahren 1789 und 1794 veröffentlicht wurden, werden dem Juristen und Schriftsteller Carl Ignaz Geiger (1756–1791) zugeschrieben.[42] Hier gab sich der Autor als reisender Engländer aus und beschrieb literarisch in Briefform seine Reisen durch Teile Oberschwabens. Die Forschungsstelle zur Historischen Reisekultur der Eutiner Landesbibliothek bezweifelt allerdings Geigers Autorenschaft im Fall des dritten Fortsetzungsbandes.[43]

Die Reiseberichte umspannen ein ganzes Jahrhundert (1688–1794) und spiegeln sowohl die Wahrnehmungen der Autoren als auch deren Hintergründe wider. Aufgrund der Vorerfahrungen, Bildung und Sozialisation ist der Fokus der Reisenden auf vorbestimmte und zeitspezifische Aspekte der Wahrnehmung, Bewertung und Handlung festgelegt. Im Folgenden wird aufgezeigt, wie Reisende des 18. Jahrhunderts den oberschwäbischen Raum wahrnahmen, welche konfessionellen, kultur- und umweltgeschichtlichen Perspektiven sie in ihren Reiseberichten verzeichneten und welche Aussagen dadurch über die Herrschafts(re)präsentation und den Herrschaftsraum in dieser Außenwahrnehmung getroffen werden können.

4.3 Wahrnehmung oberschwäbischer Herrschaftsräume im Reisebericht

Als beschreibende Medien der Wahrnehmung von Herrschaftsräumen dienen Karten der Visualisierung realer und gedachter Gegebenheiten. Die Selbstwahrnehmung dieser Auftragsarbeiten reflektieren Landesbeschreibungen, den Blick ‚von außen' entwickeln die Reiseberichte. Sie sind eine wertvolle Quelle für die Erschließung der Wahrnehmung, denn sie entwerfen ein Bild der territorialen Vielfalt und deren Bedingungen des oberschwäbischen Raumes. Reisende beobachteten ihre Umwelt und berichteten von Straßenzuständen, Postverbindungen, Waldbeständen, von Konventen und Residenzen sowie der Besiedelung des Raumes. Sie zeichnen ein Bild der Herrschaftsstrukturen, der Mentalitäten und des Alltagslebens der katholisch geprägten Landschaft. Die Reiseberichte stellen ein reales Bild der Landschaft dar, welches sich mit dem der Kartenbilder deckt, aber auch darüber hinausgeht. Die bisherige Untersuchung der Karten der großen Klöster und einiger Städte und Grafschaften Oberschwabens zeigt ein Bild der Raumwahrnehmung des 18. Jahrhunderts auf, welches sich in den Reiseberichten widerspie-

42 Geiger, Reise eines Engländers; Ders., Fortsetzung; Ders., Noch ein Bändchen.

43 Wie die Forschungsstelle für Reiseliteratur der Eutiner Landesbibliothek herausstellte, liegen vor allem starke stilistische Unterschiede zu den beiden anderen Bänden vor; vgl. Wolfgang Griep, Eutiner Landesbibliothek, Abt. Reiseforschung: https://lb-eutin.kreis-oh.de/index.php?id=353&no_cache=1&tx_jolbeutinbase_pi1004%5BjoDetailView%5D=rb00003517&tx_jolbeutinbase_pi1004%5Bjoprevaction%5D=bibreiseexpert&tx_jolbeutinbase_pi1004%5Bresultcount%5D=2&tx_jolbeutinbase_pi1004%5Bresultmax%5D=4&tx_jolbeutinbase_pi1004%5Baction%5D=detail&tx_jolbeutinbase_pi1004%5Bcontroller%5D=Dokuments (aufgerufen am 7. 8. 2023).

gelt. Die in den Karten und Landesbeschreibungen angezeigten umweltgeschichtlichen, konfessionellen, kunst- und kulturgeschichtlichen Aspekte werden in den Wahrnehmungen der Reiseaufzeichnungen über die topographische Perspektive hinaus erweitert. Durch den Blick in das Alltägliche, in die gelebte Raumnutzung, durch die Bewegung im herrschaftlichen Raum selbst treten zusätzliche Elemente der Betrachtung der Räume hinzu und ergänzen die Herrschaftsbilder Oberschwabens.

Die im Rahmen dieser Studie untersuchten Reisenden zeichnen ein mehr oder weniger detailliertes Bild des Herrschaftsraumes im 18. Jahrhundert. Zunächst kann für alle Reiseberichte festgestellt werden, dass sich die Reisenden der territorialen Vielfalt im oberschwäbischen Raum bewusst waren. Nur selten wurden allerdings alle Territorien benannt, die der Reisende auf seiner Reiseroute durchquerte, häufig wurden hierzu lediglich die Namen der größeren Ortschaften und Städte aneinandergereiht.[44] Bei seiner Abreise vom Kloster Salem im Oktober 1781 dagegen beschrieb beispielsweise Georg Wilhelm Zapf ausführlich die einzelnen Herrschaftsverhältnisse, die er auf seiner Reise nach St. Blasien passierte. Sein Weg führte ihn *über Lugen, ein unbeträchtliches Dörffgen, Stockach, ein Oesterreichisches Oberamtsstädtchen, woselbst gerade ein Jahrmarckt gehalten wurde, und blieb dort über Mittag, Engen, ebenfalls ein Städtgen, Geißingen, Pforha* [Sumpfohren], *Unodingen* [Unadingen], *Neustadt an der Wutach* [Titisee-Neustadt] *und Linzkirchen* [Lenzkirchen], *wo ich wegen des damals schon elenden Wegs und der hohen Berge, erst bey Nacht ankam.*[45] Zapf beschrieb nicht nur die Route von Oberschwaben in den Schwarzwald, sondern zugleich die Herrschaftsverhältnisse und Widrigkeiten, denen er auf dieser Strecke begegnete.

Die Beschreibung des Raumes im Reisebericht ist, im Gegensatz zu den festgelegten Kartenbildern und den strukturierten Landesbeschreibungen, abhängig vom Autor, wie die Aufzeichnung der südwestdeutschen Rundreise des Historikers Philipp Wilhelm Gercken aus dem Jahr 1783 zeigte. Er benannte exakt jedes Klosterterritorium, jede Reichsstadt und jede Adelsherrschaft, die er durchreiste, und wählte für seine Aufzeichnung ein immer gleiches Schema.[46] Gleichzeitig hatte er es sich zur Aufgabe gemacht, die von ihm besuchten Bibliotheken und deren bedeutendsten Handschriften anzuführen und zu verzeichnen.[47] Gerckens Aufmerksamkeit galt aber auch den Orten und ih-

44 Vgl. Pregitzer/Giefel, Pregitzers Reise 1688; Zapf, Reisen in einige Klöster, S. 49: *Den 28ten Septbr. Verlies ich Weingarten, und nahm meinen Weg über Altdorf, Ravensburg, Weissenau, wo ich über Mittags speißte, nach Salmansweil einer prächtigen Cistersienser-Abtey,* [...].

45 Zapf, Reisen in einige Klöster, S. 59.

46 Zum Vergleich Gerckens Reiseroute im Jahr 1783 im Raum Oberschwaben: Reichsstadt Ulm, Kloster Wiblingen (OSB), Ulm, Nonnenkloster Warthausen, Reichsstadt Biberach, Kloster Ochsenhausen (OSB), Gfs. Waldburg, Waldsee, Kloster Weingarten (OSB), Altdorf, Reichsstadt Ravensburg, Kloster Weißenau (OPraem), Kloster Salem (OC), Meersburg, Konstanz, Kloster Petershausen (OSB), Reichenau, Reichsstadt Lindau, [Bregenz,] Reichsstadt Wangen, Reichsstadt Leutkirch, Gfs. Waldburg, Kartause Buxheim, Reichsstadt Memmingen, Kloster Ottobeuren (OSB), Mindelheim, Reichsstadt Augsburg; Gercken, Reisen durch Schwaben, S. 91–284.

47 Vgl. beispielsweise die Bibliotheken des Klosters Weingarten; Gercken, Reisen durch Schwaben, S. 119–146. Er erklärte, dass zu den 500 Handschriften kein Katalog vorhanden sei, während der päpstliche Archivar davon berichtete, bei seinem mehrtägigen Aufenthalt im Winter 1761 in dieser Bibliothek zusammen mit seinem Sekretär einen Katalog hierzu entworfen und dem Bibliothekar Christoph

rem Versorgungsraum. So bemerkte er für die Reichsstadt Biberach, dass sie aufgrund der *große*[n] *Feldmark, vielen Ackerbau und Wiesenwachs,* [...] *überhaupt nahrhaft* sei und dass auch *auf der Stadtfeldmark viele große Fischteiche* zur Versorgung beitragen.[48]

4.3.1 Natur- und Agrarwirtschaftsräume

Der württembergische Theologe und Aufklärungsschriftsteller Johann Ferdinand Gaum formulierte in seinem ersten Brief als mecklenburgischer Offizier ein bekanntes Bild der oberschwäbischen Landschaft: die *fruchtbaren Äcker, auf denen alle Gattungen von Getraide vortreflich fortkommen*, die *schönsten Wiesen, bey denen die Viehzucht im höchsten Grade im Flor seyn muß*, die *fischreichen Seen und Flüsse* sowie das große Waldvorkommen.[49] Aufgrund dessen vermutete er, dass im Vergleich zu anderen Provinzen hier kein Mangel an natürlichen Ressourcen sowie auch bezüglich der Holzgewinnung oder des Wildfangs bestehen könne.[50] Oberschwaben setzt sich aus verschiedenen kleineren Natur- und Klimaräumen zusammen. Die Reiseberichte spiegeln das in der Wiedergabe der unterschiedlichen agrarwirtschaftlichen Nutzungsarten wider. So werden beispielsweise für das heutige Kernland Oberschwaben[51] zwischen Donau und Bodensee, um Biberach, Ochsenhausen und Waldsee, besonders Forst-, Getreide- und Viehwirtschaft erwähnt. In der Landschaft zwischen Leutkirch Richtung Schloss Waldburg-Zeil und Memmingen ist vom *guten Kornboden*, von Wiesenwachs und einer *sehr fruchtbaren Gegend*[52] die Rede. Daneben werden um Tettnang und Memmingen die Hopfengärten besonders erwähnt.[53] Im Bodenseeraum wird das Anbaugebiet des *Seeweines* beschrieben, wo heute Wein- und Obstgärten aufgrund des milden Klimas kultiviert werden.[54] Aber auch für den Anbau ungeeignete Räume finden sich in Oberschwaben. So werden *nahe bey Biberach, wo die Grafschaft Waldsee anfängt*, eine *bergige und magere Gegend* und die *sauer, steinig*[en] *und schlecht*[en] *Böden* im Raum zwischen Mindelheim und Augsburg beschrieben, weshalb hier im 18. Jahrhundert Vieh- und Milchwirtschaft betrieben werde.[55]

Die Beschreibung der Natur und Landschaft folgt der Intention des Zeitgeistes. Ende des 17. Jahrhunderts nahmen Reisende in ihren Berichten lediglich Naturbesonderheiten auf und stellten verallgemeinernde Landschaftsbeschreibungen an. Dabei stellten für den Raum Oberschwaben Hügel, Wälder, Dörfer und Landwirtschaft charakteristische Merkmale dar. So waren zum Beispiel für den Tübinger Gelehrten Johann Ulrich Pregitzer

Vogl ausgehändigt zu haben; vgl. Garampi/Palmieri (Hg.), Viaggio, S. 38. Diesen Aufwand könnte er aus mehreren Gründen auf sich genommen haben, zum einem in der Absicht, einem wie auch immer gearteten Verschwinden der großen Sammlungen vorzubeugen, und zum anderen, um späteren Reisenden eine Orientierung bei den Vorbereitungen ihrer Bibliotheksreisen zu geben.

48 Gercken, Reisen durch Schwaben, S. 114.

49 Gaum, Es leben die Prälaten!, S. 5.

50 Ebd.

51 Die sog. Donau-Iller-Lech-Platte.

52 Vgl. Gercken, Reisen durch Schwaben, S. 177.

53 Vgl. ebd., S. 178.

54 Vgl. Scharl/Sattler (Hg.), Mönchsleben, S. 98 f.; Gercken, Reisen durch Schwaben, S. 152, 171.

55 Vgl. Gercken, Reisen durch Schwaben, S. 115, 197.

bei seiner Archivreise 1688 die Natur- und Agrarwirtschaftsräume von untergeordneter Bedeutung.[56] Der *berühmte Bußenberg* abseits des Weges wurde als Naturphänomen wahrgenommen und als Zeichen dafür, dass die Herrschaft Bussen zur Grafschaft Waldburg gehörte.[57] Damit lässt sich im weitesten Sinne aus Richtung Württemberg kommend der sichtbare Beginn des Raums Oberschwabens interpretieren. Auch der italienische Adelige Girolamo Porto war auf seiner Kavalierstour im Herbst 1709 weniger an Natur und Umwelt interessiert als vielmehr daran, die inneren Strukturen des Reiches kennenzulernen und in seinen Briefen weiterzugeben. Er nahm die Natur, die Forst-, Land- und Viehwirtschaft lediglich als Randnotiz und in verallgemeinernden Aussagen zu Lebensgrundlagen im Süden des Reiches wahr.[58] Seine Interessen lagen, was die Natur und Umwelt anging, eher bei den Auswirkungen der Kriegsschäden des Spanischen Erbfolgekrieges auf die betroffenen bayerischen Gebiete.[59] Die Betrachtungsweise bzw. das Wahrnehmungsspektrum in den Reiseberichten änderte sich im Laufe des 18. Jahrhunderts, der Horizont erweiterte sich. Die Entwicklungen einzelner Naturräume, wie beispielsweise die Vereinödung, wurden aufgezeigt bzw. konnten anhand der Reiseberichte nachvollzogen werden. Auch in der Kartendarstellung schlagen sich die Veränderungen des 18. Jahrhunderts nieder, wie eben die Vereinödung, die sich vom Fürstbistum Kempten ausgehend in Oberschwaben verbreitete. Diese Entwicklung in der Landwirtschaft war aber kein Herrschaftsphänomen, das allein auf Anordnungen basierte, sie wurde teilweise von den Untertanen geradezu eingefordert, wie im Territorium des Klosters Ochsenhausen, in dem die Bauern zu Beginn des 18. Jahrhunderts eine Neuvermessung, Umstrukturierung und Neuvergabe der Lehen von den Klosterherren forderten. Daraufhin wurden in den 1720er Jahren vom Abt erstmals Landvermesser eingesetzt und ein erstes Katasterkartenwerk angefertigt.[60] In den folgenden Jahren wurden immer wieder Vermessungen unternommen, wodurch sich das Kartenmaterial stetig aktualisierte.

Die zunehmende Kartendichte ab der Mitte des 18. Jahrhunderts, die in den staatlichen und nichtstaatlichen Archiven überliefert ist, unterstreicht die Veränderungen der herkömmlichen Agrarsysteme. Ausführliche Vermessungen und Katasterkarten wurden in den einzelnen Territorien in Auftrag gegeben.[61] Die Veränderungen der Flur- und Siedlungsstrukturen wurden in den Karten zweidimensional erfasst und in zugehörigen Urbarien dokumentiert.[62] Auch wenn die Reformideen der Aufklärung den ideellen Zusam-

56 Da sich die Nutzung der Agrarflächen in Südwestdeutschland nicht allzu sehr unterschieden, waren diese Raumelemente der Agrarwirtschaft für die Autoren nicht signifikant genug, um erwähnt zu werden. Beachtenswert waren dagegen Dinge außerhalb des täglichen Spektrums und Erfahrungshorizontes, sie wurden deshalb wahrgenommen, gedeutet und beschreiben.

57 Pregitzer/Giefel, Pregitzers Reise 1688, S. 38: *mons Suevus et corrupta abbreviata voce vulgo hodie Bussius*. Volkstümlich der ,Heilige Berg Oberschwabens'.

58 Vgl. Porto/Seidel, Girolamo Portos Bericht, S. 51v.

59 Schlacht am Schellenberg am 2. Juli 1704 bei Donauwörth.

60 18 Karten aus den Jahren 1726–1728; HStAS N 26. Vgl. Grees, Gebiet Ochsenhausen, S. 198–200. Vgl. hierzu Kap. 2.1.1.

61 Vgl. Grees, Gebiet Ochsenhausen, S. 198; Wesely, Steuerreform.

62 Vgl. Landesarchiv Baden-Württemberg, u.a. die Bestände der Klöster Rot, Weißenau, Schussenried, Weingarten, Ochsenhausen, Salem.

menhang für diese Entwicklung bildeten, ist aber die Notwendigkeit einer Rationalisierung der Land- und Viehwirtschaft als der weitaus gravierendere Faktor einzuschätzen.[63] Doch auch die Autoren der Reiseberichte nahmen die raumgreifende Änderung auf.[64] Um die Mitte des 18. Jahrhunderts ist die Wahrnehmung der Landschaft in den Reiseberichten zunehmend ausgeprägter, zumindest werden verallgemeinernde Aussagen getroffen. Die Beobachtung der Natur erhält in der aufklärerischen Reiseliteratur einen neuen Stellenwert. So wurde beispielsweise der Raum zwischen der Reichsstadt Ravensburg hin zum Kloster Weingarten – die bewaldete Hügellandschaft – als Charakteristikum der Landschaft bewertet und typisiert.[65]

Die prägnante landschaftliche Veränderung durch die Vereinödung ist im Herrschaftsbereich des Zisterzienserklosters Salem beispielsweise vor allem in der Siedlungsstruktur greifbar. So stellte der päpstliche Archivar Garampi auf seiner Reiseetappe von Bergareute nach Salem im Herbst 1761 zunächst fest, dass die oberschwäbische Landschaft sich generell aus großen Waldflächen und zahlreichen Dörfern zusammensetze. Dass sich, wie in anderen Gegenden, keine Einzelhöfe fänden, erschien ihm besonders bemerkenswert.[66] Dagegen war das Bild, das Philipp Wilhelm Gercken 22 Jahre später von der Landschaft zeichnete, genau gegenteilig: *wenige Dörfer, aber desto mehr einzelne Bauernhöfe, so ihren Acker, Wiesenwachs, Holz, mit einem Worte ihre ganze Wirtschaft um ihren Hofe herum liegen haben.* Diese Beobachtung dehnte er bis auf die Gegend nach Ravensburg und Lindau aus.[67]

In den Reiseberichten der Spätaufklärung wird eine geradezu statistische Beschreibung der Orte, Städte und Klöster von zunehmender Bedeutung. Diese Tendenz verdeutlichen zum einen die Reisebeschreibung Friedrich Nicolais von 1781 und zum anderen der Reisebericht des Historikers Gercken von 1783 besonders deutlich.[68] Daneben erwies sich auch Johann Ferdinand Gaum als genauer Beobachter von Mensch und Natur.[69] Er berichtete von der Verwaltungs- und Landwirtschaftsreform des Fürstentums Fürstenberg, den staatswirtschaftlich durchgeführten Renovationen des Hofes, der Kanzlei und der Landverteilung.[70] Diese Renovationen und ihre Auswirkungen waren

63 Ebd.
64 Vgl. Brenner, Mythos, S. 56–58.
65 Vgl. Garampi/Palmieri (Hg.), Viaggio, S. 36.
66 Ebd., S. 38: *La campagna è vestita spesso di boschi, e communemente non ha case fuori dei villaggi.*
67 Gercken, Reisen durch Schwaben 1783, S. 151 f. Er führte aus, wie bis hin nach Konstanz *die Gegend dahin* [...] *gut* [ist], *man findet zwar, wie in der ganzen Gegend am Bodensee, auch schon von Ravensburg aus, und auch um Lindau herum, wenige Dörfer, aber desto mehr einzelne Bauernhöfe* [...].
68 Ebd.; vgl. Nicolai, Reise durch Deutschland und die Schweiz.
69 Gaum, Reise eines Curländers, S. 316: *Die Fürstenbergischen Lande,* [...] *haben, ungeachtet sie nicht unter die fruchtbarste und angenehmste in Schwaben gehören, doch ihre Vorzüge und sich nicht so von der Natur verwahrloßt als diejenige, die nur aus der Lage dieses Gebiets ihre Schlüsse ziehen wollen.* [...] *Die Viehzucht ist in sehr guten Umständen.*
70 Ebd., S. 317: *Seit dem Tode des letzten Fürsten haben sich an dem Hof und in der Kanzley ziemliche Veränderungen zugetragen. Der Geheime Rath Freyherr von Lasollaye und sein Vertrauter, der Gelehrte Ueblaker welche beyde vorhin in grosen Ansehen stunden, und das Heft in den Händen hatten, wurden verabschiedet und befinden sich würklich in Wien. – Man behauptet, bey dem neuen Boden, der zulegen angefangen worden, seye das eine Hauptsache gewesen, eine genaue Specification des Ertrags der Lande, der vorher gar nicht im Klaren gewesen, beybringen zu lassen. Hiernach solle nun die Wirthschaft am*

1784 noch in vollem Gang. Sie wurden in der fürstenbergischen Herrschaft Heiligenberg in Oberschwaben von 1776 bis 1796 durchgeführt.[71] Diese wenigen Beispiele sind bereits ein Beleg dafür, dass um das Jahr 1783 die Vereinödung in allen Territorien Oberschwabens, teils von oben angeordnet, teils von unten gewünscht, durchgeführt worden war. Darüber hinaus beschreiben die Darstellungen der Natur und die landwirtschaftliche Nutzung, wie andernorts auch, nicht nur ein Zusammenspiel von Mensch und Umwelt; als materielle und symbolische Handlungen und deren Interpretationen beschreiben sie, wie die Autoren anhand der gewählten Raumelemente den Herrschaftsraum aus umweltgeschichtlicher Perspektive wahrnahmen.

4.3.2 Elemente der Glaubenspraxis

Oberschwaben wird bis in das Jahr 1802 als Sakral- und Klosterlandschaft wahrgenommen.[72] Das liegt zum einen an der großen Klosterdichte auf verhältnismäßig kleinem Raum und zum anderen an der aktiv gelebten katholischen Glaubenspraxis. Die Karten zeigen die barocken Neubauten der geistlichen Territorien und verzeichnen in allen katholischen Territorien die Prozessionswege, Feld- und Wegkreuze, Bildstöcke und Kapellen, die die Landschaft als Sakrallandschaft charakterisieren.[73] Dies findet auch in den Reiseberichten seinen Niederschlag, indem eindringlich die Klöster als Konfessionsräume thematisiert werden. Doch es sind in dieser Quellengattung nicht nur die architektonischen Merkmale, die den konfessionellen Raum beschreiben, andere Raumelemente der Glaubenspraxis, wie tägliche Rituale, das Leben im Konvent, der Umgang mit anderen Konfessionsangehörigen, sowie das Zusammenspiel von Religion und Wissenschaft werden von den Reisenden konfessionell kontextualisiert.

Als Württemberger stieß Johann Ulrich Pregitzer (1647–1708) auf seiner Archivreise durch Oberschwaben im Jahre 1688 trotz seiner lutherischen Konfession kaum auf Hindernisse.[74] In allen katholischen Territorien wurde er, wie auch spätere Reisende berichten, willkommen geheißen und je nach Tageszeit und geplanter Aufenthaltsdauer zu Kost und Logis eingeladen.[75] Lediglich während seines Aufenthaltes im Kloster Salem

Hofe eingerichtet, [...] werden. Vgl. Wesely, Steuerreform, S. 84. Teile dieser Veränderungen stehen auch im Zusammenhang mit der Schuldenlast, die auf dem Fürstentum lag.

71 Vgl. Wesely, Steuerreform, S. 79–81, 84–86.

72 Vgl. Quarthal, Historisches Bewusstsein, S. 16, 67–69; Eitel, Geschichte Oberschwabens, Bd. 1, S. 15.

73 Vgl. Karten der oberschwäbischen Herrschaften im Landesarchiv Baden-Württemberg: der Klöster Salem GLAK H Salem, Ochsenhausen HStAS N 26, Schussenried HStAS N 30; Herrs. Heiligenberg GLAK H Fürstenberg-Heiligenberg, Gfs. Königsegg und Waldburg HStAS N 11, Friedberg StAS Dep. 30/15 T 1.

74 Zapf, Reisen in einige Klöster, S. 41, Obermarchtal: *Ich habe gespürt, daß man denen aus Wirtemberg und Tübingen in diesem Kloster wegen der Fundation, so von einem Pfalzgrafen von Tübingen geschehen, auch um Willen der guten Nachbarschaft wegen des Ammerhofs bei Tübingen [...] und sonsten sonderbaren Zuspruch zu erweisen sich befleißt, wie ich dann alla in allem für meine Person auch Postillon und Pferd bin frei gehalten worden.*

75 Vgl. Pregitzers abendliche Ankunft im Kloster Weißenau, wo Abt Michael II. Musacker (1684–1696) umgehend veranlasste, Pregitzers *bagage aus dem Wirtshaus in das Kloster abzuholen* und Verköstigung in Gesellschaft des Oberamtmanns und eines Paters veranlasste; Pregitzer/Giefel, Pregitzers Reise 1688, S. 46.

kam es während des gemeinsamen Mittagessens zu kleinen Sticheleien, als der Prior und einige seiner Gäste bekundeten, *sie hoffen, es würde mit den Klöstern und geistlichen Stiftern in dem Herzogtum Wirtemberg wiederum einmal in den alten Standt kommen, daß sie zu der römischen Kirche möchten gebracht werden.*[76] Derlei Anspielungen begegneten protestantischen Reisenden immer wieder. In Pregitzers Fall kam noch hinzu, dass er nach dem Essen keinen Einlass in die Bibliothek erhielt, da der *Pater mit dem Schlüssel* trotz langer Wartezeit nicht aufzufinden war.[77] Hinter diesem Verhalten kann Achtlosigkeit oder Absicht vermutet werden. Eine mögliche Praxis, wie die reisenden Autoren mit derlei Erfahrungen umgingen, war beispielsweise, den Inhalt oder Wert der entsprechenden Bibliothek in ihren Aufzeichnungen herabzusetzen.[78] Pregitzers Leben war geprägt von den Nachwirkungen des Dreißigjährigen Krieges. Dementsprechend begegnete er dem katholischen Raum, wie zu erwarten, mit Vorbehalten, wie man seinen Aussagen immer wieder entnehmen kann. Eine gewisse Distanzierung und Selbstverortung im Umgang mit den einzelnen Konfessionen wird in den Reiseberichten immer wieder angezeigt.

Einen späteren Eindruck von katholischen Traditionen der Reichsabteien vermittelt der Reisebericht des Augsburger Notars und gebürtigen Nürtingers Georg Wilhelm Zapf (1747–1810) aus dem Jahr 1781. Der Lutheraner Zapf bereiste zu Studienzwecken u.a. die Bibliothek der Benediktinerabtei Weingarten und konnte dort den Klosteralltag miterleben. In seinen Aufzeichnungen beschrieb er den streng geregelten Tagesablauf, die Messen und Studien der Benediktinermönche und übte ganz im Sinne der Aufklärung Kritik an den Klosterstrukturen, die ihm überkommen und als dem Studium eher hinderlich erschienen.[79]

Einen ähnlichen Eindruck wie Pregitzer und Zapf gewann der vielgereiste katholische Herzog Carl Eugen von Württemberg (1728–1793) auf seinen Erholungsreisen der Jahre 1785 und 1787, allerdings unter anderen Vorzeichen. Auch der Herzog war besonders an den Bibliotheksbeständen interessiert, jedoch verbunden mit der Absicht, das eine oder andere kostbare und seltene Werk zu erwerben, um es seiner Sammelleidenschaft für Bücher und damit der Hofbibliothek in Stuttgart zuzuführen.[80] Obwohl er seine Reiseroute an den Sammlungen der oberschwäbischen Klöster und Reichsstädte

76 Ebd., S. 42 f. Der Abt Emanuel Sulger und einige Mönche fehlten bei der Tafel wegen Aderlass.

77 Ebd., S. 43: *Nach gehaltener Tafel wollte ich in die Bibliothek, die ich von außen gesehen, daß sie nicht gar groß, gehen. Es war aber der pater bibliothecarius, der den Schlüssel dazu hatte, nicht zugegen, sondern weil er dazumal wie alle schier in dem ganzen Konvent zur Ader gelassen hatte, als hat er sich mit Spazierengehen außer dem Kloster erlustigt. Ich wartete zwar eine Zeit lang auf denselben, traf ihn aber nicht mehr.* Da Pregitzer im Auftrag des Hauses Württemberg auf Archiv- bzw. Bibliotheksreise war und seinem Wunsch, darum die Bibliothek zu sehen, gewiss Ausdruck verlieh, darf hier eine gewisse Absicht unterstellt werden.

78 Ebd.: *Ich nahm meinen Weg weiter, schon vorher wissend, daß in solcher Bibliothek eben so viel seltenes außer den acta concilii Constantiensis (die ich hernach auch anderswo angetroffen) und etlichen wenigen codices manuscripti, die pater Mabillon in seinem itinerario Germaniae gezeichnet, nicht zu finden sei.*

79 Zapf, Reisen in einige Klöster, S. 46–48.

80 Vgl. Carl Eugen von Württemberg, Tagbücher seiner Raysen, S. 24, 41. Der Herzog hatte eine genaue Kenntnis der Titel seiner eigenen Sammlung.

orientierte, fand er allem Anschein nach nicht unbedingt die Bibliothekslandschaft vor, die er sich ersonnen hatte.[81] Der belesene Herzog schien dabei einen anderen Interessenschwerpunkt zu verfolgen und von der vielgerühmten oberschwäbischen Bibliothekslandschaft zuweilen enttäuscht gewesen zu sein, wie seine Einträge zu Weingarten,[82] Schussenried[83] oder Isny[84] belegen. Dennoch zeigte sich der Herzog durchaus als überzeugter Katholik und den oberschwäbischen Traditionen gegenüber aufgeschlossen.[85] Er scheute sich aber nicht, Klosterangehörige und ihren Lebenswandel zu kritisieren und anzuprangern.[86] Dies könnte aber im Fall des Klosters Ochsenhausen auch damit im Zusammenhang stehen, dass der Herzog die dortige Bibliothek nicht einsehen durfte.[87] Dass dem Herzog ein Großteil der Besonderheiten der oberschwäbischen Büchersammlungen verborgen blieb, dürfte weder an seiner Konfession oder seiner Stellung gelegen haben, sondern vielmehr daran, dass der Herzog die entsprechenden Schätze seiner Sammlung zuführen wollte.

Ein weiterer Anreiz für die Wahl Oberschwabens als Reiseregion kann auch in der Intention gelegen haben, diese Sakrallandschaft ‚prototouristisch' zu erfahren. So habe den Mecklenburger Offizier – alias Johann Ferdinand Gaum, einem württembergischen Theologen – die *Absicht* [...] *zu Katholiken* [ge]*führt deren Geistlichkeit, und zwar in den ansehnlichsten Klöstern oder Gotteshäusern, wie man sie hier zu Lande nennt,* [...] *aus*

81 Vgl. ebd., S. 24 f., 41 f. Das Reisetagebuch verzeichnet ein *systematisches Aufsuchen der oberschwäbischen Klöster* und der reichsstädtischen Bibliotheken, um *auf seltene Bücher und Manuskripte zu stoßen und* [...] *zu erwerben.*

82 Vgl. ebd., S. 206: 16. Februar 1785: *Mann sezte sich alßdann zu Tisch und nach dem Essen wurde die Kirche, welche groß und schön ist nebst der Bibliotheque besehen; leztere ist sehr reich an alten und wohl aufbewahrten Manuscripten, worunter besonders ein Codex Theodosianus besonders merckwürdig ist.*

83 Vgl. ebd., S. 313: 16. Dezember 1787: *Die Kirch und Bibliotheque wurden Uns gezaigt, erstere ist mittelmäßig, in letzterer befinden sich zimlich neue Bücher, besonders im rechtlichen Fach. Der Bibliothecarius hat einige Kenntnüsse. Der Saal an sich ist hübsch, nur zu sehr geziert.*

84 Ebd., S. 315: 18. Dezember 1787: *um 10 Uhr fuhren Wir nach Isny, stiegen im Wirtshaus ab, aßen etwas, wurden von dem Magistrat bewillkommt und besahen alßdann das Benedictiner-Reichsstifft gleichen Nahmens. Dessen enger Raum und üble Laage läst nichts Schönes zu, denn weeder Kirche noch Büchersammlung kann aufgeführt werden.*

85 Vgl. ebd., S. 312 f: 16. Dezember 1787. Er nächtigte mit Frau und Gefolge beispielsweise im Damenstift Buchau, wo er ebenso an den Andachten teilnahm.

86 Zum Vergleich hier die Aufzeichnungen des Herzogs vom 15. Februar 1785 zum Kloster Ochsenhausen: *Die Laage des Stiffts ist schön und von weiten verspricht mann sich viel von dem Inneren, welches aber phisisch und moralisch sehr dunckel aussiehet. Der Prelat ist ein gemeiner, hochmütiger Mann, ohne Kenntnüß und unter denen 50 Geistlichen, aus denen das Closter bestehen solle, ist keiner, der verdiente, angemerckt zu werden.* Carl Eugen von Württemberg, Tagbücher seiner Rayßen, S. 205. Zwei Jahre später, am 16. Dezember 1787, bemängelte der Herzog zunächst zum Klosters Schussenried: *Am Essen wollte wieder keiner der Gaistlichen sich in nichts Wissenschaftliches einlassen, welches die Unterredung trocken machte.* Für seine Eindrücke im anschließenden Reiseziel im Augustiner-Chorherrenstift in Waldsee fand der Herzog deutlich Worte: *Der Prelat ist ein Mann, der das ganze Äußerliche wieder sich hat: dick, roth, kupferich, schmuzig – alles spricht wieder ihme. Seine wenige Maniren und Gelehrsamkeit empfehlen ihme auch nicht und seinem Beyspiel folgen die meiste Gaistliche und überhaupt herscht im ganzen Stifft viele Unsauberkeit.* Ebd., S. 313.

87 Ebd., S. 205: 15. Februar 1785. Zudem wurde der Herzog von keiner standesgemäßen Person in Empfang genommen.

eigener Einsicht kennenzulernen.[88] Hierzu bereiste Gaum die Klöster Schwabens und Bayerns, darunter Ochsenhausen, Schussenried, Salem und Weingarten, und kommentierte seine Eindrücke gelegentlich in spöttischem Ton.[89] Als Mecklenburger Offizier stellte er 1783 dem Abt und dem Kloster Salem ein hohes Lob für ihre Bibliothek und Toleranz wie für die *selten Gastfreyheit* aus.[90] Während er hier noch die Abtei wegen ihres Fortschrittdenkens rühmte, schrieb er ein Jahr später – unter dem Pseudonym des Curländers – von gewissen spürbaren Vorbehalten einiger Brüder gegenüber Protestanten: *Man machte sichs zwar zur Ehre, gegen Fremde, wenn sie auch Protestanten waren, gefällig und höflich zu seyn. Das Herz war aber nicht immer dabey. Ich mußte mich sehr betrügen, oder diese Gedenkungsart hat sich sehr geändert, wenigstens in einigen dieser Reichstifter.*[91]

Das Bild der katholisch geprägten Landschaft findet sich besonders in den Aufzeichnungen der reisenden Ordensangehörigen wieder. Der Schweizer Benediktiner Johann Nepomuk Hauntinger nahm auf seinen beiden Reisen in den Jahren 1784 und 1789 zwar die Landschaft und die unterschiedlichen Herrschaftsräume wahr, äußerte sich aber nur zu den Klöstern ausführlich.[92] In seinem Reisebericht zeichnete er eine katholisch geprägte Landschaft.[93] Hauntinger steht als Beispiel dafür, dass nicht unbedingt Kritik am konfessionellen Gegenüber geäußert werden musste, sondern dass Schweigen durchaus gehaltvoller sein konnte. Denn wie im Falle des ebenfalls benediktinischen Musikhistorikers und Bibliothekars Martin Gerbert zu Beginn der 1760er Jahre deutlich wird, waren die bereisten protestantischen und paritätischen Städte von geringem Interesse für die reisenden Geistlichen und wurden dementsprechend nur mit den nötigsten Informationen angegeben.[94]

Doch nicht nur die Klöster und ihre zugehörigen Herrschaftsgebiete praktizierten einen religiösen Lebenswandel, auch die umliegenden nieder- und hochadeligen Territorien waren in ihrem Alltag religiös motiviert. Wie das Beispiel der waldburgischen Adelsfamilie auf Schloss Zeil aufzeigt, wurden täglich in der Hofkapelle Andachten für die Familienmitglieder und Hofangehörige gehalten.[95] Der Benediktinerpater Konstantin

88 Gaum, Es leben die Prälaten!, S. 5.

89 Beispielsweise Gaums Aussagen zu Schussenried: *Das sind Patres!* [...] *Ihr Vater müsste ihnen Ehrerbietung bezeugen* [...]. *Sie wissen, was die Bestimmung ihres Ordensgeistlichen ist. Ihren Hauptpflichten sind sie vollkommen getreu.* Gaum, Es leben die Prälaten!, S. 74 f.

90 Ebd., S. 78.

91 Gaum, Reise eines Curländers, S. 274.

92 Vgl. Hauntinger, Reise durch Schwaben und Bayern, S. 26; Ders./Meier (Hg.), Süddeutsche Klöster, S. 25–52.

93 Hauntinger, Reise durch Schwaben und Bayern, S. 6–23; Ders./Meier (Hg.), Süddeutsche Klöster, S. 25–52.

94 Vgl. Gerbert, Reise Alemannien, S. 197 f.: *Am folgenden Tag (12. 8.) sind wir durch die Kaiserliche freye Reichstadt Biberach, welche theils von Catholischen, theils von Lutherischen Bürgern bewohnet wird, und die, wie es an mehreren Orten geschiehet in einer Kirche in der Haltung des Gottesdienstes, auf einander folgen, in das beruhmte Kloster Ochsenhausen gereist.* Mehr Informationen oder gar eine Wertung werden zu diesem Ort nicht angegeben. Ausführlicher waren dagegen die Beschreibungen der katholischen Konvente, wie beispielsweise in Lindau und Isny, dargelegt; vgl. ebd., S. 126–128, 141–144.

95 Stampfer/Hübner, Tagebuch, S. 267: *Nach der Tafel zeigte man uns noch einige Gebäude, und Zimmer, bey welcher Gelegenheit ich das erfuhr, was mir das liebste war, nämlich die ausgezeichnete Fröm-*

Stampfer beobachtete das Geschehen auf seiner Reise und gab so ein detailliertes Bild des Alltags, der Gewohnheiten und Abläufe seiner Gastgeber der 1780er Jahren wieder.

Eine gelebte Glaubenspraxis, welcher der aufgeklärte Preuße Friedrich Nicolai im letzten Viertel des 18. Jahrhunderts wohl mit relativem Unverständnis gegenüber stand,[96] begegnete in Oberschwaben in allen Schichten der Bevölkerung, und nicht nur im Klosteralltag. Gerade der spätere Fürstabt von St. Blasien Martin Gerbert beschrieb die unterschiedlichen Gebräuche des Volksglaubens, Prozessionen und Heiligenverehrungen, die ihm auf seiner Reise begegneten. So wurde zum Beispiel in der Stadt Waldsee der Volksheiligen Elisabeth dadurch gedacht, dass *auch aus dem Brunnen, welcher durch ihr Anzeigen wunderbarlich gegraben worden, ein ungemein süsses Wasser getrunken, wie es diejenigen alle thun, die um ihrer Andacht willen dahin kommen, und sind darauf zu dem Kloster Weingarten gereiset.*[97] *Die Aulendorfer verehren die Edo, als eine Blutzeuginn und Jungfrau, da doch diese Grabschrift von ihr dem Sabinianus, ihrem Ehegemahl gesetzt worden*, wie er weiter ausführte.[98] Besonderes Augenmerk legte Gerbert neben seiner Beschreibung der Bibliotheken auf die Praxis der lokalen Heiligenverehrung für jeden von ihm bereisten Ort. Demnach war der Alltag der oberschwäbischen Bevölkerung auch gegen Ende des 18. Jahrhunderts überwiegend spirituell geprägt. Dabei kam besonders der katholischen Konfession ein hoher Stellenwert zu, der sich in den Frömmigkeitpraktiken messen lässt.

In der Gattung der Reiseberichte kann beobachtet werden, dass der Großteil der Herrschaftsräume Oberschwabens katholisch war und diese so von den Reisenden wahrgenommen und als selbstverständlich angenommen wurden. Die Konfession prägte nicht nur die Wahrnehmung der Akteure, sie war auch ein entscheidendes Kriterium für den Informationsfluss, sprich für die Auswahl der wiedergegebenen Raumelemente, die bei der Konstruktion des konfessionellen Herrschaftsraumes verwendet wurden. Demnach sind für die Betrachtung des konfessionellen Aspektes nicht nur die Reiseziele, sondern zu allererst die Sozialisation des schreibenden Akteurs zu berücksichtigen. Im Extrembeispiel waren Anhänger der evangelischen Glaubenslehren für den aus den Ardennen stammenden maurinischen Historiker Jean Mabillon (1632–1707) beispielsweise aufgrund seiner Herkunft, Erziehung und Identität – sprich seiner tiefsten Überzeugungen – Häretiker.[99] Für protestantische Reisende bedeutete im 18. Jahrhundert ein Aufenthalt in den katholischen Territorien, unentwegt darauf aufmerksam gemacht zu werden, sich wieder dem katholischen Glauben zu zuwenden. Dagegen kritisierten sie

migkeit dieser dieser Hohen Reichgräflichen Familie, und die beste Ordnung, die von früh Morgen bis auf dem Abend pünktlich gehalten wird. Der alte Herr Graf [Franz Anton von Waldburg (1714–1790)] *erscheint selbst bey allen Andachten mit seiner Familie. Er bethet täglich in der Hauskapelle den Rosenkranz, Litaney vor. Und weh demienigen, der sich den geringsten Unfug beym Gottesdienste erlauben würde!*

96 Vgl. Martens, Bürger auf Reisen, S. 101. Nicolai war zum einen die christliche Jenseitsgläubigkeit im katholischen Süden unverständlich, ebenso waren ihm schwäbische Theosophen zuwider.

97 Vgl. Gerbert, Reise Alemannien, S. 213.

98 Vgl. ebd., S. 396. Elisabeth Achler von Reute (1386–1420).

99 Vgl. Mabillons Anmerkung auf seiner Forschungsreise durch Deutschland im Jahre 1683 zur evangelischen Reichsstadt Kempten, mitten im Territorium des Fürststifts Kempten gelegen: *Prope urbis Campidonae muros (quae urbs tota haereticis modo paret) situm est monasterium, aedificiis novis & ornatissima ecclesia magnifice exstructum.* Mabillon, Iter Germanicum 1683, S. 44.

ihrerseits den Wissensstand der Katholiken. Diese Erfahrungen waren, wie bei den Landesbeschreibungen bereits beobachtet werden konnte, ein entscheidender Faktor für die von den Autoren gesetzten Merkmale der Herrschaftsdarstellung. Dadurch wurden entsprechende Raumbilder konzipiert.

4.3.3 Die unterschiedlichen Rechts- und Verkehrsräume

Ein wichtiges kulturgeschichtliches Element bezieht sich in den topographischen Quellen auf die Darstellung der Rechtsräume, dadurch steht in der Betrachtung der Reiseberichte zunächst die Wahrnehmung der Grenzräume im Vordergrund. Grenzen zwischen den einzelnen Territorien sind in den Reisebeschreibungen zunächst nur zwischen den großen Landesgrenzen zur Schweiz und zu den (Kur-)Fürstentümern Württemberg, Baden oder Bayern dargestellt. Der Wechsel zwischen den kleineren Kloster-, Stadt- und Adelsherrschaften wird durch Aufenthaltsorte signalisiert, aber selten werden konsequent alle Territorien angeführt.[100] Dies ändert sich im letzten Viertel des 18. Jahrhunderts. Die Beschreibung dieser einzelnen Räume nimmt zu, wie beispielsweise das Raumbewusstsein des Historikers Philipp Wilhelm Gercken für das Jahr 1783 belegt. In seinem Reisebericht ist jede einzelne Jurisdiktionszugehörigkeit verzeichnet, die er auf seiner Route durchreiste.[101] In den Kartenbildern und teilweise auch in den Landesbeschreibungen wurden hingegen die einzelnen Territorien überwiegend in ‚Insel(karten) manier' dargestellt. Dabei wurden die Jurisdiktionsgrenzen zwar genau vermerkt, die angrenzenden Räume aber, die für die Darstellungsabsicht nicht relevant waren, wurden entweder nur zur Abgrenzung angemerkt oder ganz ausgeblendet (Abb. 58).[102]

Die Darstellung der unterschiedlichen Rechtsräume war im 18. Jahrhundert ein wesentlicher Bestandteil der Kartographie Oberschwabens.[103] Gerade die Richtstätten spielten als Symbol der hohen Gerichtsbarkeit sowohl in geistlichen wie weltlichen Territorien eine große Rolle. Als dreischläfrige Galgen im Kartenbild unweit des Hauptortes meist auf einer Anhöhe gezeichnet, fanden diese Richtstätten in den Reiseberichten allerdings kaum Erwähnung. Eine Ausnahme stellt die Erwähnung bei Placidus Scharl dar, der auf seiner Reise von München über Landsberg kommend, Buchloe passierte und dazu vermerkte, dass die Stadt bekannt sei, *durch das fürstbischöfliche Hochgericht, dessen Galgen selten frei von Opfern war*.[104]

100 Vgl. Garampi/Palmieri (Hg.), Viaggio, S. 38 f., zur Gerichtsbarkeit Stockachs: *onde il monastero* [Salem] *non ha giurisdizione, se non civile; le cause criminali sono riservate all' altra giurisdizione.*

101 Gercken, Reisen durch Schwaben, S. 91–284: Reichsstadt Ulm, Kloster Wiblingen (OSB), Nonnenkloster Warthausen, Reichsstadt Biberach, Kloster Ochsenhausen (OSB), Gfs. Waldburg-Wolfegg-Waldsee, Waldsee, Kloster Weingarten (OSB), Altdorf, Reichsstadt Ravensburg, Kloster Weißenau (OPraem), Kloster Salem (OC), Meersburg, Konstanz, Kloster Petershausen (OSB), Insel Reichenau, Reichsstadt Lindau, [Bregenz,] Reichsstadt Wangen, Reichsstadt Leutkirch, Gfs. Waldburg-Zeil, Kartause Buxheim, Reichsstadt Memmingen, Kloster Ottobeuren (OSB), Mindelheim, Reichsstadt Augsburg. Vgl. Nicolai, Reise durch Deutschland und die Schweiz; Stampfer/Hübner, Tagebuch.

102 Vgl. Karte der Grafschaft Friedberg (Abb. 58), StAS Dep. 30/15 T 1 Nr. 590.

103 Vgl. Kartographie-Projekt der Abt. Landesgeschichte des Historischen Instituts an der Universität Stuttgart.

104 Vgl. Scharl/Sattler (Hg.), Mönchsleben, S. 97.

58 Jurisdiktionsgrenzen der Grafschaft Friedberg, um 1710.

Explicatio Colorum.
Zircumferens.
Oberfridbergish.
Underfridbergish auch Bušish.
Compromiss.
Pfand Shussenrieth.
Pfand Zimmeren.
Pfand Alshausen.
Angrænzung.
Sigmaring'ishe.
Wirtenberg'ishe.
Freie Bürstler.
Shussenrieth.
Sulgau und Mengen.
Landvogtei Shwaben.
Alshausen.
Salmenshweilish.
Kinigs Eggishe.
Innlig'ende Frembde Orther.
Buchauish
Ritershæftishe
Œstereichishe
Neifra.
Streitholzl
Streitzimmeren
Scala
Buchauish Höltzer
Kangnau
Mihle
Landstras
Saten Beiren
Shussen Brunnen
Mangen Weiler
Hoch Gricht
Burg Stal
Sau Weg
Aulendo
Cameren
Bonsperg
Zieglhof
Land Stras
Boos
Hochberg
Shwarzenbach
Raga Reithe
Hangnader Furcht
Boms
Hundsrucken
Wolfet Reite
Hilpis Haus
Reiterwis
Anfang Hoskirchesesh
Klewis
Hoch Gricht
Loho Mihle
Ober und Under Weiler
Weg nach Hoskirch
Walfe
Ostrach

Rechtsräume wurden am ausführlichsten von dem aus der Altmark stammenden Historiker und Heraldiker Philipp Wilhelm Gercken beschrieben, wobei auch bei ihm keinerlei Hochgerichte in Oberschwaben erwähnt wurden.[105] Der sich auf Bibliotheksreise durch Südwestdeutschland bewegende Salzwedeler vermerkte in seinen Reiseaufzeichnungen penibel, wann er sich in welchem Territorium bewegte oder welche Herrschaftssituationen an das aktuell bereiste Gebiet angrenzten. Von der Reichsstadt Ravensburg berichtete er auf seiner Weiterreise zum Kloster Weißenau, dass die Stadt *von der Landvogtei ganz umgeben und eingeschränkt* wäre, aber das *Oberforstamt* im Altdorfer Wald besitze.[106] Das Kloster Salem verortete er in *vortrefflicher Lage* am Aachfluss *zwischen der Grafschaft Heiligenberg und der Reichstadt Ueberlingen.*[107] Allein die Nennung des Status eines Territoriums präsentiert den Raum einer Herrschaft mit den traditionell zugehörigen Privilegien und Pflichten. So wie die der Status der Gerichtsbarkeit für die Reisenden eher nebensächlich war, verhielt es sich mit anderen Rechtssituationen, auch Mühlen, Trieb- und Trattwege waren für die Reisenden für ihre Aufzeichnungen weniger erwähnenswert.

Neben den Herrschaftsprivilegien fanden ökonomische Rechtsräume in dieser Quellengattung Erwähnung, wie der Salzhandel der Reichsstadt Lindau und deren Position am Verkehrsweg zwischen Bregenz und Rorschach.[108] Salz- und Handelswege zu Wasser und zu Land waren für die Reichsstädte von großer Bedeutung.[109] Dass sich das Kurfürstentum Bayern aber nicht allein auf die Salzniederlage der Reichsstadt Lindau stützte, zeigen die Verhandlungen mit der Reichstadt Buchhorn (Abb. 59). Die vom Ravensburger Geometer Friedrich Gradmann 1755 angefertigte Karte visualisiert die im Vertrag vom 21. August 1755 geschlossenen Vereinbarungen zur *Errichtung eines Umschlagplatzes* für das Bad Reichenhaller Salz für den Transport in die Schweiz.[110] Das Resultat dieser Verhandlungen schildert der Benediktinerpater Konstantin Stampfer auf seiner Reise im Jahre 1784: *In dieser Städte besuchten wir von allen den ungemein großen Salzstadel. Drey, bis Vier tausend große Salzfässer stünden da.*[111] Demnach war der Salzhandel von Buchhorn aus vor allem über den Seeweg in Richtung Schweiz in vollem Gange.

105 Vgl. Gercken, Reisen durch Schwaben, S. 172: *Die Stadt* [Lindau] *hat sonst ein artiges Gebiet, so aus den Dörfern Eschach, Schönau, Oberreitnau, Rickenbach, hiernach noch aus den Dörfern und Weilern, Hochbuch, Schachen, Hory, Tegelstein etc. bestehet, worüber die Stadt die Ober- die Untergerichte hat, und aus den Dörfern Sigmannszell, Weißenberg, Herkensweiler, Unterreitnau, nebst sehr vielen einzelnen Höfen, worüber sie nur die Untergerichte, die Grafen von Montfort aber die hohe Gerichte haben.*

106 Gercken, Reisen durch Schwaben, S. 149.

107 Ebd., S. 150.

108 Vgl. ebd., S. 171: *Diese bekannte Reichsstadt ist auf einer Insel im Bodensee gebauet, die mit dem festen Lande durch eine hölzerne Brücke, so ohngefähr 300 Schritt lang, verbunden ist. Sie hat ohngefähr 700 Häuser in ihrem Umfange, die aber solide gebauet sind. Weil hier auf Bregenz zu Lande und Rorschach zur See ein großer Verkehr, so sollte man diesen Ort sehr lebhaft halten, allein man findet es nicht, wenigstens fällt es nicht in die Augen. Vorzüglich ist hier eine starke Niederlage von Salz, so nach der Schweiz gebracht wird.*

109 Stampfer/Hübner, Tagebuch, S. 102; vgl. Ott, Salzhandel.

110 HStAS N 11 Nr. 18: *Grundriß der Stadt Buchhorn und selbiger Gegend nebst dessen zwey Staedinen*, 1755.

111 Stampfer/Hübner, Tagebuch, S. 102.

59 *Grundriß der Stadt Buchhorn und selbiger Gegend nebst dessen zwey (Salz-) Staedinen*, Friedrich Gradmann, 1755.

Daneben waren die Verkehrsräume ein immer wiederkehrendes Thema der Reiseberichte. Anhand dessen kann beobachtet werden, dass die verschiedenen Autoren zwar aus ähnlichen Interessen heraus letztlich die gleichen Ziele aufsuchten, dies war aber mehr dem Umstand geschuldet, dass sich die Mehrzahl der Reisenden letzten Endes nicht frei und individuell im Raum bewegte, sondern auf den gängigen Postrouten reiste.[112] Reisende orientierten sich im 18. Jahrhundert bei der Planung ihrer Routen nicht

112 Vgl. BEHRINGER, Reichspost.

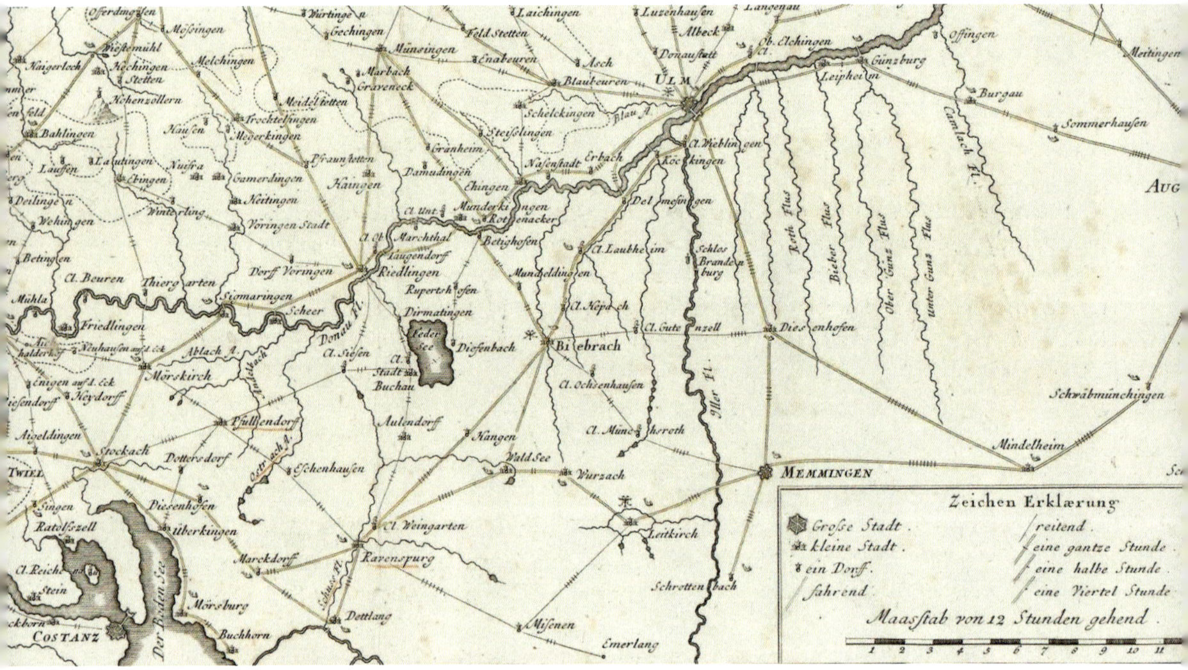

60 Postkarte des Schwäbischen Kreises von 1752, Ausschnitt.

nur allein an landesbeschreibenden Werken, ihnen standen auch eine Vielzahl von gedruckten Karten des Schwäbischen Kreises sowie Karten der Postrouten zur Verfügung. Letztere wurde in den unterschiedlichen Offizinen, so beispielsweise 1752 vom Kartenverlag „Homann Erben“ verlegt und konnte damit von jedermann erworben werden (Abb. 60).[113]

Die Post(routen)karten verzichteten auf die Darstellung der Herrschaftsverhältnisse und verzeichneten nur die wesentlichen Informationen des Verkehrssystems, wie die Verkehrswege, Gewässer und größere Ländergrenzen.[114] Der im Jahre 1790 veröffentlichte Atlas, der *Neuer Post- und Reise-Atlas von ganz Deutschland und einigen angraenzenden Laendern, bestehend in XXXI. accurat gezeichneten Post-Kaertchen zum bequemen Ge-*

113 HStAS N 100 Nr. 110: *Les Cours de Postes par le Cercle de Suabe, come ils se presentent dans la Carte Geographique, publiée par les Heritiers de Homan, l'an 1752 – Spezial Post Karte durch den Schwaebischen Kreis, in welcher die Poststations-Oerter, Strassen und weiten geographisch vorgestellt werden. Herausgegeben von Homaennischen Erben 1752*, http://www.landesarchiv-bw.de/plink/?f=1-1288357 (aufgerufen am 7.8.2023). Die Karten konnten als Einzelkarten oder in übergeordneten Werken wie Atlanten erworben werden.

114 Vgl. ebd.

brauch auf Reisen,[115] war nicht nur handlich[116] und auf dem neuesten Stand,[117] sondern enthielt auch kleinere Ausschnitte des Reichspostgebietes, wie beispielsweise das Postsystem des Schwabenlandes.[118] Die Reisenden bewegten sich demnach nicht blind durch den Raum, es standen ihnen bild- und textliche Mittel zur Verfügung, um Oberschwaben schon vor dem Reiseantritt grob zu erfassen und eine Vorstellung des Raumes insgesamt zu entwickeln.

Die Angebote des Post- und Fuhrsystems wurde von den Reisenden unterschiedlich in Anspruch genommen. Je nach finanzieller Lage mieteten sie in den Poststationen Pferde oder bestiegen Postkutschen. Der unterschiedliche Reisekomfort der untersuchten Autoren zeigt die Spannbreite der Fortbewegungsmittel und gibt Einblicke in die Reisebudgets. Auch hier bildeten Karten – einzeln oder zusammen mit Fahrplänen der Postkutschen – die Grundlage für die Mobilität. Die auf der Suche nach den Spuren Württembergs 1688 unternommene Reise Johann Ulrich Pregitzers zu den Archiven und Bibliotheken Oberschwabens brachte ihn zu den Klöstern in Heiligkreuztal, Salem, Weingarten, Weißenau, Reichenau und Petershausen. Pregitzer reiste dabei zu Pferde und nahm Quartier in den Gasthäusern der Poststationen. Er befand sich meist in der glücklichen Lage, dass ihm die Äbte der aufgesuchten Klöster *Postillon und die Pferd in dem Wirtshaus mit der Zehrung und Fütterung auslöste*[n] oder ihn, wie der Abt von Weißenau, im Kloster beherbergten.[119] Auch der päpstliche Archivar Giuseppe Garampi war auf seiner Studienreise um die Mitte des Jahrhunderts mit Postpferden unterwegs, allerdings auf eigene Rechnung. Er hielt alle Abstände der Streckenposten in seinen Aufzeichnungen fest, ebenso die Kosten von einem Gulden pro Meile für vier Pferde, die er durchschnittlich bezahlte.[120] Der württembergische Theologe Johann Ferdinand Gaum, der sich in seinen Reisebriefen zu Beginn der 1780er Jahre als mecklenburgischer Offi-

115 Weigel/Schneider, Reise-Atlas.

116 Vgl. ebd., Vorbericht, S. 7 f.: *Ueber dieses haben die grossen Postkarten die Unbequemlichkeit, daß ein Reisender sie, wegen ihrer Grösse, nicht wohl gebrauchen kann.* [...] *Mit Grunde hoffet daher die Verlagshandlung, dem Publicum einen wesentlichen Dienst zu leisten indem sie ihm genaue, richtige und bequeme Kärtchen liefert. Sie sind in kleinen Taschenformat, so, daß jeder Reisende sie, ohne die mindeste Belästigung, in einem Futteral bey sich führen, und sie, so oft es nötig ist, zu Rathe ziehen kann, ohne genöthiget zu seyn, sie vorher erst mühsam zu entfalten.*

117 Vgl. ebd., Vorbericht, S. 7. Die Postrouten und -stationen mussten im Laufe der Zeit erneuert oder verlegt werden, ebenso wurden die Routen neu erfasst, allerdings waren die Karten meist zum Zeitpunkt ihrer Veröffentlichung bereits wieder veraltet: *Denn es sind, nach der Herausgabe solcher Karten öfters, auf hohen Befehl, Veränderungen mit den Poststationen vorgenommen worden, die das, was vorhin richtig war, zu einer Unrichtigkeit machten.* Die Kartensammlung entstand in Zusammenarbeit mit der Post und den einzelnen Ämtern, war aber eine Auflage auf Initiative des Verlages.

118 Ebd., S. 14: *Postroute von Augsburg, durch Schwaben über Ulm, Memmingen, nach Freyburg in Breisgau und Strasburg, und ebenfalls über Memmingen nach Kempten, Wangen, Ravensburg nach Lindau, nach Schafhausen über den bodensee, nach St. Gallen, Costanz, von Schafhausen nach Zürich, Solothurn, Bern, Lucern und Basel, von d auf zwey Strassen nach Strasburg, und von da wieder nach Stuttgart, Ulm ec.* Sowie die Karte *No. XV. Strasburg und in die Schweiz.*

119 Vgl. Pregitzer/Giefel, Pregitzers Reise 1688, S. 40, 46: Zwiefalten und Obermarchtal S. 40, Weißenau S. 46.

120 Vgl. Garampi/Palmieri (Hg.), Viaggio, S. 36: *Questa posta* [Altdorf] *si pretende di quattro leghe* [ital. Meilen] *ma è di tre, onde per quattro cavalli devesi pagare tre fiorini.*

zier ausgab, war mit der Postkutsche unterwegs. Sie sei zwar im Vergleich zur Landkutsche wesentlich teurer, dafür aber *geschwindter* und auch die Reisegesellschaft sei angenehmer.[121] Quartier bezog Gaum in der Regel in den Poststationen. Auch der Historiker Philipp Wilhelm Gercken berichtete von seiner Postkutschenreise, dass er überwiegend in Reichsstädten, Klöstern und Poststationsorten pausierte. Die oberschwäbischen Adelsresidenzen waren grundsätzlich, wie man den Reiseberichten allgemein entnehmen kann, keine Anlaufstelle.

Eine Ausnahme im Bereich der Fortbewegungsmittel bildet der Reisewagen, den der Berliner Friedrich Nicolai eigens für seine Reise anfertigen ließ: ein sogenannter *Wiener Wagen*.[122] Im eigenen Wagen konnte Nicolai, der in Begleitung seines Sohnes reiste, wesentlich mehr Gepäck transportieren, wie Schreibzeug und Straßenkarten, eine Reisebibliothek und Persönliches. Durch den besonders für dieses Unternehmen in Dienst genommenen Kutscher konnten darüber hinaus auch des nachts längere Strecken zurückgelegt werden.[123]

Ob nun die Reisenden den Raum Oberschwaben in Kutschen, zu Pferde oder zu Fuß erfuhren, sie monierten durchweg alle die Straßenverhältnisse. Garampi bemängelte mehrfach die sehr schlechten Zustände der Straßen. Sie seien schlammig, gepflastert mit Balken oder Steinen oder grobe Gräben voller Wasser.[124] Die dürftigen Straßenverhältnisse wurden in allen untersuchten Reiseberichten im gesamten Raum Oberschwaben thematisiert. Auch wenn auf zeitgenössischen Karten *chaussierte* Straßen eingezeichnet waren,[125] schien die tatsächliche Umsetzung dem Bild Giuseppe Garampis zu entsprechen, wonach sich die Straßen bei Regen in morastige Sümpfe verwandelten und das Vorankommen behinderten. *Da wir von Ochsenhausen abfuhren, stunden wir auf dem sehr rauhen Weg keine geringe Lebensgefahr aus. Die Pferde wurden scheu, so daß kein anders Mittel zu unserer Erhaltung übrig war, als schnell aus der Kutsche zu springen. Nachdeme aber die Pferde wieder zurecht gebracht worden, kamen wir glücklich in das Städtlein Waldsee. Es lieget solches an dem Schloß der Grafen und des heil. Röm. Reiches Truchsessen von Wolfegg*, wie Gerbert berichtet.[126] Auch wenn der Schwäbische Kreis sich zusammen mit den jeweiligen Territorialherrschaften darum bemühte, ein besser beschaffenes Straßennetz zu schaffen, war die Umsetzung dieses Vorhabens mit einigen Schwierig-

121 Gaum, Es leben die Prälaten!, S. 6: *Auf Landkutschen wage ich mich nie, wenn mir solche mein Beutel auch noch so sehr hätte empfehlen wollen. Auf der Post reißte ich desto geschwinder, und ich glaube, diß ist Ersparniß genug. Juden und Huren sind nicht meine Sache und diß ist die gewöhnliche Gesellschaft* [...] *und Pfaffen, die auch noch je und je dazu kommen* [...].

122 Nicolai, Reise durch Deutschland und die Schweiz, Bd. 1, S. 8–11.

123 Vgl. ebd.

124 Garampi/Palmieri (Hg.), Viaggio, S. 37, hier besonders die Strecke zwischen Ravensburg und Meersburg: *Pessime sono le strade, o lastricate di travi, o piene di sassi, o cavate nei fossi, per i quali nel medesimo tempo scorre l'acqua.*

125 Vgl. u.a. Straßen- und Postkarte der Gfs. Sigmaringen, StAS K I Sig/3; StAS K I Sig/1: *Geometrischer Plan über die in Anno 1769 um Wiederherstellung der abgegangenen alten Landstrass zwischen Riedlingen und Sigmaringen angestossenen und in Anno 1772 reassumirten Strassenkonferenz in Vorschlag gebrachte zweierlei Wegrouten.*

126 Gerbert, Reise Alemannien, S. 204.

keiten verbunden, wie Philipp Wilhelm Gercken in der zweiten Hälfte des 18. Jahrhunderts feststellen musste.

Generell empfanden Reisende der Frühen Neuzeit den Reiseweg als beschwerlich, als Notwendigkeit, teilweise sogar als ein Hindernis. Man reiste um anzukommen, man wollte sein Ziel erreichen und nicht unnötig unterwegs sein.[127] Etappenziele, wie Orte und Entfernungsangaben, waren die „essentiellen Grundelemente“ in den Beschreibungen,[128] während der Raum dazwischen im Laufe der Jahrhunderte allmählich wahrgenommen und verschriftlicht wurde. Die Etappen und Entfernungen zwischen den einzelnen Herrschaftsräumen wurden mit Stunden und Meilen angegeben, wodurch der Reisende begann, die Orte und sich selbst im Raum zu verorten.

Wie nun die bereisten Räume und ihre Repräsentationsabsicht anhand weiterer Elemente des kulturgeschichtlichen Zugangs wie Alltag, Abläufe und Nutzung wahrgenommen wurden, wird im Folgenden zusammen mit den gestalterischen Elementen – sprich aus einem kunstgeschichtlichen Blickwinkel – betrachtet.

4.3.4 Räume der Repräsentation, des Kunstschaffens und der Kultur

Im Rahmen des kunstgeschichtlichen Zugangs wird nicht nur auf die klassischen Aspekte, wie Architektur, Kunstsammlungen und das Mäzenatentum der Herrschaftsträger, eingegangen, sondern es stehen die Repräsentationsräume selbst im Vordergrund. Die ausgewählten Raumelemente überschneiden sich hier mit den vorangegangenen konfessionellen und umweltgeschichtlichen Zugängen, aber besonders im kulturgeschichtlichen Bereich kommt es zu diversen Überschneidungen, weshalb es sinnvoll erscheint, die beiden Aspekte gemeinsam zu betrachten.

Ein eindrückliches Raumelement der Herrschaftsdarstellung sticht in der architektonischen Gestaltung der Residenzen und Klöster hervor. Ende des 17. Jahrhunderts hob der Württemberger Johann Ulrich Pregitzer den *schönen Garten von luftigen Gängen, Wasserkünsten und kleinem Grottenwerk, auch seltenen Blumen, Kräutern und Bäumen besehen*[129] auf seiner Reise in Weingarten hervor und beschrieb damit ein weiteres Raumelement der Herrschafts(re)präsentation in der Fremdwahrnehmung: die barocke Gartenkunst. Die ornamentalen Gärten des 17. und 18. Jahrhunderts orientierten sich in vielerlei Hinsicht an den gartenkünstlerischen Gestaltungen von Schloss Versailles in Frankreich und dem vatikanischen Belvedere-Hof bis hin zum englischen Landschaftsgarten.[130] Die Planung der tektonischen Gärten war vom Zusammenspiel der beiden Elemente Geometrie und Natur geprägt, was im Laufe des Jahrhunderts zu unterschiedlichen Spielarten in den Kompositionen von Architektur, Skulptur, Wasser und Bepflanzung führte.[131] Gerade in der Gartenkunst kann der Bedeutungswandel und die Neugewichtung

127 Vgl. Gotthard, In der Ferne, S. 143.
128 Ebd. Vgl. Maurer, Reisen interdisziplinär.
129 Pregitzer/Giefel, Pregitzers Reise 1688, S. 44.
130 Vgl. Kluckert, Gartenkunst; Lauterbach, Landschaftsgarten.
131 Vgl. Kluckert, Gartenkunst; Lauterbach, Landschaftsgarten. Vgl. Trotha, Der Englische Garten; Ders., Garten-Kunst.

der Naturwahrnehmung im 18. Jahrhundert hin zu einem neuen „Konzept der Natürlichkeit" augenscheinlich nachvollzogen werden.[132]

Der Benediktinerpater Konstantin Stampfer, der hundert Jahre nach Pregitzer Oberschwaben bereiste und dabei mit besonderem Interesse das Leben seiner Mitbrüder verfolgte, hob in seinen Ausführungen die Hauptfunktionen eines Gartens nicht nur als Element der Kontemplation und der Nutzpflanzung, sondern als Ort der Entspannung und Erholung deutlich hervor.[133] So begegneten ihm im Kloster Weingarten Gartenanlagen in unterschiedlichen Ausführungen. Neben den Gartenbereichen innerhalb des Klosterkomplexes war der Park des nahegelegenen Schlösschens Nessenreben[134] eigens als Ort der Erholung für die Mönche gestaltet worden, und zwar ganz besonders nach der Prozedur des Aderlasses, wie Stampfer aufzeichnete.[135] Laut seiner Beschreibung folgte diese Anlage einem Landschaftsgartenmodell.[136] Die eindrücklichste Gestaltung von Nutz- und Ziergärten Ende des 18. Jahrhunderts erfolgte nach Stampfers Wahrnehmung im Klostergarten der Reichsabtei Salem. Dieser sei *ebenfalls der größte, und reinlichste aus allen, die ich auf dieser Vakanzreise (ienen zu Nymphenburg ausgenommen,) gesehen ha-*

132 Vgl. Lauterbach, Landschaftsgarten, Kap. 4 f. Darüber hinaus entstanden in der Folge in den unterschiedlichen Disziplinen Traktate, die sich u.a. mit der Gartenkunst, dem Begriff der Natur und ihrer Bedeutung, sowie einer neuen Ästhetik auseinandersetzten; vgl. Trotha, Empfindungen, S. 132–198, 199–258.

133 Stampfer/Hübner, Tagebuch, S. 89 f. Stampfer bemerkte zum Novizengarten des Klosters Weingarten: *das ganze Konvent sehr schlecht, und alt ist. Schöner, und bequemer ist der Novitzengarten, wo diese in den Erholungsstunden sich zu ergötzen pflegen. Alles war still, und einsam. Das ganze Novitziatsgebäude ist, von innen des übrigen Klosters, in etwas abgesondert, und zwar dermassen, daß die Fratres Clerici durch dem Garten in Khor gehen müßen.*

134 Vgl. hierzu die beiden Karten zum Gut Nessenreben, ausgeführt vom Ravensburger Geometer Friedrich Gradmann aus dem Jahr 1741, in denen die Gebäude und die Parkanlage einmal im Grund- und einmal im Aufriss detailiert eingezeichnet sind: *Gemeinsamliche Mappa Ent zwischen dem Hoch-Lobl. Reichs-Gotts-Haus Weingarthen und dem Lobl. OberOestereichische Marck-Flecken Altdorff. Uber das sogenandte Obere Burger-Holtz Johann Georg Laenglins Efehle, die Waldung im Bockstall genandt und den Einfang beym ehemaligen Forellen-Weyerle naechst an der Bronnenstuben* mit *Bezürck des sogenandten ObernBurgerHoltzes*, Grundriss: HStAS N 34 Nr. 81, http://www.landesarchiv-bw.de/plink/?f=1-2721103, Aufriss: HStAS N 34 Nr. 82, http://www.landesarchiv-bw.de/plink/?f=1-2721191 (beide aufgerufen am 7. 8. 2023).

135 Stampfer/Hübner, Tagebuch, S. 90–92: *Nachmittag giengen wir mit dem P. Kuchelmeister in das Rekreatziusgebäude, Nessenreben, wo sich die Herren vom Konvent, wenn sie Ader lassen, befinden, und aufhalten. Dieses eine halbe Stund vom Kloster entfernte Schloss hat die schönste natürlichste Lage, die man sich nur einbilden kann. Das Gebäude selbst ist sehr gut, und schön eingerichtet, auch mit einer schönen Kapelle versehen. Um dieses herum liegt ein Garten, theils mit Springbronnen belebt, theils mit Aleen, und Obstbäumen ausgeziert. Den Garten von der Ost- und Sudseite umgiebt ein angenehmer Wald. Auch im Sommer ist man durch die hohen Bäume von der Hitze geschützt. Ein gleichlaufender kleiner Bach macht den Spatziergang noch angenehmer, der bald langsame, und sachte fortrieselt, bald über kleine Anhöhen herabglitscht. Zu beyden Seiten ist selben theils mit Lindten, theils mit Gestreiche bespritzt, und verschafft den angenehmsten Spatziergang, zumalen für Liebhaber der Einsamkeit, und des Nachdenkens. Am Ende des Waldes stehet auf einem Hügel ein Vogelthenn, und unweit davon ein Teich Runzum ! würde man diese Gegend nun ein kleinwenig durch Kunst, und Bemühung unterstützen, so müßte es den artigsten englischen Garten vorstellen. Nachdem wir über eine Stunde alles dieses mit inniglichen Vergnügen durchspatzieret, kehrten wir in das Sommergebäide zurück* [...].

136 Ebd., S. 90 f.

be. Nebst diesem giebt es noch andere innerhalb des Klosters, wo sich die Patres, und Fratres zu ergötzen pflegen.[137] Anhand der Beschreibungen der Garten- und Parkanlagen werden die alltäglichen Abläufe dieser Nutz- und Zierräume in den jeweiligen Residenzen deutlich. Sie waren festgelegte Räume mit genauen Nutzungsbestimmungen und dadurch fester Bestandteil der Alltagshandlungen. Wie Stampfer sehr ausführlich für die beiden Klöster Weingarten und Salem beschrieb, waren es hier neben den Versorgungsgärten vor allem Ziergärten und Parkanlagen, die Raum für Kontemplation und Erholung bieten sollten und auch bewusst als solche angelegt und ausgebaut wurden.

Wie in einer Vielzahl von Karten der Residenzen und Konvente ersichtlich ist, war die Gartenkunst ein wesentliches Gestaltungselement der repräsentativen Barock- und Rokokoanlagen und spielte dabei eine nicht unerhebliche Rolle im gestalteten Gesamtkonzept der Herrschaftsrepräsentation. Auch die Reiseberichte waren für diesen Raum der Herrschaftsgestaltung nicht unempfänglich, sie reflektierten sowohl die natürliche Landschaft wie auch die manuell geschaffenen Räume, wie die architektonischen Elemente und Anlagen. Somit war der Garten als Idealisierung der Landschaft bzw. der Natur ein Element der Raumwahrnehmung und stellte dadurch ein Element der Inszenierung von Herrschaft und Herrschaftsraum dar. Der Grad der Wahrnehmung und die Ausführlichkeit der Beschreibung sind im Reisebericht abhängig von der Intention der Autoren, von deren Neigungen und Interesse an Natur und Ästhetik.

Die Reiseberichte spiegeln nicht nur die Wahrnehmung von Herrschaftsräumen, wie sie in Karten symbolisch und rudimentär dargestellt werden, wider,[138] sondern sie bilden darüber hinaus abstrakte Repräsentationsräume aus. Mit ihnen kann die zunehmende Bedeutung der Natur anhand der Beschreibungsvielfalt im Laufe des Untersuchungszeitraumes nachvollzogen werden. Der Garten – als Park, Nutz-, Landschafts- oder Lustgarten – beinhaltete dabei unterschiedliche Bedeutungsebenen, die sich in seiner Gestaltung, der Beherrschung und künstlerischen Naturgestaltung bis hin zum bewussten Raum der Herrschaftsrepräsentation ausdrückten. Es waren die Außengestaltungen und Innenausstattungen der barocken Neubauten, die beschrieben und bewundert wurden, und dadurch das Raumkonzept der Herrschafts(re)präsentation erst transportierten. Einen Eindruck vermittelt Zapfs Beschreibung des Klosters Salem aus dem Jahr 1781: *Diese Reichsabtey hat eine vortrefliche Lage zwischen der Graffschaft Heiligenberg und der Reichsstadt Ueberlingen am Flüßgen Aach. Sie ist groß, weitläufig und sehr ansehnlich gebaut.*[139] Aber besonders beeindruckt zeigte sich der Augsburger Historiker, Bibliothekar und Notar auf seiner Bibliotheksreise vom Empfangszimmer des amtierenden Abtes Robert Schlecht (1740–1802): *Den andern Tag nach meiner Ankunft hatte ich die Ehre, ihm meine Aufwartung zu machen. Man geräth gewißermasen in Entzückung, wenn man in das Zimmer tritt. Alles zeugt von Pracht und Geschmack.*[140]

137 Ebd., S. 113.

138 Der Garten erhielt in der Regel eine eigene Signatur, die ihn eindeutig anhand der Zeichnung als Garten im Gegensatz zu Wiesen- oder Weideflächen auszeichnete.

139 Zapf, Reisen in einige Klöster, S. 49. Es folgt eine ausführliche Beschreibung der Stiftung und Besitzverhältnisse des Klosters, an die eine Auflistung der wichtigsten der 39. Prälaten anschließt.

140 Ebd., S. 50.

Es ist nicht zu übersehen, dass unter kunstgeschichtlicher Betrachtung in den untersuchten Reiseberichten neben den Kirchen und Konventsgebäuden ganz besonders die Innenräume und darunter die Bibliotheken den Interessenschwerpunkt einnehmen. Im 18. Jahrhundert wurden nicht nur die Gebäude einem neuen Stil angepasst, es entstanden auch neue Raumfunktionen. So wird der Bibliotheksraum vom funktionalen Arbeitsraum und Lesesaal durch reiche Bemalung und aufwendige Stuckverzierungen zum Repräsentationsraum. Diese Entwicklung dokumentieren besonders deutlich die Reiseberichte. Hauptanziehungspunkt für alle reisenden Akteure waren die Bibliotheken, darunter ganz besonders die Klosterbibliotheken von Weingarten und Schussenried. Die in der zweiten Hälfte des 18. Jahrhunderts neugestalteten Klosterbibliotheksräume sind auf Repräsentation ausgelegt, wie beispielsweise der zweigeschossige Bibliothekssaal der Reichsabtei Schussenried, der im Jahre 1757 im Stil des Rokoko fertiggestellt wurde (Abb. 61).[141] *Der Büchersaal in diesem Reichsstifte* [...] *ist einer der schönsten, die ich auf der ganzen Reise gesehen hab. Er ist mit vielen Statuen, Gemälden, Stukadenarbeit auf das prächtigste ausgeziert.* [...] *Man hat auch hier eine schöne Sammlung von guten Büchern*, wie Konstantin Stampfer in seinem Reisebericht vermerkte.[142] Bemerkenswert ist vor allem das raumgestaltende Element der Bücherschränke,[143] sogar die sechs Saaltüren wurden im selben Design gestaltet, um die Wirkung des Raumes nicht zu unterbrechen. *Die Kästen sind nur aus Fichtenholz mit Perlfarbe angestrichen und mit Gold verziert, die Kastentüren mit Leinwand überzogen, worauf weiß eingebundene Bücher mit roten Titeln gemalt sind.*[144] Mit diesen einfachen Kniffen wird die Optik des Betrachters getäuscht und vordergründige Einheitlichkeit projiziert. Dadurch wirkt der Raum auch heute noch so, als wären die Schränke voller Bücher.

Ganz dem Klassizismus verschrieben war dagegen der weiß gehaltene und weiß verzierte Bibliothekssaal der Benediktinerabtei Ochsenhausen, der 1783 von Abt Romuald Weltin (1767–1805) fertiggestellt wurde (Abb. 62). Durch die weißen Wände und Bücherregale auf beiden Ebenen entsteht zusammen mit den stabilen Pfeilern unten und den schlanken Säulen im Obergeschoss für den Betrachter der optische Effekt eines erhöhten Raumniveaus. Durch den Sog des Auges nach oben gewinnt zum einen der Raum an Höhe und zum anderen erhält das Deckenfresko dreidimensionale Tiefe und Plastizität. Zum Zweck der Idealisierung des Raumes wurden hier auch die Buchrücken weiß gebunden und einheitlich mit roten Rückenschildchen und Goldsignaturen beschlagen.[145] In beiden Räumen wurden die unterschiedlichen architektonischen und dekorativen Stilmittel der jeweiligen Kunstepochen eingesetzt, die dem Betrachter ein Gefühl für Höhe und Weite des Raumes suggerieren und den Blick immer automatisch nach oben zum Deckenfresko lenken, welches in unterschiedlichen Darstellungen die Bedeutung von Wissen und Wissenschaft und damit die Bedeutung des Raumes als Ort der Wissenschaft auszeichnet.

141 Vgl. May, Himmlische Bibliothek.

142 Stampfer/Hübner, Tagebuch, S. 80.

143 Hauntinger, Reise durch Schwaben und Bayern, S. 39: *66 Kästen* [waren] *angebracht, davon* [waren] *sechs nur zur Symmetrie da* [...] *und* [machten] *zugleich die Bibliothekstüren aus* [...].

144 Ebd.

145 Vgl. Mašek, Klosterbibliothek Ochsenhausen, S. 50.

61 Klosterbibliothek Schussenried, 1757.

Die Bibliothek sollte ein „Ort der theoretischen universalen Wissenschaft“ sein,[146] und diesen herausragenden Stellenwert sollte die Raumgestaltung unmissverständlich wiedergeben. Dies führte in Oberschwaben zu einigen herausragenden und aufwendig künstlerisch ausgestalteten Beispielen, wie dem Bibliotheksraum des Klosters Wiblingen. Doch trotz allem Streben nach Wissen aus den unterschiedlichen Wissenschaftsbereichen stand in den geistlichen Bibliotheken auch im Zeitalter der Aufklärung letztlich die

146 Maier, Bildung und Wissenschaft, S. 305.

62 Klosterbibliothek Ochsenhausen, 1783.

Theologie über allen Erkenntniswegen, wie die Bildprogramme der Deckenfresken in Schussenried, Ochsenhausen und Wiblingen belegen. So präsentiert der Bibliotheksraum auf imposante Weise den Herrschaftsanspruch seines geistlichen Herrschaftsträgers.

Im Gegensatz zu den Klosterkomplexen wurden die innenarchitektonischen Zierelemente und Besonderheiten der Adelsresidenzen kaum beachtet,[147] lediglich die Außendarstellung wurde während des Vorbeifahrens wahrgenommen. Der Grund dafür war, dass die meisten Schlösser und Burgen in exponierter Lage abseits der Straßen- und Wegerouten lagen und deshalb in erster Linie aus der Ferne betrachtet wurden. Eine Ausnahme bildeten Schloss Zeil des Hauses Waldburg, welches nahe der Reichsstadt Leutkirch und unweit der Handelsstraße lag, und das fürstenbergische Schloss Heiligenberg, welches auf der Route von Württemberg kommend besucht werden konnte.[148] In diesen beiden Residenzen konnten die unterschiedlichen Repräsentationsräume, wie beispielsweise die Innenausstattung des Rittersaals und des Fürstenzimmers im Schloss Heiligenberg, bewundert werden.[149]

Neben den Raumelementen aus Umwelt, Kunst und Konfession kann ein repräsentativer, standesgemäßer Lebenswandel bis zu einem gewissen Grad in den Reiseberichten verfolgt werden, wie beispielsweise das Reisetagebuch des Benediktinerpaters Konstantin Stampfer zeigt, der besonders am Alltagsleben seiner Mitmenschen interessiert war. Sehr ausführlich schilderte er neben seinen Eindrücken zur Gastlichkeit auch Einblicke in den Alltag, Abläufe und Gewohnheiten der einzelnen Klöster und Residenzen und lieferte dabei wichtige Hinweise über die Alltagspraxis der unterschiedlichen Persönlichkeiten. So pflegte beispielsweise der Abt des Klosters Ochsenhausen Romuald Weltin allem Anschein nach den Reitsport, indem er regelmäßig zur Jagd ausritt.[150] Stampfer vermerkte dazu in seinem Reisetagebuch, wie er und seine Reisebegleiter, die Patres Anselm Rittler und Ambros Frey sowie Herr von Prestl,[151] *Nachmittag*[s] *um 4 Uhr*

147 Wie beispielsweise das Barocktreppenhaus von Schloss Wurzach.

148 Vgl. Stampfer/Hübner, Tagebuch, S. 263–267; Pregitzer/Giefel, Pregitzers Reise 1688, S. 41 f.

149 Pregitzer/Giefel, Pregitzers Reise 1688, S. 41 f. Pregitzer beschreibt, wie das *Schloß damals sehr wohl meubliert und die Gemächer, die an sich gar sauber, doch etwas eng, gar schön tapeziert gewesen.* [...] *Und war unter anderem in dem fürstlichen Zimmer ein treffliches Kunststück von einer alabaßternen Tafel, die ohne einige Malerei von lauter natürlichen Steinen an einander gefügt (ohne daß man die gerichste Abteilung oder Fuge spüren kann), einen schönen großen Palast über eines halben Mannes Höhe präsentiert, und so hell als ein Glas ist, daß man sich darin recht spiegeln kann, welches Kunststück von einem italienischen Meister herkommt.* [...] *Landvogt allda ist einer von Vinneck, Landschreiber Andreas Buol, jur. utriusque dr., der mich sehr höflich empfangen und neben dem Hausmeister, der ein Franzos, im ganzen Schloß herumgeführt hat, also daß ich seine mir erwiesene Ehre und Zivilität hoch zu rühmen habe. Neben der schönen Hofkapelle nun (unter welcher die fürstenbergischen Begräbnisse) und anderen vorbeschriebenen Stücken ist auch auf diesem Schloß sehr wohl zu sehen der schöne große Saal, in welchem neben vielen vornehmen königl. und fürstl. auch anderen trefflichen Contrefaiten wohl zu beobachten sind des letzten Grafen zu Werdenberg Christopheri 128 Ehnichen und Ahnen, deren Wappen von schöner Bildhauerarbeit mit der rechten blason und Namensbeschreibung allda aufgehenkt sind, unter welchem auch das wirtembergische Wappen etlichemal zu sehen ist,* [...].

150 Stampfer/Hübner, Tagebuch, S. 74 f.

151 Ebd., S. 10: *Von der Hauptstadt Salzburg, bis in das herrliche Reichskloster Weingarten, waren (1. der hochwürdige Herr Professor ss. Theologiae auf der hiesigen hohen Schule zu Salzburg, mit Namen P. Anselm Rittler (Nach einnigen Paar Monathen in dem nämlichen Kloster dortiger Reichsprälat,) (2. der Herr*

die benediktinische Reichsabtei Ochsenhausen erreichten und dass *der gnädige Herr Reichsprälat* [...] *eben auf der Jagd* [war], *als wir ankamen. Wir sahen unterdessen das Kloster, und alles, was dazu gehört an.* Hierzu bemerkt er, dass *Kirche und Refektorium* [...] *besonders schön* seien.[152]

Es war gang und gäbe, dass reisende Ordensangehörige wie Konstantin Stampfer auch an Adelshöfen die Gastfreundschaft zu einem Mittagessen in Anspruch nahmen und dabei wertvolle Einblicke in den Familienalltag bis hin in die Erziehung der Fürstenkinder erhielten, wie am Beispiel des jungen Franz Thaddäus Joseph von Waldburg zu Zeil und Trauchburg (1778–1845) von Stampfer für das Jahr 1784 aufgezeigt werden kann.[153] Im Laufe der vier Stunden, die Stampfer im Fürstenhaus weilte, erhielten er und sein Reisebegleiter zunächst eine Schlossführung: *Se. Exzellenz der Herr R. Graf Franz von Zeil empfiengen uns mit einer Leutseligkeit, die nur diesem R.gräflichen Hause eigen ist, und gleichsam angebohrn zu seyn scheint. Er hatte die hohe Gnade für uns, zeigte uns selbst die Zimmer des Schlosses, die insgesammt mit vielen Seltenheiten ausgezierte sind. In die schöne Bibliotheck führte uns der Maiorats Herr, Se. Exzellenz der Herr Graf Maximilian von Zeil. Die Portraits der Truchsessen, welche in einem langen Saale hangen, zeigten uns dessen Sohn, der iunge Herr Graf Franz, der auch auf Befehl des gnädigen Herrn Vaters die merkwürdigsten Thaten dieser Ahnen uns erklärte, welches dieser mit solcher Geschicklichkeit, und Fertigkeit that, daß wir diesen iungen (Er wird erst 8.–9. Jahre alt seyn,) und hofnungsvollen Cavalier nicht genug bewundern konnten.*[154] Anschließend folgte ein gemeinsames Mittagessen mit den hohen Herren. *Bey der Tafel war auch nebst dem angeführten, und dem Großen Ferdinand, und Gräfien Josepha eine gewiße Gräfin von Fugger, die sich eben dort aufhielt. Der Herr Hofmeister ein Weltpriester, und der Herr Hofkapellan ein Franziskaner sassen auch dabey. Der alte Herr Graf Franz trank mit seiner hohen Familie die Gesundheit unsers Gnädigen Herrn Prälaten, und errinnerte sich dessen oft mit den gnädigsten Ausdrücken, deren ich, wie's meine Pflicht war, den unterthänigsten Dank im Namen meines gnädigen Herr abstattete. Am Ende der Tafel, und beym Kaffee erschienen auch der iunge Graf Franz, und seine kleine Schwester, die Gräfien Theresia, welche beyde eine kurze Prüfung, meistens aus der evangelischen Geschichte mit größter Geschicklichkeit machten.*[155] Über die Einblicke in das Alltagsleben der Fürstenfamilie,

Professor Philosophiae, P. Ambros Frey, aus eben diesem benediktineischen Reichsstüft, (3. derr Herr N. von Prestl, der ebenfalls in Salzburg die iuridischen Studien absolvierte endlich (4. Meine Wenigkeit, P. Constantin Stampfer, aus dem Stift St. Peter in Salzburg, als damals ausgegangener Professor der dritten Schule, nebst unsere Famulus, den wir auf der ganzen Reise auch durch die Schweiz, bey uns hatten. In der nachfolgenden Reiseetappe veränderte sich die Reisegesellschaft *von Weingarten in die Schweiz waren blos Herr Professor Ambros, und ich* [...] *Ueber Augsburg zurück naher Salzburg waren wir drey Professores allein.* Ebd., S. 11.

152 Ebd., S. 74 f.

153 Ebd., S. 264–267. Stampfers Beschreibung seines vierstündigen Mittagsaufenthalt auf Schloss Zeil: *Um 11. Uhre kamen wir in dem R.gräflichen Schosse Zeil an. Dieses liegt auf einer zimlich großen Anhöhe, und hat von allen Seiten die herrlichste Aussichten. Beym Schlose selbst verbreitet sich eine weitschichtige Ebene, wo viele Gärten, und Hauser stehen.* [...].

154 Ebd., S. 264 f.

155 Ebd., S. 265 f.

besonders die religiösen Praktiken, die die Reisegesellschaft um Konstantin Stampfer am Nachmittag gewinnen konnte, freute sich Stampfer sehr.[156]

Der Einlass und die Bewirtung von Reisenden und Ordensgeistlichen kamen einer Art kulturellem Transfer gleich, bei welchem intime Einblicke und Informationen ausgetauscht wurden. Während die weltgewandte Fürstenfamilie wertvolle Einblicke in ihre Welt und ihren Alltag erlaubten, unterhielten die Reisenden mit unterschiedlichen Informationen und Eindrücken ihre Gastgeber. Durch die Beschreibung der Zeremonielle und alltäglichen Abläufe werden die Herrschaftsräume Kloster, Residenz und Stadt nicht nur emotional aufgeladen, indem der Autor seine persönlichen Eindrücke widerspiegelt, sondern sie geben wiederum tiefe Einblicke in die sozialen und kulturellen Verflechtungen und Entwicklungen der geistlichen und weltlichen Territorien wieder. Durch diesen ‚internen Zugang' sind diese Momentaufnahmen der inneren Ausgestaltung der Räume ein wertvoller Beitrag zur kunst- und kulturgeschichtlichen Perspektive der konstruierten Herrschaftsräume.

Durch die reisenden Ordensgeistlichen ergeben sich interessante Einblicke in den Raum Oberschwaben, denn im Fokus ihres Interesses standen die Klosterherrschaften, ganz unabhängig davon, ob der oberschwäbische Raum gezielt oder als Etappenabschnitt eines längeren Reisevorhabens bereist wurde.[157] Sie beschreiben detailliert die Klöster, die Bibliotheken und Konventausstattungen, Tagesabläufe, ordensinterne Konflikte und politische Zusammenhänge in unterschiedlichen Dimensionen. Dabei beschränkten sich die Autoren nicht auf die eigene Ordenszugehörigkeit, sondern beschrieben die unterschiedlichen Ordensgemeinschaften Oberschwabens. Adelsresidenzen und Städte wurden eher weniger, quasi ‚im Vorbeireisen' betrachtet. Gelehrte und weltliche Reisende dagegen nahmen die unterschiedlichen Aspekte der gesamten oberschwäbischen Herrschaften auf. Dabei waren besonders die Auswirkungen des Dreißigjährigen Krieges in den einzelnen Territorien und die allmähliche Erholung ein immerwährendes Thema der Berichte.[158]

So reiste beispielsweise der Benediktiner Placidus Scharl, ein Freisinger Gymnasiallehrer, zusammen mit Pater Gregor Scheyer, einem Komponisten, im Auftrag seines Abtes Bernhard von Andechs im Jahre 1757 nach Zwiefalten.[159] Ausführlich beschrieb Scharl

156 Ebd., S. 267: *Nach der Tafel zeigte man uns noch einige Gebäude, und Zimmer, bey welcher Gelegenheit ich das erfuhr, was mir das liebste war, nämlich die ausgezeichnete Frömmigkeit dieser Hohen Reichgräflichen Familie, und die beste Ordnung, die von früh Morgen bis auf dem Abend pünktlich gehalten wird. Der alte Herr Graf* [Franz Anton von Waldburg (1714–1790)] *erscheint selbst bey allen Andachten mit seiner Familie. Er bethet täglich in der Hauskapelle den Rosen-kranz, Litaney vor. Und weh demienigen, der sich den geringsten Unfug beym Gottesdienste erlauben würde!*

157 Vgl. die Benediktiner, wie Jean Mabillon auf seiner Deutschlandreise (1683), Placidus Scharl auf seiner Reise von Freising nach Zwiefalten (1757), Konstantin Stampfer auf seiner Reise von Salzburg in die Schweiz (178), Johann Nepomuk Hauntinger, Bibliothekar von St. Gallen, auf seinem Reisen durch Schwaben und Bayern (1784) und (1789); der Zisterzienserabt Abt Konstantin Haschke von Heinrichau (1768).

158 Vgl. Pregitzer/Giefel, Pregitzers Reise 1688.

159 Scharl/Sattler (Hg.), Mönchsleben, S. 97: *In den Klöstern, die sich in großer Anzahl auf ihrer Route aneinander reihten, durften sie um so mehr überall auf gastfreundliche Aufnahme rechnen,* [...] *und dieselben wegen ihrer Weiterbeförderung nicht in Verlegenheit kamen, weil sie eigenes Fuhrwerk hatten.*

in seinem Reisebericht die einzelnen Klöster der unterschiedlichen Ordenskongregationen, in denen sie gastfreundlich bewirtet wurden, sowie Gesprächsausschnitte und Eindrücke von den unterschiedlichen Ordensangehörigen.[160] Im Zisterzienserinnenkloster Gutenzell, mit welchem sein Reisebegleiter Pater Gregor Scheyer in Kontakt stand, indem er *regelmäßig seine musikalischen Compositionen in dieses Stift* schickte, waren sie *schon deßwegen willkommene Gäste*.[161] Einen ganzen Nachmittag lang stand der Andechser Musikdirektor *einigen musikkundigen Klosterfrauen* zur Verfügung und *war darauf bedacht, ihnen ein richtiges Verständniß der modernen Kirchenmusik beizubringen*.[162] Musik war im Klosteralltag bedeutend. So wurde beispielsweise im Kloster Salem die Tafelgesellschaft sogar mit Gesang musikalisch begleitet, wie der oberschlesische Zisterzienserabt Konstantin Haschke und seine Reisegesellschaft auf ihrer Reise zum Generalkapitel im Mutterkloster Cîteaux (1768) berichtete.[163]

Neben dem besonderen Musikinteresse der Zisterze Gutenzell wurden Frauenkonvente in den Reiseberichten allerdings kaum reflektiert. Die zumeist abseits der Routen liegenden Konvente fanden höchstens eine kurze Erwähnung für außerordentliche Neuigkeiten, wie zum Beispiel die Zisterzienserinnenklöster Heggbach und Baindt aufgrund ihres Konfliktes mit ihrem Mutterkloster Salem und der Abwendung beider hin nach Kaisheim.[164] Der Aufenthalt des württembergischen Herzogpaars in der Gastfreundschaft des Damenstifts Buchau geschah auch nur wegen einer notwendigen Übernachtungsmöglichkeit. Diese nutzten die dortigen Edelfrauen dazu, seiner Ehefrau Franziska Theresia Reichsgräfin von Hohenheim ihre Aufwartung zu machen, was der Herzog wiederum spottend dokumentierte.[165]

Für die Wahrnehmung der Herrschaftsgestaltung waren letztlich nicht nur die äußeren, architektonisch-geographischen Räume von Bedeutung, auch die unterschiedlichen Elemente der ,Innenausstattung', deren Nutzung und Alltag waren von Belang. Durch die Reflexion der Reisenden wird im Reisebericht die Ausstattung der unterschiedlichen Herrschaftsräume ebenso wie die direkte emotionale, erfahrbare Wahrnehmung messbar und dadurch ein zeitgenössisches Gesamtbild des herrschaftlichen Anspruchs geschaffen. Ob dieser Ambition der jeweiligen Herrschaftsterritorien genüge getan wurde, liegt beim Betrachter, sowohl beim Reisenden als auch dessen Rezipienten.

160 Ebd. Anekdotisch zeichnete Scharl die schwäbischen *Capitulare* Ottobeurens.

161 Scharl/Sattler (Hg.), Mönchsleben, S. 101.

162 Ebd.

163 *Ad tabulam primam statim producta fuit musica virtuosissima tum vocalis, tum instrumentali; plerique erant fratres; quod idem vesperi et mane pro excitatione amoena factum*, wie Haschkes Sektretär auf der Hinreise zum Generalkapitel am 27. Mai vermerkte; Sedlak/Horváth, Generalkapitel, S. 88.

164 Scharl/Sattler (Hg.), Mönchsleben, S. 97–99.

165 Carl Eugen von Württemberg, Tagbücher seiner Rayßen, S. 312 f. Am Vormittag des nächsten Morgens *kam die Abbtissin zur Herzogin und einige Zeit darauff samtliche Stifftsdamens. Nach einem Auffenthalt von einer Stunde giengen sie wieder ab.* [...] *Die gefürstete Äbtissin ist eine Gräffin Stadion, in die 50 Jahre, die viel spricht, Einbildung auff sich hat und die Geschäffte und Processe ihres Stiffts auswendig herzusagen weiß. Die Sitfftsdamens seind von ganz unterschiedlichem Alter und eine Gräffin Truchses-Zeil, Schwester der Fürstin von Zollern, ist diejenige, mit deren* [man] *am meisten sprechen kann.*

4.4 Fremdwahrnehmung im Reisebericht

Im Laufe des 18. Jahrhunderts erweiterte sich in den Reisebeschreibungen das Wahrnehmungsspektrum durch die Darstellung von Landschaften, Mentalitäten, politischen Räumen und Interessenschwerpunkten. Die Reiseberichte wurden ausführlicher, beschrieben Landschaft, Land und Leute. Nicht allein das Gesehene war Grundlage der Beschreibung, auch Reiseberichte anderer Autoren sowie Landesbeschreibungen wurden vor Reisebeginn zur Vorbereitung hinzugezogen.[166] Neben den literarischen Reisebericht trat im Zuge der Aufklärung die statistisch-analysierende Reisebeschreibung, wie sie Friedrich Nicolai aufzeichnete.[167]

Im Rahmen dieser Studie konnte insgesamt festgestellt werden, dass Reisende in Oberschwaben die Absicht verfolgten, die Bibliothekslandschaft auszuloten. Anlaufpunkte waren dabei vorwiegend die Klöster der unterschiedlichen Ordensgemeinschaften, aber auch die Städte Ulm, Isny, Memmingen und Augsburg, daneben Biberach und Ravensburg.[168] Trotz der unterschiedlichen Reisewege durch die vielfältigen Territorien waren dabei die bedeutenden Klöster Oberschwabens von Interesse: die benediktinischen Reichsabteien Zwiefalten, Ochsenhausen, Weingarten und Wiblingen sowie die Reichsabteien des Zisterzienserordens Salem und Gutenzell. Auch die Prämonstratenserklöster Schussenreid, Weißenau und Obermarchtal sowie das Damenstift Buchau wurden von den Reisenden in erster Linie wegen ihrer Büchersammlungen aufgesucht und weiterempfohlen. Die Wahrnehmung Oberschwabens als Kloster- bzw. Sakrallandschaft[169] geben dadurch auch die Reiseberichte des 18. Jahrhunderts wieder.

Die weltlichen Herrschaften, allen voran die Adelsterritorien, wurden anhand ihrer Residenzen, die in der Regel abseits der Hauptverkehrsrouten lagen, im Vorbeireisen in den Reiseberichten benannt und beschrieben. Gelegentlich wurden diese auch aufgesucht. So hielt beispielsweise der Tübinger Professor Johann Ulrich Pregitzer im Frühjahr 1688 auf seiner Archivreise zu den Spuren des Hauses Württemberg in Heiligenberg an, dabei beschrieb er Schloss und Umland ausführlich.[170] Daneben war der Waldburger

166 Vgl. Gercken, Reisen durch Schwaben.

167 Vgl. Brenner, Erfahrung der Fremde; Maurer, Reisen interdisziplinär, S. 358–360.

168 Hierbei ging es auch um unterschiedliche Buchsammlungen. Memmingen war nicht nur ein wichtiger Streckenposten auf den Handels- und Postrouten, die Stadt verfügte zu dieser Zeit über einen *öffentlichen Büchersaal*, den Gerbert auf seiner Forschungsreise zur Antike besuchte, auch um sich mit dem *gelehrten Johann Georg Schelhorn, Vorsteher des Stadtbücherschatzes* [...], *der auch selbst einen zahlreichen Bücher-Vorrath besitzet* [...] und einige Werke veröffentlicht hatte, auszutauschen; Gerbert, Reise Alemannien, S. 146.

169 Vgl. Eitel, Geschichte Oberschwabens, Bd. 1, S. 15; Quarthal, Historisches Bewusstsein, S. 16, 67–69.

170 Pregitzer/Giefel, Pregitzers Reise 1688, S. 41 f., 30. April 1688: *Dieses Bergschloß nahe dem Kloster Salem, nicht gar weit von der Reichsstadt Pfullendorf, ist auf einem hohen Felsen gelegen.* [...] *Wie ich alda angekommen, wurde der Fürst Anton Ego zu Fürstenberg, Graf zu Heiligenberg und Werdenberg, alle Stund von dem churfürstl. Bayerischen Hof aus erwartet, deswegen gemeltes Schloß damals sehr wohl meubliert und die Gemächer, die an sich gar sauber, doch etwas eng, gar schön tapeziert gewesen.* [...] *Das ganze Schloß nun wie vorgemelt liegt gar hoch auf einem Felsen, von welchem man sehr weit herum und nicht allein über den Bodensee bis auf Konstanz, sondern auch bis auf St. Gallen und andere Orte in der Schweiz und den benachbarten Landschaften sehen kann. Das Schloß kann von wegen seiner Höhe und Abrisses von keiner Seite als gegen Mitternacht angegriffen werden, alwo es aber an dem ebe-*

Stammsitz Schloss Zeil der Waldburger-Zeiler Linien ein Anlaufpunkt für Reisende, wie den Benediktinerpater Konstantin Stampfer.[171] Durch die Benennung einzelner Orte und durch die Beschreibung des Raumes konstruierten die Autoren im Reisebericht die unterschiedlichen Herrschaftsräume.

Die Karten des oberschwäbischen Raumes konstruieren mit ihren Darstellungselementen, wie Jurisdiktionsgrenzen, Residenzen, Mühlen, Brücken, Wappen und Siegel, die Herrschafts- und Rechtsansprüche der einzelnen Territorien und präsentieren bzw. repräsentieren durch diese Raumelemente Herrschaft. Die Reisebeschreibungen erschließen diese Wahrnehmung dagegen durch andere Angaben. Indem allein die Ortsnamen der Herrschaftssitze, wie Weingarten, Altdorf, Ravensburg, Wolfegg und Zeil, aufgereiht wurden, entstanden Herrschaftsräume. Es wurden zwar keine Jurisdiktionsgrenzen direkt umrissen, aber der Reisende war sich der Raumausdehnung des dahinter stehenden Territoriums und der entsprechenden Alltagsabläufe vollauf bewusst.[172] Während für den Oberschwaben der Standort von Mühlen essentiell war, waren derlei Informationen über Bannrechte für den Vorüberreisenden alltäglich, eher nebensächlich und weniger erwähnenswert. Ebenso wenig wurden die unterschiedlichen religiösen Kleindenkmale und Prozessionswege hervorgehoben. Sie kamen dann zur Sprache, wenn ein Reisender sie nutzte und an entsprechenden Ritualen wie Prozessionen Anteil hatte. Die in jedem Territorium präsenten und darum in jedem Kartenbild entsprechend markierten Hochgerichte, ein Verweis auf die entsprechende Rechtsstellung des Herrschaftsgebietes, blieben in den Reiseberichten zu Oberschwaben dagegen unerwähnt. Erst gegen Ende des Jahrhunderts in den Aufzeichnungen der Spätaufklärung wurden die Rechtsräume, die Gerichtsbarkeiten sowie die Mentalitäten beschrieben. Am aufschlussreichs-

nen Feld etwas anhängt, wiewohl es auch allda seinen Graben und Fallbruch hat. [...] Vor dem Schloß ist ein großer Vorhof und in demselben die Kanzlei, welche bereits noch mehr mit schönen neuen Gebäuden ausgerüstet wird.

171 Vgl. Stampfer/Hübner, Tagebuch, S. 263–265: *Diesem Mittwoche lasen wir um 4. Uhr Messe, um 5. Uhre stiegen wir in unseren Reisewagen, der schon 3. Tage zuvor von Salzburg nach Weingarten angekommen war. Unsere Reise gieng nach der R.-Gräflichen Herrschaft [...] Zeil. Unterwegs sahen wir einige berühmte adelige Schlösser, nämlich Waldburg, das Stammeshaus der Grafen von Truchseß. Dieses liegt auf einem sehr hohen Berg, und ist nicht mehr bewohnt. Zweytens Wolfeck, das sehr schön gebaut, und eine angenehme Lage hat: es ist wirklich noch der Sitz dieser Herrschaft, und hat einen Großen, und sehr schönen Garten. Um 11. Uhre kamen wir in dem R.gräflichen Schosse Zeil an. Dieses liegt auf einer zimlich großen Anhöhe, und hat von allen Seiten die herrlichste Aussichten. Beym Schlose selbst verbreitet sich eine weitschichtige Ebene, wo viele Gärten, und Hauser stehen. Se. Exzellenz der Herr R. Graf Franz von Zeil empfiengen uns mit einer Leutseligkeit, die nur diesem R.gräflichen Hause eigen ist, und gleichsam angebohrn zu seyn scheint. Er hatte die hohe Gnade für uns, zeigte uns selbst die Zimmer des Schloses, die insgesammt mit vielen Seltenheiten ausgezierte sind.*

172 Einige Autoren beschreiben die Dinge des Alltäglichen wie Wirtschaftsräume und ,Gemeinnützige Gebäude', so beispielsweise der aufmerksame Tübinger Professor Pregitzer, der jedes Herrschaftsgebiet unter allen Aspekten wiedergab. Zur Reichsstadt Ravensburg bemerkte er, dass *allda die 5 Papiermühlin bekannt sind, item die große Wasserstube, aus welcher 140 Brunnen in die Stadt durch jede Gasse sehr dienlich geleitet werden. [...] In Ravensburg ist das schwäbische Landgericht und vor Zeiten wurde hier ein allgemeines Landgericht oder mallus generalis abgehalten.* Pregitzer/Giefel, Pregitzers Reise 1688, S. 43.

ten war dabei bislang der Reisebericht des Historikers Philipp Wilhelm Gercken aus dem Jahre 1783.

Weil der Reisebericht nicht nur auf eine zweidimensionale, topographische Raumbeschreibung festgelegt war, konnten in dieser Studie zusätzliche Ebenen der Beschreibung des Wahrgenommenen genutzt und damit die Repräsentationsräume um zusätzliche Elemente erweitert werden: z. B. der Nutzen und Gebrauch der unterschiedlichsten Räume, bis hin zu Empfängen und Zeremoniellen, quasi der Alltag und die täglichen Abläufe.[173] Reisende nahmen daran teil und erlebten den Raum, seine Darstellung und Gestaltung dreidimensional. Zudem ist festzuhalten, dass der Raum Oberschwaben in der Betrachtung ‚von außen‘ mehrheitlich als Klosterlandschaft wahrgenommen wurde. Dadurch tritt neben den Gärten und Gebäudekomplexen der Büchersaal als besondere Präsentationsebene hinzu. Die Reisenden des späten 17. und des 18. Jahrhunderts waren vorwiegend an Klosterbibliotheken interessiert, wobei die Konfessions- oder Ordenszugehörigkeit der Besucher und der Besuchten ohne Belang war. Der Wert der Bibliotheken, ihre Ausstattung und ihre Sammlung von Manuskripten und Druckwerken wurden von den Reisenden rein nach ihrem Inhalt, der Aktualität und wissenschaftlichen Forschung und später dann, in den letzten beiden Jahrzehnten des 18. Jahrhunderts, nach der repräsentativen Bausubstanz bewertet.[174] Darüber hinaus waren Sticheleien bezüglich der jeweils anderen Konfessionszugehörigkeit gang und gäbe und in der Regel abhängig vom jeweiligen Gegenüber. Kritisch beobachtet wurde aber ab den 1780er Jahren von allen Reisenden der Bildungsstand der unterschiedlichen Ordenshäuser, gemessen an dem Wissensstand der Ordensangehörigen und den Ausstattungen der Bibliotheken.[175]

All diese von den Reiseberichtautoren gewählten Spacings und erbrachten Syntheseleistungen generierten durch diese Wahrnehmungsspektren den Herrschaftsraum Oberschwaben in der Fremdbetrachtung. Die Reisenden des untersuchten Zeitraumes waren in ihrer Eigenschaft als Theologen, Juristen, Historiker, Bibliothekare und Schriftsteller der zeitgenössischen ‚Bildungselite‘ zuzurechnen. Ihre Reiseberichte spiegeln sowohl den Zeitgeist als auch den Interessenfokus ihrer Verfasser, deren Intentionen und Dispositionen, mit denen sie den oberschwäbischen Raum wahrnehmen, wider. Der Reisebericht erweitert zudem die topographischen Quellen, indem er da anschließt und

173 Vgl. u.a. Zapfs Beschreibungen, wie z.B. zu den Mahlzeiten im Kloster Weingarten; Zapf, Reisen in einige Klöster, S. 46 f.

174 Vgl. u.a. Pregitzer/Giefel, Pregitzers Reise 1688, S. 41 f.; Gaum, Es leben die Prälaten!, S. 75 f.; Gercken, Reisen durch Schwaben, S. 91–284.

175 So vermerkte Zapf beispielsweise: *Noch eine Bemerkung, die ich überhaupt auf meinen Reisen in den Klöstern schon öfters gemacht und richtig befunden habe. Manchmal stekt unter einer Gesellschaft Religiosen ein guter, aufgeweckter, heiterer Kopf, der was zu leisten im Stande wäre, und manchmal sind ihrer auch sechse darinn. Voraus geesetzt daß ich Klöster hierunter verstehe, wo es gleichsam noch Nacht ist. Aus solchen Subjekten wäre was zu bilden, und wenn man nur ein bisgen aufmerksam ist; so wird man die Ursache bald entdecken. Es kommt in den Klöstern durchgehends auf die Obern und besonders auf den Prior an, ob diese Gefühl genug für die Wissenschaft haben. Sind sie Männer, die wissen, was Gelehrsamkeit ist, die selbst denken, studiren, sich an gelehrten Beschäftigungen ergötzen; so werden die Wissenschaften gewiß kultivirt, und die besten Köpfe dazu angehalten werden.* Zapf, Reisen in einige Klöster, S. 47 f.

die Bilder Oberschwabens ergänzt, wo Karte und Landesbeschreibung nur rudimentär andeuten, nämlich in der kulturgeschichtlichen Betrachtung des Alltäglichen, der Nutzung von Natur und Umwelt, der Kommunikation und Rituale sowie der Wahrnehmung und Deutung von Herrschaft, Identität und Alteritäten. Durch die Reisevorbereitung mittels der Lektüre von topographischen Texten, die Betrachtung der Herrschaftsräume und deren Selbstwahrnehmung in den ausgelegten Kartenbildern vor Ort und letztlich durch die Bewegung und Erfahrung im Raum selbst, war es den Autoren der Reiseberichte möglich, durch ihre Beschreibungen die ‚Bilder Oberschwabens‘ als eine Art Gesamtbild einer oberschwäbischen Herrschaft im weitesten Sinne mitzuentwickeln. Sie erfuhren und reflektierten die jeweiligen Darstellungsabsichten der unterschiedlichen kulturgeschichtlichen Räume, seien es Gebäude, Innenräume, Gärten, Personenkreise, Zeremonielle oder alltägliche Abläufe, und ergänzten dabei die topographischen Beschreibungen um ihre Außenperspektive.

5 Ergebnisse: Doing Territory in Oberschwaben

Die vorliegende Studie betrachtet im Kern, wie sich (Re-)Präsentation von Herrschaft[1] in oberschwäbischen Territorien im ausgehenden 17. Jahrhundert und im Verlauf des 18. Jahrhunderts topographisch und literarisch darstellte und wie diese Machtinszenierung und Selbstdarstellung in der Selbst- und Fremdwahrnehmung reflektiert wurde. Dabei sind in den drei Quellenmedien Karte, Landesbeschreibung und Reisebericht die Entwicklungen innerhalb dieses Zeitraumes auf allen Ebenen nachvollziehbar. In Bild und Text konnten die zeitgenössischen Entwicklungen innerhalb von Kunst und Technik, von Kultur-, Natur- und Geisteswissenschaft sowie deren Einfluss auf die Darstellung verfolgt werden. So wurde der Informationsgehalt der Texte beispielsweise ausführlicher und informativer, je weiter das 18. Jahrhundert voranschritt. Auch die Wahrnehmung und Beschreibung von Natur und Umwelt beeinflusste im Sinne der Aufklärung die Darstellungen.

Aufgrund des verstärkten Interesses an naturwissenschaftlichen Erkenntnissen und besonders an Kartographie und Vermessung häuften sich im 17. und 18. Jahrhundert die kartographischen Zeugnisse allgemein. Dies stand in Oberschwaben wie anderorts auch im Zusammenhang mit Landrenovationen sowie Steuer- und Verwaltungsreformen, die neue und übersichtliche Landaufnahmen benötigten. So wurden zu unterschiedlichen Zeiten von den unterschiedlichen geistlichen, adeligen und reichsstädtischen Territorien des Schwäbischen Kreises Kartenwerke in Auftrag gegeben, die einen umfangreichen Einblick in die Selbstdarstellung der Herrschaftsträger sowie die unterschiedlichen Ebenen der Raumdarstellung geben. Kartenbilder – und in diesem Fall ausschließlich Manuskriptkarten – sind ein gutes Medium, um den Konstruktionscharakter eines Raumes zu veranschaulichen. Die beauftragten Kartographen – ausgebildete Feldmesser, studierte und geprüfte Geodäten sowie militärische Ingenieure – waren im Südwesten bzw. überwiegend in dieser Region tätig und ansässig. Der Untersuchungszeitraum endet mit dem 18. Jahrhundert, als in der Kartographie eine neue Art der Kartengestaltung begann. Verbesserte Gerätschaften, neue Schraffurtechniken sowie eine überarbeitete Symbol- und Zeichensprache ermöglichten eine neue, nüchternere und detaillierte Geländedarstellung, wie sich in den Überblickskarten, im militärischen Kartenwerk, in der Schmitt'schen Karte von Südwestdeutschland[2] (1796–1798), der ‚Charte von Schwaben'

1 Vgl. Burke, Ludwig XIV.

2 Eine Auftragsarbeit für Kaiser Franz II. (1768–1835), die der Feldmarschallleutnant Johann Heinrich von Schmitt (1744–1805) im Zuge des ersten Koalitionskrieges gegen Frankreich ab den Jahr 1792 auf insgesamt 198 Kartenblättern ausführte; vgl. Häberlein/Hagel, Schmitt'sche; Torge, Geodäsie.

(1798–1828)[3] und nicht letztlich in den Katasterkarten der Württembergischen Landesvermessung (1818–1840)[4] zeigt.

Auch die topographischen Texte, die Landesbeschreibungen, entwickelten sich weiter. Sie verzeichneten in den Landesbeschreibungen die Geschichte der Territorien, die politischen, kulturellen, ökonomischen und ökologischen Entwicklungen sowie die sozioökonomischen Bedingungen und Besonderheiten des jeweiligen Herrschaftsgebietes. Die 16 topographischen Texte von elf Autoren zum Forschungsraum Oberschwaben im Zeitraum von 1648 bis zum Jahre 1800 stellten sich als überwiegend unabhängige Werke heraus, die im Rahmen einer großflächigeren Beschreibung von den Autoren aus eigener Initiative zu den einzelnen Territorien des Schwäbischen Kreises angefertigt worden waren. Die Autoren waren Gelehrte, Beamte und Patrizier mit unterschiedlich fundierten Kenntnissen sowohl der Region als auch der Geographie allgemein. Inhaltlich konnte hier unter anderem beobachtet werden, dass die Mehrzahl der Landesbeschreibungen auf Vorgängerwerke zurückgriff und deren Inhalte ungeprüft weitergaben.[5] Erst im letzten Viertel des 18. Jahrhunderts änderte sich diese Herangehensweise, indem vorab Recherchen unternommen wurden. Zudem wurde der Inhalt der einzelnen Herrschaften in der zweiten Hälfte des 18. Jahrhunderts ausführlicher. Die Landesbeschreibungen nahmen im Kontext der Raumwahrnehmung eine Außenperspektive der vorliegenden Herrschaftsräume und -strukturen Oberschwabens ein und zeigen dadurch auf, wie sich die jeweiligen Herrschaftsräume in dieser Außenbetrachtung widerspiegelten und konstituierten. Im Gegensatz zu den Kartenbildern mussten in den Landesbeschreibungen die Lebensumstände der Autoren für die von ihnen entwickelten Raumbilder der oberschwäbischen Herrschaften berücksichtigt werden.

Auch die 20 Reiseberichte der 17 Autoren aus dem Zeitraum von 1683–1794 veränderten sich im Zeichen der Aufklärung. Im Gegensatz zu den beiden topographischen Quellenmedien unterlagen die Reiseberichte, die als Tagebücher verfasst waren, keinen Darstellungsvorlagen und waren somit relativ frei in der inhaltlichen Ausgestaltung. Die gewählten Reiserouten orientierten sich an der oberschwäbischen Bibliothekslandschaft. Auch hier wurde danach gefragt, wie die Reisenden die Darstellungsabsichten und das Selbstverständnis der Herrschaftsräume der Adelshäuser, Klöster und Reichsstädte wahrnahmen und thematisierten. Den Raumbildern der herrschaftlichen Selbstwahrnehmung im Kartenbild wurde in den Reiseberichten diese direkte Außenwahrnehmung gegenübergestellt. Dabei wurde gezeigt, wo der Reisebericht die herrschaftliche (Re-)Präsentation in der Wahrnehmung der Raumkonzepte ergänzte. Diese spiegeln so-

3 Eine im Tübinger Verlag Johann Georg Cottas gedruckte Landaufnahme auf 62 Kartenblättern, eine private Initiative des Astronomen, Mathematikers und Physikers Johann Gottlieb Friedrich von Bohnenberger (1765–1831); vgl. Fischer, „Charte von Schwaben".

4 StAL Findbuch EL 68 VI, Landesvermessungsamt Baden-Württemberg: Flurkarten der Württembergischen und Hohenzollerischen Landesvermessung (1818–1863).

5 Die Informationskette konnte wie folgt aufgeschlüsselt werden: Sebastian Münsters ‚Cosmographia' (1545), Martin Crusius ‚Annales suevici' (1595/96), Martin Zeillers ‚Topographia Sueviae' (1643/1690), Julius Reichelts ‚Kurzgefaßte Beschreibung des Schwäbischen Creises' (1703), Tromsdorffers ‚Teutschland'-Geographie (1711) sowie die Werke von Hauber (1724), Wegelin (1755) und Büsching (1754/71).

wohl die Wahrnehmung der Autoren wider als auch deren Hintergrund und ihre sozialen Stellungen: es reisten Adelige, Gelehrte wie Professoren, Theologen und Ordensangehörige sowie ‚Gebildete', Bibliothekare, Historiker und Bürger. Aufgrund von Vorerfahrungen, Bildung und Sozialisation war der Fokus der Reisenden auf zeitspezifische Dispositionen der Wahrnehmung, Bewertung und Handlung festgelegt. Es wurde analysiert, wie Reisende des späten 17. und des 18. Jahrhunderts den oberschwäbischen Raum wahrnahmen, welche konfessionellen, kultur- und umweltgeschichtlichen Aspekte sie in ihren Reiseberichten verzeichneten und welche Aussagen dadurch über die Herrschafts(re)präsentation und die Herrschaftsräume in der Außenwahrnehmung getroffen werden können. Dabei wurde auch in diesen individuellen Berichten der Einfluss der Aufklärung deutlich, der sich u. a. im Interesse an der Naturwahrnehmung oder der statistischen Auswertung der Landschaft zeigte.

Als beschreibende Medien der Wahrnehmung von Herrschaftsräumen dienen Karten der Visualisierung realer und gedachter Gegebenheiten. Die Selbstwahrnehmung dieser Auftragsarbeiten reflektieren Landesbeschreibungen, den Blick ‚von außen' im realen Raum entwickeln die Reiseberichte. Sie waren eine wertvolle Quelle für die Erschließung der Wahrnehmung, denn sie entwarfen ein Bild der territorialen Vielfalt und deren Bedingungen im oberschwäbischen Raum. Unter den vier Aspekten wurde analysiert, wie Herrschaft in einem Gebiet – ob geistlich oder weltlich, ob adelig oder reichsstädtisch, ob katholisch, evangelisch oder paritätisch – gestaltet und wahrgenommen werden konnte. Dabei ergab sich ein vielschichtiges Bild der Herrschaftsgestaltung im 18. Jahrhundert. Karten gaben dabei den Rahmen vor, während die beiden Textquellen ein Gesamtbild ausfüllten.

5.1 Vergleich der Selbst- und Fremdwahrnehmung

Der Vergleich der Selbst- und Fremdwahrnehmung Oberschwabens im ausgehenden 17. und im Verlauf des 18. Jahrhunderts rückt die einzelnen Herrschaftsräume und ihre Betrachtung in Bild und Text in den Vordergrund. Die drei Medien Kartenbild, Landesbeschreibung und Reisebericht bergen unterschiedliche Präsentationsformen und Wahrnehmungsebenen. Daneben ist die territoriale Struktur ein bedeutender Rahmen der Raumbetrachtung durch die Vielfalt geistlicher und weltlicher Herrschaften, die hier in Form der unterschiedlichen Ordenskongregationen, der adeligen Territorien und reichsstädtischen Gebiete nebeneinander bestanden. Daraus ergeben sich vielfältige Vergleichsmomente.

Zunächst ist ein gemeinsames Moment in den Quellen für alle Herrschaften Oberschwabens verbindend: folgt man den Ausführungen der Autoren in Bild und Text, erlebte die vom Dreißigjährigen Krieg gebeutelte Landschaft im Laufe des 18. Jahrhunderts allgemein eine Blüte. Die Zerstörungen des Krieges führten in den kommenden Jahrzehnten zu Erneuerungen in Form von Auf-, Um- und Neubauten, die besonders unter kunstgeschichtlichen Aspekten in der Architektur den Erholungsstand der Landschaft aufzeigten. Besonders zu Beginn des 18. Jahrhunderts begegnen die Erfahrungen des Krieges immer wieder in den Textquellen.

Während die Autoren der Reiseberichte und Landesbeschreibungen in ihren Darstellungen der geistlichen und weltlichen Herrschaften ihre Sichtweise andeuteten, dies variierte anfangs noch verborgen in Form eines verkürzten Informationsgehaltes, später dann offen in direkter Kritik, waren in den Kartenbildern keine Unterscheide in den Darstellungen der verschiedenen Herrschaftsträger bzw. Auftraggeber zu erkennen. Jedes Gebiet wurde im Kartenbild so abgebildet, wie es innerhalb des gewählten Kartentypus möglich war. Dabei wurden in katholischen Gebieten religiöse Kleindenkmale wie Feldkreuze und Prozessionswege u. a. auch zur räumlichen Orientierung genutzt, die in protestantischen Herrschaftsbereichen fehlten.

Die (Re-)Präsentation von Herrschaft war in erster Linie ein Gestaltungsmoment der (Karten-)Bilder, sie war aber auch ein wesentlicher Bestandteil der Landesbeschreibungen, wobei sich ihre eigentliche Wirkmacht in den Reiseberichten nachvollziehen lässt. So werden im gesamten Untersuchungszeitraum beispielsweise Residenzbauten in Karten im Grund- und Aufriss verzeichnet und vermitteln dadurch einen ersten Eindruck von Ausmaß, Größe und Bedeutung des Bauwerks. Dies wird in den Landesbeschreibungen meist mit entsprechenden kurzen attributiven Anmerkungen unterstützt. Der Reisebericht verschafft dann durch die Beschreibung der Eindrücke des Reisenden dem Gebäude Tiefe und Details, wodurch die eigentliche Wirkungsmacht und Darstellungsabsicht aufgezeigt wird. Auch die Wahrnehmung und Beschreibung der Landschaft, der Wald- und Agrarflächen, der Grenzen sowie der konfessionellen Raumelemente können in den unterschiedlichen Perspektiven mit zahlreichen Beispielen aus dem kulturgeschichtlichen, insbesondere dem politisch-rechtlichen,[6] kunstgeschichtlichen, umweltgeschichtlichen und dem konfessionellen Blickwinkel heraus über den gesamten Untersuchungszeitraum fortgesetzt werden.

Wie bereits am Beispiel der Grenzen aufgezeigt wurde, generierten die einzelnen Herrschaften im 17. und 18. Jahrhundert Räume speziell in den Karten anhand der in der Landschaft aufgestellten und administrativ erfassten Grenzsteine. Für die Konstruktion des Herrschaftsraumes kam die Auflistung von Ortschaften hinzu, welche die eigentlichen Herrschaftsverhältnisse aufzeigten. Die Nennung der Orte als Beschreibung des Herrschaftsraumes wurde durchweg in allen Textmedien als ein Mittel zur Erschließung und des Ausdrucks von Herrschaftsgrenzen und -strukturen genutzt. Allein durch die Ortsnamen der Herrschaftssitze, wie Weingarten, Altdorf, Ravensburg, Wolfegg und Zeil, entsteht vor dem inneren Auge des Betrachters bzw. Rezipienten unwillkürlich ein Bild der Herrschaftsräume und -verhältnisse.

Die Intensität der dargestellten und beschriebenen einzelnen materiellen und symbolischen Handlungen und Merkmale, welche die Konstitution von Herrschaftsraum bestimmte, variiert entsprechend dem Quellenmedium und der Absicht der Autoren. Während die Katasterkarten und topographischen Landesaufnahmen die unterschiedlichen Raumgegebenheiten wiedergeben, stellen Landesbeschreibungen die Herrschafts-

6 Der kulturgeschichtliche Aspekt bezieht sich bei der Auswahl der Spacings, der materiellen und symbolischen Handlungen, immer auf alle Teilgebiete der neueren Kulturgeschichte, auch wenn in den topographischen Quellen der politisch-rechtliche Bereich überwiegt; vgl. Daniel, Kompendium, S. 7–25, 297–370; Landwehr, Kulturgeschichte, S. 7–16, 88–98.

verhältnisse dar und werden durch die Reiseberichte, die vor allem Einblicke in die Alltagssituation, Lebensbedingungen und ökologisch-ökonomische, soziale, religiöse und kulturelle Begebenheiten geben, ergänzt.

Ein wesentlicher Unterschied zwischen den Bild- und Textquellen dieser Studie lag in den unterschiedlichen Darstellungsabsichten der Autoren und den Rezipientenkreisen. Der Vergleich der Selbst- und Fremdwahrnehmung Oberschwabens in Bild und Text im ausgehenden 17. und im Verlauf des 18. Jahrhunderts rückt nicht nur die Territorien und ihre Betrachtung in den Blickpunkt, sondern auch die Autoren selbst. Während in den Reiseberichten und Landesbeschreibungen das Dargestellte von der Intention und Sozialisation des Autors abhing, waren diese, das jeweilige Werk prägende Faktoren – wie Herkunft, Bildung, Arbeitsverhältnis und Konfession – in den Kartenbildern ohne Belang. Der Einfluss von derlei Bedingungen auf die Wahrnehmung der Kartengestaltung war, wenn überhaupt vorhanden, so gering ausgeprägt, dass dem keinerlei Gewicht beigemessen werden kann. Die Kartenblätter, die beispielsweise der Prämonstratenser-Kanoniker Dominicus Reiner für das Gebiet seines Klosters Schussenried in den Jahren 1758 bis 1772 anfertigte,[7] zeigen im Vergleich zu den Karten der Kartographenfamilie Eggler zu Salemer Klostergütern oder den zeitgleichen Karten zum Herrschaftsgebiet des Hauses Waldburg eines ebenfalls weltlichen Autoren inhaltlich keinerlei Unterschiede im Informationsgehalt der Darstellung der geistlichen und weltlichen Gebiete. Lediglich in der Art der Gestaltung, dem Schriftbild und der Dekoration können im gesamten Untersuchungszeitraum unterschiedliche Grade der Sorgfalt und Kunstfertigkeit ausgemacht werden, die aber nicht zu einer verallgemeinernden Wertung herangezogen werden können und sollten, da sie abhängig vom jeweiligen Talent des Autoren waren. Zudem hatte der Kartenautor bei den Darstellungen der kleineren Herrschaftsgebiete Oberschwabens einen sehr eingeschränkten Handlungsspielraum, er war dabei nahezu unfrei und abhängig davon, dem jeweiligen Auftraggeber zu gefallen.[8] Ganz abgesehen davon waren Kartenbilder allgemein einer geographischen und kartographischen Form und Gestaltung verpflichtet, die in erster Linie eine im weitesten Sinne ‚wissenschaftlich' motivierte Betrachtung der Außenwelt widerspiegelte.

Kritik in unterschiedlicher Intention wurde dagegen in den Reiseberichten durchweg direkt ausgesprochen, ebenso wurde auf Eigenheiten und Besonderheiten des Gegenübers eingegangen. In den Landesbeschreibungen war noch zu Beginn des 18. Jahrhunderts besonders der Aspekt Konfession, letztlich die Auseinandersetzung der zumeist protestantischen Autoren mit der katholischen Religion besonders konfliktgeladen. Dadurch hatte sich bei den Autoren dieser Quellengattung die Praxis eingebürgert, bei der Beschreibung eines geistlichen Territoriums nur ein Minimum an Informa-

7 Die 37 Kartenblätter der Landaufnahme Dominicus Reiners (1758–1772), u.a. HStAS N 30 Karten Nr. 34, 54, 56, 57, 59, 60, 64, 66, 68, 69, 70, 72, 74, 104, 105, 106. Eine Vielzahl von Beispielen mit herausragenden Wappen, Dekor und Schmuckelementen aus diesem Zeitraum und darüber hinaus im gesamten Untersuchungszeitraum wurde in Kap. 2 „Oberschwaben im (Selbst)Bild – Repräsentation von Herrschaft im Kartenbild" bereits vorgestellt. Vgl. hierzu Kap. 2.1, 2.3.1 und 2.3.3. sowie die Tafeln im Anhang.

8 Vom Wohlwollen der Aufraggeber waren sowohl der Ruf des Kartographen wie auch Folgeaufträge abhängig.

tionen ohne weitere Anmerkungen zu berücksichtigen, was bei den Ausführungen der protestantischen Autoren (1643), dem Straßburger Mathematiker und Astronomen Julius Reichelt (1703) und dem Erfurter Theologen Johann Samuel Tromsdorff (1711) besonders deutlich wurde.[9] Indem die Autoren in ihren Werken die geistlichen und katholischen Herrschaften nur mit den allernötigsten Fakten beschrieben, andere Territorien, wie evangelische und paritätische Städte, aber detailliert ausführten, kann die Konfession noch zu Beginn des 18. Jahrhunderts als ein wertender Faktor betrachtet werden. Das ist insofern bemerkenswert, als die Landesbeschreibung im Gegensatz zum Reisebericht emotional losgekoppelt aus dem direkten Wahrnehmungshorizont der Autoren ist und dabei dennoch nicht frei von den Erfahrungen der Autoren zu sein scheint.

Dagegen kann allgemein eine allmähliche Hinwendung zu einem neuen Verständnis der Natur beobachtet werden, das sich vor allem in der zunehmenden Beschreibung der Landschaft, Gartenanlagen und Agrarwirtschaft Oberschwabens widerspiegelte. So kann beobachtet werden, dass sich Konfessions- und Gesellschaftskritik, aufklärerische Entwicklung und eine zunehmende verwissenschaftlichte Weltanschauung im 18. Jahrhundert besonders in den textbasierten Quellen, deren Autoren durchweg dem gebildeten Bürgertum zuzurechnen sind, vor allem ab der Jahrhundertmitte niederschlugen. Diese waren zwar unterschiedlich ausgeprägt, entwickelten sich aber letztlich in dieselbe Richtung.

Eine Frage, die immer wieder bei der Betrachtung der Quellen hervortritt, ist die Frage nach den Adressaten. Dabei ist nicht nur nach dem Zugang der Rezipienten zu Informationen zu fragen, sondern auch darauf einzugehen, inwieweit sie den Inhalt des Bildes oder Textes beeinflussten und wieweit deren Sozialisation Einfluss auf die Konzeption nahm. Der überwiegende Teil der Rezipienten der Reiseberichte und Landesbeschreibungen ist, wie die Autoren selbst, dem Bürgertum zuzuordnen. Wie u. a. Winfried Siebers und Michael Maurer herausstellten, wurde die Literatur des 18. Jahrhunderts unter literatursoziologischer Betrachtung allgemein durch das gebildete Bürgertum geprägt und getragen.[10] Dabei kann beobachtet werden, dass der Reisebericht „neben dem Roman zum ‚beliebtesten Lesestoff'" aufstieg und dadurch das Reisen an sich geradezu als „soziale Leitgattung" der aufgeklärten Gesellschaft betrachtet werden kann.[11] Dementsprechend hoch war die Nachfrage nach und das Angebot an der Verschriftlichung von Reiseerlebnissen. Dies zeigte sich auch in dieser Studie in den Auszügen aus der Reiseliteratur zu Oberschwaben, die vermehrt in der zweiten Hälfte des 18. Jahrhunderts im Kreis des aufgeklärten Bürgertums entstanden und sich überwiegend an ein gebildetes bürgerliches Publikum wandten. Dergleichen kann auch für die Landesbeschreibungen beobachtet werden, die ebenfalls in ihrer Entstehung und Verwendung als topographische Sachliteratur diesem Nutzerkreis zuzuordnen sind. Dementsprechend sind diese Ambitionen für die Intention der Autoren bei der Abfassung ihrer Abhandlungen vorauszusetzen.

9 Vgl. Merian/Zeiller, Topographia Sueviae; Reichelt, Circuli Suevici; Tromsdorff, Geographie.
10 Vgl. Siebers, Beobachtung und Räsonnement, S. 16–19; Maurer, Pädagogische Reise; Siebers, Bildung auf Reisen.
11 Rees/Siebers, Erfahrungsraum, S. 13.

Wie ein Großteil der Reiseberichte standen auch die Landesbeschreibungen durch ihre Drucklegung einer interessierten Öffentlichkeit zur Verfügung und wurden dementsprechend konsultiert und angeschafft. Da bei den Landesbeschreibungen, wie auch bei den Landaufnahmen allgemein, auf ältere, vorangegangene Karten und Werke zurückgegriffen wurde, finden sich immer wieder Wiederholungen bereits bekannter Informationen. Mitunter war es für den zeitgenössischen Leser dadurch nicht nötig, auf unterschiedliche Landesbeschreibungen zurückgreifen zu müssen, es war dem Informationsfluss genüge getan, wenn das neueste Werk zur Hand genommen wurde.

Dagegen war die Verfügbarkeit von Manuskriptkarten und handschriftlichen Reiseberichten, besonders der einzelnen Herrschaftsräume Oberschwabens im Untersuchungszeitraum, für eine breitere Öffentlichkeit nur schwer oder gar nicht zugänglich. Im Gegensatz zu den druckverlegten Karten, beispielsweise des Schwäbischen Kreises, wurden die untersuchten handgezeichneten Karten ausschließlich in den einzelnen Verwaltungsräumen, Archiven und Bibliotheken verwahrt und waren auch nur dort zu sehen. Sie wurden eventuell auf Anfrage ausgelegt oder zur Ansicht zur Verfügung gestellt. Die eigentlichen Rezipienten dieser kartographischen Erzeugnisse waren in erster Linie die Auftraggeber sowie der damit arbeitende Verwaltungsapparat, wie für die Klosterherrschaft Ochsenhausen und für das Fürstentum Fürstenberg bereits ausgeführt wurde.[12] Dennoch kann davon ausgegangen werden, dass einige der Territorialkarten auf Kartentischen oder gar an Wänden zur Ansicht vor Ort ausgelegt bzw. -gehängt waren, um die jeweiligen Besucher auf die Bedeutung des eigenen Territoriums aufmerksam zu machen. Dies konnte vor allem in Klosterterritorien wie der Benediktinerabtei Weingarten beobachtet werden. Diese Absicht wird auch heute noch auf Schloss Wolfegg oder im Rathaus der ehemaligen Reichsstadt Wangen im Allgäu deutlich, hier hängen großflächige Landtafeln der Herrschaftsräume des Kartographen und Landtafelmalers Johann Andreas Rauch (1575–1632), welche die Bedeutung und Macht der einstigen Territorien im 17. Jahrhundert auf einen Blick wirkmächtig repräsentieren.[13]

5.2 Herrschaft im Kartenbild und Text

Unter dem theoretischen Ansatz des Doing Territory von Andreas Rutz betrachtet die Studie die drei bildlichen und textlichen Quellengattungen unter kulturgeschichtlichen, umweltgeschichtlichen, konfessionellen und kunstgeschichtlichen Aspekten auf die Herstellung und Verortung von Herrschaft und Herrschaftsräumen. Es wurde untersucht, wie Herrschaft gestaltet war und wie sie in den Kartenbildern, Reiseberichten und

12 Vgl. Grees, Gebiet Ochsenhausen; Wesely, Steuerreform.

13 Zum Vergleich, die sechs erhaltenen Landtafeln Johann Andreas Rauchs und ihr Verwahrungsort: Ansicht der Reichsstadt Wangen (1610/11, Wangen Rathaus), Landtafel Gebiet der Reichsstadt Wangen, deren hohe und niedere Gerichtsbarkeit (1616, Wangen Stadtarchiv Wangen), Landtafel des Gebietes des Klosters Weißenau und der Reichsstadt Ravensburg (1622, Museum Stadt Ravensburg), Kartenwerk zur Herrschaft der Freiherrn von Königsegg (1622, Gräflich Königsegg'sche Archiv in Königseggwald), Ansicht von Schloss Waldburg mit Dorf (1626, Schloss Wolfegg), Ansicht Schloss Wolfegg (1628, Schloss Wolfegg).

Landesbeschreibungen des ausgehenden 17. und im Verlauf des 18. Jahrhunderts beschrieben und wahrgenommen wurde.

Herrschafts- und Raumansprüche können im Kartenbild unabhängig vom Entstehungskontext durch eine simple Zeichensprache direkt und klar erkennbar visualisiert werden. Dies geschah bereits bei der Wahl der Inselkarte als Darstellungsform, bei der angrenzende Gebiete ausgeblendet oder schriftlich angedeutet wurden. Die Inselkarte ist geradezu der Idealtypus einer Territorialkarte. Daneben wurden inhaltliche Merkmale wie Klosteranlagen und Residenzen überproportional zu ihrer Umgebung hervorgehoben, Herrschaftsinsignien wie Wappen, Notarsignete und schmuckvolle Vignetten und Titelkartuschen unterstreichen den gewünschten Repräsentationscharakter. Diese Raumelemente sind es, die als materielle und symbolische Handlungen die Spacings und Syntheseleistungen der beteiligten Akteure veranschaulichen, wodurch sich der dargestellte Raum erst als ein Herrschaftsraum auszeichnet.

Auch die literarische Auseinandersetzung in den Reiseberichten und Landesbeschreibungen bedient sich der Repräsentationsbauten und architektonischen Besonderheiten, deren Bedeutung und Stellung hier mit lobenden und positiv besetzten Attributen angezeigt werden. Während die Landesbeschreibungen auf die äußere Architektur einer Residenz, eines Klosters oder eines Ortes eingingen, beschreiben die Reiseberichte nicht nur die prachtvollen barocken Neubauten, sondern auch die schmückenden Gartenanlagen oder das reiche Innenleben der Repräsentationsräume, wie Empfangsräume, Bibliothekssäle und Treppenhäuser. Bei der Vermittlung von Selbst- und Fremdwahrnehmung spielte vor allem der vom Autor gewählte Informationsinhalt eine große Rolle. Dadurch werden die Selbstdarstellungsabsichten der oberschwäbischen Akteure, der kunstsinnige, modebewusste Herrschaftsstil auf einer weitergreifenden Ebene deutlich. Durch die relativ zeitnahen Druckausgaben wurde die repräsentative Wirkmacht der oberschwäbischen Territorialherren auch einem breiten zeitgenössischen Publikum literarisch zugänglich und sichtbar.

Die Auswahl der oberschwäbischen Herrschaftsgebiete orientierte sich in dieser Studie an der Quellenlage. Das gleiche kann bereits für die Autoren des Untersuchungszeitraumes beobachtet werden. Hier stechen vor allem die großen Reichsklöster – allen voran Weingarten und Salem – hervor, die auf den Routen der Reisenden des 17. und 18. Jahrhunderts standen. Durch ihre Beschreibung der Klosteranlagen und des Umlandes vor allem ab der Mitte des Jahrhunderts waren diese für den Leser greifbar und konnten so anhand der eigenen Erfahrungen betrachtet und nachvollzogen werden. Die Beschreibung der Herrschaftsverhältnisse ist damit ein Schlüsselmoment der Herrschafts(re)präsentation.

Bei der konfessionellen Raumbetrachtung sind in den Quellen unterschiedliche Raumelemente relevant, zum Beispiel waren die tägliche Glaubenspraxis und Frömmigkeit von Interesse. Im Kartenbild wurde durch religiöse Kleindenkmale wie Wege- und Feldkreuze, Prozessionswege, Bildstöcke und Kapellen sowie letztlich durch die Klosteranlagen der konfessionelle, katholisch geprägte Raum beschrieben. Hinzu kam die gängige Praxis, Höfe und die zugehörigen Agrarwirtschaftsflächen mit Heiligennamen zu benennen. Letzteres war nicht unbedingt religiös motiviert, sondern hatte auch einen praktischen Hintergrund: bei wechselnden Pächterverhältnissen behielten die Höfe und die zugehörigen Grundstücke den gewählten Hofnamen und mussten nicht nach den neuen Pächtern umbenannt werden. Diese Merkmale einer ‚sakralen' Landschaft entfielen in protestantischen Gegenden. In Reiseberichten und Landesbeschreibungen werden zunächst die Kirchen, Klosteranlagen und ihre Bibliotheken hervorgehoben. Dabei kommt den Reiseberichten eine zentrale Perspektive zu, denn sie blicken in die liturgischen Feiern, Tagesabläufe und Alltagspraxen der unterschiedlichen Territorialherren hinein. Das zeigte sich in der Alltagsbeschreibung u.a. bei den italienischen Reisenden, wie dem Adeligen Girolamo Porto (1709/10) und dem geistlichen Würdenträger Giuseppe Garampi (1761),[14] die in konfessionellen Belangen besonders vom paritätischen Augsburg fasziniert waren, wo Protestanten schwarze Gewänder und die Frauen ihr Haar in einer bestimmten Flechtkunst trugen. Besonders ab den 1780er Jahren zeichneten die Reiseberichte ein detailliertes Bild über den Alltag, Abläufe, Gebräuche und Zeremonien der geistlichen und weltlichen Herrschaften.[15]

Auch wenn Oberschwaben katholisch geprägt war und die Ausübung der Religion in den verschiedenen Herrschaften unterschiedlich gehandhabt wurde, können im Untersuchungszeitraum in den Textquellen neben den bereits erwähnten kurzgefassten Beschreibungen der katholischen Territorien[16] keine gravierenden konfessionell aufgeladenen Spannungen innerhalb der bildlichen und textlichen Darstellungen ausgemacht werden. Der Großteil der Autoren der Textquellen war protestantisch und nutzte daher Anmerkungen, wie die Unauffindbarkeit eines Klosterbibliothekars,[17] und dann ab der Mitte des Jahrhunderts, besonders aber in den 1780er Jahren kleine Spitzen zum umfangreichen Klosterleben, um auf die Merkmale der Region sowie die Unterschiede zur eigenen Glaubenspraxis aufmerksam zu machen und um mitunter Stereotype zu bedienen.[18] Das ist im Zusammenhang mit der eigenen Abgrenzung zu sehen. Dadurch wurde nicht nur die eigene Wahrnehmung, sondern auch die der Rezipienten angesprochen. Ein wesentlicher Bestandteil des alltäglichen Lebens nahm auch im Zeitalter der Aufklärung die Religionspraxis ein. Deshalb sind die unterschiedlichen Raumelemente zu diesem Aspekt als ein prägnantes Merkmal der Herrschafts(re)präsentation zu betrachten, indem in Bild und Texten bewusst darauf verwiesen oder darüber geschwiegen wurde.

Das Verhältnis von Mensch und Natur ist ein weiterer zentraler Bestandteil dieser Studie. Der umweltgeschichtliche Zugang beschreibt die Betrachtung der Natur und ihrer Nutzung. Dabei kann für den Untersuchungszeitraum festgestellt werden, dass sich besonders hier das Naturverständnis wandelte und stark im Sinne der Aufklärung reflektiert wurde. Dabei liegt es in der Art der Darstellung, dass Kartenbilder den Agrarsek-

14 Porto/Seidel, Girolamo Portos Bericht; Garampi/Palmieri (Hg.), Viaggio.

15 Vgl. Stampfer/Hübner, Tagebuch, S. 264–267.

16 Vgl. Merian/Zeiller, Topographia Sueviae; Reichelt, Circuli Suevici; Tromsdorff, Geographie.

17 Vgl. Pregitzer/Giefel, Pregitzers Reise 1688, S. 43. So blieb beispielsweise Ende des 17. Jahrhunderts dem protestantischen, im Auftrag des Herzogs auf den Spuren des Hauses Württemberg reisenden Pregitzer aufgrund der angeblichen Unauffindbarkeit von Schlüssel und Bibliothekar die Bibliothek des Klosters Reichenau verborgen.

18 Ab den 1780er Jahren wurde in den Reiseberichten häufig der Bildungsstand der Konventualen kritisiert und auf den dem Studium hinderlichen Klosteralltag verwiesen; vgl. Zapf, Reisen in einige Klöster; Gaum, Es leben die Prälaten!; Gercken, Reisen durch Schwaben.

tor anhand der Forstwirtschaft, der wirtschaftlichen Nutzung, der Gewässer, Siedlungs- und Infrastruktur wiedergaben. Dadurch wurden nicht nur Besitzverhältnisse geklärt und die Entwicklung der Vereinödung in der zweiten Hälfte des 18. Jahrhunderts nachvollziehbar, sie zeigten zugleich die Versorgungssituation des Herrschaftsraumes und gaben Einblicke in die Entwicklungsstrukturen. Dabei konnte in Karten der unterschiedlichen Herrschaften zum einen beobachtet werden, dass sich die Wasserfläche des Federsees aufgrund der Trockenlegungen immer weiter zurückzog und dass zum anderen kaum Rodungen zur Gewinnung von Ackerland durchgeführt werden mussten, denn die Forstgrenzen hin zum Ackerland wurden in den wenigsten Gebieten bis heute verändert.

Die Natur- und Umweltwahrnehmung war in den Reiseberichten ab der zweiten Hälfte des 18. Jahrhunderts ein essentieller Bestandteil. Dabei beschrieben die Autoren nicht nur die unterschiedlichen Natur- und Klimaräume und die entsprechende Nutzung für Land-, Forst- und Viehwirtschaft, die Eigenschaften der Landschaft selbst wurden zum Thema. Der Salzburger Benediktinerpater Konstantin Stampfer beschreibt z. B. im Jahr 1784, wie er Stunden auf einer Anhöhe beim Kloster Hofen nahe Buchhorn verbrachte und die *wohltuende* Landschaft des Bodensees auf sich wirken lies.[19] Die Naturdarstellung folgte der Intention des Zeitgeistes. Besondere Erwähnung fanden dabei bei unterschiedlichen Reiseautoren die verschiedenen kleineren Natur- und Klimaräume Oberschwabens. Dies betraf das heutige Kernland zwischen Donau und Bodensee, um Biberach, Ochsenhausen und Waldsee, mit der Wald-, Getreide- und Viehwirtschaft, die Landschaft zwischen Leutkirch Richtung Schloss Waldburg-Zeil und Memmingen, eine fruchtbare und getreidereiche Gegend, Hopfengärten wurden um Tettnang und Memmingen besonders erwähnt.[20] Im Bodenseeraum wurde das Anbaugebiet des ‚Seeweines' beschrieben, wo noch heute Wein- und Obstgärten aufgrund des milden Klimas kultiviert werden. Aber auch für den Ackerbau ungeeignete Räume Oberschwabens sind Thema: *bergig und mager* war der Bereich am Übergang von der Reichsstadt Biberach und der Grafschaft Waldsee, *sauer, steinig*[e] *und schlecht*[en] *Böden* sorgten östlich von Memmingen für eine vermehrte Vieh- und Milchwirtschaft.[21] Diese zunehmend detaillierte Darstellung begegnete auch in den topographischen Texten ab der Mitte des 18. Jahrhunderts.[22] Besonders ausführlich und statistisch wurden die einzelnen Beschreibungen gegen Ende des Untersuchungszeitraumes in den 1790er Jahren. Insgesamt betrachtet, waren es die ökologischen und ökonomischen Elemente innerhalb der drei Quellengattungen, die über die Versorgungslage und den Wohlstand sowie die Herr-

19 STAMPFER/HÜBNER, Tagebuch, S. 99–101; S. 99: *Priorat Hofen* [...] *an diesem unvergleichlichen Ort* [...] *Meine erste Beschäftigung war, das Vergnügen schönster Aussichten zu genießen, die sich rings herum zeigten. Ich gieng sodann in ein kleines, hohes Sommergebäude, welches für meine Absichten das tauglichste war* [...] *Welche Menge der herrlichsten Szenen! --- hier die schönsten Weinberge --- dort die angenehmsten Hügeln --- Nebenher grüne Weisen, und schattächte Schwarzwälder.* Der Benediktinerpater war in der Salzburger Erzabtei St. Peter beheimatet und beschrieb in seinem Reisetagebuch besonders ausführlich die Naturbeschaffenheit Südwestdeutschlands und der Schweiz.

20 Vgl. GERCKEN, Reisen durch Schwaben, S. 177f.

21 Vgl. ebd., S. 115, 197.

22 Dies wird besonders deutlich für Landstriche, die nicht nur Getreideanbau betrieben, wie die Region um Memmingen bei BÜSCHING, Erdbeschreibung, S. 67, und die Region um Kempten bei RÖDER, Lexikon, Bd. 2, Sp. 67.

schaftsstrukturen Auskunft gaben und die Gestaltung des Herrschaftsraumes kennzeichneten.

Unter kulturgeschichtlicher Betrachtung tritt besonders in den Karten die Ebene der Rechte und Privilegien einer Herrschaft hervor. Dem Quellenmedium entsprechend werden durchgehend politisch-rechtliche Elemente wie Grenzräume als klar definierte Jurisdiktionslinien dargestellt, die mit Grenzsteinen, Jurisdiktionssäulen und gelegentlich mit Zollstationen ausgezeichnet waren. Dies begegnet auch in der Darstellung der Bannräume, die durch Mühlen, Feldmarken, Trieb- und Trattwege festgelegt wurden. Besonders augenscheinlich war aber die Rechtslage in den jeweiligen Herrschaften in Form der ausübenden Gerichtsbarkeit, die durch den Galgen als Richtplatz symbolisch an prägnanten Positionen im Gelände ausgewiesen wurden und dadurch den Rechtsstatus der Hochgerichtsbarkeit unterstrichen. Die Gerichtsbarkeit einer Herrschaft, wenn auch nur symbolisch in Form von Wappenbildern angedeutet, war ein essentielles Thema in Karten und Landesbeschreibungen. Es wird sowohl zeichnerisch wie beschreibend auf die unterschiedlichen Aspekte der Rechtsstatuten des jeweiligen Territoriums eingegangen. In Reiseberichten waren gerade gerade diese Statuten von geringerem Interesse.

Bei Reisenden wurden die Grenzen zwischen den einzelnen oberschwäbischen Herrschaften nicht genau benannt, man war sich bewusst, in welchem Herrschaftsraum man sich bewegte. Die Benennung von Ortschaften entlang der Herrschaftsgrenzen nutzten Landesbeschreibungen als Gebietseingrenzung, genauere Verläufe waren in den Textquellen weniger von Bedeutung. Die Vielzahl der Jurisdiktionskarten einzelner Herrschaften, die sich inhaltlich mit den Rechtsverhältnissen, besonders den Grenzen und Bannrechten, auseinandersetzten, spiegelten zugleich die vielen Konflikte wider, die sich um die Grenzverläufe im 17. und 18. Jahrhundert ergaben. Auch wenn das Kloster Salem beispielsweise auf Kartenbildern immer wieder eindrücklich seine territorialen Ausmaße und Zugangsrechte zum Seeufer des Bodensees anhand alter Grenzmarken niederlegte und visualisierte,[23] können die rundum entstanden Karten und Akten den Konflikt um diesen Anspruch an Herrschaftsraum deutlich untermauern.

Karten visualisieren Raumvorstellungen, die immer im Interesse des Autors bzw. Auftraggebers lagen und können de facto von den reellen Begebenheiten erheblich abweichen. Wie eine Vielzahl von Prozesskarten des Reichskammergerichtes in der Frühen Neuzeit belegen, sind Karten ein bedeutendes Mittel zur räumlichen Veranschaulichung der Rechtssituation. Dabei darf nicht außer Acht gelassen werden, dass sie gelegentlich auch als Augenscheinkarte nur anhand einer Beschreibung und ohne weitere Ortskenntnisse angefertigt wurden und dadurch ein entsprechendes Bild des jeweiligen Akteurs wiedergeben.[24] Im Rahmen dieser Studie konnte allgemein beobachtet

23 Vgl. hierzu die besonders augenscheinliche Darstellung GLAK H-f 565 *Geometrische Mappa über den hohen Jurisdictions Bezirk der Herrschaft Salemsweiler da ao 1765* mit Grenzmarken der unterbergischen Herrschaft Salem, „Fr[ater] H[umbert] P[faundler] fec: 1765".

24 Vgl. HStAS N 11 Nr. 194, „Situations-Plan über den Ort Aulendorf" [Nachtr. angebrachter Rückseitentitel], Karte der Herrschaftsverhältnisse in der Umgebung von Aulendorf, 18. Jh., Verfasser unbekannt, (38,5 x 47 cm); Taf. 13 im Anhang Kap. 6.2. Mit den Karten des Reichkammergerichtes beschäftigt sich derzeit die Studie von Baumann, Visuelle Evidenz.

werden, dass neben Beschreibungen des Herrschaftsraumes in Karten als tatsächliche Grenze für das gesamte oberschwäbische Gebiet die ‚großen Landesgrenzen' zum Herzogtum Württemberg oder zum Kurfürstentum Bayern betrachtet wurden, auch wenn hier nie ein Zusammenhang von Grenzübergängen mit Grenzkontrollen thematisiert wurde.

Zwei weitere Raumelemente in allen drei Quellen, die im gesamten Zeitraum auftraten, waren der Handel und die Infrastruktur. Wie das Beispiel der Reichsstadt Buchhorn aus dem Jahr 1755 aufzeigte, waren Karten auch Teil von Rechtskontrakten und veranschaulichten so die vertraglich getroffenen Vereinbarungen der Handelsparteien. Handels- und Salzwege zu Wasser und zu Land waren für die oberschwäbischen Reichsstädte, allen voran Ravensburg und Memmingen, von großer Bedeutung.[25] In Karten wurden die günstigen Verkehrsanbindungen – wie im Falle Buchhorns für den Seehandel in die Schweiz und Richtung Frankreich sowie für den Landweg in alle Himmelsrichtungen – besonders deutlich. Die Reiseberichte, weniger die Landesbeschreibungen, unterstützen diese Raumbeschreibung. Auch sie gingen auf wichtige Handels- und Verkehrsorte ein und hoben deren Stellung im Umland hervor. Eine Ausnahme bildeten die vier topographischen Werke des Lindauer Kaufmanns David Hünlin (1720–1783), die einen Einblick in die Verkehrssituation und Handelsbeziehungen der Region und darüber hinaus besonders im letzten Viertel des 18. Jahrhunderts verzeichneten.[26] Vor allem die Infrastruktur, die Verkehrsmittel, aber speziell die Straßenbeschaffenheit waren neben den Kartendarstellungen besonders in den Reiseberichten ein großes Thema zu allen Zeiten. Karten wurden generell angefertigt, um den Raum direkt zu vermessen und zu bestimmen, darüber hinaus aber auch aus ökonomischen Gründen, um Steuern und Zölle erheben zu können. In diesem Zusammenhang waren Grenzen und Wegesysteme letztlich in den Reiseberichten und Landesbeschreibungen vor allem dann von Bedeutung, wenn es um die Mobilität von Reisenden und von Handelsgütern ging.

Alle drei Quellengattungen nahmen die Situation der Herrschaftsräume innerhalb der übergeordneten Region Oberschwaben auf. Kartenautoren kamen dem nach, indem sie der Darstellung ihren eigenen Handstrich verliehen. Durch Zeichnung, Dekor und Streckenabmessung wurden die Eigenheiten des Herkunftsortes der Autoren deutlich. Reiseberichte reflektierten das Erlebte anhand des eigenen Erfahrungsraumes in der Regel im fortlaufenden Text, während Landesbeschreibungen in der Einleitung und in Anmerkungen auf Motive und Vorkenntnisse deutlich verwiesen und so einen Einblick in die Entstehungskontexte der jeweiligen Autoren ermöglichten. So wurden in den Quellen quasi Konsequenzen gezogen. Bei der Betrachtung der einzelnen Raumele-

25 Das Kurfürstentum Bayern wollte sich nicht allein auf die Salzniederlage der Stadt Lindau stützen und ging in Verhandlungen mit der Reichstadt Buchhorn. Die vom Ravensburger Geometer Friedrich Gradmann 1755 angefertigte Karte visualisiert die im Vertrag am 21. August 1755 geschlossenen Vereinbarungen zur *Errichtung eines Umschlagplatzes*. Die Rechtsgültigkeit der Karte repräsentiert das Signet und Papiersiegel des kurfürstlichen Notariats. Das Salz aus Bad Reichenhall sollte von hier aus in die Schweiz transportiert werden. Vgl. HStAS N 11 Nr. 18: *Grundriß der Stadt Buchhorn und selbiger Gegend nebst dessen zwey Staedinen*, 1755.

26 Hünlin, Allgemeine Geschichte von Schwaben; Ders., Reichsstädte; Ders., Erdbeschreibung; Ders., Beschreibung des Bodensees. Vgl. Dobras, Nachwort.

mente der Herstellung von Herrschaft konnten keine Unterschiede oder Vergleichsmöglichkeiten bezüglich geistlicher und weltlicher Herrschaftsräume festgestellt werden. Es liegt in der Natur der Herrschenden, dass sie verschiedene umweltgeschichtliche, kulturelle, politisch-rechtliche, konfessionelle und künstlerische Ziele verfolgten und die einzelnen Merkmale unterschiedlich stark gewichtet wurden. Dennoch gibt es keine kategorischen Unterscheidungsmerkmale zwischen reichsstädtischen Gebieten, Adelsherrschaften oder Klosterterritorien.

Letztlich muss die Frage danach gestellt werden, ob die These des Doing Territory in Bezug auf die Herrschafts(re)präsentation und ihre Wahrnehmung in Oberschwaben erfolgreich war. Herrschaft präsentierte sich in Oberschwaben in unterschiedlichen Facetten, die von den Akteuren, Autoren wie Herrschenden, wahrgenommen und im Alltagsleben, in Bild und Text wiedergegeben wurden. Karten spiegeln direkt sowohl die Vorstellungen der Herrschaftsträger wie die Wahrnehmung der Kartographen. Durch die Visualisierung der materiellen und symbolischen Handlungen werden die Vorstellungen und Ansprüche an den Herrschaftsraum abgebildet, aber auch konstruiert. Sie sind der Inbegriff der Syntheseleistung, denn jeder einzelne Betrachter wird wahrnehmen, was er aufgrund seiner Erfahrungen und Erwartungen zu sehen bereit ist. Und dies bezieht sich nicht nur auf das Bild, sondern auch auf die Textquellen.

Die Selbstwahrnehmung der einzelnen Herrschaften und die Fremdwahrnehmung sind eindeutig von der Erwartungshaltung, der Syntheseleistung sowie der Sozialisation der Akteure abhängig. So waren beispielsweise für die oberschwäbischen Herrschaftsträger und Kartographen die Standorte von Mühlen u. a. aus rechtlichen, ökonomischen und ökologischen Gründen essentiell, während derlei Informationen über Bannrechte für den Vorüberreisenden eher nebensächlich waren. Reisende beobachteten ihre Umwelt und berichteten von Straßenzuständen, Postverbindungen, Waldbeständen, vom Alltag in Konventen und Herrschaftssitzen sowie von der Besiedelung des Raumes. Sie zeichneten ein Bild der Mentalitäten und Herrschaftsstrukturen der katholisch geprägten Landschaft. Die Reiseberichte stellten aber auch ein reales Bild der Landschaft dar und präsentierten damit wie das entsprechende Kartenbild Herrschaftsräume und -absichten. Die Landesbeschreibungen verbanden letztlich die beiden Quellengattungen und verfeinerten somit die Wahrnehmung der oberschwäbischen Räume in Bild und Schrift.

Dabei hatte die Konfession der Akteure bei den Kartenbildern keinen Einfluss auf die Darstellung des jeweiligen Territoriums. Es wurde aufgezeigt, was vorhanden war, wobei die angezeigten Kleindenkmale auch der Orientierung im Raum dienten. Dagegen war die Konfession der Autoren der Textquellen ausschlaggebend für die Wahrnehmung und Wiedergabe der Räume, in welchen sie sich bewegten. Der konfessionelle Hintergrund prägte das Darstellungsmoment und führte zuweilen zu Werturteilen, wie sich in den Reiseberichten und Landesbeschreibungen feststellen ließ. Die Wahrnehmung des Autors und seine Übertragungen auf die Beschreibungen der einzelnen Herrschaftsbereiche beruhte letztlich auf seiner persönlichen Erfahrung und Wahrnehmung und war darum an Werte, Sozialisation, Beobachtungen und Erkenntnisse gebunden. Auch wenn Landesbeschreibungen im Gegensatz zum Reisebericht aus dem direkten Wahrnehmungshorizont des Autors emotional losgelöst waren, waren sie dennoch nicht ungebunden von den Erfahrungen des Autors und führten zu einer gewissen Eigenart in der Darstellung. Kritik wurde in Form eines gänzlich fehlenden Eintrags oder durch den verknappten Informationsgehalt geübt. Dadurch wird die Aktionsebene der Autoren zu einem wesentlichen Schlüsselmoment bei der Betrachtung der Herrschafts(re)präsentation in Oberschwaben. Deren soziales Handeln bestimmte die literarische Ausarbeitung und beeinflusste die Wahrnehmungsebenen. Aufgrund der unterschiedlichen Raumelemente kann für den Raum Oberschwaben festgestellt werden, dass sich Herrschaft, Herrschaftsstrukturen und Herrschaftsräume an prägnanten Beispielen in (Karten-)Bild und Text auf ihre Selbstdarstellung und auf ihre Wirkung nach außen hin untersucht werden können. Die Theorie des Doing Territory, die „Herstellung des Herrschaftsraumes",[27] ermöglichte es, die unterschiedlichen Ebenen und Elemente der Gestaltung und Wahrnehmung von Räumen methodisch aufzuzeigen und auszuarbeiten. Dabei konnte dargelegt werden, wie Herrschaft und letztlich Räume in den drei Quellengattungen Karte, Reisebericht und Landesbeschreibung im ausgehenden 17. und im Verlauf des 18. Jahrhunderts generiert wurde und wie diese Gestaltung und Darstellung von Herrschaft in Oberschwaben wahrgenommen wurde.

Wie die untersuchten Texte zu Oberschwaben zeigten, war es den Zeitgenossen möglich, eine Vorstellung der Herrschaftsräume anhand der gedruckten und verlegten Kartenbilder, Reiseberichte und Landesbeschreibungen in der Perspektive von außen – auch ohne Kenntnis der realen Begebenheiten – zu entwickeln. Das Bild konnte dann durch Reisen in die Region erfahren und erweitert werden. Die oberschwäbischen Herrschaften wiederum konnten durch die veröffentlichten Medien und durch persönliche Begegnungen ihre Herrschaft in der Konstitution und Bewertung von außen wahrnehmen und sich selbst verorten. Somit konnten sie ihre Herrschaftsvorstellungen aus der Innenperspektive mit den reflektierten Bildern der Außenperspektive vergleichen und daraus ihre Wahrnehmung und Gestaltung des Herrschaftsraumes entwickeln. Neben der Betrachtung der Herstellung und Verortung von Herrschaft und Herrschaftsräumen durch die hier vorgestellten vier Aspekte sind auch andere Zugänge möglich. Kartenbilder sind dabei ein wertvolles, vielschichtiges und informationsreiches Quellenmedium.

27 Rutz, Doing territory.

6 Tafeln

6.1 Kartenbilder der geistlichen Territorien

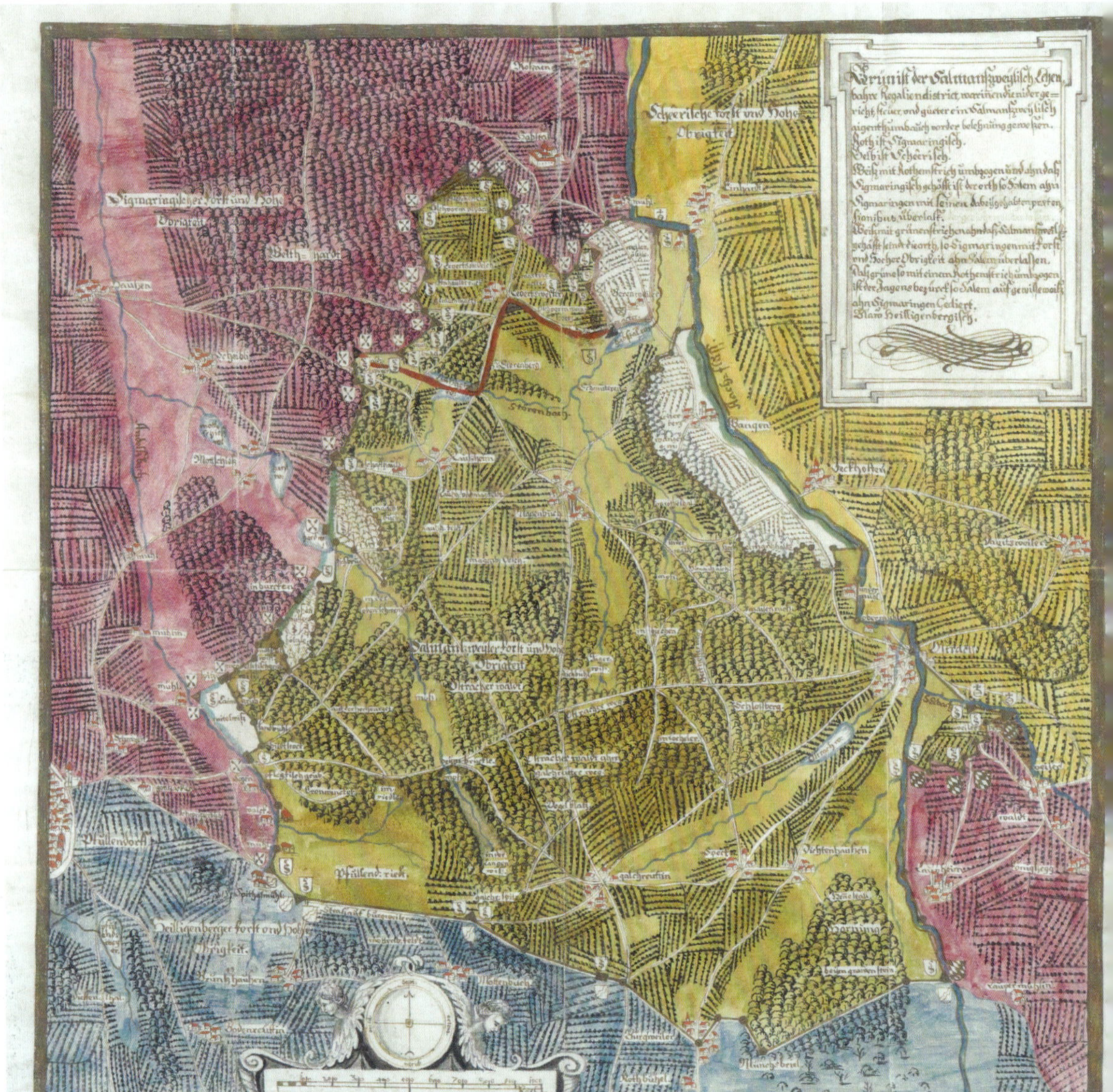

Tafel 1: Reichsabtei Salem (OCist)

Herrschaft Ostrach
Abriss des Salemer (Salmenschweilischen) Distrikts der hohen Regalien, o.A., 1700.
StAS K I O/5

Tafel 2: Hochstift Konstanz

Grundris uber das Territorium zur Statt Mörspurg gehörig so Abgemeßen Under der Regierung des hochwürdigsten deß kys. Königl. Reichs Fürsten und herren Herren Marquard Rudolf Bischoffen zu Constantz, Herrens der Reichenau und Mainau, 1705, Georg Jakob [...].
GLAK H Meersburg 1

Tafel 3: Reichsabtei Salem (OCist)

Grund-Riß über die zu dem Königl. und Befreyten Heyl. Röm. Reichs Stüfft und Münsters Salmansweyller gehörig und hierzu immediate nutzende Veldgüether und Orth alß Forst, Schwandorf und Stephansvelden [...], 1706, Johann Jacob Heber.
GLAK H Salem 2

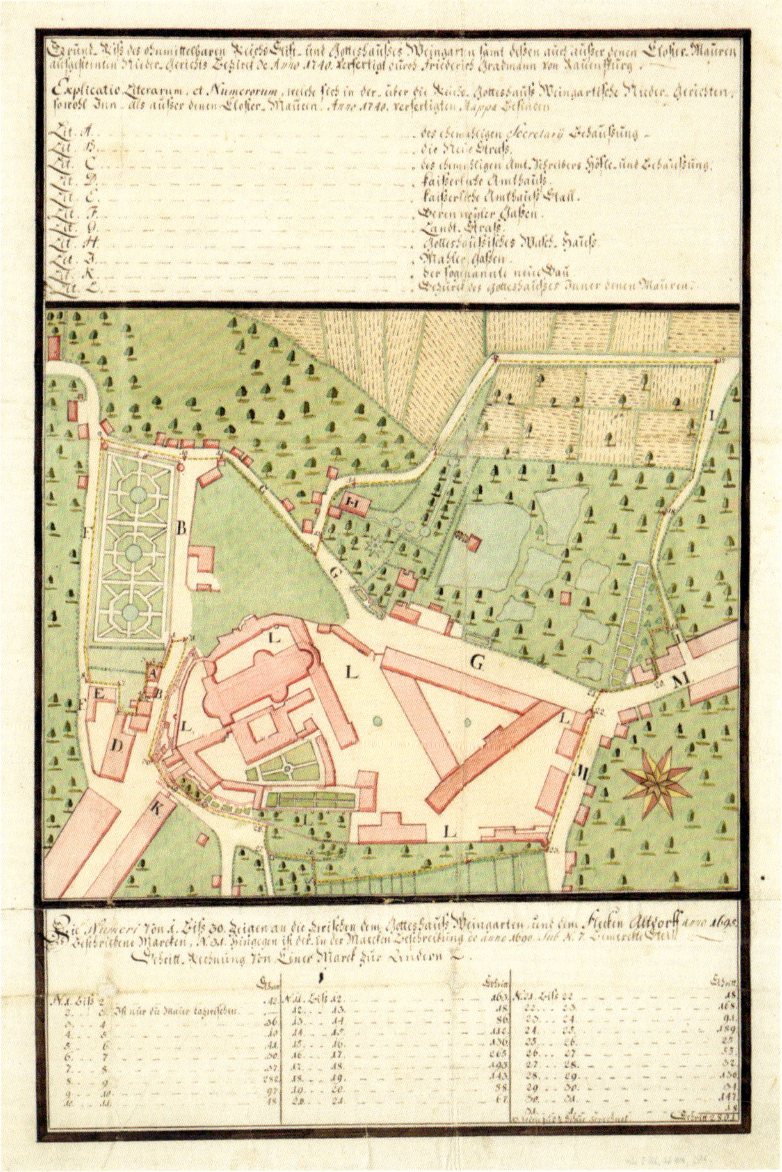

Tafel 4: Kloster Weingarten (OSB)

Grundriss des unmittelbaren Reichsstift und Gotteshauses Weingarten samt dessen auch außerhalb der Klostermauern aufgesteinten Niedergerichtsbezirk de anno 1740, verfertigt durch Friedrich Gradmann von Ravensburg, 1740, Friedrich Gradmann von Ravensburg. HStAS N 34 Nr. 77

Tafel 5: Kloster Ochsenhausen (OSB)

Monasterium Ochsenhusanum Epipedo Metrice Descriptum, 1727, Hermann Hörmann.
HStAS N 26 Nr. 20

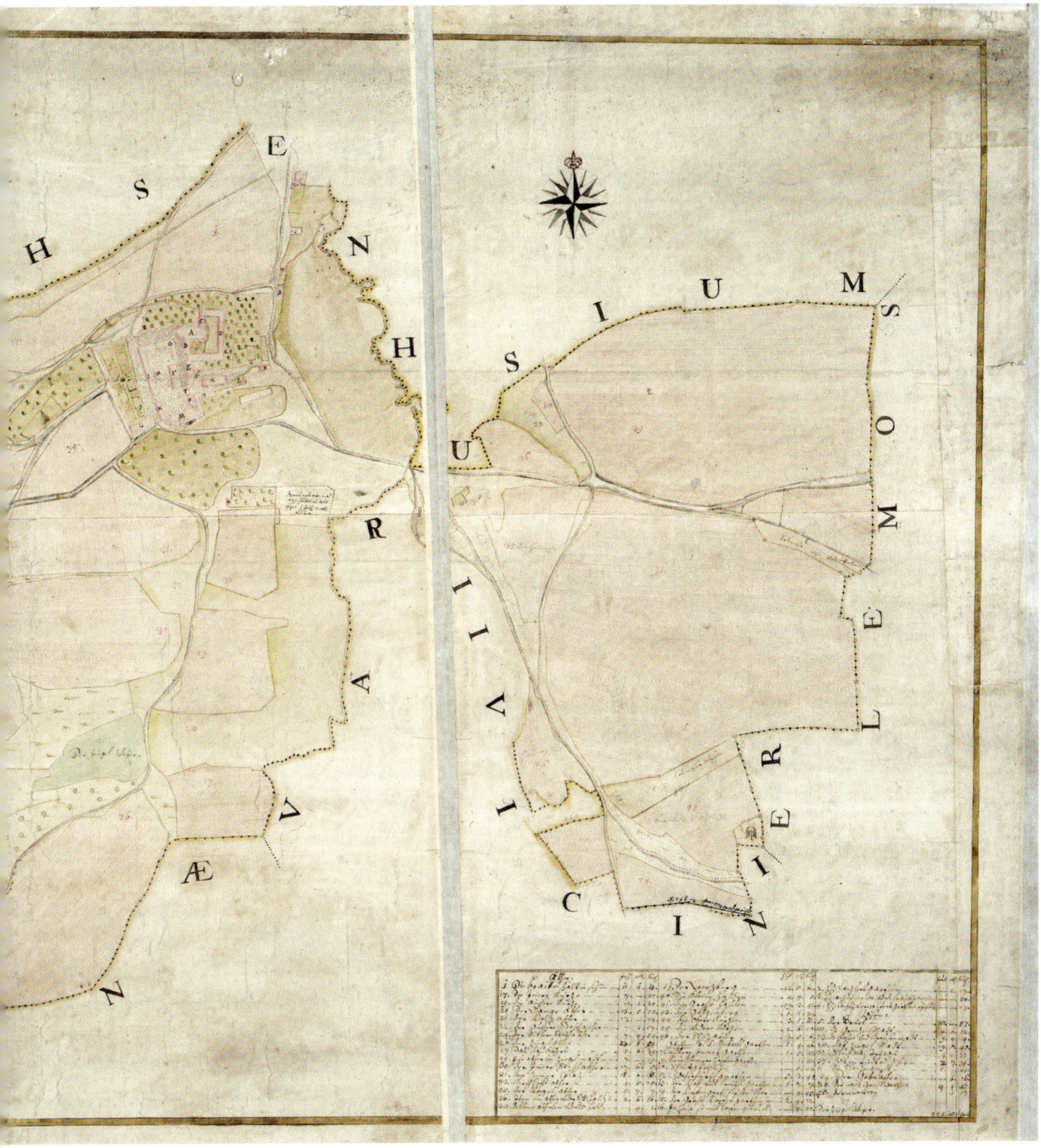

Tafel 6: Damenstift Buchau

Plan einer Hochfürstlichen Stüfft-Buchauisch Mapae. Geometrischer GrundRiss über das Hochfürstlich Stüfft Buchauische Aigenthum in welchem daio das Reichs Erbtruchsees hochgräflich. FridbergScheerisch Haus die Forstgerechtigkeith & & hieriuen Besitzet, 1758, Franz Anton Sigel, Geometer und Oberwirt in Schussenried.
StAS Dep. 30/15 T 1 Nr. 402

Tafel 7: Kloster Schussenried (OPraem)

Geometrischer Grundriß eines Hochlöbl. Reichs Stuft und Gotts-Haußes Schussenriedt sambt der daselbstigen Gemeindt [...], 1758, Dominicus Reiner Can. Sore.
HStAS N 30 Nr. 24

Tafel 8: Kloster Schussenried (OPraem)

Schussenrieder Pfandschaftsdistrikt

Generalmarken der Schussenriedschen Pfandschaftsdistrikte (Schussenried, Otterswang, Kanzach, Kappel, Marbach, Moosheim, Dürnau), um 1760.

StAS Dep. 30/15 T 1 Nr. 597

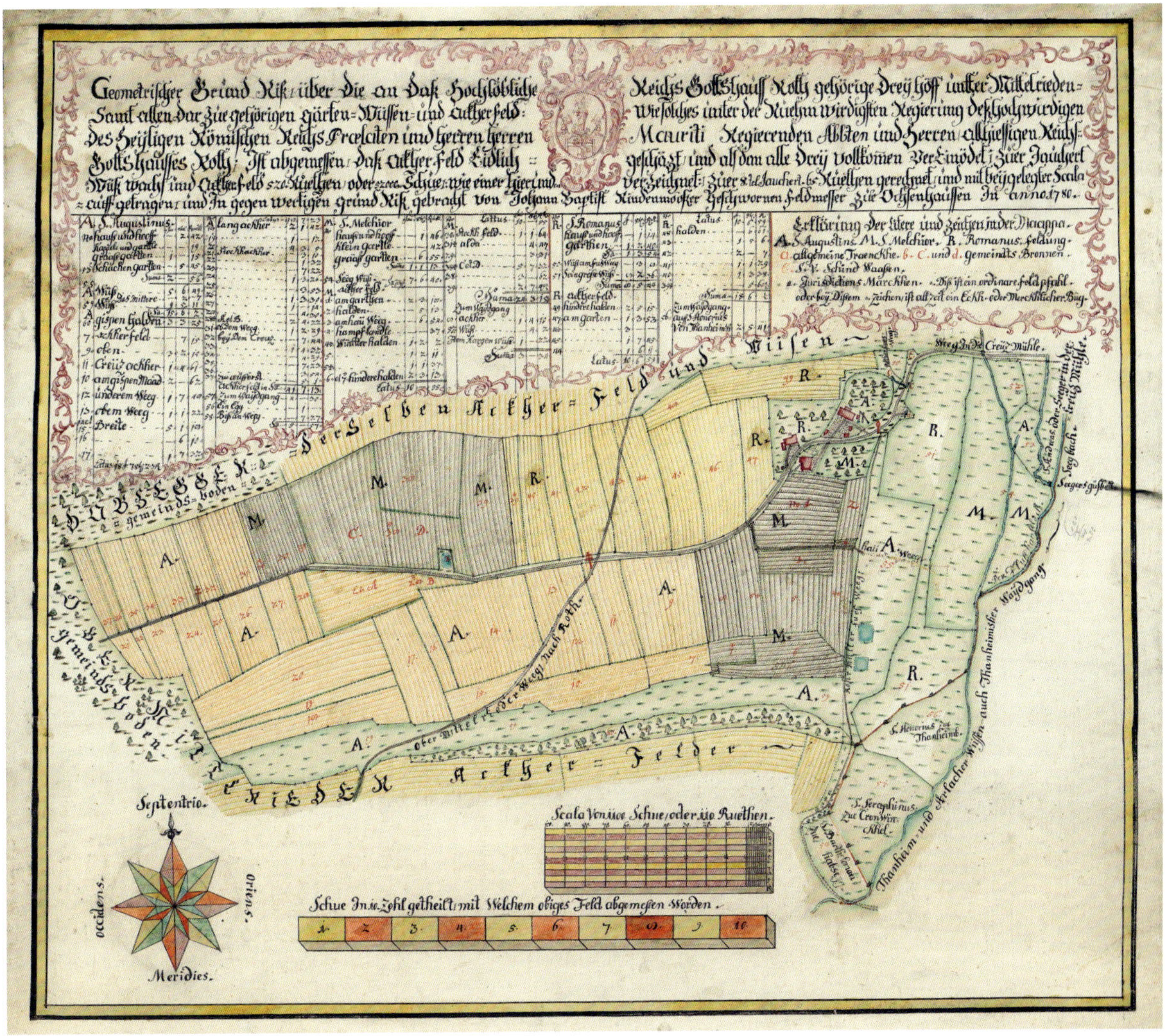

Tafel 9: Kloster Rot an der Rot (OPraem)

Reichs-Gottshauss Roth gehörige Dreyhoff Untter-Mittelrieden samt allen zugehörigen Gärten, Wüssen und Ackherfeld, wie solches unter der Regierung des [...] Herrn Mauritii, [...] regierenden Abtes Reichs-Gottshauses Rot, [...] vollkommen vereinödet – Untermittelrieder Einödung, 1780, Johann Baptist Rindenmoser.
HStAS N 28 Nr. 16

Tafel 10: Kloster Wald (OCist)

Karte der Besitzungen des Klosters Wald mit den zugehörigen Orten, o. A. [ca. 1772–1799]. StAS FAS Nr. 21

6.2 Kartenbilder der weltlichen Territorien

Tafel 11: Reichsstadt Wangen im Allgäu

Landtafel Gebiet der Reichsstadt Wangen, deren hohe und niedere Gerichtsbarkeit, Johann Andreas Rauch (1575–1632), 1616.
Stadtarchiv Wangen im Allgäu

Tafel 12: Reichsstadt Memmingen

Geometrischer Grund-Riss Des Hayligen Römischen Reichs Freyen Statt Memmingen, Dero Hohen- und Nideren- Territorial- auch Zwing-, und Baan-, Trib- und Tratt Marckungen, Daraus absonderlich die Marckungen gegen Löblicher Landvogtey in Schwaben, wo und wie weit sich dero Jura gegen Der Statt Memmingen Erstrecken zu Fünden. [...], 1680, Ludwig Stebenhaber.

© Foto Kroll, Memmingen

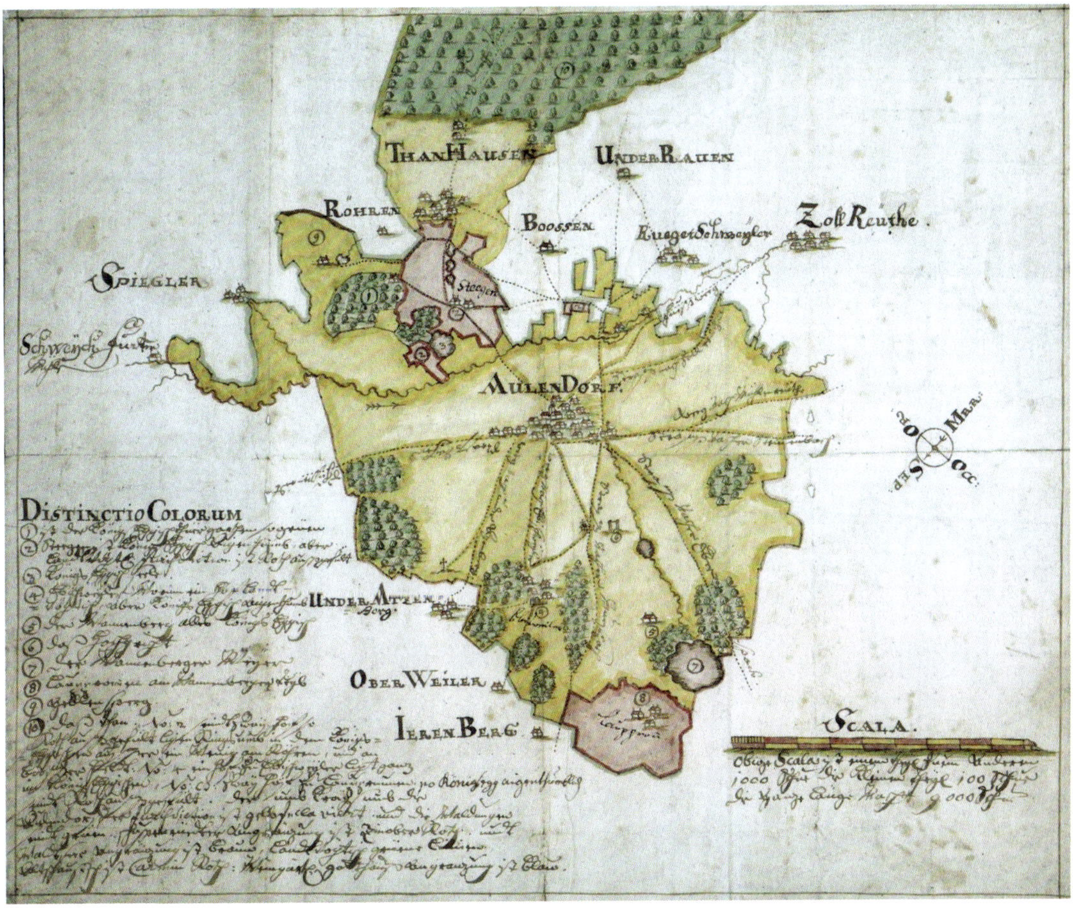

Tafel 13: Grafschaft Königsegg-Aulendorf

Situations-Plan über den Ort Aulendorf, Karte der Herrschaftsverhältnisse in der Umgebung von Aulendorf, 18. Jh., o. A.
HStAS N 11 Nr. 194

Tafel 14: Grafschaft Friedberg-Scheer

Grafschaft Friedberg-Scheer, o.A., um 1740.
StAS Dep. 30/15 T 1 Nr. 377

Tafel 15: Grafschaft Stadion mit der Herrschaft Warthausen

Geographische Charte über des hochwohlgebohrnen [...] *Grafen und Herrn, Herrn Friederici von und zu Stadion* [...] *Herrschaft Warthausen*, Christian und Martin Friedrich Wechslern, *Geometrae* in Biberach, 1750.
HStAS N 11 Nr. 17

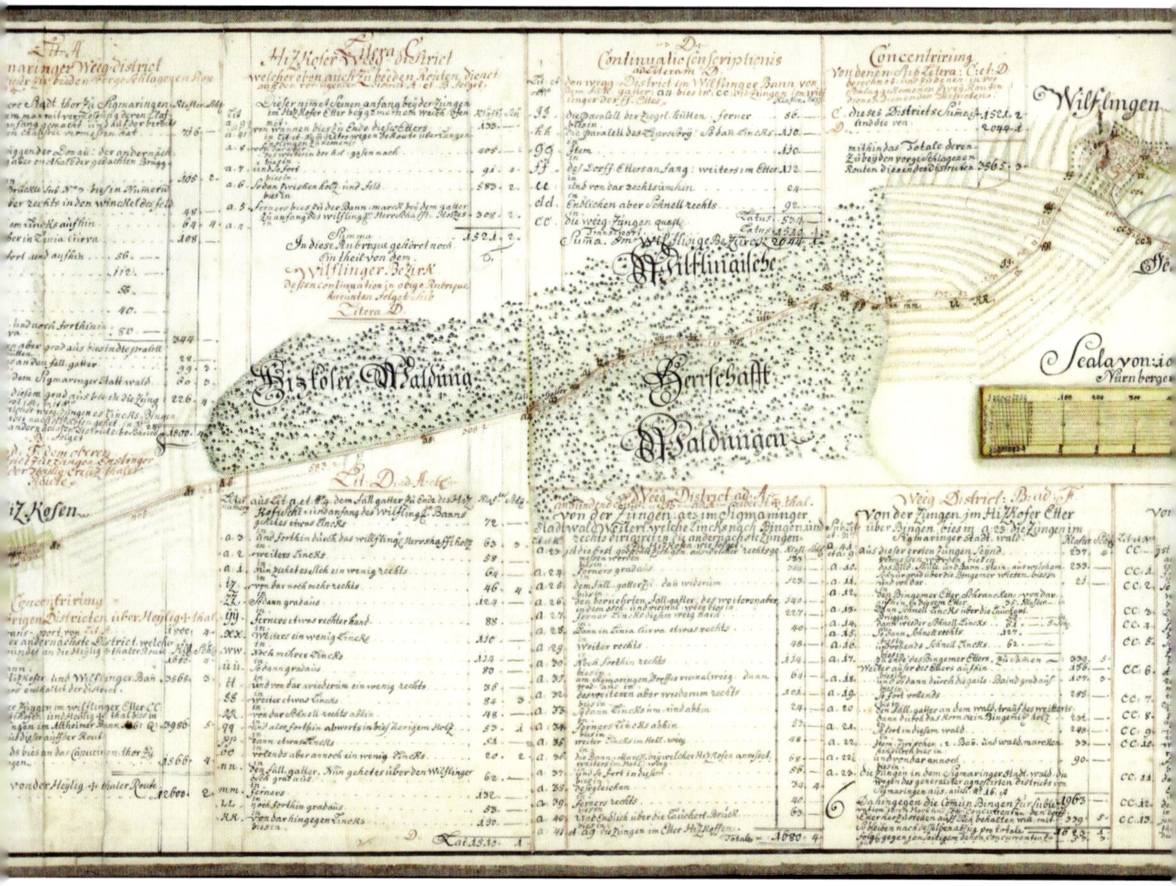

Tafel 16 Grafschaft Hohenzollern-Sigmaringen

Geometrischer Plan über die in Anno 1769 um Wiederherstellung der abgegangenen alten Landstrass zwischen Riedlingen und Sigmaringen angestossenen und in Anno 1772 reassumirten Strassenkonferenz in Vorschlag gebrachte zweierlei Wegrouten, Rittmeister von Lenz.
StAS K I Sig/1

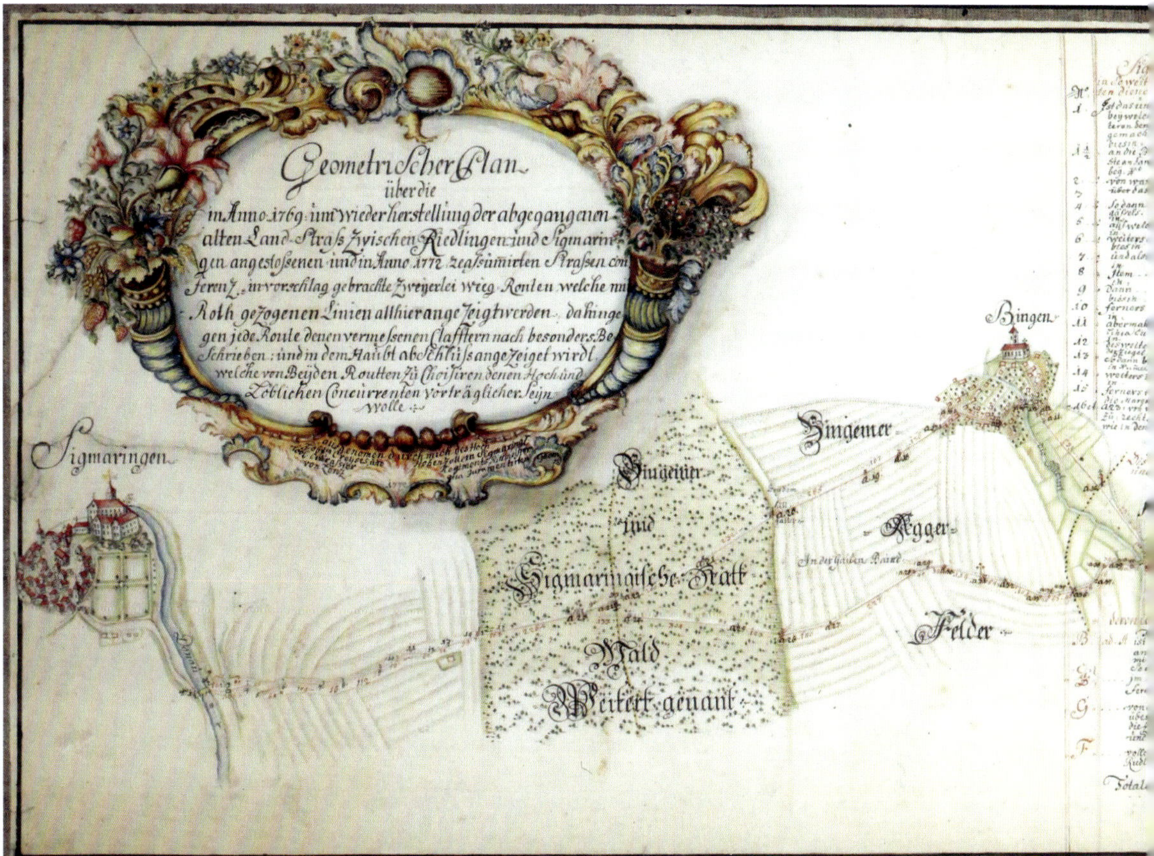
Geometrischer Plan
über die
in Anno 1769 um Wiederherstellung der abgegangenen
alten Land-Strass Zwischen Riedlingen und Sigmarin-
gen angestossenen und in Anno 1772 zeassumirten Strassen con
ferenz in vorschlag gebrachte Zweyerlei Weeg-Routen welche mi
Roth gezogenen Linien allhier angezeigt werden dahinge
gen jede Route denen vermessenen Claftern nach besonders Be
schrieben: und in dem Haubt abschlüss angezeiget wirdt
welche von Beyden Routten zu Choisiren denen Hoch und
Löblichen Concurrenten vorträglicher seyn
wolle
Sigmaringen
Bingen
Bingemer
und
Sigmaringische Statt
Wald
Weitert genant
Bingemer
Egger
Felder

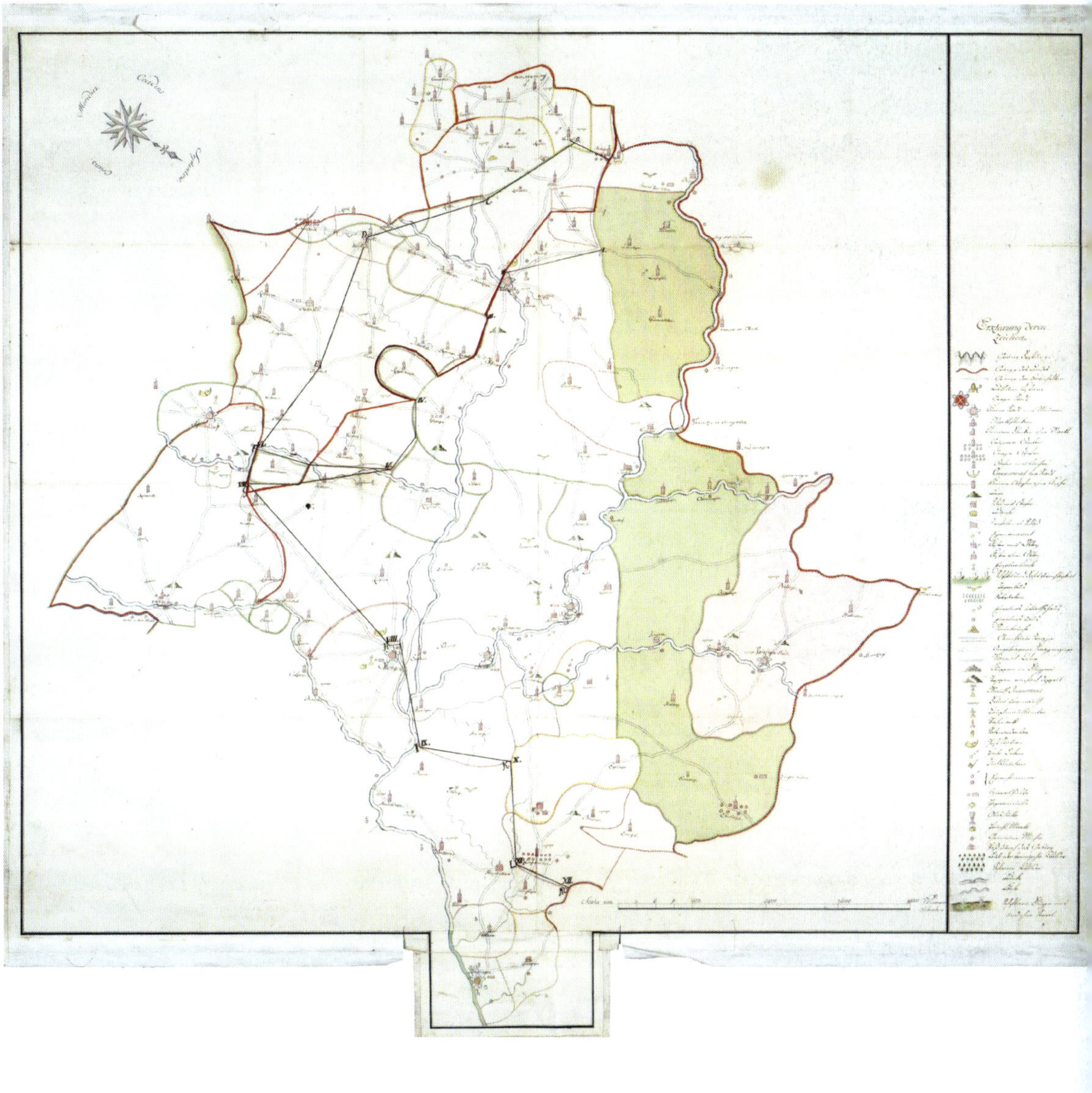

Tafel 17: Grafschaft Sigmaringen

Karte der Grafschaft Sigmaringen, o.A., o.J. [18. Jh.]. StAS K I Sig/3

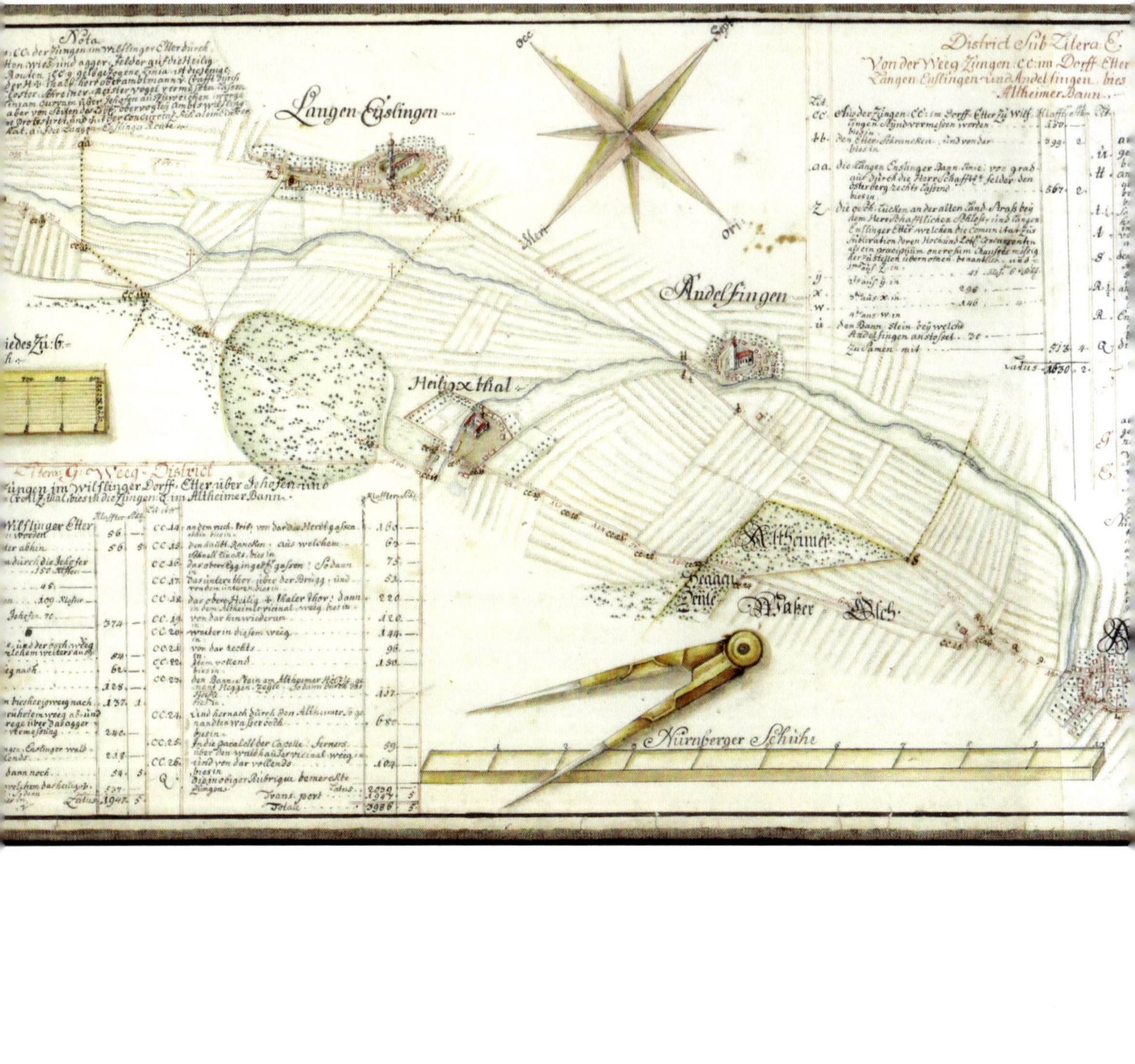
Nota
District Sub Litera E.
Von der Weeg Zungen: CC: im Dorff Etter Langen Eßlingen und Andelfingen bies Altheimer Bann
Langen Eslingen
Andelfingen
Heiligxthal
Altheimer
Waßer
Nürnberger Schuhe
Occ
Sept
Meri
Ori

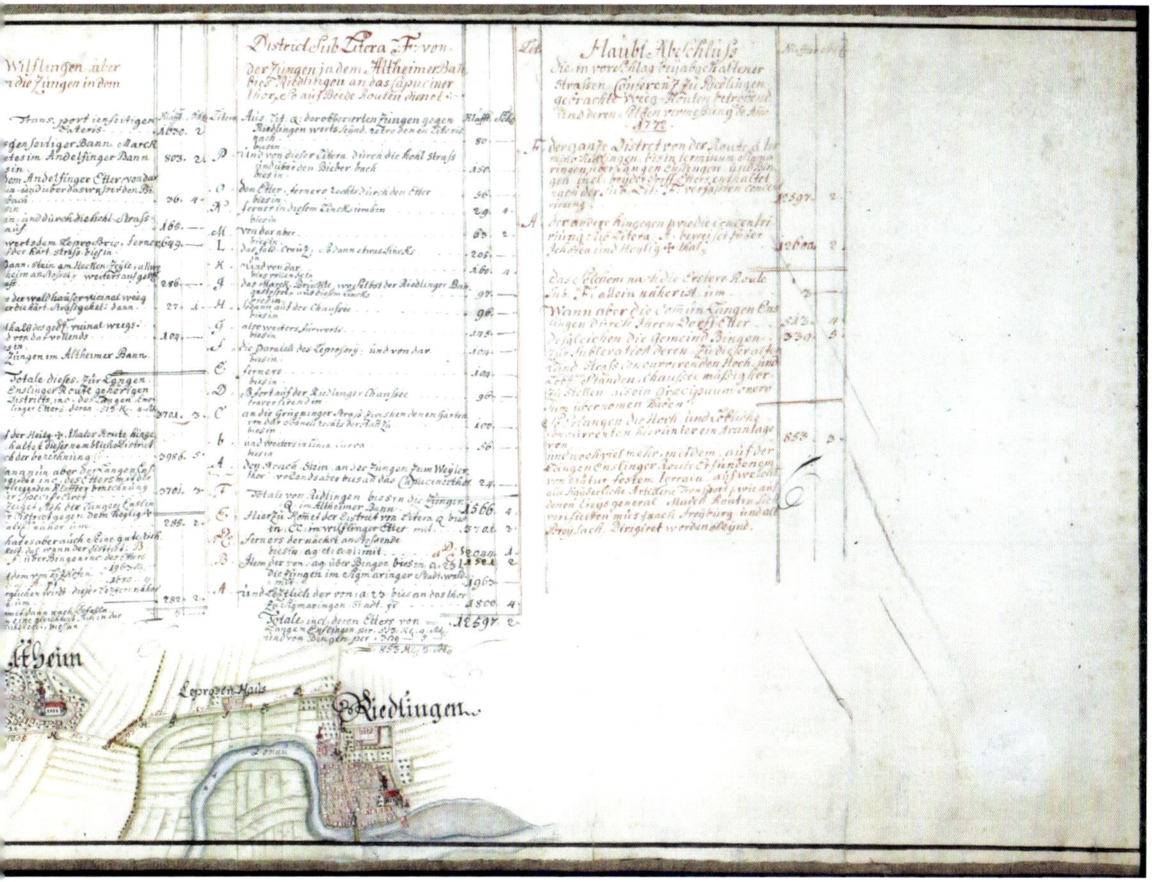

Haubt Abschluss
Riedlingen
Leprosen Hauß
Donau

7 Anhang

7.1 Abkürzungsverzeichnis

Abb.	Abbildung
ADB	Allgemeine Deutsche Biographie
BC	BC – Heimatkundliche Blätter für den Kreis Biberach
BSB	Bayerische Staatsbibliothek
Gfs.	Grafschaft
GLAK	Landesarchiv Baden-Württemberg, Abt. Generallandesarchiv Karlsruhe
HABW	Historischer Altas von Baden-Württemberg
HLS	Historisches Lexikon der Schweiz
HStAS	Landesarchiv Baden-Württemberg, Abt. Hauptstaatsarchiv Stuttgart
LGL	Landesamt für Geoinformationen und Landentwicklung Baden-Württemberg
LMZ BW	Landesmedienzentrum Baden-Württemberg
NDB	Neue Deutsche Biographie
o.A.	ohne Autor
OC	Ordo Fratrum Beatae Mariae Virginis de Monte Carmelo, Beschuhte Karmeliten
OCist	Ordo Cisterciensis
OPraem	Ordo Praemonstratensis
OSB	Ordo Sancti Benedicti
StAL	Landesarchiv Baden-Württemberg, Abt. Staatsarchiv Ludwigsburg
StAS	Landesarchiv Baden-Württemberg, Abt. Staatsarchiv Sigmaringen
StadtA A	Stadtarchiv Augsburg
StadtA MM	Stadtarchiv Memmingen
StadtA Ulm	Stadtarchiv Ulm – Haus der Stadtgeschichte
Taf.	Tafel (im Anhang, Kapitel 6)
UO	Ulm und Oberschwaben
Veröff.	Veröffentlichungen
WKGO	Württembergische Kirchengeschichte Online
WLB	Württembergische Landesbibliothek Stuttgart
WoKa	Kunstsammlung der Fürsten zu Waldburg-Wolfegg

7.2 Quellen- und Literaturverzeichnis

Quellen

Ungedruckte Quellen

Landesarchiv Baden-Württemberg

Karlsruhe, Generallandesarchiv (GLAK)
Findbuch H-f 565
H-d/24
H Fürstenberg-Heiligenberg 1, 2
H Meersburg 1
H Salem 1,2
H Überlingen FN 9

Ludwigsburg, Staatsarchiv (StAL) EL 68 VI

Sigmaringen, Staatsarchiv (StAS)
Dep. 30/15 T 1 Nr. 377, 402, 419 a, 590, 591, 597, 600
FAS K Nr. 14, 21
K I O/5
K I Sig/1; K I Sig/3

Stuttgart, Hauptstaatsarchiv (HStAS)
B 60 Bü 5, Bü 8, Bü 9, 9a, Bü 10, Bü 11, Bü 12, Bü 16, Bü 17, Bü 18, Bü 20
B 123 II Bü 142
B 193 Bü 2
B 373 Nr. 2787
J 1 Nr. 29, 30; J 1 Nr. 184/III, 184/VII; J 1 Nr. 194
N 11 Nr. 17, 18, 34, 194
N 26, Nr. 5, 8, 20, 21, 25, 34
N 28 Nr. 15, 16
N 30 Nr. 24, 34, 53, 54, 56, 57, 59, 60, 64, 66, 68, 69, 70, 72, 74, 91, 92, 93, 104, 105, 106
N 34 Nr. 49, 70, 77, 81, 82
N 36 Nr. 13
N 100 Nr. 110
N 201 Nr. 21

Nichtstaatliche Archive

Kunstsammlung der Fürsten zu Waldburg, mit der Herrschaft Zeil-Wurzach, ZAWu 5177
Kunstsammlung Waldburg-Wolfegg, 2186 WoKa 138(5); 3402 WoKa 25
Stadtarchiv Augsburg (StadtA A)
RU Memmingen 666.
Stadtarchiv Ulm (StadtA Ulm), F 2 Territoriumskarten, Karten des Ulmer Territoriums
Zentralbibliothek Zürich, Kartensammlung, 4 El, 74: 2: 5

Archivinventar der Gfs Wolfegg und der Herrschaft Waldhausen vor 1806, Band V. Untertanen, Kirchenwesen, Wohltätigkeitspflege, Kollegiatstift, Verschiedenes, Rechnungswesen, Bücher, Karten, Pläne und Skizzen, bearb. von Dr. Rudolf Rauh, VII Karten, Pläne, Skizzen etc. 2182–2257.
Jacob Frischlin, Chorographia, Liste der Amtsstädte Württembergs und ihrer Dörfer, allgemeine Beschreibung, 1578–1590. (HStAS J 1 Nr. 29)
Jacob Frischlin, Panegyricus Liber XIX, 1619. (HStAS J 1 Nr. 30, http://www.landesarchiv-bw.de/plink/?f=1-2370622)
Jacob Frischlin, Beschreibung Württembergs, 1614. (WLB Stuttgart Cod. hist qu. 331 I-II, 1614)
Georg Gadner/Johannes Oettinger, „Chorographia Ducatus Wirtembergici“, das Forstkartenwerk von Georg Gadner (1585–1596) und Johannes Oettinger (1609–1612).
Johann Jakob Heber Heber, Meersburger Flurkarte, um 1700. (Städtische Sammlung Meersburg, Fürstbischöfliches Schlossmuseum, Städtische Galerie)
Inventar des Archivs der Herrschaft Waldsee des Fürstlichen Waldburg-Wolfegg'schen Gesamtarchives vor 1805, bearb. von Dr. Rudolf Rauh; D. Karten und Pläne S. 171–179, Nr. 3389–3466.
Johann Morell/Andreas Rauch, Karte des Territoriums der Reichsstadt Lindau von Andreas Rauch 1628, Nachstich von Johann Morell von 1647. (U. a. BSB Mapp. XI, 438 gw, http://daten.digitale-sammlungen.de/bsb00090775/image_1)
Johann Andreas Rauch, Landtafel der hohen und niederen Gerichtsbarkeit der Freien Reichsstadt Wangen, Johann Andreas Rauch, 1616. (Stadtarchiv Wangen i. Allgäu)
Johann Ludwig Schlaperizi, Chronica Ravensburgensis, 1728. (HStAS J 1 Nr. 194)
Konstantin Stampfer/Beda Hübner, Reisebeschreibung R. B. Constantini Benedictini St. Petri Salisburgi: Tagebuch vom 8. Sep-

tembris–III. Novembris bestehend in einer Reisebeschreibung R. P. Constantini Stampfer [...] durch Bayern und dem nordöstl. Teil der Schweiz 1784. (Stiftsbibliothek Erzabtei St. Peter Salzburg, b III 28)

Ludwig STEBENHABER, Geometrischer Grund-Riss Des Hayligen Römischen Reichs Freyen Statt Memmingen, Dero Hohen- und Nideren- Territorial- auch Zwing-, und Baan-, Trib- und Tratt Marckungen, Daraus absonderlich die Marckungen gegen Löblicher Landvogtey in Schwaben, wo und wie weit sich dero Jura gegen Der Statt Memmingen Erstrecken zu Fünden. [...], 1680. (Stadtmuseum Memmingen)

Johann Joseph VEITT, Deß Heiligen Römischen Reichs Freyen Statt Biberach, 1721. (Stadtarchiv Biberach)

Gedruckte Quellen

Johann BECKMANN, Litteratur der älteren Reisebeschreibungen. Nachrichten von ihren Verfassern, von ihrem Inhalte, von ihren Ausgaben und Uebersetzungen; nebst eingestreuten Anmerkungen über mancherley gelehrte Gegenstände, Bd. 1, Göttingen 1808, http://mdz-nbn-resolving.de/urn:nbn:de:bvb:12-bsb10465279-2.

Anton Friedrich BÜSCHING, Neuer Erdbeschreibung dritten Theils, zweyter Band, welcher den schwäbischen, bayerischen, fränkischen und obersächsischen Kreis enthält, Hamburg [5]1771.

Carl Eugen [Herzog] von WÜRTTEMBERG, Tagbücher seiner Rayßen nach Prag und Dresden, durch die Schweiz und deren Gebürge, nach Nieder Sachßen und Dännemarck, durch die angesehensten Clöster Schwabens [...] in den Jahren 1783–1791, hg. von Robert UHLAND, Tübingen 1968.

Martin CRUSIUS/Johann Jacob MOSER, Schwäbische Chronick: Worinnen zu finden ist, was sich von Erschaffung der Welt an biß auf das Jahr 1596. in Schwaben, denen benachbarten Gegenden, auch vieler anderer Orten, zugetragen [...]; aus dem Lateinischen erstmals übersetzt, und mit einer Continuation vom Jahr 1596. bis 1733. auch einem Vollständigen Register versehen, Nebst einer Vorrede, dem Leben des Autoris [...] Ausgefertiget von Johann JACOB, 3 Bde. Frankfurt 1733.

Caspar DANCKWERTH/Johannes MEJER, Newe Landesbeschreibung Der Zwey Hertzogthümer Schleswich und Holstein: Zusambt Vielen dabey gehörigen Newen LandCarten / Die auff Ihr Königl. Maytt. zu Dennemarck [...] befehle Von dero Königl. Maytt. bestaltem Mathematico Johanne Mejero Hus. Cimbro. Chorographicè elaborirt, Dürch Casparum Danckwerth D. Zusammen getragen Und Verfertigt [...] Matthias et Nicolaus Petersen ... sculpserunt, Husum 1652. [VD 17 23:000620K].

Hildebrand DUSSLER, Reisen und Reisende in Bayerisch-Schwaben und seinen Randgebieten in Oberbayern, Franken, Württemberg, Vorarlberg und Tirol. Reiseberichte aus elf Jahrhunderten (Veröff. der Schwäbischen Forschungsgemeinschaft, Reihe 6: Reiseberichte aus Bayerisch-Schwaben 1), Weißenhorn 1980.

Gallus ETSCHENREUTHER, Von den aller heilsamsten Bädern und Brunnen Natur, Krafte, tugendt und würckung, so in Teutschlanden bekandt und erfahren, Straßburg 1571.

Johann Georg Adam FORSTER, A Voyage round the World in His Britannic Majesty's Sloop Resolution, Commanded by Capt. James Cook, during the Years, 1772, 3, 4, and 5, London 1777. Deutsche Erstausgabe: Johann Reinhold Forster's [...] Reise um die Welt während den Jahren 1772 bis 1775, 2 Bde., Berlin 1778–1780.

Johann Georg Adam FORSTER, Ansichten vom Niederrhein, von Brabant, Flandern, Holland, England und Frankreich, im April, Mai und Junius 1790, 3. Bde., Berlin 1791–1794.

Giuseppe GARAMPI/D. Gregorio PALMIERI (Hg.), Viaggio in Germania, Baviera, Svizzera, Olanda e Francia, compiuto negli anni 1761–1763. Diario del Cardinale Giuseppe Garampi, Rom 1889.

Johann Ferdinand GAUM, Es leben die Prälaten! Beobachtungen auf einer kleinen Reise in verschiedenen Prälaturen in Bayern und Schwaben 1783; in Briefen von einem Mecklenburgischen Officier an seinen Freund in Westphalen, Ulm 1783.

Johann Ferdinand Gaum, Reise eines Curländers durch Schwaben: ein Nachtrag zu den Briefen eines reisenden Franzosen, Nürnberg 1784.

Carl Ignaz Geiger, Reise eines Engländers durch einen Theil von Schwaben, und einige der unbekanntesten Gegenden der Schweiz. Herausgegeben von einem teutschen Freunde L. A. F. v. B., Amsterdam/Leipzig 1789.

Carl Ignaz Geiger, Fortsetzung der Reise eines Engländers durch einen Theil von Ober-Schwaben und der Schweiz. In Briefen verfaßt, und von seinem teutschen Freunde L.A.F.V.B. herausgegeben, Amsterdam u. a. 1794.

Carl Ignaz Geiger, Noch ein Bändchen von den Reisen eines Engländers durch Ober-Schwaben. In Briefen verfaßt, und von seinem teutschen Freunde L. A. F. v. B. herausgegeben, Warschau/Regensburg 1794.

Martin Gerbert, Iter Alemannicum, Accedit Italicum Et Gallicum. Sequuntur Glossaria Theotisca Ex Codicibus Manuscriptis A S., [Sankt Blasien] 1765 [VD18 14465140].

Martin Gerbert, Des Hochwürdigsten Herrn, Herrn Martin Gerberts, nunmehro des Heil. Röm. Reichs Fürsten und Abts des Reichs-Stifts St. Blasien auf dem Schwarzwald ec. ec. Reisen durch Alemannien, Welschland und Frankreich, welche in den Jahren 1759, 1760, 1761 und 1762 angestellet worden, von dem hohen Herrn Verfasser selbsten mit vielen Zusätzen, besondern Anmerkungen und schönen Kupfer zur Erläuterung derer Alterthümer vermehrt und verbessert, und aus dem Lateinischen in das Deutsche übersetzt, auch mit zwey Registern der Orte und merkwürdigsten Sachen versehen von J. L. K. Ulm, Frankfurt am Main/Leipzig 1767.

Philipp Wilhelm Gercken, Reisen durch Schwaben, Baiern, angränzende Schweiz, Franken und die Rheinische Provinzen etc in den Jahren 1779–1787, Teil 1: Von Schwaben und Baiern, Worms 1783.

Eberhard David Hauber, Versuch einer umständlichen Historie der Land-Charten, Sowohl von denen Land-Charten insgemein [...] Als auch von denen Land-Charten eines jeden Landes insonderheit [...] Und nebst einer Historischen Nachricht Von denen Land-Charten deß Schwäbischen Craißes, deß Hertzogthums Würtemberg, wie auch andern in Schwaben gelegenen Herrschafften, Ulm 1724.

Eberhard David Hauber, Nützlicher Discours, von dem Gegenwärtigen Zustand der Geographie Besonders in Teutschland, nebst einem Vorschlag zu noch fernerer Verbesserung derselben [...], Ulm 1727 [VD18 14599732-001].

Johann Nepomuk Hauntinger, Reise durch Schwaben und Bayern im Jahr 1784, neu hg. u. eingeleitet von Gerhard Spahr, Weißenhorn 1964.

Johann Nepomuk Hautinger/Gabriel Meier (Hg.), Süddeutsche Klöster vor hundert Jahren. Reise-Tagebuch des P. Nepomuk Hautinger, O.S.B., Köln 1889.

Johannis Hevelii, Selenographia sive lunae descriptio: atque accurata, tam macularum ejus, [...] delineatio, [...]; addita est, lentes expoliendi nova ratio, ut et telescopia diversa construendi, et experiendi, [...] explicatur, Hünefeld 1647.

David Hünlin, Allgemeine Geschichte von Schwaben, und der benachbarten Lande In einer kurzgefaßten Beschreibung der denkwürdigsten Begebenheiten, Religion, Sitten, Gebräuche der Einwohner und ihrer Schicksale, bis auf unsere Zeiten, Ulm 1772–1774 [VD18 10864466].

David Hünlin, Anmerkungen über die Geschichte der Reichsstädte vornemlich der Schwäbischen von ihrer ursprünglichen Beschaffenheit, Regimentsverfassung: ihren öftern Bündnissen und der dadurch erlangten Macht im römischen Reiche [...] Als ein Beytrag zur allgemeinen Geschichte von Schwaben, Ulm 1775 [VD18 10196994].

David Hünlin, Neue und vollständige Staats- und Erdbeschreibung des Schwäbischen Kreises und der in und um denselben gelegenen Oesterreichischen Land- und Herrschaften insgemein Vorder- oder Schwäbisch Oesterreich, 2 Bde., Ulm 1780/1781.

David Hünlin, Beschreibung des Bodensees nach seinem verschiednen Zustande in den ältern und neuern Zeiten, Ulm/Lindau 1783 [VD 18 10625488].

Friedrich Wilhelm Alexander von Humboldt/ Aimé Bonpland, Beobachtungen aus der Zoologie und vergleichenden Anatomie auf der Reise nach den Tropenländern des neuen Kontinents, Tübingen 1806.

Friedrich Wilhelm Alexander von Humboldt/ Aimé Bonpland, Pittoreske Ansichten der Cordilleren und Monumente americanischer Völker, Tübingen 1810.

Johann Christoph Hurter, Geographica provinciarum Sueviae descriptio: Schwaben in XXVIII übereintreffenden Tabellen vorgestellet (Atlas von Schwaben). Beteiligte Stecher Melchior Küsel und Johann Stridbeck der Ältere, bey Hanß Georg Bodenehr, Augsburg 1679. (BSB Mapp. XII, 162b).

Jean Mabillon, 1683 Io. Mabillonii Iter Germanicum et Io. Launoii De scholis celebribus a Carolo M. et post Carolum M. in occidente instauratis liber, Hamburg 1717.

Johann Daniel Georg von Memminger, Beschreibung des Oberamts Saulgau. Stuttgart, Tübingen 1829.

Matthäus Merian/Martin Zeiller, Topographia Sueviae das ist Beschrib: vnd Aigentliche Abcontrafeitung der fürnembste[n] Stätt vnd Plätz in Ober vnd Nider Schwaben, Herzogtum Würtenberg Marggraffschafft Baden vnd andern zu dem Hochlöbl: Schwabischen Craiße gehörigen Landtschafften und Orten, Franckfurt am Mayn 1643 [erschienen ca. 1690] [VD 17 12:205767P].

Johann Morell, Karte des Territoriums der Reichsstadt Lindau von Andreas Rauch 1628, Nachstich von 1647, http://daten.digitale-sammlungen.de/bsb00090775/image_1 (aufgerufen am 7. 8. 2023).

Sebastian Münster, Cosmographia Universalis, Beschreibung aller Länder durch Sebastianum Münsterum: in welcher begriffen aller Voelker, Herrschaften, Stetten, und namhafftiger Flecken, herkommen: Sitten, Gebreüch, Ordnung, Glauben, Secten und Hantierung durch die gantze Welt und fürnemlich Teütscher Nation, [Heinrich Petri] Basel 1545 [VD16 M 6690].

Friedrich Nicolai, Beschreibung einer Reise durch Deutschland und die Schweiz im Jahre 1781, 12. Bde., Berlin/Stettin 1783–1796, Band 8 (1787).

Friedrich Nicolai, Beschreibung einer Reise durch Deutschland und die Schweiz im Jahre 1781, 12. Bde., Berlin/Stettin 1783–1796, Band. 9. (1795).

Abraham Ortelius, Theatrvm oder Schawplatz des erdbodems, warin die Landttafell der gantzen weldt, mit sambt aine der selben kurtze erklarung zu sehen ist. Durch Abrahamum Ortelium, Antwerpen: Egidius Coppens van Diest, 1572. Verschiedene Ausgaben, digital http://www.orteliusmaps.com/atlasindex.html (aufgerufen am 7. 8. 2023).

Girolamo Porto/Katja Seidel, Girolamo Portos Bericht von einer Reise durch Süddeutschland und Österreich. Edition der Handschriften von 1709, 1710 und 1715 mit sprachhistorischem Kommentar, Berlin 2014.

Johann Ulrich Pregitzer/Joseph A. Giefel, Johann Ulrich Pregitzers Reise nach Oberschwaben im Jahre 1688, in: Württembergische Vierteljahreshefte für Landesgeschichte XI (1888), S. 35–49.

Johann Ulrich Pregitzer, Wurtembergischer Cedern-Baum, Oder Vollständige Genealogie Des Hoch-Fürstlichen Hauses Wurtemberg: In fünf Theilen […], Stuttgart 1730 [VD18 14522756-001].

Julius Reichelt, Circuli Suevici. Succincta Descriptio. Das ist: Kurtzgefaßte Beschreibung Des Schwäbischen Creißes. Darinnen die Bistühmer Costnitz, Augspurg und Cur, die Gefürstete Abthey zu Kempten, die Gefürstete Probstey zu Ellwangen, die Abteyen: zu Salmansweiler, Weingarten, Ochsenhausen, Elchingen, Isingen, Ursperg […] ans Liecht gegeben worden, Nürnberg 1703.

Philipp Ludwig Hermann Röder, Reisen durch das südliche Teutschland und einen Theil von Italien, Bd. 1., Leipzig/Klagenfuhrt 1789.

Philipp Ludwig Hermann Röder, Geographisches Statistisch-Topographisches Lexikon von Schwaben oder vollständige alphabetische Beschreibung alle im ganzen Schwäbischen Kreis liegenden Städte, Klöster, Schlösser, Dörfer, Flecken, Höfe, Berge, Thäler, Flüsse, Seen, merkwürdiger Gegenden u.s.w. mit genauer Anzeige von deren

Ursprung, ehmaligen und jezigen Besizern, Lage, Regimentsverfassung, 3 Bde., Ulm 1791–1797.

Placidus Scharl/Magnus Sattler (Hg.), Ein Mönchsleben aus der zweiten Hälfte des achtzehnten Jahrhunderts nach dem Tagebuche des P. Placidus Scharl [...], Regensburg 1868.

Friedrich Schaub, Die Matrikel der Universität Freiburg i. Br. von 1656 bis 1806, 3 Bde., Freiburg 1944–1957.

Johann Georg Schelhorn, Kurtze Reformations-Historie der Kayserlichen Freyen Reichs-Stadt Memmingen aus bewährten Urkunden und andern glaubwürdigen Nachrichten verfasset, und bey Veranlassung des andern Jubel-Festes der Augspurgischen Confession an das Licht gestellt, Memmingen 1730 [VD18 11359560].

Johann Christoph Schmidlin, Beschreibung der Reise des Magisters Johann Christoph Schmidlin von Ulm nach Wien auf einem Ordinarischiff im Dezember des Jahres 1769, beschreiben von ihm selbst, Priv. Dr. d. Stadt Ulm 1938.

Daniel Schwenter/Georg Andreas Böckler, Geometriae Practicae Novae Et Auctae Libri IV., [...] Die Erfindung Camillae Ravertae, aus einem Stand das Land zu messen, Buch (Das erste Buch deß Feldmessens lehret/ wie man/ mit der Meßruthen und etlichen Stäben/ allerley Länge/ Weite und Breite messen soll.), [Nürnberg] 1667. SLUB, Deutsche Fotothek, http://www.deutschefotothek.de/documents/obj/88964529 (aufgerufen am 7. 8. 2023).

Bartholomäus Sedlak/Konstantin Horváth, Eine Reise zum Generalkapitel nach Cîteaux im Jahre 1768, in: Cisterzienser Chronik 43. 1931, S. 1–95. Latein. Manuskript P. Bartholomäus Sedlak OCist. Stiftsarchiv Heinrichau.

Johann Samuel Tromsdorff, Accurate Neue und Alte Geographie Von gantz Teutschland Nach dessen zehen Cräysen und in denenselben enthaltenen Königreichen, Chur-Fürsten- und Hertzogthümern, Graff- und Herrschafften, Reichs- und andern Städten, Festungen, Flecken, und vielen Dörffern, Franckfurt/Leipzig 1711 [VD18 10989021].

Johann Reinhard Wegelin, Gruendlich-Historischer Bericht Von der Kayserlichen und Reichs Landtvogtey in Schwaben, wie auch Dem Frey Kayserlichen Landtgericht auf Leutkircher Haid und in der Pirß Aus den bewährtesten Geschichts-Schreibern und CCLXXV. meistentheils noch unedirten Archival-Urkunden zusamen getragen samt einer Tabula Geographica vom Bezürck der Landvogtey der Leutkircher Haid, 2 Bde., Ulm/Lindau 1755.

Christoph Weigel/Adam Gottlieb Schneider, Neuer Post- und Reise-Atlas von ganz Deutschland und einigen angraenzenden Laendern, bestehend in XXXI. accurat gezeichneten Post-Kaertchen zum bequemen Gebrauch auf Reisen. Dem Durchlauchtigsten hochfuerstlichen Hause von Tour und Taxis, Nürnberg [1790] [VD18 11639628-ddd].

Wilhelm Ludwig Wekhrlin, Anselmus Rabiosus. Reise durch Oberdeutschland, Salzburg/Leipzig 1778.

Johann Goswin Widder, Versuch einer vollständigen Geographisch-Historische Beschreibung der Kurfürstlichen Pfalz am Rheine, 4 Bde., Frankfurt/Leipzig 1786–1788 [VD18 11475218].

Georg Wilhelm Zapf, Reisen in einige Klöster Schwabens, durch den Schwarzwald und die Schweiz im Jahr 1781, Erlangen 1786.

Martin Zeiler, Itinerarium Germaniae novantiquae. Teutsches Reyßbuch durch Hoch- und Nider-Teutschland, Straßburg 1632.

Literatur

Walter ACHILLES, Landschaft in der Frühen Neuzeit (Enzyklopädie deutscher Geschichte 10), München 1991.

Kurt ANDERMANN/Peter JOHANEK (Hg.), Zwischen Nicht-Adel und Adel, Stuttgart 2001.

E. ARNBERGER (Hg.), Lexikon zu Geschichte der Kartographie. Von den Anfängen bis zum Ersten Weltkrieg, 2 Bde., Wien 1986.

Doris BACHMANN-MEDICK, Spatial Turn, in: DIES., Cultural Turns. Neuorientierung in den Kulturwissenschaften, Reinbeck, 3. neu bearb. Aufl. 2009, S. 285–299.

Leo BAGROW/Raleigh Ashlin SKELTON, Meister der Kartographie, Berlin [4]1994.

Hermann BAIER, Die Stellung der Abtei Salem in Staat und Kirche, in: Freiburger Diözesan-Archiv 62 (1934), S. 131–154.

Ingrid BÁTORI, Die Reichsstadt Augsburg im 18. Jahrhundert. Verfassung, Finanzen und Reformversuche (Veröff. des Max-Planck-Instituts für Geschichte 22), Göttingen 1969.

Ingrid BAUMGÄRTNER/Paul-Gerhard KLUMBIES/Franziska SICK (Hg.), Raumkonzepte. Disziplinäre Zugänge, Göttingen 2009.

Ingrid BAUMGÄRTNER (Hg.), Herrschaft verorten: Politische Kartographie im Mittelalter und in der frühen Neuzeit (Medienwandel – Medienwechsel – Medienwissen 19), Zürich 2012.

Hermann BAUSINGER, Pöbel, Volk, Leute. Magister Röder reist über Land, in: DERS. (Hg.), Berühmte und Obskure: Schwäbisch-alemannische Profile, Tübingen 2007, S. 137–159.

Otto BECK, Die Schwäbische Zirkarie der Prämonstratenser, in: KOHLER (Hg.), Bad Schussenried, S. 9–28.

Otto BECK, Die Pfarrkirche St. Magnus und Maria in Bad Schussenried, Regensburg 1999.

Otto BECK, Kirchen und Kapellen in Bad Buchau. Ein Führer durch seine Gebetsstätten, Lindenberg 2003.

Hans-Joachim BEHR/Franz-Josef HEYEN (Hg.), Geschichte in Karten. Historische Ansichten aus den Rheinlanden und Westfalen, Düsseldorf 1985.

Wolfgang BEHRINGER, Im Zeichen des Merkur. Reichspost und Kommunikationsrevolution in der Frühen Neuzeit (Veröff. des Max-Planck-Instituts für Geschichte 189), Göttingen 2002.

Wolfgang BEHRINGER, Mit der Karte auf Grand Tour. Infrastrukturbildung und Mental Mapping in der Frühen Neuzeit, in: DIPPER/SCHNEIDER (Hg.), Kartenwelten, S. 77–93.

Wolfgang BILLIG, Thüringische Pastoren VI: Johann Samuel Tromsdorff, 1699–1717 Pfarrer an St. Andreas zu Erfurt, in: Mitteldeutsche Familienkunde (MFK) 25 (1984), S. 554–559; 28 (1987), S. 552 f.

Franz Xaver BISCHOF, Das Fürstbistum Konstanz im 18. Jahrhundert, in: MUELLER (Hg.), Neues Schloss Meersburg 1712–2012, S. 19–25.

David BITTERLING, Der absolute Staat und seine Karten. Eine kritische Geschichte der Genauigkeit am Beispiel Frankreichs, in: DIPPER/SCHNEIDER (Hg.), Kartenwelten, S. 94–109.

Jeremy BLACK, Geschichte der Landkarte. Von der Antike bis zur Gegenwart, Leipzig 2003.

Walter BLEICHER, Chronik der ehemaligen Residenzstadt Scheer/Donau, Horb am Neckar 1989.

Peter BLICKLE (Hg.), Politische Kultur in Oberschwaben, Tübingen 1993.

Peter BLICKLE, Politische Landschaft Oberschwaben, in: DERS. (Hg.), Politische Kultur, S. 9–42.

Peter BLICKLE, Oberschwaben. Politik als Kultur einer deutschen Geschichtslandschaft, Tübingen 1996.

Hans Erich BÖDEKER, „Ich wünschte also eine Reise zu thun, in welcher ich, nebst den veränderten Scenen der Natur, Menschen und ihre Sitten und Industrie kennen lernen könnte." Friedrich Nicolai auf Reise, in: Rainer FALK/Alexander KOŠENINA (Hg.), Friedrich Nicolai und die Berliner Aufklärung, Berlin 2008, S. 305–337.

Ernst BÖHME, Das Kollegium der Schwäbischen Reichsprälaten im 16. und 17. Jahrhundert. Untersuchungen zur korporativen Verfassung und Organisation mindermächtiger geistlicher Reichsstände, in: Rottenburger Jahrbuch für Kirchengeschichte 8 (1987), S. 267–300.

Annemarie Bönsch, Formengeschichte europäischer Kleidung (Konservierungswissenschaft, Restaurierung, Technologie 1), Wien u. a. 2011.

Christoph Borcherdt, Geographische Landeskunde von Baden-Württemberg (Schriften zur politischen Landeskunde Baden-Württemberg 8), Stuttgart 1983.

Horst Boxler, Die Reichsgrafen zu Königsegg im Dienst von Kaiser und Kirche – Territorialherren, Landvögte und Grundbesitzer, in: Hengerer/Kuhn/Blickle (Hg.), Adel im Wandel, Bd. 1, S. 229–240.

Peter Burke, Ludwig XIV. Die Inszenierung des Sonnenkönigs, Berlin [2]2005.

Günther Bradler, Die Landschaftsnamen Allgäu und Oberschwaben in geographischer und historischer Sicht (Göppinger akademische Beiträge 77), Göppingen 1973.

Franz Brendle, Oberschwaben, der Kaiser und das Reich, in: Heimatkundliche Blätter für den Kreis Biberach, Sonderheft 29 (2006), S. 54–66.

Peter J. Brenner, Die Erfahrung der Fremde. Zur Entwicklung einer Wahrnehmungsform in der Geschichte des Reiseberichts, in: Ders. (Hg.), Der Reisebericht. Die Entwicklung einer Gattung in der deutschen Literatur, Frankfurt am Main 1989, S. 14–49.

Peter J. Brenner, Der Mythos des Reisens. Idee und Wirklichkeit der europäischen Reisekultur in der Frühen Neuzeit, in: Maurer (Hg.), Neue Impulse der Reiseforschung, S. 13–61.

Martha Bringemeier, Priester- und Gelehrtenkleidung. Tunika – Sutane, Schaube – Talar. Ein Beitrag zu einer geistesgeschichtlichen Kostümforschung (Rheinisch-westfälische Zeitschrift für Volkskunde, Beiheft 1), Bonn/Münster 1974.

Walter Brunner, Martin Zeiller (1589–1661). Ein Gelehrtenleben (Steiermärkisches Landesarchiv 4), Graz [2]1990.

Margaretha Bull-Reichenmiller, Karten des Prämonstratenserklosters Schussenried, Einführung, https://www2.landesarchiv-bw.de/ofs21/olf/einfueh.php?bestand=6651 (aufgerufen am 7. 8. 2023).

Ulrich Cramer, Zum Landschaftsbegriff Oberschwaben, in: Alemannisches Jahrbuch 1955, S. 81–94.

Moritz Csáky/Christoph Leitgeb (Hg.), Kommunikation, Gedächtnis, Raum. Kulturwissenschaften nach dem „Spatial Turn", Bielefeld 2009.

Ute Daniel, Kompendium Kulturgeschichte. Theorien, Praxis, Schlüsselwörter, Frankfurt am Main [8]2020.

Kurt Diemer, Ursachen und Verlauf der Auswanderung aus Oberschwaben im 18. Jahrhundert, in: Heimatkundliche Blätter für den Kreis Biberach 33 (2010), Heft 1, S. 18–29.

Christoph Dipper/Ute Schneider(Hg.), Kartenwelten. Der Raum und seine Repräsentation in der Neuzeit, Darmstadt 2006.

Werner Dobras, Biographisches Nachwort, in: David Hünlin, Beschreibung des Bodensees nach seinem verscheidnen Zustande in den ältern und neuern Zeiten, Ulm/Lindau 1783, Faks.-Druck Lindau 1980, S. 215 f.

Wolfgang Dörfler, Herrschaft und Landesgrenze. Die langwährenden Bemühungen im die Grenzziehung zwischen den Stiften und späteren Herzogtümern Bremen und Verden, Stade 2004.

Jörg Döring/Tristan Thielmann (Hg.), Spatial Turn. Das Raumparadigma in den Kultur- und Sozialwissenschaften, Bielefeld [2]2009.

Winfried Dotzauer, Die deutschen Reichskreise in der Verfassung des Alten Reiches und ihr Eigenleben (1500–1806), Darmstadt 1989.

Jörg Dünne, Die Karte als Operations- und Imaginationsmatrix, in: Döring/Thielmann (Hg.), Spatial Turn, S. 49–69.

Jörg Dünne/Stephan Günzel (Hg.), Raumtheorie. Grundlagentexte aus Philosophie und Kulturwissenschaften, Frankfurt am Main [7]2012.

Peter Eitel, Ravensburg und das Schussental in Ansichten und Schilderungen aus fünf Jahrhunderten, Sigmaringen 1977.

Peter Eitel, Ravensburg. Ein historischer Führer, Ravensburg 1986.

Peter Eitel, Geschichte Oberschwabens im 19. und 20. Jahrhundert, Bd. 1.: Der Weg ins Königreich Württemberg (1800–1870), Ostfildern 2010.

Beate Falk, Ausdrucksformen des katholischen und evangelischen Lebens in Ravensburg, in: Schmauder (Hg.), Hahn und Kreuz, S. 75–126.

Marta Fata (Hg.), „Die Schiff stehn schon bereit". Ulm und die Auswanderung nach Ungarn im 18. Jahrhundert (Forschungen zur Geschichte der Stadt Ulm, Reihe Dokumentation 13), Ulm 2009.

Hanspeter Fischer, „Ex geometria practica". Ausbildung und Prüfung von Feldmessern in Vorderösterreich, in: Beiträge zur Landeskunde (1986/87), S. 6–10.

Hanspeter Fischer, Die „Charte von Schwaben" 1:86.400, in: Cartographica Helvetica 7 (1993), S. 3–10.

Hanspeter Fischer, Meilensteine südwestdeutscher Kartographie. Die Landtafeln von Wangen im Allgäu und Lindau im Bodensee, in: Beiträge zur Landeskunde (1994), S. 1–7.

Hanspeter Fischer, Frühwerke südwestdeutscher Vermessung und Kartographie. Die Landtafeln von Wangen im Allgäu und Lindau im Bodensee, in: Wolfgang Scharfe (Hg.), Gerhard Mercator und seine Zeit. Vorträge und Berichte (Duisburger Forschungen 42), Duisburg 1996, S. 147–166.

Hanspeter Fischer, Johann Jacob Heber (1666–1724). Ein Feldmesser und Kartograf im Bodenseeraum und in Oberschwaben, in: Schriften des Vereins für Geschichte des Bodensees und seiner Umgebung 119 (2001), S. 189–204.

Hanspeter Fischer, „... wo ein schöner prospeckt und weitum zu sehen ist". Kartografische Gestaltungselemente in oberschwäbischen Landtafeln, in: Im Oberland. Kultur, Geschichte, Natur. Beiträge aus Oberschwaben und dem Allgäu 13 (2002), Heft 2, S. 33–39.

Hanspeter Fischer, Die Suevia Universa des Jacques Michal von ca. 1725, in: Cartographica Helvetica 34 (2006), S. 17–26.

Hanspeter Fischer, Die Altdorfer Feldmesserfamilie Lerchgässner, in: Im Oberland. Kultur, Geschichte, Natur. Beiträge aus Oberschwaben und dem Allgäu (2009), Heft 1, S. 30–36.

Hanspeter Fischer, Johann Lambert Kolleffel (1706–1763): ein Ravensburger Militärkartograph, in: Cartographica Helvetica 41 (2010), S. 25–35.

Hanspeter Fischer, Die Schwabenkarte von Johann Christoph Hurter aus dem Jahr 1679, in: Im Oberland. Kultur, Geschichte, Natur. Beiträge aus Oberschwaben und dem Allgäu (2010), Heft 2, S. 21–28.

Hanspeter Fischer, Die Egglers – eine Feldmesserfamilie aus Wolfegg, in: Im Oberland. Kultur, Geschichte, Natur. Beiträge aus Oberschwaben und dem Allgäu (2014), Heft 1, S. 29–33.

Hanspeter Fischer, Eine Karte des Bodensees aus dem Jahr 1706, in: Schriften des Vereins für Geschichte des Bodensees und Seiner Umgebung 134 (2016), S. 61–66.

Anne Fuchs/Theo Harden (Hg.), Reisen im Diskurs. Modelle der literarischen Fremderfahrung von den Pilgerberichten bis zur Postmoderne. Tagungsakten des internationalen Symposions zur Reiseliteratur University College Dublin vom 10.–12. März 1994 (Neue Bremer Beiträge 8), Heidelberg 1995.

Andreas Gestrich/Rainer Lächele (Hg.), Johann Jacob Moser: Politiker, Pietist, Publizist (Südwestdeutsche Persönlichkeiten), Karlsruhe 2002.

Jürg Glauser/Christian Kiening (Hg.), Text – Bild – Karten. Kartographien der Vormoderne, Freiburg i. Breisgau u. a. 2007.

Eberhard Gönner, Oberschwaben. Eine historische Untersuchung über Namen und Begriff, in: Ulm und Oberschwaben. Zeitschrift für Geschichte und Kultur 36 (1962), S. 7–18.

Frank Göttmann, Getreidemarkt am Bodensee. Raum – Wirtschaft – Politik – Gesellschaft (1650–1810) (Beiträge zur südwestdeutschen Wirtschafts- und Sozialgeschichte 13), St. Katharinen 1991.

Axel Gotthard, In der Ferne. Die Wahrnehmung des Raumes in der Vormoderne, Frankfurt am Main 2007.

Gunther Gottlieb u. a. (Hg.), Geschichte der Stadt Augsburg von der Römerzeit bis zur Gegenwart, Stuttgart, 2. durchgesehene Aufl. 1984.

Hermann Grees, Sozialstruktur, Agrarreform, Vereinödung in Oberschwaben. Beispiele aus dem Kloster Ochsenhausen, in: Bernhard Mohr (Hg.), Räumliche Strukturen im Wandel, Festschrift für Wolf-Dieter Schick (Alemannisches Jahrbuch 1989/90), Freiburg i. Breisgau, S. 55–81.

Hermann Grees, Aus der Geschichte von Mittelbuch, in: Herold (Hg.), Ochsenhausen, S. 651–691.

Hermann Grees, Siedlung und Sozialstrukturen im Gebiet des Klosters Ochsenhausen bis zum Ende der Klosterzeit, in: Herold (Hg.), Ochsenhausen, S. 139–214.

Wolfgang Griep/Hans-Wolf Jäger (Hg.), Reise und soziale Realität am Ende des 18. Jahrhunderts (Neue Bremer Beiträge 1), Heidelberg 1983.

Günter Grünsteudel/Günther Hägele/Rudolf Frankenberger (Hg.), Augsburger Stadtlexikon, Augsburg, 2. völlig neu bearb. Aufl. 1998.

Stephan Günzel (Hg.), Raumwissenschaften, Frankfurt am Main 2009.

Stephan Günzel, Raum. Ein interdisziplinäres Handbuch, Stuttgart 2010.

Roland Häberlein/Jürgen Hagel, Die Schmitt'sche Karte von Südwestdeutschland 1 : 57.600 – Erläuterungen, hg. vom Landesvermessungsamt Baden-Württemberg (LGL), Stuttgart 1987.

Gabriele Haug-Moritz, Öffentlichkeit und „gute Policey". Der Landschaftskonsulent Johann Jacob Moser als Publizist, in: Gestrich/Lächele (Hg.), Johann Jacob Moser, S. 27–40.

André Heck/Jean-Pierre Beck, La Tour de l'Hôpital de Strasbourg. Un observatoire astronomique? In: Cahiers alsaciens d'archéologie, d'art et d'histoire (Société pour la Conservation des Monuments Historique d'Alsace 52), Strasbourg 2009, S. 129–138.

Klaus Heitmann, Girolamo Porto unterwegs in Bayern und Österreich. Ein unediterter italienischer Reisebericht aus den Jahren 1709/10, in: Johannes Kramer/Guntram A. Planegg (Hg.), Verbum Romanicum. Festschrift für Maria Iliescu (Romanistik in Geschichte und Gegenwart 28), Hamburg 1993, S. 355–376.

Klaus Heitmann, Das italienische Deutschlandbild in seiner Geschichte, Bd. 1: Von den Anfängen bis 1800 (Studia Romanica 114), Heidelberg 2003.

Mark Hengerer/Elmar L. Kuhn/Peter Blickle (Hg.), Adel im Wandel. Oberschwaben von der Frühen Neuzeit bis zur Gegenwart, 2 Bde. und Ausstellungskatalog, Ostfildern 2006.

Heinz Henke, Wohngemeinschaften unter deutschen Kirchendächern. Die simultanen Kirchenverhältnisse in Deutschland – eine Bestandsaufnahme, Leipzig 2008.

Lutz Dietrich Herbst, Ausgebaute Fließgewässer des Mittelalters und der Frühen Neuzeit in Oberschwaben als Lernfelder der historischen Geographie (Weingartener Hochschulschriften 17), Weingarten 1992.

Lutz Dietrich Herbst, Der Krummbach von Ochsenhausen. Benediktinische Wasserbewirtschaftung der Spitzenklasse, in: BC 20 (1997), Heft 1, S. 13–27.

Nicole Herbst, Das Verhältnis der Konfessionen in Ravensburg untersucht anhand der Seelen und Häuserbeschriebs von 1789, in: Schmauder (Hg.), Hahn und Kreuz, S. 127–142.

Senta Herkle, Reichsstädtisches Zunfthandwerk. Sozioökonomische Strukturen und kulturelle Praxis der Ulmer Weberzunft (1650–1800) (Forschungen zur Geschichte der Stadt Ulm 34), Ulm/Stuttgart 2014.

Max Herold (Hg.), Ochsenhausen. Von der Benediktinerabtei zur oberschwäbischen Landstadt, Weißenhorn 1994.

Michael Hesemann, Maria von Nazareth – Geschichte, Archäologie, Legenden, Augsburg 2012.

Thomas Hölz, Krummstab und Schwert. Die Liga und die geistlichen Reichsstände Schwabens 1609–1635. Zugleich ein Beitrag zur strukturgeschichtlichen Erforschung des deutschen Südwestens in der Frühen Neuzeit (Schriften zur südwestdeutschen Landeskunde 31), Leinfelden-Echterdingen 2001.

Jirí Hönes, Flurnamenlexikon für Baden-Württemberg, Stuttgart-Untertürkheim 2011.

Peter Hoffmann, Anton Friedrich Büsching (1724–1793). Ein Leben im Zeitalter der Aufklärung, Berlin 2000.

Thomas Horst, Die älteren Manuskriptkarten Altbayerns. Eine kartographische Studie zum Augenscheinplan unter besonderer Berücksichtigung der Kultur- und Klimageschichte, München 2008.

Thomas Horst, Historische Aspekte der Kemptner Vereinödung – Zur Geschichte einer Vorform der Flurbereinigung in der Frühen Neuzeit, in: Zeitschrift für Geodäsie, Geoinformation und Landmanagement (zfv) 140 (2015), Heft 1, S. 27–32.

Nicole Horvarth, Ravensburg zwischen Reichsfrieden und Konfessionskonflikt 1648–1802 (Oberschwaben – Geschichte und Kultur 17), Epfendorf 2013.

Hubert Hosch, Adel, Künstler und Kunst zwischen Tradition und Fortschritt. Mentalitätsgeschichtliche Streifzüge im Schwäbischen Kreis am Ende des „Alten Reiches", in: Hengerer/Kuhn/Blickle (Hg.), Adel im Wandel, Bd. 2, S. 715–734.

Friedrich Huttenlocher, Vom Werdegang einer oberschwäbischen Kulturlandschaft, in: Alemannisches Jahrbuch 1954, S. 167–187.

Hans-Wolf Jäger (Hg.), Europäisches Reisen im Zeitalter der Aufklärung (Neue Bremer Beiträge 7), Heidelberg 1992.

Hans-Jürgen Kahlfuss, Geschichte der amtlichen Kartographie der Herrschaft Schmalkalden (Hessische Forschungen zur geschichtlichen Landes- und Volkskunde 38), Kassel 2001.

Alfons Kasper, Das Prämonstratenser-Stift Schussenried. Bau- und Kunstgeschichte, Teil 2: Das alte und neue Kloster, der Klosterort Schussenried mit Filialkapellen, Schussenried 1960.

Lioba Keller-Drescher, Landesbeschreibung als Wissensformat – Ansätze zu einer vergleichbaren Analyse, in: Reinhard Johler/Joseph Wolf (Hg.), Beschreiben und Vermessen: Raumwissen in der östlichen Habsburgermonarchie im 18. und 19. Jahrhundert, Berlin 2011.

Lioba Keller-Drescher, Das Statistisch-topographische Bureau als Transaktionsraum ethnographischen Wissens, in: Gunhild Berg/Borbala Zsuzsanna Török/Marcus Twellmann (Hg.), Berechnen/Beschreiben. Praktiken statistischen (Nicht-)Wissens 1750–1850 (Historische Forschungen 104), Berlin 2015, S. 79–95.

Rolf Kiessling, Ländliches Gewerbe im Sog der Proto-Industrialisierung? Ostschwaben als Textillandschaft zwischen Spätmittelalter und Moderne, in: Jahrbuch für Wirtschaftsgeschichte 2 (1998), S. 49–78.

Wolfgang Kioscha/Ingo Frhr. von Stillfried, Vermessungstechnik. Die Sammlung Abteilung 22, in: Gerhard Langemeyer/Wolfgang Kioscha (Hg.), Museumshandbuch, hg. im Auftrag des Föderkreises Vermessungstechn. Museum e.V. für das Museum für Kunst und Kulturgeschichte der Stadt Dortmund, Dortmund 2003.

Hans Klaiber, Stift und Stiftskirche zu Buchau (Deutsche Kirchenführer 36), Augsburg 1929.

Gregor Klaus/Gebhard Spahr/Thomas Stump, Weingarten. 900 Jahre Kloster, Weingarten 1956.

Ehrenfried Kluckert, Gartenkunst des Barock, in: Rolf Toman (Hg.), Die Kunst des Barock. Architektur, Skulptur, Malerei, Königswinter 2004, S. 152–161.

Ulrich Knapp, Schlossbauten der oberschwäbischen Adels im 18. Jahrhundert. Heimische Baumeister und „welsche Manier", in: Hengerer/Kuhn/Blickle (Hg.), Adel im Wandel, Bd. 2, S. 677–700.

Ulrich Knapp, Die gemessene Landschaft, in: Ders./Marion Jaklin Lakt (Hg.), Salem. Ein Kloster gestaltet eine Landschaft. Begleitband zur Ausstellung des Kulturamtes Bodenseekreis und der Staatlichen Schlösser und Gärten Baden-Württemberg in Schloss Salem 2009, Tettnang 2009, S. 78–85.

Ulrich Knapp, Auf den Spuren der Mönche. Bauliche Zeugen der Zisterzienserabtei Salem zwischen Neckar und Bodensee, Regensburg 2009.

Ulrich Knapp, Das Neue Schloss in Meersburg in der ersten Hälfte des 18. Jahrhunderts, in: Mueller (Hg.), Neues Schloss Meersburg 1712–2012, S. 27–33.

Martin Knoll, Die Natur der menschlichen Welt. Siedlung, Territorium und Umwelt in der historisch-topografischen Literatur der Frühen Neuzeit, Bielefeld 2013.

Gerhard Köbler, Historisches Lexikon der deutschen Länder. Die deutschen Territorien und reichsunmittelbaren Geschlechter vom Mittelalter bis zur Gegenwart, München ^{6}1999.

Hubert Kohler (Hg.), Bad Schussenried. Geschichte einer oberschwäbischen Klosterstadt. Festschrift zur 800-Jahrfeier der Gründung des Prämonstratenserstifts, Sigmaringen 1983.

Daniel Krämer, Menschen grasten nun mit dem Vieh. Die letzte grosse Hungerkrise der Schweiz 1816/17 (Veröff. der Abteilung für Wirtschafts-, Sozial- und Umweltgeschichte am Historischen Institut der Universität Bern (WSU) 04), Basel 2015.

Boris Ilich Krasnobaev/Gert Robel/Herbert Zeman (Hg.), Reisen und Reisebeschreibungen im 18. und 19. Jahrhundert als Quellen der Kulturbeziehungsforschung (Studien zur Geschichte der Kulturbeziehungen in Mittel- und Osteuropa 6), Berlin 1980.

Andreas Kraus, Wissenschaftliches Leben, in: Spindler/Kraus (Hg.), Handbuch der bayerischen Geschichte, Bd. III,2, S. 629–671.

Hildegard Kretschmer, Lexikon der Symbole und Attribute in der Kunst, Stuttgart 2011.

Ingrid Kretschmer (Bearb.), Lexikon zur Geschichte der Kartographie. Von den Anfängen bis zum Ersten Weltkrieg, 2 Bde., Wien 1986.

Siegried Krezdorn, Vom Klosterterritorium zum Stadtgebiet, in: Kohler (Hg.), Bad Schussenried, S. 63–118.

Wilhelm Kühlmann, Lektüre für den Bürger. Eigenart und Vermittlungsfunktion der polyhistorischen Reihenwerke Martin Zeillers (1589–1661), in: Wolfgang Brückner/Peter Blickle/Dieter Breuer (Hg.), Literatur und Volk im 17. Jahrhundert, Bd. 2, Wiesbaden 1985, S. 917–934.

Thaddäus Küppers, Das Heilige Haus von Loreto, Regensburg 1994.

Elmar L. Kuhn, „Das Augenmerk auf die Erlangung der ganzen Grafschaft Montfort zu richten". Das Ende der Grafen von Montfort, in: Hengerer/Kuhn/Blickle (Hg.), Adel im Wandel, Bd. 1, S. 213–228.

Maren Kuhn-Rehfus, Das Zisterzienserinnenkloster Wald (Germania Sacra, NF 30: Die Bistümer der Kirchenprovinz Mainz. Das Bistum Konstanz 3), Berlin/New York 1992.

Achim Landwehr, Kulturgeschichte, Stuttgart 2009.

Achim Landwehr/Stefanie Stockhorst, Einführung in die Europäische Kulturgeschichte, Paderborn u. a. 2004.

Iris Lauterbach, Der europäische Landschaftsgarten, ca. 1710–1800, in: Europäische Geschichte Online (EGO), hg. vom Leibniz-Institut für Europäische Geschichte (IEG), Mainz 2012-11-29 (2012), http://nbn-resolving.de/urn:nbn:de:0159-2012112916 (aufgerufen am 7. 8. 2023).

Libri sapientiae – libri vitae. Von nützlichen und erbaulichen Schriften. Schätze der ehemaligen Bibliothek der Benediktiner-Reichsabtei Ochsenhausen. Handschriften, Inkunabeln, Frühdrucke, Bücher vom 9. bis 18. Jahrhundert, bearb. von Birgit Dietrich u. a., Ochsenhausen 1993

Martina Löw, Raumsoziologie, Frankfurt am Main [10]2019.

Bernhard Losch, Steinkreuze in Südwestdeutschland. Gestalt, Verbreitung, Geschichte und Bedeutung im volkstümlichen Leben (Volksleben 19), Magstadt 1968.

Konstantin Maier, Die Diskussion um Kirche und Reform im Schwäbischen Reichsprälatenkollegium zur Zeit der Aufklärung, Wiesbaden 1978.

Konstantin Maier, Bildung und Wissenschaft im Kloster Ochsenhausen, in: Herold (Hg.), Ochsenhausen, S. 299–315.

Fritz Maier, Friedrichshafen Heimatbuch, Bd. 1: Die Geschichte der Stadt bis zum Beginn des 20. Jahrhunderts, Friedrichshafen 1983.

Wolfgang Martens, Ein Bürger auf Reisen, in: Bernhard Fabian (Hg.), Friedrich Nicolai (1733–1811). Essays zum 250. Geburtstag, Berlin 1983, S. 99–123.

Peter Mašek, Die benediktinische Klosterbibliothek Ochsenhausen, in: Libri sapientiae – libri vitae, S. 48–57.

Esteban Mauerer, Südwestdeutscher Reichsadel im 17. und 18. Jahrhundert. Geld, Reputation, Karriere: das Haus Fürstenberg (Schriftenreihe der Historischen Kommission bei der Bayerischen Akademie der Wissenschaften 66), Göttingen 2001.

Esteban Mauerer, Das Haus Fürstenberg im späten 17. und 18. Jahrhundert. Karriere-

wege, Fürstenstand und Staatlichkeit, in: Hengerer/Kuhn/Blickle (Hg.), Adel im Wandel, Bd. 1, S. 319–332.
Michael Maurer, Die pädagogische Reise. Auch eine Tendenz der Reiseliteratur in der Spätaufklärung, in: Jäger (Hg.), Europäisches Reisen, S. 54–70.
Michael Maurer (Hg.), Neue Impulse der Reiseforschung (Aufklärung und Europa), Berlin 1999.
Michael Maurer, Reisen interdisziplinär – Ein Forschungsbericht in kulturgeschichtlicher Perspektive, in: Ders. (Hg.), Neue Impulse der Reiseforschung, S. 287–410.
Johannes May, Bibliothekssaal Schussenried. Kleinod des Rokoko und geistvoller Bilderkosmos, Bad Buchau 1991.
Johannes May, Die himmlische Bibliothek im Prämonstratenserkloster Schussenried (Marbacher Magazin, Sonderheft 87), Marbach am Neckar [2]2000.
Meersburger Spuren. Von Fürstbischöfen und Winzern, von Minnesängern und Lausbuben, von Wetterfahnen und Seeschlangen, hg. vom Museumsverein Meersburg, Friedrichshafen 2007.
Eberhard Merk, Karten des Klosters und des Fürstentums Ochsenhausens im Hauptstaatsarchiv Stuttgart, in: Heimatkundliche Blätter für den Kreis Biberach 27 (2004), S. 19–30.
Dieter Messerschmid, Der Salzhandel in Buchhorn, in: Friedrichshafener Jahrbuch für Geschichte und Kultur 1 (2007), S. 46–73.
Peter H. Meurer, Die Deutschland-Karte des Straßburger Mathematikers Julius Reichelt (etwa 1680), in: Speculum Orbis. Zeitschrift für alte Kartographie und Vedutenkunde 2 (1986), S. 97–102.
Elmar Mittler/Inka Tappenbeck (Hg.), Weltbild – Kartenbild. Geographie und Kartographie in der frühen Neuzeit. Ausstellung aus den Beständen der Niedersächsischen Staats- und Universitätsbibliothek Göttingen, Paulinerkirche, histori. Gebäude der SUB, 24. 2.–7. 4. 2002 (Göttinger Bibliotheksschriften 19), bearb. von Mechthild Schüler, Göttingen 2002.
Jean Mondot (Hg.), Anselmus Rabiosus Reise durch Oberdeutschland, München 1988.
Hans-Dieter Mück, Kloster- und Bibliotheksvisitationen 1760–1805, in: Libri sapientiae – libri vitae, S. 58–75.
Carla Mueller (Hg.), Neues Schloss Meersburg 1712–2012. Die bewegte Geschichte der Residenz – Von den Fürstbischöfen bis heute (Staatliche Schlösser und Gärten Baden-Württemberg), Regensburg 2013, S. 19–25.
Diethard Nowak, Kleindenkmale in den Meersburger Landen. Wegkreuze, Heiligenfiguren, Gedenkstätten, Grenzsteine, Meersburg [2]2014.
Peter Nowotny, Vereinödung im Allgäu und in den angrenzenden Gebieten, Kempten i. Allgäu 1984.
Gerd Friedrich Nüske, Reichskreise und Schwäbische Kreisstände um 1800, in: Historischer Altas von Baden-Württemberg (1978), Beiwort VI, 9.
Ruthardt Oehme, Die Geschichte der Kartographie des deutschen Südwestens (Arbeiten zum historischen Atlas von Südwestdeutschland 3), Konstanz/Stuttgart 1961.
Ruthardt Oehme, Der deutsche Südwesten im Bild alter Karten, Konstanz/Stuttgart 1961.
Ruthardt Oehme, Tübinger Gelehrte als Kartographen, in: Alemannisches Jahrbuch 1976/78, S. 267–286.
Ruthardt Oehme, Eberhard David Hauber (1695–1765). Ein schwäbisches Gelehrtenleben, Stuttgart 1976.
Vadim Oswald, Wie Geschichte zweidimensional wird. Aus der Werkstatt eines Autoren, in: Dipper/Schneider (Hg.), Kartenwelten, S. 26–41.
Martin Ott, Salzhandel in der Mitte Europas. Raumorganisation und wirtschaftliche Außenbeziehungen zwischen Bayern, Schwaben und der Schweiz 1750–1815 (Schriftenreihe zur bayerischen Landesgeschichte 165), München 2013.
Ernst Pitz, Landeskulturtechnik, Markscheide- und Vermessungswesen im Herzogtum Braunschweig bis zum Ende des 18. Jahrhunderts, Göttingen 1967.
Volker Press, Im Banne Österreichs, Herrschaftsgeschichte der heutigen Gemeinde Warthausen, in: Warthausen – Birkenhard – Höfen, hg. von der Gemeinde Warthausen, Biberach an der Riß 1985.

Franz Quarthal, Landstände und landständisches Steuerwesen in Schwäbisch-Österreich (Schriften zur südwestdeutschen Landeskunde 16), Stuttgart 1980.

Franz Quarthal, Historisches Bewusstsein und politische Identität. Mittelalterliche Komponenten im Selbstverständnis Oberschwabens, in: Peter Eitel/Elmar L. Kuhn (Hg.), Oberschwaben. Beiträge zu Geschichte und Kultur, Konstanz 1995, S. 15–99.

Franz Quarthal, Oberschwaben als Region des kulturellen Gedächtnisses, in: Rolf Kiessling/Dietmar Schiersner (Hg.), Erinnerungsorte in Oberschwaben (Forum Suevicum 8), Konstanz 2009, S. 27–60.

Franz Quarthal/Georg Wieland, Die Behördenorganisation Vorderösterreichs von 1753–1805, Bühl 1977.

Gabriele Recker, Prozesskarten in den Reichskammergerichtsakten. Ein methodischer Beitrag zur Erschließung und Auswertung einer Quellengattung, in: Anette Baumann u. a. (Hg.), Prozessakten als Quelle. Neue Ansätze zur Erforschung der höchsten Gerichtsbarkeit im Alten Reich (Quellen und Forschungen zur Höchsten Gerichtsbarkeit im Alten Reich 37), Köln u. a., S. 165–182.

Armgard von Reden-Dohna, Weingarten und die schwäbischen Reichsklöster, in: Anton Schindling (Hg.), Die Territorien des Reichs im Zeitalter der Reformation und Konfessionalisierung, Bd. 5: Der Südwesten (Katholisches Leben und Kirchenreform im Zeitalter der Glaubensspaltung 53), Münster 1993, S. 233–254.

Armgard von Reden-Dohna, Reichsstandschaft und Klosterherrschaft. Die schwäbischen Reichsprälaten im Zeitalter des Barock (Vorträge des Instituts für Europäische Geschichte Mainz 78), Wiesbaden 1982.

Joachim Rees/Winfried Siebers, Erfahrungsraum Europa. Reisen politischer Funktionsträger des Alten Reichs 1750–1800 (Aufklärung und Europa 18), Berlin 2005.

Maren Rehfus, Das Zisterzienserinnenkloster Wald: Grundherrschaft, Gerichtsherrschaft und Verwaltung (Arbeiten zur Landeskunde Hohenzollerns 9), Sigmaringen 1971.

Frank Reichert, Anfänge der preußischen Katastervermessung im Herzogtum Magdeburg 1720–1726, in: Zeitschrift für das Öffentliche Vermessungswesen des Landes Sachsen-Anhalt (LSA VERM) 2016, Heft 1, S. 57–70.

Rudolf Reinhard (Hg.), Reichsabtei St. Georg in Isny 1096–1802. Beiträge zu Geschichte und Kunst des 900jährigen Benediktinerklosters, Weißenhorn 1996.

Rudolf Reinhard, Ein Überblick über die Geschichte der Abtei Isny, in: Ders. (Hg.), Reichsabtei St. Georg in Isny, S. 13–37.

Rudolf Reinhard, Die Benediktinerabtei St. Georg in Isny im Spannungsfeld zwischen geistlichem Anspruch und weltlicher Macht, in: Ders. (Hg.), Reichsabtei St. Georg in Isny, S. 113–126.

Sabrina-Simone Renz, Johann Jacob Mosers staatsrechtlich-politische Vorstellungen: „Niemals war je eine so merkwürdige Zeit, niemals ein solcher Kampf zwischen Finsternis und Licht, Vernunft und Glauben Natur und Gnade", Würzburg 1998.

Jürgen Richter, Der Niedergang der Reichserbtruchsessen von Waldburg-Friedberg-Scheer im 17. und 18. Jh., in: Zeitschrift für Hohenzollerische Geschichte 26 (1990), S. 165–232.

Andrea Riotte, Diese so oft beseufzte Parität. Biberach 1649–1825: Politik – Konfession – Alltag (Veröff. der Kommission für geschichtliche Landeskunde in Baden-Württemberg, Reihe B: Forschungen 213), Stuttgart 2017.

Michael Ritter, Die Augsburger Landkartenverlage Seutter, Lotter und Probst, in: Cartographica Helvetica 25 (2002), S. 2–10.

Michael Ritter, Die Welt aus Augsburg. Landkarten von Tobias Conrad Lotter (1717–1777) und seinen Nachfolgern, Katalog zur Ausstellung Schaezlerpalais Augsburg 2014, Berlin 2014.

Bernd Roeck, Geschichte Augsburgs, München 2005.

Andreas Rutz, Ego-Dokument oder Ich-Konstruktion? Selbstzeugnisse als Quellen zur Erforschung des frühneuzeitlichen Menschen, in: zeitenblicke 1 (2002), Nr. 2 [20. 12. 2002], http://www.zeitenblicke.historicum.net/2002/02/rutz/index.html (aufgerufen am 7. 8. 2023).

Andreas Rutz, Doing territory. Politische Räume als Herausforderung für die Landesgeschichte nach dem ‚spatial turn', in: Sigrid Hirbodian/Christian Jörg/Sabine Klapp (Hg.), Methoden und Wege der deutschen Landesgeschichte, (Landesgeschichte 1), Ostfildern 2015, S. 95–110.

Andreas Rutz, Die Beschreibung des Raums. Territoriale Grenzziehungen im Heiligen Römischen Reich (Norm und Struktur 47), Köln u. a. 2018.

Giuseppe Santarelli, Loreto im Glauben, in der Geschichte und in der Kunst, Pescara 1990.

Meinrad Schaab, Siedlung, Gesellschaft, Wirtschaft von der Stauferzeit bis zur Französischen Revolution, in: Ders./Hansmartin Schwarzmaier (Hg.), Handbuch der Baden-Württembergischen Geschichte, Bd. 1: Allgemeine Geschichte, Teil 2: Vom Spätmittelalter bis zum Ende des Alten Reiches, Stuttgart 2001, S. 457–586.

Meinrad Schaab u. a., Der Besitz der südwestdeutschen Zisterzienserabteien um 1340/50, in: Historischer Atlas von Baden-Württemberg (HABW), Beiwort zur Karte 8,4, S. 1–17. https://www.leo-bw.de/media/kgl_atlas/current/delivered/pdf/HABW_8_4.pdf (aufgerufen am 7. 8. 2023).

Alfons Schäfer, Ein unbekannter Atlas der Territorien des Schwäbischen Kreises von Jacques de Michal aus der ersten Viertel des 18. Jh., in: Zeitschrift für Württembergische Landesgeschichte 26 (1967), S. 354–370.

Christoph Schäfer, Das Simultaneum. Ein staatskirchenrechtliches, politisches und theologisches Problem des Alten Reiches (Europäische Hochschulschriften, Reihe 2: Rechtswissenschaft 1787), Frankfurt am Main u. a.

Anton Scheffold, Die Stiftskirche in Bad Buchau am Federsee, Bad Buchau 1982.

Karl Schlögel, Im Raum lesen wir die Zeit. Über Zivilisationsgeschichte und Geopolitik, Frankfurt am Main [4]2011.

Daniel Schlögl, Der planvolle Staat. Raumerfassung und Reformen in Bayern 1750–1800 (Schriftenreihe zur Bayerischen Landesgeschichte 138), München 2002.

Andreas Schmauder (Hg.), Hahn und Kreuz. 450 Jahre Parität in Ravensburg (Historische Stadt Ravensburg 4), Konstanz 2005.

Alois Schneider, Biberach an der Riß (Archäologischer Stadtkataster Baden-Württemberg 7), Filderstadt 2000.

Ute Schneider, Die Macht der Karten. Eine Geschichte der Kartographie vom Mittelalter bis heute, Darmstadt [2]2009.

Matthias Schnettger, Der Spanische Erbfolgekrieg. 1701–1713/14, München 2014.

Klaus Schreiner, Geschichtsschreibung und historische Tradition in Oberschwaben. Eine Landschaft auf der Suche nach ihrer Identität, in: Blickle (Hg.), Politische Kultur, S. 43–70.

Eckart Schremmer, Handel und Gewerbe zur Zeit des Merkantilismus, in: Spindler/Kraus (Hg.), Handbuch der bayerischen Geschichte, Bd. III,2, S. 570–589.

Hans-Dietrich Schultz, Räume sind nicht, Räume werden gemacht. Zur Genese „Mitteleuropas" in der deutschen Geographie, in: Europa regional 5 (1997), S. 2–14.

Winfried Schulze (Hg.), Ego-Dokumente. Annäherung an den Menschen in der Geschichte (Selbstzeugnisse der Neuzeit 2), Berlin 1996.

Anke Sczesny, Zwischen Kontinuität und Wandel. Ländliches Gewerbe und ländliche Gesellschaft im Ostschwaben des 17. und 18. Jahrhunderts (Oberschwaben. Forschungen zu Landschaft, Geschichte und Kultur 7), Epfendorf 2002.

Wolf-Dieter Sick, Die Vereinödung im nördlichen Bodenseegebiet, in: Württembergisches Jahrbuch für Statistik und Landeskunde 1951/52, S. 81–105.

Winfried Siebers, Beobachtung und Räsonnement. Typen, Beschreibungsformen und Öffentlichkeitsbezug der frühaufklärerischen Gelehrtenreise, in: Jäger (Hg.), Europäisches Reisen, S. 16–34.

Winfried Siebers, Bildung auf Reisen. Bemerkungen zur Peregrinatio academica, Gelehrten- und Gebildetenreise, in: Maurer (Hg.), Neue Impulse der Reiseforschung, S. 177–188.

Alberich Siwek, Die Zisterzienserabtei Salem. Der Orden, das Kloster, seine Äbte, hg. an-

läßlich der Gründung des Klosters vor 850 Jahren, Sigmaringen 1984.
Stefan Smid, Der Spanische Erbfolgekrieg. Geschichte eines vergessenen Weltkriegs (1701–1714), Köln u. a. 2011.
Max Spindler/Andreas Kraus (Hg.), Handbuch der bayerischen Geschichte, Bd. III,2: Geschichte Schwabens bis zum Ausgang des 18. Jahrhunderts, München, 3. neu bearb. Aufl. 2001.
Wolfgang Hans Stein, Die Kataster- und Matrikelbestände der Grundsteuer in den deutschen Territorialstaaten des Alten Reichs in der frühen Neuzeit, in: Archivalische Zeitschrift 86 (2004), S. 151–197.
Martina Stercken, Repräsentation, Verortung und Legitimation von Herrschaft. Karten als politische Medien im Spätmittelalter und in der Frühen Neuzeit, in: Dies./Alexander Halle (Hg.), Wilhelm Dilich. Landtafeln hessischer Ämter zwischen Rhein und Weser 1607–1625, Kassel 2011, S. 37–51.
Martina Stercken, Herrschaft verorten, in: Ingrid Baumgärtner/Martina Stercken (Hg.), Herrschaft verorten. Politische Kartographie im Mittelalter und in der Frühen Neuzeit (Medienwandel – Medienwechsel – Medienwissen 19), Zürich 2012, S. 9–24.
Peter Steuer, Der Oberamtsbezirk Altdorf. Territorial- und Verwaltungsgeschichte, in: Schriften des Vereins für Geschichte des Bodensees und seiner Umgebung 114 (1996), S. 17–48.
Ute Stöbele, Zwischen Kloster und Welt. Die Aufhebung südwestdeutscher Frauenklöster unter Kaiser Joseph II. (Stuttgarter Historische Forschungen 1), Köln 2005.
Albert Tanner, Korn aus Schwaben – Tuche und Stickereien für den Weltmarkt. Die appenzellische Wirtschaft und die interregionale Arbeitsteilung im Bodenseeraum. 15.–19. Jahrhundert, in: Peter Blickle/Peter Witschi (Hg.), Appenzell – Oberschwaben. Begegnungen zweier Regionen in sieben Jahrhunderten, Konstanz 1997, S. 283–307.
Bernhard Theil, Das (freiweltliche) Damenstift Buchau am Federsee (Germania Sacra, NF 30: Die Bistümer der Kirchenprovinz Mainz. Das Bistum Konstanz 4), Berlin/New York 1994.
Manfred Thierer (Hg.), Lust auf Barock. Himmel trifft Erde in Oberschwaben, Lindenberg 2002.
Manfred Thierer, Barocke Kulturlandschaft um Wolfegg, in: Ders. (Hg.), Lust auf Barock, S. 170–173.
Manfred Thierer, Symbole am Weg – Arma-Christi-Kreuze im Westallgäu, in: Wolfegger Blätter 1/2006, S. 1–9.
Wolfgang Torge, Geschichte der Geodäsie in Deutschland, Berlin [2]2009.
Hans von Trotha, Angenehme Empfindungen. Medien einer populären Wirkungsästhetik im 18. Jahrhundert vom Landschaftsgarten bis zum Schauerroman, München 1999.
Hans von Trotha, Der Englische Garten. Eine Reise durch seine Geschichte, Berlin 1999.
Hans von Trotha, Garten-Kunst. Auf der Suche nach dem verlorenen Paradies, Berlin 2012.
Hermann Tüchle, Die Gemeinschaft der Weißen Mönche in Schussenried, in: Kohler (Hg.), Bad Schussenried, S. 29–60.
Hermann Tüchle/Adolf Schahl/Joachim Feist, 850 Jahre Rot an der Rot. Geschichte und Gestalt. Neue Beiträge zur Kirchen- u. Kunstgeschichte der Prämonstratenser-Reichsabtei, Sigmaringen 1976.
Barney Warf/Santa Arias (Hg.), The Spatial Turn. Interdisciplinary Perspectives (Routledge Studies in Human Geography 26), London/New York 2009.
Friedrich von Weech, Römische Prälaten am deutschen Rhein: 1761–1764, in: Neujahrsblätter der Badischen Historischen Kommission NF 1 (1898), S. 1–80.
Hans-Georg Wehling, Barock – bäuerliches Oberschwaben. Elemente einer politischen Kultur, in: Ders. (Hg.), Regionale politische Kultur, Stuttgart 1985, S. 130–145.
Hans-Georg Wehling, Oberschwaben (Schriften zur politischen Landeskunde Baden-Württemberg 24), Stuttgart 1995.
Hans-Georg Wehling (Hg.), Die deutschen Länder. Geschichte, Politik, Wirtschaft, Opladen 2000.
Michael Wenger, Neues Schloss Meersburg mit seinen Sammlungen und das Droste-Museum im Fürstenhäusle, München/Berlin 2000.

Daniel Wesely, Steuerreform und Katasterkartographie im Fürstentum Fürstenberg im 18. Jahrhundert (Europäische Hochschulschriften, Reihe 3: Geschichte und ihre Hilfswissenschaften 665), Frankfurt am Main u.a. 1995.

Bertold Widemann, Die Verfassung und Verwaltung der Stadt Meersburg in der Zeit vom 16. bis zum 18. Jahrhundert, München 1958.

Bernd Wiedmann (Hg.), Die Grafen von Montfort. Geschichte und Kultur (Kunst am See 8), Friedrichshafen 1982.

Georg Wieland (Red.), Buchhorn, Hofen und Friedrichshafen in alten Abbildungen: 1150 Jahre Buchhorn, 900 Jahre Kloster Hofen, Friedrichshafen 1988.

Peter H. Wilson, Johann Jacob Moser und die württembergische Politik, in: Gestrich/Lächele (Hg.), Johann Jacob Moser, S. 1–25.

Richard Winkler, Die Landschaft im Bild handgezeichneter Karten aus vier Jahrhunderten, in: Günther Dippold (Hg.), Im Oberen Maintal auf dem Jura an Rodach und Itz, zum 150jährigen Geschäftsjubiläum d. Kreissparkasse Lichtenfels, Lichtenfeld 1990, S. 15–68.

Karl Wolfart, Die Patriziergesellschaft zum Sünfzen in Lindau, in: Schriften des Vereins für Geschichte des Bodensees und seiner Umgebung 32 (1903), S. 3–23.

Wolfgang Wüst, Das inszenierte Hochgericht. Staatsführung, Repräsentation und blutiges Herrschaftszeremoniell in Bayern, Franken und Schwaben, in: Konrad Ackermann/Alois Schmid/Wilhelm Volkert (Hg.), Bayern vom Stamm zum Staat. Festschrift für Andreas Kraus zum 80. Geburtstag, Bd. 1 (Schriftenreihe zur bayerischen Landesgeschichte 140), München 2002, S. 273–300.

Wolfgang Wüst, Pläne zur Staatswerdung – Karten als Medien zur illustrierten Machtfrage in der Frühmoderne, in: Blätter für deutsche Landesgeschichte 152 (2016), S. 281–304.

Bernd Wunder, Das Chausseestraßennetz des schwäbischen Kreises im 18. Jahrhundert, in: Zeitschrift für die Geschichte des Oberrheins 147 (1999), S. 515–535.

Bernd Wunder, Der Schwäbische Kreis, in: Peter Claus Hartmann (Hg.), Regionen in der frühen Neuzeit. Reichskreise im deutschen Raum, Provinzen in Frankreich, Regionen unter polnischer Oberhoheit. Ein Vergleich ihrer Strukturen, Funktionen und ihrer Bedeutung (Zeitschrift für historische Forschung, Beiheft 17), Berlin 1994, S. 23–39.

Andreas Zekorn, Zwischen Habsburg und Hohenzollern. Verfassungs- und Sozialgeschichte der Stadt Sigmaringen im 17. und 18. Jahrhundert, Sigmaringen 1996.

Andreas Zekorn, Geschichtsbild im Wandel. Das Verschwinden der österreichischen Vergangenheit Hohenzollern-Sigmaringens aus dem Hohenzollerischen Geschichtsbewusstsein nach 1806, in: Hengerer/Kuhn/Blickleq(Hg.), Adel im Wandel, Bd. 1, S. 377–398.

Wolfgang Zorn, Augsburg. Geschichte einer europäischen Stadt, Augsburg [4]2001.

Thomas Zotz, Die Formierung der Ministerialität, in: Die Salier und das Reich, Bd. 3: Gesellschaftlicher und ideengeschichtlicher Wandel im Reich der Salier, hg. von Stefan Weinfurter unter Mitarbeit von Hubertus Seibert, Sigmaringen 1991, S. 3–50.

Martin Zürn, Stillstand im Wandel oder Wandel im Stillstand? Waldburg und Habsburg im 18. Jahrhundert, in: Hengerer/Kuhn/Blickle (Hg.), Adel im Wandel, Bd. 1, S. 241–254.

Online

arch INFORM. Art. Kapelle auf dem ehemaligen Laienfriedhof des Klosters Salem, in: arch INFORM, https://deu.archinform.net/projekte/12386.htm#cite_ref-Knapp_2004_1-0 (aufgerufen am 7.8.2023).

Annette Baumann, Visuelle Evidenz – Manuskriptkarten, Genealogien und ihre Darstellungsmedien in ihrer Funktion als Beweismittel vor dem Reichskammergericht (1495–1806), Universität Gießen, Frühe Neuzeit, https://gepris.dfg.de/gepris/projekt/324472552?context=projekt&task=showDetail&id=324472552& (aufgerufen am 7.8.2023).

Blogus, http://www.blogus.de/index.html (07.08.2023). Papiermühlen, www.blogus.de/Pmuehlen.html (aufgerufen am 7.8.2023).

Eutiner Landesbibliothek, Reiseliteratur in der Eutiner Landesbibliothek, Abt. Reiseforschung, https://lb-eutin.kreis-oh.de/index.php?id=275 (aufgerufen am 7.8.2023).

Geoportal Baden-Württemberg des Landesvermessungsamtes LGL, https://www.geoportal-bw.de (aufgerufen am 20.2.2024).

Historischer Atlas von Baden-Württemberg (HABW), http://www.leo-bw.de/themen/historischer-atlas-von-baden-wurttemberg (aufgerufen am 7.8.2023).

Historisches Lexikon der Schweiz (HLS), https://hls-dhs-dss.ch/de/ (aufgerufen am 7.8.2023).

Kartographie-Projekt der Universität Stuttgart, Historisches Institut, Abt. Landesgeschichte: Raum, Zeit und Maß: Die historische Kartographie des deutschen Südwestens, Sabine Holtz, https://www.hi.uni-stuttgart.de/lg/forschung/kartographie/ (aufgerufen am 7.8.2023).

Klöster in Baden-Württemberg (Klöster-BW), https://www.kloester-bw.de/ (aufgerufen am 7.8.2023).

Landesmedienzentrum Baden-Württemberg. (LMZ BW). LMZ BW Sign. LMZ901897 (aufgerufen am 07.8.2023).

Landeskunde entdecken online (leo BW), https://www.leo-bw.de/ (aufgerufen am 7.8.2023).

Oberschwabenportal, http://www.oberschwaben-portal.de/ (aufgerufen am 7.8.2023).

RES – Regeste Ecclesiastica Salisburgensia, https://res.icar-us.eu/index.php?title=-Hauptseite&oldid=74593 (aufgerufen am 7.8.2023).

Staatliche Schlösser und Gärten Baden-Württemberg, https://www.schloesser-und-gaerten.de/ (aufgerufen am 7.8.2023).

Württembergische Kirchengeschichte Online (WKGO), https://www.wkgo.de/ (07.08.2023). Art. Gaum, Johann Ferdinand, https://www.wkgo.de/wkgosrc/pfarrbuch/cms/index/2383 (aufgerufen am 7.8.2023). Art. Schmidlin, Johann Christoph, https://www.wkgo.de/wkgosrc/pfarrbuch/cms/index/7325 (aufgerufen am 7.8.2023).

7.3 Abbildungsverzeichnis

Abb. 1	Peter Keck, erstellt mit QGIS 3.40, Geodaten © OpenStreetMap Contributors, S. 14
Abb. 2	Karte VI,13: Herrschaftsgebiete und Ämtergliederung in Südwestdeutschland 1790, bearb. von Gerd Friedrich Nüske und Joseph Kerkhoff nach Vorarbeiten von Helmut Kluge † (1987), in: Historischer Atlas von Baden-Württemberg, hg. von der Kommission für geschichtliche Landeskunde in Baden-Württemberg in Verbindung mit dem Landesvermessungsamt Baden-Württemberg, Stuttgart 1972–1988. S. 16f.
Abb. 3	© SLUB Dresden / Deutsche Fotothek, Geodaes. 44, S. 33
Abb. 4	Stadtarchiv Wangen im Allgäu, S. 35
Abb. 5	HStAS N 26 Nr. 21, S. 36
Abb. 6	HStAS N 11 Nr. 34, S. 37
Abb. 7	HStAS N 11 Nr. 34, S. 38
Abb. 8	StAS K I O/5, S. 38
Abb. 9	GLAK H Salem 2, S. 40
Abb. 10	GLAK H Salem 2, S. 41
Abb. 11	GLAK H Meersburg 1, S. 43
Abb. 12	GLAK H Meersburg 1, S. 45
Abb. 13	Städtische Sammlung Meersburg, S. 45
Abb. 14	StAS FAS K Nr. 21, S. 46f.
Abb. 15	StAS FAS K Nr. 21, S. 49
Abb. 16	HStA N 11 Nr. 194, S. 50
Abb. 17	GLAK H Fürstenberg-Heiligenberg 2, S. 58
Abb. 18	StAS Dep. 30/15 T 1 Nr. 590, S. 59
Abb. 19	StAS Dep. 30/15 T 1 Nr. 377, S. 62
Abb. 20	GLAK H Überlingen FN 9, S. 65
Abb. 21	StAS Dep. 30/15 T 1 Nr. 600, S. 66
Abb. 22	Dep. 30/15 T 1 Nr. 597, S. 70
Abb. 23	GLAK H-f 565, S. 72f
Abb. 24	HStAS N 34 Nr. 77, S. 74
Abb. 25	HStAS N 26 Nr. 25, S. 76f.
Abb. 26	StAS Dep. 30/15 T 1 Nr. 419 a, S. 79
Abb. 27	HStAS N 28 Nr. 16, S. 80
Abb. 28	GLAK H Salem 2, S. 81
Abb. 29	StAS FAS K Nr. 21, S. 81
Abb. 30	HStAS N 26 Nr. 20, S. 83
Abb. 31	HStAS N 30 Nr. 24, S. 84
Abb. 32	GLAK H Salem 2, S. 86
Abb. 33	HStAS N 26 Nr. 20, S. 86
Abb. 34	HStAS N 26 Nr. 20, S. 88
Abb. 35	© Foto Kroll, Memmingen, S. 91
Abb. 36	HStAS N 30 Nr. 24, S. 92
Abb. 37	GLAK H Meersburg 1, S. 94
Abb. 38	StAS K I Sig/1, S. 95
Abb. 39	StAS K I Sig/3, S. 98
Abb. 40	HStAS N 11 Nr. 18, S. 100
Abb. 41	HStAS N 11 Nr. 18, S. 100
Abb. 42	GLAK H Salem 2, S. 103
Abb. 43	HStAS N 30 Nr. 24, S. 104

Abb. 44	Wikimedia https://commons.wikimedia.org/wiki/File:Schussenried_Klosteransicht_1721.jpg (aufgerufen am 7.8.2023), S. 105
Abb. 45	LMZ BW Sign. LMZ901897, S. 105
Abb. 46	Kunstsammlung Waldburg-Wolfegg 3402 WoKa 25, S. 107
Abb. 47	StAS K I Sig/1, S. 109
Abb. 48	HStAS N 11 Nr. 34, S. 110
Abb. 49	StAS K I Sig/1, S. 112
Abb. 50	HStAS N 30 Nr. 24, S. 113
Abb. 51	Monja Dotzauer, mit freundlicher Genehmigung Staatlicher Schlösser und Gärten Baden-Württemberg, S. 114f.
Abb. 52	StAS Dep. 30/15 T 1 Nr. 600, S. 118
Abb. 53	StAS Dep. 30/15 T 1 Nr. 591, S. 120
Abb. 54	HStAS N 201 Nr. 21, S. 122f.
Abb. 55	GLAK H-d/24, S. 124
Abb. 56	HStAS N 26 Nr. 26, S. 129
Abb. 57	Datenquelle: LGL, www.lgl-bw.de, dl-de/by-2-0, S. 131
Abb. 58	StAS Dep. 30/15 T 1 Nr. 590, S. 192f.
Abb. 59	HStAS N 11 Nr. 18, S. 195
Abb. 60	HStAS N 100 Nr. 110, S. 196
Abb. 61	LMZ BW, LMZ002172, S. 203
Abb. 62	Monja Dotzauer, mit freundlicher Genehmigung Staatlicher Schlösser und Gärten Baden-Württemberg S. 204

Taf. 1	StAS K I O/5, S. 228
Taf. 2	GLAK H Meersburg 1, S. 229
Taf. 3	GLAK H Salem 2, S. 230
Taf. 4	HStAS N 34 Nr. 77, S. 231
Taf. 5	HStAS N 26 Nr. 20, S. 232f.
Taf. 6	StAS Dep. 30/15 T 1 Nr. 402, S. 234
Taf. 7	HStAS N 30 Nr. 24, S. 235
Taf. 8	StAS Dep. 30/15 T 1 Nr. 597, S. 236
Taf. 9	HStAS N 28 Nr. 16, S. 237
Taf. 10	StAS FAS Nr. 21, S. 238f.
Taf. 11	Stadtarchiv Wangen im Allgäu, S. 240f.
Taf. 12	© Foto Kroll, Memmingen, S. 242
Taf. 13	HStAS N 11 Nr. 194, S. 243
Taf. 14	StAS Dep. 30/15 T 1 Nr. 377, S. 244
Taf. 15	HStAS N 11 Nr. 17, S. 245
Taf. 16	StAS K I Sig/1, S. 246f.
Taf. 17	StAS K I Sig/3, S. 248

Orts- und Personenregister

A

Achler, Elisabeth 190
Alberweiler 17
Allgäu 13, 15, 19, 12, 11, 14f., 134, 137f., 148, 150f., 157, 164f., 170, 172, 119, 140
Allmannsweiler 11f.
Altdorf (Weingarten) 11, 11, 13, 18, 15, 16, 137, 145, 147, 182, 191, 194, 197, 100, 110, 116
Altshausen 11, 10f., 10
Amann, Franz Joseph 18
Amman, Ignaz Ambros von 14
Amman, Joseph Antonius 107f.
Ancona 119
Andechs 117, 107
Andreä, Jakob 160f.
Appenzell 156
Argen 18f., 17, 19, 109f.
Argen (Fluss) 19, 142
Argengau 170
Arnold, Johann Baptist 12, 13, 14
Augsburg 18, 14, 120, 125, 134, 136, 153, 155, 160f., 166, 172f., 178, 180, 182f., 191, 197, 106, 109, 121
Aulendorf 10f., 17, 128, 170, 190, 123, 143

B

Bad Reichenhall 101, 124
Bad Saulgau 10–62
Bad Waldsee s. Waldsee
Baden, Markgraf von 18
Baindt, Kloster 146f., 108
Bartholin, Erasmus 139
Basel 178, 197
Bayern 14f., 18, 11, 19, 101, 191, 194, 107, 124
Bebenhausen 179
Bechtenrot (*Berchtenroth*) 13, 15
Beer, Franz, Edler von Bleichten 103f.
Bendel, Romuald 15
Bergareute 185
Beutelsbach 163
Biberach 19, 13f., 16, 118–120, 136f., 142, 147–149, 151f., 156–159, 164, 171, 182f., 189, 191, 109, 122, 145
Bierstetten 11, 13, 19f.
Billafingen 17
Bingen 15
Birnau 11, 178
Blaser, Johann Georg 13
Bodenehr, Hans Georg 134
Bodensee 13, 18f., 19, 15, 11, 14, 101, 133, 144, 148, 151, 183, 185, 194, 197, 109, 122
Bodmann, Grafschaft 15
Bohnenberger, Johann Gottlieb Friedrich von 14, 114
Bondorf 11, 19
Braitenhausen 14
Bregenz 19, 182, 191, 194
Breisgau 13, 13, 197
Buch 10
Buchau,
  Damenstift 18, 10, 11f., 19f., 18f., 19, 102, 137, 144, 147, 188, 108f., 134
  Reichsstadt 19, 10f., 14, 18f., 19, 144, 164
Buchhorn 19, 14, 19–101, 144, 148, 154f., 164, 194f., 122, 124
Buchloe 191
Buol, Andreas 105
Büsching, Anton Friedrich 134f., 138f., 142, 144f., 148f., 154, 164, 169f., 172, 114
Bussen 19, 11, 16, 184
Buxheim 182, 191

C

Christian IV., König von Dänemark und Norwegen 133
Cotta, Johann Georg 114
Crusius, Martin 138, 140, 114

D

Danckwerth, Caspar 133
Dissenbach, St.-Anna-Hof 130
Dissenhofen 12
Donau (Fluss) 19, 12, 133, 142, 149, 172, 183, 122
Donaueschingen 19
Donauwörth 135, 184
Dürmentingen 19, 11, 16, 118
Dürnast 17
Dürnau 19, 18f., 19, 136

E

Eckenberger, Othmar 15
Edenbach (Ödenbachen) 15
Edo 190
Eggler,
  Familie 11, 16, 117
  Franz Anton 13, 15
  Johann Baptist 13
  Wolfgang 13
Ehingen (Donau) 137, 156

Elsass 13, 179
Eriskirch 19, 101, 110
Eschach 194
Esslingen 146
Etschenreuther, Gallus 136, 151

F
Federsee 18, 19, 144, 122
Fontainebleau 161
Forster, Johann Georg Adam 175
Franz II., Kaiser 113
Freiburg 13, 13, 16, 12
Frener, Coelestin 15
Frey, Ambros 105f.
Friedberg 19–62, 16–69, 19f., 17, 119–120, 131, 186, 191f., 143
Friedberg-Scheer 19, 19f., 19–63, 16, 19, 17, 119, 130, 144; s. a. Scheer
  Oberfriedbergische Herrschaft 10
  Unterfriedbergische Herrschaft 10
Friedrichshafen 19–101, 144
Frischlin, Jacob 133
Fürstenberg 19, 19f., 15, 144, 185, 119
Fürstenberg-Heiligenberg 14, 18, 131, 186
  Joachim, Graf von 15
  Anton Egon, Fürst von 109

G
Gadner, Georg 120
Garampi, Giuseppe, Graf 10, 178f., 197f., 121
Gaum, Johann Ferdinand 169, 176, 179f., 183, 185, 188f., 197f.
Gebrazhofen 16, 137, 142, 154
Geiger, Carl Ignaz 176, 181
Georg Jakob [N.] 13, 15
Gerbert, Martin 169, 177, 189f., 198f., 109
Gercken, Philipp Wilhelm 180–182, 185, 191, 194, 198f., 111
Germain, Michael 177
Gradmann, Friedrich 14, 15, 19, 194f., 100, 124, 131
Gutenzell 18, 146, 108f.

H
Habacht 10
Habsburg 18, 14, 10f., 10, 137, 143f., 153, 168
Habsburger Vorlande s. Vorderösterreich
Häckl, Maria Benedicta 177
Hagnau 13
Haschke, Konstantin 178, 107f.
Haslach 118
Hauber, Eberhard David 135, 138f.
Hauntinger, Johann Nepomuk 10, 178, 189, 107
Heber, Johann Jacob 11, 15–47, 14f., 104, 130
Hegau 13, 11, 137
Hegau-Allgäu-Bodensee, Ritterkanton 15
Heggbach 146, 108
Heggelbach 17
Heiligenberg 19, 19, 17f., 11, 16, 141, 165, 179, 186, 194, 101, 105, 109
Heiligkreuztal 15, 17, 108, 197
Heinrichau 178, 107
Herkensweiler 194
Hermann, Franz Georg 113f.
Hevelius, Johannes 139
Hinzistobel 13
Hochbuch (Lindau) 194
Hörmann, Hermann 12, 17, 128, 132
Hofen 19, 101, 122
Hohenheim, Franziska Theresia, Reichsgräfin von 176f., 108
Hohenzollern-Sigmaringen 15, 18f., 19, 16–99, 146f.
Homburg 14
Hory (Insel) 194
Hünlin, David 10, 137, 140, 142, 152–156, 161, 164–166, 169, 172, 124
Humboldt, Alexander von 175
Hurter, Johann Christoph 14, 11, 123, 125, 134

I
Igelswies 18f., 12
Iller (Fluss) 19, 125, 172, 183
Illergau 137, 170
Ingoldingen 18
Isles, Guillaume [Wilhelm] de l'Isles 14
Isny 19, 14, 120–122, 139, 143, 145, 150, 152, 157, 160, 188f., 109
Ittendorf 14
Ixnard, Pierre Michel d'Ixnard 102

J
Joseph II., Kaiser 12f.
Jung, Stephan I. 12, 14f., 11, 103

K
Kaisheim 18, 108
Kanzach 19, 136
Kappel 19, 18, 19, 144, 136
Karl V., Kaiser 160
Kemnat (Kaufbeuren) 14
Kempten,
  Fürstbistum 13, 11, 14, 16, 138, 144, 184, 190
  Reichsstadt 19, 14, 120, 139, 148, 150, 155, 157, 160, 164f., 171f., 190, 197, 122

Kleber, Magnus 106
Kleinhans, Alfons 16
Kling, Christoph 17
Königsegg 14, 10–62, 131, 138, 186, 119, 142
Königsegg-Aulendorf 18f., 11, 12, 18, 17, 147, 143
Königsegg-Rothenfels 172
  Maria Karolina (Charlotte) von 19
Königsfeld, [N.], Edler von 18
Kolb,
  Ernst von 12
  Maria Edmunda von 12
Kolleffel, Johann Lambert 12f., 134
Konstanz (*Costanz*) 13, 18, 12, 15f., 11, 118, 144, 146, 149, 160, 172, 179, 182, 185, 191, 109, 129
Konstanzer Viertel 12, 15, 18f., 12, 12, 134, 138, 174, 181
Kraft, Johann Gottlob 13f.
Kressbronn 19
Kreuzlingen 179

L

Landsberg 191
Landvogtei Schwaben 14, 10f., 11, 18, 15, 10, 10, 16f., 136f., 139, 141, 144–147, 153f., 168, 194, 142
Langenargen 19, 111
Langenenslingen 15
Lasollaye, Leopold, Freiherr von 185
Laubbronnen 11
Laupheim 19, 137
Lech (Fluss) 13, 133, 142
Lenz, [N.], Rittmeister von 15, 106, 108f., 146f.
Leopold I., Kaiser 154
Lerchgässner, Feldmesserfamilie 11
Leutkirch 19, 14, 16, 120, 136f., 145, 148f., 151, 153, 157, 164, 172, 182f., 191, 105, 122
Leutkircher Heide 139, 142f.
Liebezeit, Christan 169
Lindau,
  Damenstift 144
  Reichsstadt 18f., 14, 19, 11, 14, 16, 19, 101, 111, 120, 139f., 144, 148, 153, 157, 160f., 164 f., 171f., 182, 185, 189, 191, 194, 197, 124
Linzgau 13, 137, 170
Loreto 119
Loth,
  Franz Anton 142
  Johann Ernst 142
  Johann Georg 142
Lotter, Tobias Conrad 10
Löwental 101
Ludwig XIV., König von Frankreich 12, 161
Lyon 179

M

Mabillon, Jean 169, 176f., 187, 190, 107
Magdeburg, Herzogtum 12
Mailand, Herzogtum 13
Mainau (Insel) 13, 13, 129
Majer, Johann 125
Marbach 19, 136
Marchtal s. Obermarchtal
Maria Theresia, Kaiserin 13
Marini, Callisto 179
Markdorf 14, 13
Maurach 11
Maximilian I., Kaiser 168
Mayer, Hans Philipp Jacob 12
Meersburg 13–47, 13, 117, 149, 165, 179, 182, 191, 198, 129
Mejer, Johannes 133
Memmingen 19, 14, 10f., 16f., 138, 148f., 152f., 157f., 160f., 164, 172, 178, 182f., 191, 197, 109, 122, 124, 142
Mengen 11, 17f., 16, 119
Merian, Matthäus d.Ä. 10, 135, 142, 167
Merz, Joseph Ferdinand von 158
Mesmer, Franz Anton 117
Mettenberg 17
Michal, Jacques (de) 14, 11, 123–125, 136
Mindelheim 182f., 191
Misura, Stanislaus 178
Montfort 18f., 17–39, 10, 111, 128, 146, 194
Morell, Johann 120
Moritz, Mauritius 17, 18, 10
Moser, Johann Jacob 139
München 101, 191
Münster, Sebastian 137f., 170
Musch, Joseph 19

N

Napoleon I., Kaiser von Frankreich 15
Nellenburg 19, 17, 16
Nessenreben 100
Nicolai, Christoph Friedrich 18, 10, 180, 185, 190, 198, 109
Nothelfer, Pankratius 106
Nürtingen 180

O

Oberdorf 19
Oberheggelsbach 17
Oberland 148, 150
Obermarchtal 179, 186, 197, 109
Obermeckenbeuren 10
Oberndorf 17

Oberreitenau 194
Oberschwarzach 107
Oberstetten 15
Ochsenhausen 18, 19–31, 16f., 13–55, 18, 16–78, 13, 15, 17–89, 127f., 131, 145f., 162, 165, 182–184, 186, 188f., 191, 198, 102, 104–206, 109, 119, 122, 132
Oddi, Niccolò 178
Oelschwang 158
Österreich 18, 152, 178
Österreichischer Reichskreis 15
Oettinger, Johannes 120
Olearius, Adam 139
Ortelius, Abraham 123
Ostrach 19f., 14, 145, 128
Ottobeuren 135, 177, 182, 191, 108
Owingen 145

P

Petershausen 182, 191, 197
Petrus,
Hildebrand 168
Jacob 168
Pfeffel, Johann Andreas 13, 134
Pfrüngen 18
Pfullendorf 19, 14, 17, 141f., 164, 109
Picard, Jean 12
Porto, Girolamo 10, 176f., 184, 121
Pregitzer,
Johann Ulrich (III.) 179, 183, 186f., 197, 199f.,205, 109f., 121
Johann Ulrich (VI.) 179
Prestl, Herr N[...] von 105
Ptolemäus, Claudius 169
Pusch, Franz Jakob 101

R

Rabiosus, Anselmus 169, 180; s. a. Wilhelm Ludwig Wekhrlin
Rauch, Johann Andreas 11, 12, 14–36, 10, 120, 119, 140f.
Ravensburg 19, 14, 19, 11, 13, 14, 15, 17, 119f., 137, 141, 145, 148, 151f., 157–159, 161, 164, 171, 178, 182, 185, 191, 194, 197f., 109f., 116, 119, 124, 131
Reichelt, Julius 136–139, 142, 148–150, 157, 162, 165, 167, 172, 118
Reichenau 13f., 13, 179, 182, 191, 197, 121, 129
Reiner, Dominicus 15f., 11, 13, 111–113, 128, 117, 135
Renhardsweiler 12
Renner, Augustin 178
Reute (Bad Waldsee) 18, 10
Rickenbach 194
Riedlingen 11, 14–96, 108, 198, 146f.
Rindenmoser, Johann Baptista 14–56, 17f., 130, 137
Rittler, Anselm 105
Rodt,
Franz Konrad Kasimir Ignaz von 15
Maximilian Augustinus Christoph von 15
Rodt zu Bußmannshausen, Marquard Rudolf, Reichsritter von 13f.
Röder, Philipp Ludwig Hermann 10, 135f., 138f., 150, 155–158, 160, 163–165, 172
Rötenbach 119
Rötteln 14
Rorschach 19, 194
Rosegg 14
Rot an der Rot 17, 15, 17f., 146, 137
Rothenfels 172

S

Salem (*Salmansweil*) 18, 19–42, 14, 16–48, 13–55, 11, 11–73, 11, 15f., 102–104, 106f., 131, 145–147, 162, 164f., 170, 179, 180, 182, 184–186, 189, 191, 194, 197, 100f., 108f., 120, 123, 128, 130
Salzburg 10, 17, 178, 105–207, 110, 122
Sanson,
Nicolas d. Ä. 134
Wilhelm [Guillaume] 134
Saulgau s. Bad Saulgau
Schachen 194
Schaffhausen (*Schafhausen*) 146, 197
Scharl, Placidus 177, 107f.
Scheer 19, 19, 10f., 16–68, 10, 17, 118f., 147, 149, 143f.; s. a. Friedberg-Scheer
Scheich, Simon 13
Schelhorn, Johann Georg 109
Schellenberg 184
Scheyer, Gregor 177, 107f.
Schlaperizi, Johann Ludwig 140, 171
Schlecht, Robert 15, 101
Schmidlin, Johann Christoph 172, 179
Schmitt, Johann Heinrich von 14, 113
Schönau 194
Schönborn, Damian Hugo 15
Schussenried 18, 10f., 14, 16, 10–62, 18–70, 18, 11, 13f., 11–93, 102, 104–106, 111–116, 127f., 146, 188f., 102f., 105, 117, 134–236
Schütz, Bernhard 107
Schwäbische Alb 13, 149
Schwäbischer Kreis 13, 16, 123, 125, 135, 153, 167, 171, 196, 198
Schwandorf (Salem) 10, 130
Sedan 123
Sedlak, Bartolomäus 178
Senn, Anton 13

Setzlin, David 123
Seutter, Matthäus 10, 125, 134
Sibratshaus 10
Sigel, Friedrich Anton 19, 134
Siglishofen 10
Sigmannszell 194
Sigmaringen 19f., 18, 10, 17f., 14f., 17–99, 108, 112, 118, 141, 198, 146–248
Sporer, Fidelis 113–115
St. Blasien 169, 178, 182, 190
St. Gallen 116, 148, 161, 178, 197, 107, 109
Staaderberg 118
Stadion 18, 13, 18, 108, 145
Heinrich Friedrich, Graf von 13
Friedrich, Graf von und zu 13, 145
Stadion-Warthausen 13
Stampfer, Konstantin Johannes 10, 178, 190, 194, 100–202, 105–207, 110, 122
Staufer 14, 18
Stauffenberg, Johann Franz, Schenk von 14f.
Stebenhaber, Ludwig 10, 142
Steegen 11
Stefansfeld (Salem) 104
Steinach (Kanton St. Gallen) 148
Steinbronnen 11
Stockach 19, 12, 154, 182, 191
Straßburg (*Strasbourg*) 135, 139, 160, 197
Stridbeck, Johann 134
Stuttgart 187, 197

T

Tegelstein 194
Tettnang 19, 16, 118, 165, 183, 122
Thurn und Taxis 18, 19, 17
Tibian, Joannes Georgius 14
Trauchburg 10, 16, 124, 147, 106
Tromsdorff, Johann Samuel 137–139, 162, 168, 171, 114, 118

U

Überlingen 19, 15, 11, 13f., 136, 144, 148f., 151, 161, 164, 194, 101
Ulm 14, 16, 120, 123, 135–137, 146, 161, 167, 171f., 179, 182, 191, 197, 109
Unterreitnau 194
Unteruhldingen 11

V

Veitt, Johann Joseph 14, 142
Veringen 17, 19
Versailles 199
Vicenza 177
Villingen 119
Vogl, Christoph 183
Vorderösterreich 15, 13, 14, 13f., 10f., 12, 123, 154

W

Wald 18, 16, 18f., 11f., 17, 102, 138f.
Waldburg 18f., 14, 19, 11, 13, 17f., 10, 10, 17, 108, 118, 127, 131, 147, 182, 184, 105, 110, 117, 119
Waldburg-Friedberg 19
Joseph Wilhelm, Truchsess von Waldburg 17
Waldburg-Trauchburg 10
Christoph Franz, Graf von 10, 13
Leopold August, Graf von 16
Wilhelm Heinrich, Graf von 119
Waldburg-Wolfegg 19
Waldburg-Wolfegg-Waldsee 18, 18, 191
Waldburg-Zeil 183, 191, 122
Waldburg-Zeil-Trauchburg 18, 106
Ferdinand, Graf von 106
Franz Anton, Fürst von 106f., 110,
Franz Thaddäus Joseph, Erbgraf bzw. Fürst von 106
Maria Johanna Josepha, Gräfin von 106
Maria Theresia, Gräfin von 106
Maximilian Wunibal, Erbgraf bzw. Fürst von 106
Waldburg-Zeil-Wurzach 18, 107f.
Waldsee 10, 11, 18, 16f., 107, 182f., 188, 190, 198, 122
Walpertsweiler 18
Wangen im Allgäu 19, 14f., 14, 137, 142, 145, 148, 153, 164, 182, 191, 197, 119, 140f.
Warthausen 10, 13, 18, 182, 191, 145
Wechsler,
Christian 13, 145
Martin Friedrich 13, 145
Wegelin, Johann Reinhard 138f., 143, 154, 168
Weingarten 18, 10f., 13f., 14f., 16, 116, 127, 136f., 141f., 145f., 151, 154, 162, 165, 178–180, 182, 185, 187–191, 197, 199–202, 105f., 109–211, 116, 119f., 131; s. a. Altdorf
Weiß, Gabriel 105f.
Weißenau 18, 14, 14, 146f., 179, 182, 186, 191, 194, 197, 109, 119
Weißensberg (*Weißenberg*) 194
Wekhrlin, Wilhelm Ludwig 169, 180
Weltin, Romuald 17, 18, 102, 105
Werdenberg, Christopherus, Graf von 105
Wiblingen 182, 191, 103, 105, 109
Widder, Johann Goswin 133
Wien 19, 139, 165, 168, 172, 179, 185, 198
Winterstetten 18
Wittmayer, Johannes 13

Wolfegg 19, 11, 14, 13, 18, 10, 16, 107, 119, 162, 170, 198, 110, 116, 119
Wolff, Jeremias 17, 134
Württemberg 14f., 18, 10, 101, 120, 133, 135, 137, 160, 167, 179, 184, 187, 191, 105, 109, 121, 124
  Carl Eugen, Herzog von 176f., 187f., 108
  Eberhard III., Herzog von 179
  Eberhard Ludwig, Herzog von 135, 167
  Ulrich, Herzog von 167
Wurmlingen 14
Wurzach 16f., 106–108, 162, 105

Z

Zapf, Georg Wilhelm 169, 180, 182, 187, 101, 111
Zeil 165, 170, 189, 105f., 110, 116
Zeil-Wurzach 19
Zeiller, Martin 10, 135f., 138f., 147, 151, 162, 167, 114
Zimmermann, Dominikus 106
Zimmern 10–62, 19f.
  Wilhelm, Graf von 11
Zirc 178
Zwiefalten 177, 179, 197, 107, 109

Oberschwaben – Forschungen zu Landschaft, Geschichte und Kultur

Herausgegeben von Sigrid Hirbodian, Sabine Holtz, Dietmar Schiersner, Andreas Schwab und Thomas Zotz im Auftrag der Gesellschaft Oberschwaben für Geschichte und Kultur e.V.

Die wissenschaftliche Buchreihe „Oberschwaben – Forschungen zu Landschaft, Geschichte und Kultur“ widmet sich mit einem interdisziplinären Ansatz der Erforschung von Geschichte und Kultur Oberschwabens und berücksichtigt auch die wechselseitige Prägung von Geschichte und Raum. Herausgeber und Gesellschaft Oberschwaben als Trägerin der Reihe möchten durch neue Erkenntnisse und spannende Einsichten über Oberschwaben das wissenschaftliche Interesse an einer für das alte Europa in vielem beispielhaften Kernregion anregen und so auch zu einer Stärkung des oberschwäbischen Regionalbewusstseins beitragen.

Band 1

Thomas Gilgert

Aus patriotischem Eifer der Gemeinde für das allgemeine Beste

Herrschaft und Widerstand, Gemeinde und Staat im deutschen Südwesten im ausgehenden 18. Jahrhundert

Stuttgart, W. Kohlhammer 2018, 29 €

Band 2

Peer Frieß

Zwischen Kooperation und Widerstand

Die oberschwäbischen Reichsstädte in der Krise des Fürstenaufstandes von 1552

Stuttgart, W. Kohlhammer 2019, 29 €

Band 3

Sigrid Hirbodian, Rolf Kießling, Edwin Ernst Weber (Hg.)

Herrschaft, Markt und Umwelt

Wirtschaft in Oberschwaben 1300–1600

Stuttgart, W. Kohlhammer 2019, 29 €

Band 4

Thomas Zotz, Andreas Schmauder, Johannes Kuber (Hg.)

Von den Welfen zu den Staufern

Der Tod Welfs VII. 1167 und die Grundlegung Oberschwabens im Mittelalter

Stuttgart, W. Kohlhammer 2020, 29 €

Band 5

Edwin Ernst Weber/Thomas Zotz (Hg.)

Herrschaft, Kirche und Bauern im nördlichen Bodenseeraum in karolingischer Zeit

Stuttgart, W. Kohlhammer 2020, 29 €

Band 6

Sigrid Hirbodian/Sabine Holtz/Petra Steymans-Kurz (Hg.)

Zwischen Mittelalter und Reformation

Religiöses Leben in Oberschwaben um 1500

Stuttgart, W. Kohlhammer 2021, 29 €

Band 7

Sigrid Hirbodian, Edwin Ernst Weber (Hg.)

Von der Krise des 17. Jahrhunderts bis zur frühen Industrialisierung

Wirtschaft in Oberschwaben 1600–1850

Stuttgart, W. Kohlhammer 2019, 34 €

Band 9

Frank Brunecker, Sigrid Hirbodian, Edwin Ernst Weber (Hg.)

Vom agrarischen Hinterland zur industriellen Boomregion

Wirtschaft in Oberschwaben von 1850 bis zur Gegenwart

Stuttgart, W. Kohlhammer 2019, 34 €